百年南开
日本研究文库

南开日本研究
(1919—1945)

张伯苓 等著 刘岳兵 编

南开大學出版社

图书在版编目(CIP)数据

南开日本研究：1919—1945 / 张伯苓等著；刘岳
兵编. —天津：南开大学出版社，2019.7
（百年南开日本研究文库）
ISBN 978-7-310-05852-5

Ⅰ.①南… Ⅱ.①张… ②刘… Ⅲ.①日本－现代史
－研究－1919－1945 Ⅳ.①K313.5

中国版本图书馆 CIP 数据核字(2019)第 152779 号

版权所有　　侵权必究

南开大学出版社出版发行

出版人:刘运峰

地址:天津市南开区卫津路 94 号　　邮政编码:300071
营销部电话:(022)23508339　23500755
营销部传真:(022)23508542　　邮购部电话:(022)23502200

*

三河市同力彩印有限公司印刷

全国各地新华书店经销

*

2019 年 7 月第 1 版　　2019 年 7 月第 1 次印刷
230×155 毫米　16 开本　34.25 印张　4 插页　458 千字
定价:138.00 元

如遇图书印装质量问题,请与本社营销部联系调换,电话:(022)23507125

"百年南开日本研究文库"出版说明

2019 年南开大学建校百年校庆,作为中国教育史上的大事,当然是值得纪念的。

如何使纪念百年南开的活动具有历史意义? 我们很早就开始谋划和筹备。早在 2015 年春节期间,南开大学日本研究院原院长、教育部人文社会科学重点研究基地南开大学世界近现代史研究中心主任杨栋梁教授,向江苏人民出版社王保顶副总编提起,想以集体展示日本研究院研究成果的形式来纪念南开百年校庆。这一提议得到了保顶同志的大力支持,也得到了研究院各位同事的积极响应。后来经过商讨,编委会一致同意以"百年南开日本研究文库"作为南开日本研究者纪念百年校庆丛书的名称,本文库由江苏人民出版社和南开大学出版社分别出版。与百年校庆相适应,"百年南开日本研究文库"也应该是百年来南开日本研究业绩的展现。为此,编委会确定本文库由以下几个方面的成果构成。

第一,从南开大学创立到抗日战争胜利时期南开的日本研究成果。刘岳兵教授搜集相关文稿四十余万字,编成了《南开日本研究(1919—1945)》。这是一本专题性的南开大学校史资料集,对于研究和总结包括南开大学在内的这一时段中国日本研究的状况和特点,具有重要的史料价值。

第二，新中国建立以来，南开大学成立的实体日本研究机构研究者的成果。实体研究机构包括 1964 年成立的日本史研究室、2000 年实体化的日本研究中心和 2003 年成立的日本研究院。

第三，1988 年组建的南开大学日本研究中心，是以日本史研究室成员为核心，联合校内其他系所相关日本研究者成立的综合研究日本历史、经济、社会、文化、哲学、语言、文学的学术机构。在百年南开日本研究的历史发展中，日本研究中心具有重要的意义。本文库也包括该中心成员的成果。

今后，如果条件成熟，还可以将日本研究院的客座教授和毕业生的优秀成果也纳入这个文库中，希望将本文库建设成为一个开放的、能够充分且全面反映南开日本研究水平的成果展示平台。

在中国百年来的日本研究中，南开占有重要的一席之地。历史的发展和南开的先贤告示我们：日本研究对于中国的发展至关重要。中日关系值得我们认真思考，其经验教训值得认真总结。百年来，南开大学的日本研究者孜孜以求，探寻日本及中日关系的真相，取得了一定的成绩。吴廷璆先生主编的《日本史》(南开大学出版社 1994 年)，是南开大学与辽宁大学两校日本研究者倾注近 20 年心血合力打造出来的。杨栋梁教授主编的十卷本"日本现代化历程研究丛书"(世界知识出版社 2010 年)及六卷本《近代以来日本的中国观》(江苏人民出版社 2012 年)，也几乎是倾日本研究院全院之力而得到了学界的认可的标志性研究成果。另外，在日本国际交流基金的资助下，南开大学日本研究中心从 1995 年开始由天津人民出版社出版的"南开日本研究丛书"，展现了中心成员在日本研究各具体专题上的业绩，产生了积极的社会影响。这些成果都是南开日本研究者集体智慧的结晶。

"百年南开日本研究文库"是南开大学日本研究院和南开大学世界近现代史研究中心相关学术成果的集体展示。我们相信，本文库将成为南开大学日本研究和南开大学世界史学科"双一流"建设的又一项标志性成果,她将承载南开精神、贯穿南开日本研究学脉、承前启后,为客观地了解日本、促进中日关系健康发展做出新的贡献;我们也想以此为实现"发展同各国的外交关系和经济、文化交流,推动构建人类命运共同体"的理想,培养全民族的国际视野和情怀,提高广大人民群众的世界历史知识和认识水平,尽我们的一份绵薄之力。

"百年南开日本研究文库"编辑委员会

2019 年 3 月 19 日

目 录

前　言

　　这本资料集是专门为"百年南开日本研究文库"编辑而成的。如果不从总体上展现南开大学建校以来日本研究的历史和研究成果,这个"文库"就难以与"百年南开"的名称相符合。百年来南开大学与日本的关系就是中日关系的一个缩影,百年来南开大学的日本研究在中国的日本研究史上占有重要的一席之地。百年南开大学的历史和百年南开大学的日本研究史,在近代以来的中日关系发展史和中国日本研究学术发展史上都具有重要的意义,是一个值得认真研究的重要课题。现根据已经出版的《南开大学校史(1919—1949)》(南开大学出版社,1989 年版)、《南开大学校史资料选(1919—1949)》(南开大学出版社,1989 年版)以及当时南开大学的各种出版物等资料,将相关情况整理如下。

一

　　中华人民共和国成立之前南开大学的教学体系中,可以查到日语和日本史的相关课程记录,日语是比较清楚的,比如 1925 年秋至 1926 年夏文科课程表中有面向一、二年级的"日文"课程选修课,教师为金爽田,授课时间为一年[《南开大学校史(1919—1949)》,第 141 页]。1936 年度第 2 学期的《南开大学各学院学程时间表》中,教员傅锡永(即傅恩龄)教授一、二年级的日文课,教科书分别为傅恩龄编的《汉译日本口语文法教本》《嘘付俱乐部》,和傅恩龄编的《日文华译法》《现代短篇小说选读及时文选读》[《南开大学校史资料选(1919－1949)》,第 252 页]。关于日本史方面的课程,据调查,1926 年 3 月,黄钰生任文科主任,对科系设置和课程做了重大改革,列出七种课程表,其中课程表 A(政治历史)和 B(国际关系)中都有"日本通史"[《南开大学校史(1919－1949)》,第 143 页]。在 1930 年文学院的课程中,政治史系的"必修学程"中有英国史、美国史和日本史的课,国际事务系的"必修学程"中也有。而在将来的计划中,文学院课程第三、四年的必修学程,历史系已经没有日本史,而代之以"亚洲史"了[《南开大学校史资料选(1919－1949)》,第 208、209、216页]。但是,"日本通史"或"亚洲史"的课程,均未标明任课教员。

想要总体上了解民国时期南开日本研究的特色,先要了解南开大学的发展方针和办学特色。1928 年"南开大学发展方案"对南开大学的发展方针及特色有比较准确的描述。兹抄录几段为证:

> 南开之创办与中国之革新,同以甲午之败为动机。甲午以后,旧日吾人所鄙视之倭寇,一跃而为吾人革新之模范。东渡留学,遂成一时之潮流。本校创办同人每有日本之游,严范老与张校长自东归后,南开之学制即参有日本风味。此南开演化之第一阶程,亦中国革新史之第一章也。

> 日本之方法来自西洋,仿效日本不若直师西洋。本此觉悟,国人渐有弃日本而取西洋为革新模范之趋势。南开当局,受时潮之激动,亦有欧美之游,于是南开学制,又加欧美色彩矣。此南开演化之第二阶程,亦中国革新之第二章也。

> 但中国自有其天然特别环境,与夫传统特别文明,适于彼者,未见适于此。外人之法制能资吾人之借镜,不能当吾人之模范。革新运动必须"土货"化,而后能有充分之贡献。此中国革新运动应有之新精神,亦南开大学发展之根本方针也。

……中国大学教育，目前之要务即"土货化"。吾人更可断定，土货化必须从学术之独立入手。

是故"土货化"者，非所谓东方精神文化，乃关于中国问题之科学知识，乃至中国问题之科学人才。吾人为新南开所抱之志愿，不外"知中国"、"服务中国"二语。吾人所谓土货的南开，即以中国历史、中国社会为学术背景，以解决中国问题为教育目标的大学。

……

南开研究之范围，即社会科学与自然科学。此范围犹嫌太泛，故定三项标准以求实效：(一)各种研究，必以一具体的问题为主；(二)此问题必须为现实社会所急待解决者；(三)此问题必须适宜于南开之地位。

南开大学将来之发展，即不外上文所定之方针与范围。举凡教材、设备、学制，皆以此为指归，经费充足，则循此以为尽量之发展；即经费拮据，亦当努力以"认识中国"、"服务中国"为鹄的也。

［《南开大学校史资料选(1919—1949)》，第37—39页。］

南开大学的日本研究的状况与特点，也充分体现上述发展方案的基本精神。

<h2 style="text-align:center">二</h2>

从五四运动到抗日战争胜利这一历史时期南开大学对日本的研究，主要还是学校的一些专门研究机构在进行，其中最重要的是傅恩龄主持的满蒙研究会(后更名为东北研究会)，还有何廉主持的社会经济研究委员会和徐敦璋、蔡维藩任顾问的国际关系研究会。

关于东北研究会的情况，可参见收入《张伯苓全集》(全10卷，南开大学出版社，2015年版)第一卷所收《东北研究会缘起》(1927年11月14日。录自《南开大学向导》，1930年5月)及所附《东北研究会简介》(《天津南开学校一览》，1929年)。查《南开大学校史资料选(1919—1949)》，有录自《南开大学向导》的《东北研究会》,其中第一部分"创立之缘起",正好是上述《东北研究会缘起》,其余部分为(二)会则大纲、(三)以往之工作、(四)现在之工作及将来之计划、(五)本会与国外研究东北及其他机关之关系、(六)本会今后之希望(此《东北研究会》一文,与1929年9月发行的《南开双周》第4卷第1期所刊东北研究会编的《东北研究会之工作及计划》大同小异)。《南开大学校史(1919—1949)》中介绍南开大学"专门研究机构",东北研究会首当其冲。综合上述史料,并查看当时的刊物《南开大学周刊》和南开中学的《南开双周》,其基本情况略述如下。

1927年8月底9月初,第八届远东运动会在上海举办,张伯苓主持相关事务后经旅顺、大连回津。"因为看了日本人经营旅大的惊人进步,发生一种满蒙热,热度之高恐竟非国手能治。所以回校以后,聘请傅先生主办满蒙研究会,大有率领数千学生,浩浩荡荡去取回满蒙的气概。"(袁白:《旅大纪游和感想》,《南开大学周刊》第41期,1927年10月26日)这里的傅先生,就是刚刚从日本留学回校的傅恩龄先生。到10月底,据同期《周刊》的"校闻"报道,"该会自设立以来,即孜孜于组织方法,现简章已拟妥,惟欠清楚,亟待重加修改,现闻正努力于此云。"到《周刊》第43期(1927年11月9日),"校闻"栏刊出满蒙研究会的通知及简章如下:

满蒙研究会

满蒙研究会已组织就绪,现正招收会员,以便起始工作,兹将简章录后。凡关心满蒙问题者,务早加入。

满蒙研究会简章

一、名称　满蒙研究会

二、目的　教育的:调查,讲演,报告。

　　　　　学术的:研究解决方法,作为档案,以备将来实行。

三、组织　董事部、干事部、指导部、会员等四部组织而成。董事部以现在当局、在野名流、校内校董、教职各员组织之。

四、会员　凡属现在在校师生，以及出校师生，皆可报名为普通会员，或永久会员。

五、会费　每学期最低以大洋五角为限，欲多纳者，听其自便。

六、赞助会员　凡属同志，皆可为赞助会员，或由本会请为赞助会员，赞助会员会费无定额，随意捐助。

七、会员在校内之工作　学习日文、研究调查方法，听讲演、阅书报、注意满蒙时事。

八、会员假期中之工作　先由本会拟定研究题目，择紧要者，分租(组)实地调查，将其结果详填调查表中，然后交由本会整理，刷印之。

九、临时工作　凡遇满蒙问题之内容，有所更易增减时，随时布告或讲演之，以供会员参考而促注意。

十、修改　会章各条，随时可由全体决议修改之。

十一、分会　本会会员多数所在地方，经本会同意可设分会。

《周刊》第 44 期(1927 年 11 月 16 日)"校闻"载："本月 11 日下午三时半，商学会请本校满蒙研究会主任傅恩龄先生演讲，题目为《日本商业状况》。"同期还载有"满蒙研究会陈列大批书报"的消息。其中日文报纸有《大阪每日新闻》《东京时事新报》，日文书籍有《昭和元年北支那贸易年报》《黑龙江省·满铁旅行案内》《满铁年鉴》十一年版及十六年版各一册、《中央试验所图书目录》《中央试验所业务提要》《大连之银取引及关系市场》《满铁经营一般》十三年及十五年各一册、《满蒙之现况·满铁之现况》《地方经营梗概·满洲大豆》《满蒙农业经营之研究》《满蒙杂志》九月号、《满洲之话》《长春沿革史》《满蒙物质参考馆参观记》《满洲之日本及日本人》《满洲之情势》等。

《周刊》第 45 期(1927 年 11 月 30 日)"校闻"栏载《满蒙研究会已开

成立会》，知"11 月 15 日假秀山堂 108 讲室，开成立大会。首由傅恩龄君报告最近所发生之满蒙问题及本会今后进行之大政方针。终以讨论日文教授方法及时间等问题。会员诸君全体咸到"。特别提到"该会日文班，原定早日开课，以期速成。无如教员尚未请妥，东文法程及日本口语文法教科书，亦未寄到。迟至昨 18 日，方始开班。日文教员暂由该会主任干事傅恩龄君代授。会员全体咸到，会员研究计划书填好之后，即开始讲授日文。阿衣乌挪欧之声浪，瞬即溢于满室。学之者极为热心，教之者深为高兴云"。

南开的满蒙研究会，刚刚成立，就产生了一定的影响，如当时奉天同泽中学的《同泽半月刊》1927 年 12 月 1 日的"新闻"栏中就有一篇《满蒙研究会准备就绪》的简讯报道了相关情况，全文如下：

> 天津南开大学校长张伯苓氏，以满蒙问题关系重大，特组织满蒙研究会，顷已就绪。其目的分教育的（调查、讲演、报告）、学术的（研究解决方法、作为档案以备将来实行）两项。内部组织则分董事干事指导委员等四部。该会事务，现由张氏聘定新自日本归国之傅恩龄氏主持。

《周刊》第 48 期(1927 年 12 月 14 日)"校闻"栏载满蒙研究会的情况值得关注。

> 我校满蒙研究会之设，盖以研究满蒙近况，及实状为书本以外之帮助，其意至善，其法至良，且满蒙为我国边陲重要之区，于地理上亦属重要，且近年被日人侵略岌岌可危，研究在时间上亦不能缓。不料日人知我校有此组织，深恐其中秘密被人探悉，故从各方面力谋破坏，最足使北方政府动怒之名词无若"赤化"二字，故津中日文报纸累载我校研究满蒙乃受赤化影响。且谓南开为排日之根据地，谤词诽语，空中射影真无所不用其极。由此可以窥日人对于满蒙之阴谋矣。中国人研究中国以内之事物，反须受外人之干涉，无乃大耻乎？愿同学努力有以雪之。

满蒙研究会成立不到一个月,就被日方盯上了,南开因此成了"排日之根据地"。所谓做贼心虚,"由此可以窥日人对于满蒙之阴谋",同时也可见本研究会的影响之大了。

《周刊》第50期(1927年12月30日)"校闻"栏载《满蒙研究会组织实地考察团》,谓"满蒙研究会为使会员实地调查东三省情形起见,拟利用寒假组织旅行团,昨得大连中日文化委员会来函,已允招待,并表示欢迎"。详细介绍了1928年1月19—27日从天津到大连、旅顺、鞍山、奉天、抚顺往返的详细考察日程和费用。

《周刊》第53期(1928年2月29日)"校闻"栏载满蒙研究会消息:

> 开学以来,满蒙研究会进行甚利,颇有生气,现已聘定专家数人,演讲满蒙问题及日本之政治经济问题。本月24日晚间日本记者小仓章宏先生讲日本政党史及各政党之现状,由何庭鎏先生翻译。大意为就各政党之变迁,观察日本政治情形。探源立论,条理颇为清楚。听众约百余人。自七时讲起,至十时余始止。讲者听者皆无倦容。

《周刊》第54期(1928年3月7日)"校闻"栏又载满蒙研究会讲演消息:

> 该会于上月27日晚,请黎绍基先生演讲,讲题为《日本维新史概论》,提纲挈要,条理至为清楚。又于上月28日晚请日本记者小仓章宏先生讲演《日本新旧思想之变迁》,由何庭鎏先生翻译,小仓先生纯取客观态度,将日本从前旧思想之种种可笑可怜之事,通体说出,不稍隐瞒。自七时半讲起,直至十一时始毕,精神不少衰,先生虽患腹疾,仍勉强支持,一种□干的精神,颇可钦佩。又于29日晚由该会主任干事傅恩龄先生演讲《现在日本的运输和交通》,傅先生对于日本情形至熟,并于运输学等俱有专长,故讲来颇富精彩,听众亦无倦容。该会尚拟继续请人讲演,凡欲多得学识及关心于满蒙者,盍兴乎来。

由此可见当时研究会活动之频繁。

这里提到的小仓章宏的两篇讲演稿,刊载在《周刊》的55、57期,也收录到本书中。小仓章宏的情况,得友人、南开大学日本研究院客座教授张明杰先生指教,并寄来收入"近代中国都市案内集成"第22卷(吉泽诚一郎监修·解说,東京:ゆまに書房,2012年刊)的《北支の新生活案内》(小仓章宏著,东京:生活社,1937年刊)中的"著者之略历",特翻译此"略历"如下,以与读者分享并表达对明杰兄的感谢之意:

一、大正二年(1912)夏,第二次革命即将爆发前渡华,立志于在中原进行日本村建设,一年后,感到对中国问题的重大性及自身知识不足,而入早稻田大学,大正七年毕业于大学部政治经济科。在学中任"支那研究会"干事且创立东亚俱乐部,谋求中日学生的融合,且介绍中国学生到日本名士家庭,并指导到大工厂视察等。

一、毕业之后同时作为株式会社松昌洋行的社员到天津支店,工作十个月之后辞职退社。

一、从大正八年夏到十一年秋,到天津创刊《日华公论》,作为中日文化提携的机关,从事于以北京大学胡适为中心的新文学运动及新中国的介绍。

一、大正九年开设日本电报通信社的天津支局,承担中日通信联络工作。

一、同年,在天津创刊日刊汉字白话纸《新民报》,从事于对抗排日运动,且亲自访问排日运动的领导进行论争辩护,最终结成了中日记者会。

此后,在作为排日学校而有名的南开大学及其中学、女校及排日运动根据地的中国基督教青年会等进行十多次介绍日本的讲演会,公开回应了中国人的质疑。

而且还在华北计划创立日本方面唯一的一所青年教育机构中日同文中学,致力于中日文化提携。

一、住在天津期间,还作为租界的行政委员承担行政事务,还承担了《居留民团二十年志》的编纂任务。

如上所述,二十几年来住在中国或往来于中日间,一直尽力于中日两民族的提携,始终呼吁中国民族的解放与农村建设,兴奋地期待着其实行的时机将要到来了。

据说还为了某项事业作为久原房之助氏的代理与南京政府交涉,还曾企划岛德藏氏的对华事业等,但结果并不理想。

"作为排日学校而有名的南开大学"在这里得到了印证。而小仓章宏来南开大学讲演的目的,也由此而多了一个思考的视角。

《周刊》第 55 期(1928 年 3 月 14 日)"校闻"栏载"满蒙研究会日文班开班",曰:"本年满蒙研究会特请本校商四同学玄堪君担任讲授,已于本月 7 日开始。当时傅恩龄君未到,由敖君士珍代为介绍,每星期一三五晚 7 至 8 时为讲授时间云。"

南开中学发行的《南开双周》第 2 卷第 1 期(据推算,应该在 1928 年 10 月初刊行)"校闻"栏中有"东北研究会之预告",说"满蒙研究会,现更名为东北研究会,其预定工作如左",其一是"东北问题讲演周",即"拟自 10 月 8 日星期一起,每晚举行讲演一次,题目一切,容当先布"。其二是"东北研究图书陈列会",因为"前后搜集研究材料,为数渐多,兹拟于国庆前后,择期陈列,以供众览而便研究"。

《周刊》第 63 期(1928 年 11 月初)"校闻"栏中有一则"东北研究会最近工作",报道说:

> 本校曾有满蒙研究会之组织。今因名义上关系,已改名为东北研究会。该会曾于本月开展览会,搜罗东北各方面之照像及物产标本至富。关于东北之书籍及图表尤多。并于纪念周时讲演东北之现状,已举行二次。第一次由傅恩龄先生主讲东北之交通,第二次由蒋廷黻教授主讲中日俄三国在东北之外交。听者莫不动容。闻仍续讲演,此外各教授正将旅东北之心得,章著为文,不日即将发

表云。

又该会主任傅锡永先生办公时间为每星期一三五上午十时至下午四时。同学有所询问可于该时间中至校长办公室接洽一切云。

《南开双周》第2卷第5期（1928年12月3日）的"校闻"栏中有"东北研究会的启示"一则，记述南开中学"同学高三乙一班学生徐卓群君慷慨捐图书多种，价值甚巨，皆系其先严梦塘先生多年所收藏"。其中日文书有：《满蒙全书》七大卷、《大豆之栽培》一册、《大豆之加工》一册、《北满洲之政治经济的价值 满洲特产物取引指针》一册、《支那经济通说》一册、《满洲之水田》一册、《满洲之金融机构与通货》一册、《支那之经济与财政》一册、《日本之海运》一册、《满洲输出入品之取引及建值》一册、《满洲之事业及人物》一册、《满洲年鉴》一册、《支那之苦力》一册、《支那经济事情》一册。

1928年，张学良捐资500元资助满蒙研究会，同年太平洋国际学会出资2000美元资助东北问题研究会[《南开大学校史资料选（1919—1949）》，第42、43页]。

《南开双周》第4卷第1期（1929年9月）上载有署名"东北研究会编"的《东北研究会之工作及计划》，为了与《南开大学校史资料选（1919—1949）》上录自《南开大学响导》（1930年5月）的《东北研究会》一文相互对照，特附录于本书中。

本期"校闻"栏中有一篇《东北研究会的新猷》介绍新学期学会相关活动如下：

一、研究会昨已起首，该会为研究东北问题起见，上学期曾于每周举行研究会一次，本学期拟仍照旧实行，兹订于每星期三日晚七时起，在东四讲室举行。凡我同学志欲研究东北问题诸君，届时望咸来会为盼。方法仍为有系统之讲演及谈话式之讨论，将来如人数较多时，并拟另开一组，以便研究。本学期研究题目，仍拟先行研究，以铁路为中心之对内对外，及其他实际问题；然后于中外移民之现状及其趋势,及旅大金县等处之华人教育问题,亦拟有所讨论和研究云。

二、另辟东北研究栏。该会兹拟商请本校出版委员会,于双周中特设东北研究栏,每期登载各项东北问题,及其亟应注意研究之要点,凡我师生均皆欢迎投稿云。

三、筹备展览会。该会拟于念五周年吾校展览会中,大事陈列,以广宣传。图表等物,闻尚不多,刻正从事筹备一切,凡我师生,如蒙以陈列物品见赐,不胜翘盼之至。倘如有所赐教,祈移玉五排二号或募款委员办公室,迳与该会主任干事接洽为荷。

四、陈列东北画片。兹于礼堂门前南侧,陈列东北画片,附以说明,每隔三日,更换一次。便中望俱往观。

《南大周刊》第114期(1931年9月29日)为"对日问题专号"。相关文章收录于本书中。

《南大周刊》第116期(1931年10月20日)"校闻"栏中有东北研究会的报道,说"历史长久的南开东北研究会在日本内地,妇孺皆知,本月十五日曾开会分期工作云"。

东北研究会主任傅恩龄,于"九一八"事变后编写了"东北地理教本",据说后来又正式出版了《东北经济地理》[《南开大学校史(1919—1949)》,第196页],这是"南开独有的教材","系统地介绍了东三省的自然和人文地理,特别是各种自然资源。这本教材无疑地是当时国内有关东北地理有限著作之中最好的一部"。[何炳棣:《一个可以向全世界挑战的记录》,《天津文史资料选辑》第八辑,天津人民出版社,1980年。收入《南开大学校史资料选(1919—1949)》。]而《东北地理教本》后来被发掘出来,于2015年以《八十四年前的东北地理教本》为书名由南开大学出版社影印出版,详情可参见刘运峰的《南开〈东北地理教本〉重印记》(《中国编辑》2016年第4期)。

关于南开大学社会经济研究委员会,《南开大学周刊》第91期(1930

年9月24日)"校闻"栏载"社会经济研究委员会近况",由此可知,该会成立于1927年,主事者何廉与方显廷二位教授。东北移民调查为该会一项工作,其研究规划中有大连工业调查、东省农村经济调查,与东北研究会的活动有重合之处,他们也共同进行过一些调查研究。

《南大周刊副刊》第12期(1932年11月1日)"校闻"栏列出"国际关系研究会成立"的条目,其中说到:"南大国际研究会是几个对国际关系有兴味的同学组织成的。会员只有九人,事务不很繁杂,只设主席一人管理会务,又敦请顾问二人以为指导,每月开例会一次。研究方面,除在可能范围内请国内外名流学者讲演外,各会员皆有专题研究,择其佳者,由顾问介绍至他处发表。"该会顾问为徐敦璋先生、蔡文侯(维藩)先生,主席为赵纯孝。

三

从五四运动到抗日战争胜利这一历史时期南开日本研究有什么特点? 这个问题,如开篇所言,是可以作为一个课题来研究的。这里收集的资料有限,但通过阅读这些资料,结合南开办学特色,我想以下这些史实值得注意。

南开的发展是近代中国发展的一个缩影,其办学思想的发展,经历过向日本学习、向欧美学习,从而确立以"知中国""服务中国""以解决中国问题为教育目标"的过程。严修、张伯苓20世纪初的"东游"考察日本,不仅是"南开'前史'的重要一页"(武安隆:《两度瀛山采药归——20世纪初头严修考察日本教育述略》,南开大学日本研究院编《日本研究论集(2005)》,天津人民出版社,2005年版),使"南开演化之第一阶程"中"参有日本风味",而且,其考察关注之内容、其仔细认真之态度,使得其"归袋满载长生药"的收获,其"日本经验"虽然还谈不上研究,但对于思考、佐治"中国问题"不用说在民国时期,就是现在仍然具有启发意义。《严修东游日记》曾由武安隆、刘玉敏点注,1995年于天津人民出版社出版过，又被收入"十二五"国家重点出版物出版规划项目"走向世界丛书"，由张毅、陈松校点，2016 年在岳麓书社出版。如张毅、陈松的《叙论：严修两次东游日本的记录》结尾所言：

> 教育的近代化是整个中国近代化的基础，而严修是奠基人之一，堪称中国近现代私立大学之父。一百多年后，中国还在进行着严修当年构想的教育救国梦，诸如追求教育体制的完善、国民素质的提高、文化的进步和国家的富强等。严修日记中不少内容至今还具有启发意义，重读他的《壬寅东游日记》和《甲辰第二次东游日记》，仍能够启迪我们心智，引发我们思考。

严修所关注的日本教育体制、经济社会及文化建设等问题，也都是近代中国自身急需改革的大问题。考察、研究日本是中国迫切的现实需要。南开大学的重要创始人、校董会董事长范源廉发表在《南大周刊》第 18 期（1925 年 5 月 15 日）上的讲演《日本及其对于我国之经营》最能见这一时期日本研究的特点。如其所言："我们要研究两点：（一）日本是一个什么国家，（二）日本是如何经营我们。"第一点即是从自然物产、社会经济、思想教育、军备交通等各方面研究日本，第二点，即是要重视从各个方面研究中日关系，他一方面痛恨"日本人侵略中国""无孔不入"，同时也感叹"中国的孔也太多了"。他一方面看到日本人经营中国的"成绩"，强调"日本政府以全副精神来经营中国"，"他们成天是如何的用心调查研究中国的事才有现在的成绩"。因此呼吁："我们所以要注重日本、研究日本，是以为要在现在世界立脚至少也要有日本那点能力。以日本作为我们中国一个最近最底的标准。我们要是日本也不能及，我们无丝毫的希望。"这些话，即便在今天，依然振聋发聩。

1930 年 2 月上海新纪元社发行的《日本研究》第 1 卷第 2 号，刊发了《张伯苓先生日本研究谈》，文章不长，全文如下：

> 许多人会以为中国人是在怕日本，其实是看错了，如果中国人真个怕日本的话，那便好了，何致于到现在还是这样朦胧呢？反之，日本

人为甚么对于中国研究得这样清楚明瞭？就为的是怕中国的原故。

稍为明白国际情势的，都知到今后中日两国间如无论感情是好是坏，但关系必较前更深，交涉必较前愈密；而中日两国为求各自国家的生命能够在世界存续计，必须相互扶助，不能相互猜忌，若果是相互猜忌，便是相杀也就是自杀。所以，想得到两者相互扶助的真精神，在日本首先要努力设法消融中国人对日本的嫌恶心理，进而使中国达到能谅解程度；在中国便要努力设法了解日本的全内容，欲求了解，惟有研究。

我们现在对于日本的了解，或许已经不是那么"朦胧"，而是清晰了许多。但是，我们为什么要研究日本，是否达到了张伯苓先生所言的高度？其研究的必要，是否提升到张伯苓先生所言的紧迫？"今后中日两国间如无论感情是好是坏，但关系必较前更深，交涉必较前愈密；而中日两国为求各自国家的生命能够在世界存续计，必须相互扶助，不能相互猜忌，若果是相互猜忌，便是相杀也就是自杀。"这些意味深长的话，是值得中日两国的政治家、学者和普通民众仔细回味和认真反思的。

要了解日本是个什么国家，还要把日本放到世界、放到国际关系中去看。这也是南开日本研究的一个特色。南开大学的许多教授多为从欧美留学归国，1926年何廉从耶鲁大学获得哲学博士学位来南开大学工作，据他回忆，当时南开大学"除去讲授中文课和中国文学课的教师外，所有的教员都是从留美学生中延聘的"(《何廉回忆录》，朱佑慈、杨大宁、胡隆昶、王文钧、俞振基译：中国文史出版社，1988年版)。如上述"国际关系研究会"的顾问蔡维藩就是从美国伊利诺伊大学毕业来南开历史系任教的。留日的教师不多，傅恩龄是民国时期南开日本研究的重要代表人物，他1917年毕业于南开中学，1918年自费留学日本，1927年获庆应大学经济学学士学位后回国，任教南开大学，为满蒙研究会(后改名为东北研究会)的主任，他以笔为旗，除了撰写大量日本研究相关论文，还编纂了《东北地理教本》这样"一部充满忧患意识、具有强烈的爱国主义思想的警世之作"。即便在今天,那种"匡时救世情怀依然发人深省"(《重印后记》,傅恩龄编:《八十四年前的东北地理教本》下册,南开大学出版社,2015 年版)。"九一八"事变之后,东北问题成为中日关系最为急迫的问题。南开日本研究的特点,如果从这个时期研究的问题性质着眼,可以说都是现实的问题、具体的问题,都是活生生的切要的问题。这也是民国时期乃至整个近代中国日本研究的普遍特点。

<h1 style="text-align:center">四</h1>

本书收录的资料,大多出自南开自己的刊物。主要有《南开思潮》《南开大学周刊》《南大半月刊》《南开双周》等(《大公报》上南开大学经济学院所编"经济周刊"中的日本经济相关论文均未收入),其中有些是这些刊物上的翻译稿。编者将所收文稿分为"日本概论""国际关系中的日本""日本对中国东北的侵略"几个部分。每部分基本上按照发表的时间先后顺序编排。南开校内刊物还不止这些,即便这些也调查得不全,因此有关日本的研究或评论文章,肯定不止这些。非校内刊物的,基本上都能够确认其作者为南开的教师。但是,有些名人也不太好说。比如梁启超,这里收录了他的《黄梨洲朱舜水乞师日本辨》,该文发表在《东方杂志》第 20 卷第 6 号,1923 年 3 月 25 日发行。鉴于梁启超的《为创设文化学院事求助于国中同志》刊发在 1923 年 1 月 30 日的《南开周刊》第 55 期,其中有"校舍在天津南开大学新校址中。一切学课与南开保相当之联络关系"。加上梁启超的确曾于 1921 年在南开讲授过《中国历史研究法》,从广义上而言,将该文收入本书,似乎也说得过去。还有范源廉,这里收录了他的两篇讲演稿记录,或详或略,都是"湖湘文库"《范源廉集》(欧阳哲生、刘慧娟、胡宗刚编:湖南教育出版社,2010 年版)中所未见的。南开大学与范源廉有很深的渊源关系,张伯苓在他的追悼会上说他"于南开尽力独多",南开人有责任将他在南开的刊物上发表的言论整理出来,这些材料对于全面了解他的相关思想和日本认识或有助益。

从五四运动到抗日战争胜利这一历史时期南开大学与日本的关系,不能不提日军对南开大学的蹂躏和轰炸(详见梁吉生主编:《日军毁掠南开暴行录》,南开大学出版社,1995 年版)。从"九一八"事变到卢沟桥事变日本全面侵华开始,南开大学及其师生和中国千千万民众一样,饱受日本侵略者的蹂躏摧残。特别是1937 年 7 月 29,30 日两天日军对南开大学的轰炸,良友图画杂志号外《战事画刊》第七期(1937 年 9 月 1 日)刊发中外社的图文报道"敌故意摧残我文化机关:南开大学已成灰烬"。所谓"故意",即"南开大学非炸掉不可"就是因为南开是"抗日的基地",实际上,自从满蒙研究会成立,南开大学就成为日本侵略者的"眼中钉"。但是正如张伯苓所言:"敌人此次轰炸南开,被毁者为南开之物质,而南开之精神,将因此挫折,而愈益奋励。"(《中央日报》1937 年 7 月 31 日)他号召南开人记住"这两个日子,化悲痛为力量,为抗日救国事业努力学习,努力工作"(《张伯苓全集》第三卷,第 27 页)。

时代在变化,不变的在坚持。中国的日本研究,"知己知彼,百战百胜"这种"战时""制胜"思维下的研究,与"他山之石,可以攻玉"这种"欣赏""自省"式的研究,即"百战百胜"和"美美与共"两种研究取向都值得认真总结。需要说明的是,本书所收录的文章都是 70 多年以前发表的,这些文章无论是文字表述还是观点表达,肯定会带有明显的时代烙印甚至局限性,为了尽量保持这些文章的原始的文风意蕴,我们除对一些明显不合时宜的内容做了适当删节,对一些文字性错误做了订正,其他如"满蒙""满洲""满清"等提法及度量衡单位的用法等,虽不符现在规范,但未加处理,使用此书者当有以鉴别。

最后,本书的编成,是本院师生集体合作的结果。本院教授会对编辑此书的意义给予了充分的肯定;许多研究生参与了文稿的录入;今年新入学的博士研究生陈刚、徐玥、陈凌菡和将毕业的王起等对录入文稿进行了认真的校对,文字上,在不影响阅读和理解原意的前提下,尽量保持文献原貌;新入学的硕士研究生薛雅婷制作了人名索引,将要毕业的硕士生贾思京协助责任编辑莫建来老师做了大量细致的工作。此外，校档案馆史永红馆长、出版社社长兼总编刘运峰、校史办原主任张健等在资料上给予了无私的支持。在此一并表示感谢。

刘岳兵

2018 年 12 月 9 日于南开大学日本研究院

日本概论

Wood，G.Zay 著，邵绪琨译：日本外交政策

　　《中国日本对待之关系》(*China VS Japan*)①一书纽约中国爱国团二月间所出版也。全书分十章，内分言关于经济土地财政政治各问题。此题亦其一也。现中日外交紧急，爱国志士，奔走呼号，希图挽救。然须知中日之关系，非一朝一夕之故也。即是书所言，已不足尽其万一，况又经译手遗漏益多者乎。然斯篇之译，不过聊欲引起阅者研究此种问题之心而已，非敢谓能知此问题也。区区之意，当共谅之。

译者附识

　　险哉恶哉日本之外交手段也。识读近二三十年之中日外交史，直一部半欺骗半抢夺之黑幕耳，何外交之可言。彼于中国之土地上、政治上、财政上、经济上，莫不施最残酷之手段以图制中国之死命，而发展其国力。此足可表明日本外交之趋向，而无一毫隶意存焉。譬之舟顺风而行也，日本行舟于风平浪静之中，四载余矣。然现因远东飓风之起，恐所谓太平洋者不能如先之太平矣。

　　苟对中日关系稍有研究，便敢断言，日本自列为世界强国之一，即行

---

① *China vs. Japan*，Wood，G. Zay（Ge－Zay），New York，Chinese Patriotic Committee，1919.——编者注

两种标准外交政策:一则为对强国如英、美等是,一则为对弱国如中国、暹罗是。对强国则遵从外交习惯法国际法维谨;对弱国则以从其日耳曼主人学来之武力外交,任意蛮横。一言而尽之,柔媚与威吓可为其两种外交之特性。其对欧美诸国所施之手段,则假充黑暗为光明,以力去诸国之疑。庶彼在中国得继续自由行动,无过问者,无掣肘者。至其所为已成熟,各国虽欲干涉,已无及矣。故日本之所为,无非威逼中国,欺压中国,攫中国之利权,削中国之土地,毁中国之开放主义,挑中国之内乱不息,以独占中国之所有。如能掩各国之耳目,固其所愿;即不然者,彼亦不顾也。噫诸君以吾言为过乎信乎! 苟有深知其国之内情与其政府之野心者,则方将訾予言之不足也。

《中国共和之战争》一书(The Fight for Republic in China)[1],乃一深明远东问题之专家所著也,足值吾等之参考。其言曰:"与西人谈关于日本之问题,而使之信服吾等之所言,真极难事。盖日本带有两副外交面孔,初视之,似相反背,然久自可明其相辅也。东京之政治家,以判断力极强之眼光,早以知其非行此两种标准之外交,不足以图强。因东方诸国与西方诸国,强弱悬殊,对待之方。自不能不因之而异。故掌西方之外交者,皆精强之欧美留学生,能遵行欧洲外交习惯法,以与各国周旋。至于东方之外交,则皆秉诸昏惑之辈。彼等竭力助军阀派行其政策于中国。"由此专家之言,更可证非只吾等信日本有两种标准外交也。

日本之外交虽狡猾如是,然其奥可一言而尽之,则彼全恃其海陆军为后盾,此亦即其所以列席强国之一也。其国之政治家莫咸知其外交势力之所以在,而大隈伯(Count Ohnma)之言,尤为显豁。彼谓"外交欲得成功,必恃国力为后盾。自我日本在外交界上有势力以来,今才十余年耳,而开始之时正西方始知我有武力之日也。"故中国东战前,日本无外交之可言。而日本外交能左右一切者,莫不在战后。远东昔曾为西方诸国之猎场,而自

---

[1] *The Fight for the Republic in China*,Putnam Weale, B. L. (Bertram Lenox), New York: Dodd, Mead and Company, 1917.——编者注

日本之兴,各国亦不得不为让步矣。一千九百〇二年英日协约成(后二年又行改订),是时以前日俄本不两立之敌,而自战后,亦忽变为极亲密之友邦。法国于是时亦与日本联盟。而美国亦不得不结一正大光明之条约。此种外交关系,如一极密之蛛网,而日本则中心之蜘蛛也。夫日本一小岛国耳,何故以欧美诸国之大,乃皆争欲得其欺心,而听其指使耶?此无他,一则因其武力之强,盖武力者国际上万能之势力也;一则因其在远东占优先之地位。据此两端,诚足使外日本有操纵远东外交之能力。日本之在近世外交界,从章鱼在混乱之水中。彼能运用手腕于各方,此联一盟,彼结一约,然落其掌中者,当知其手之紧也。

吾前已言及日本与各国之条约。一千九百〇四年英日同盟成(一千九百十一年又行重订),一千九百〇七年俄日及法日两约亦成。日本遂借此三约,作成一三角形。在此三角形中,彼得继续织其密网,以陷中国。而彼之野心则尚不只此。彼思联各强国于一环,使其赞成日本在中国之行动。惟德国在中国之势力为日本所嫉未许加入,盖其心欲以外交手段,屏德国于中国权利之外。惟美国向持诚实不为权利之心,参预中国之事,日本难为处置。故美国之加入,虽不为日本所喜,然亦无法否认之。当是时巧遇在旧金山有日本学生问题事起,日本藉此时机遂订Root——Jakohira Agreement,由此日美对中国又生出新关系矣,而三角形之外交亦一变而为四角形矣。

此数条约初视之,似极平常。然日本实行动于外交字面之下,伊第一步先谋各国对其外交及其目的之同意,因此对所有中国问题,日本可为领袖之人物,能代各国发言。换言之,即各国因为同盟所牵,若未得日本之同意,则不能行一事。至此等条约,于日本方面,则不得碎纸片耳(Scraps of Paper),曾无丝毫之效力。日本不过欲藉此以去各国之疑耳,又用以瞒中国人及世界上憎恶日本外交者之耳目。此即日本外交之主要性质也,亦正日本所日进行而不息者也。

(《南开思潮》第 4 期,1919 年,74—77 页)

孟咸宇：最近之日本

一、总说

今有国焉：其欲逐逐，其视眈眈，日思有以掠夺我主权，虔刘我边陲，吮我精英，吸我骨髓，运其狡谋，玩吾掌上，使我亿兆人民永沦劫运，莫由超拔，吾同胞宁能漠视？而况是国，诸所施为，罔不与吾人有密切关系，国人而不心死，其将如何？此吾人所以不容不研究该国之情势，而思有应付之也。虽然，殷忧启圣，多难兴邦，吾人而知警惕，则庶几矣。请缕述最近之日本，备鉴观焉。

二、日本之醉心霸业

欧战初平，恶耗濒至，使举世人类，相惊伯有，一若次回大战不旋踵而起也者！夫非东方德意志醉心霸业有以致之乎？倒拖木屐，高撑旭旆，揭橥机会均等主义，阴行经济独占策略，方自以为吾黄色人群代表，妄思门罗亚洲，乃蔑视我神灵首出种族、五千年余年文物，吾行见懦夫举鼎，适成膑绝之祸而已。

日人之言曰："中国一健马也，欲乘之以征服世界，不可不加驯扰之工。"夫欲骋其野心,乃欲羁勒吾人,藉供驱策,吾恐欲为黄祸而不能,甘蹈德覆则有余,驯至盟坛未主,而怨毒丛集,称兵弗戢,而邦国离析,则何益矣。故吾甚为日本图霸危,更为吾国不竞耻,不知吾民将何以洗之也。

三、日本之领土发展

日本自丰臣秀吉以来,每作大陆国家迷梦,鲸吞蛇噬,伺衅逞凶,使吾人举头东望,吾海疆尚有一片干净土乎?高丽并矣,琉球县矣,台湾割矣,彼且尤以为未足,更谋扩张势力于满蒙,欲攫得利益于闽浙。嗟嗟!吾土有限,将何以堪?

彼野心之日人,又不独侵略吾国已也。今且强占库页北岛,窥伺东部西伯利亚,领有赤道北诸岛,进逼菲利宾,卒使列强侧目美人坑争,战祸迫于眉睫,危机遍于两洋,惊涛骇浪,日夕数起,而环顾四极首当其冲者,谁乎?国人不可不深长思也。

四、日本之掠夺财源

自来国之强弱,视乎富力之多寡,而富力之增殖,在乎煤铁之供应,良以工业时代,煤铁不可需臾离也。故煤铁者,实为国家富强之本。

日本全国煤铁总额,不足自供三十年用!此其所以急谋掠夺也。若大冶,若抚顺,若本溪湖等,固已染指矣。今且拟以高徐顺济铁路,战时遮断吾江河流域,平时资取我三晋煤铁,以富其人民,以束我子孙,使国人释此弗图,则长贫弱矣。

五、日本之经济侵略

吾国近年财政竭蹶,达于极点。然而每遇政争,未尝感于经济困难。读者当知日人惟吾内争是利,故不惜无担保、无抵押,借我巨资,使吾人览民国七八两年外债表,当知借自日人者,占十分之七,多属此类。彼独何厚于我,而肯为列强之所不为乎？无非欲扩充其在华经济势力,扼我金融关键,以遂其欲陷中国于破产地位之志,然后借债权者资格,来干涉我财政、我外交,而后可以遂其所大欲。殊不知经济独占,为列国所不许,此新银行团所由起也。国人无力自谋,更来外力焉,耻也。

六、日本之求缓冲国

日本今日之大患,果何在乎？是不得不属之民主主义与过激主义。今此两大主义,相激相荡,弥漫全球,万世一系之天皇,当然不容存在于今世。日政府欲保全之,不得不移其民视线以对外,或援立同政体国家以自固,故欲设缓冲国于东部西伯利亚或满蒙之间,然后徐收之,以为保护,以踵其援助朝鲜之故智。既不然,亦足以扰害华俄使疲敝,日人处心积虑如此,此东亚所以多事也。

七、日本之怀柔政略

自来取人国,未有不用武力者,日本之吞朝鲜,却独不然,肆其狡谋,诱惑韩人,使之向己,卒并其国,此日人灭国之新法,而怀柔政略之明效也。读者当忆高丽之合并,李完用实请之。今日人鉴于旧日吾国留东学子,率多排日,今乃多方笼络,以联感情,是欲养成吾国之李完用也。而况对吾国执政者,亲之则援助,远之则排挤,必欲吾人率为利用而后已,其心术如何,尚堪问耶？吾今更睹亲日派之活动借款,疏通偿债,谋为阁员,应知其暗中固有大势力在。瞻念前途,吾滋大戚,我国民宁可忽之耶？

八、日本之助乱主义

日本处心积虑,分裂我国,垂三十年矣,苟有机缘,无不大肆其鬼蜮技俩以煽动是非。是以最近接济西南,使吾分裂,卵翼安福,祸我邦人,无论吾何党何派何系何会,必各与之接近,一随其心理方圆曲直所宜,从而播弄鼓荡,藉施其毒手,以攫我主权。呜呼! 可不惧哉?

又不独于吾国为然。于俄则助旧党以攻新党,而复同时遣使莫斯哥,以通新党。于英则引为攻守同盟,却又心怀煽动印度独立。蹈瑕乘隙,无孔不入,狡哉日人,何其有极?

九、日本之中日亲善

"中日亲善""中日亲善",腾说久矣,愚者不察,从而和之,今何如耶?福州肇衅,庙街炮轰,中东争路,珲春进兵,所谓亲善,可以知矣。

吾常闻日本曩取朝鲜,先倡言"朝日亲善""朝日亲善",朝人举国若梦,如醉如痴,方从而应之曰,"亲善""亲善",曾几何时,而朝鲜并矣。殷鉴不远,可为寒心,我同胞不可不慎也。

十、日本之外交政策

日本假日英同盟,横行远东,垂二十年。挫强俄、抑暴德,开拓领土于南洋,伸张势力于中华,蕞尔小国,骤跻五强。外交政策,着着奏功,便欲肆其虎狼之性,垄断我利权,吞并我邦家。各国深悉其谋,群思抵制。日本国际地位,濒孤立矣。于是信使四出,太子游欧,藉续英日同盟以维续新势力。吾人不能不推崇其手段之敏,更不能不大为吾华戚,盖彼之厚,我之薄也。

日本外交政策向主联英,今尤未改,固矣。然而此届尚蕴有二种大趋势在:一为联英意,一为联俄德,故使英人拒日续盟,日人不难联德俄以推翻现局! 此固欧人所惮,亦日人劫持列强惟一武器也。故吾人静观情势,此二帝国必出续盟一途。使盟中含有对美战争可能性,世界固无宁日。即使英人避去对美战争义务,太平洋岸亦难免来日之大战。故日本今后之外交,无论其为联英联德,皆足引起未来之镣镣。而太平洋西岸之吾国,则列强视线之焦交点,使吾族不急谋振拔,将何以应将来之大祸?

十一、日本之人种平等

世界民族,受歧视者众矣。若埃及、若印度、若犹太,罔不呻吟于苛政之下,无论矣。即号称强国,矜矜自得者,亦有难与皙族对等之势,此固吾人对于日本提出人种平等问题于和会,不能不表同情者。然而日人欺凌吾族,压迫韩民,无微不至,乃独倡高调于和会,亦独何居? 亦无非藉以难美国。而间执其口,使不能复顾山东问题而已。今且拟重提此案于国际联盟,以敌吾人重提山东问题矣。乃国人日夕思藉外力,收回利权,宁非大愚?

十二、日本之作战方略

世界大战告终,国际纠纷迭起。就中最动人听闻者,莫日美战争若。而日美两国,相距绝远,日陆军虽强,似德,海军却弱于美,使与美战,陆军无所用之,而海军复不能轻于一掷,故必分伏设险以守国,鱼雷潜艇以制敌,因使旧金山马尼拉间,随处危险,而制菲利宾之死命。致对于吾国,不难以偏师监视中立,或竟以海军逼津沽,陆军据齐鲁,籍壮丁以为兵,吸产物以佐军,恐美人亦无如之何。特日人欲攻美,所冒危险,亦正类是。吾以知两国海军之大鏖战,殆属无有。惟是城门之火,殃及池鱼,吾民何辜,可不为备?

十三、日本之危机四伏

最近之日本,高视阔步,雄踞亚东,自以为无患矣。而不知国内军阀专横,民生大蹙,社会主义日浸月盛,民治精神欲抑靡张,普选运动屡兴,罢工风潮迭起,国情如是,何异于圪索驭六马。使偶有外力振撼,其崩溃可以立待。乃复沽怨远东，被嫉泰西，否认堪察加之租借，竞争雅泊岛之领有，结怨强邻，宁为国福？太平洋东岸之"排日"，未使非日人自取之也。

结论

吾述"最近之日本"既竟，吾不得不为邦人正告一言，我亲爱之父老兄弟姊妹其愿闻之乎？甲午以还，二十八年矣，大都吾人见辱于日本之岁月，县琉球、墟朝鲜、割台湾、据南满、侵山东、扰福建，使我锦绣灿烂河山，含垢蒙羞有日矣。吾书至此，吾发冲冠，吾眦尽裂，吾已欲仗吾昆仑之剑，驰吾大宛之马，以与吾仇周旋，而况重之以民国四年五月七日之事乎？故吾愿邦人勿操同室之戈，速止门内之斗，协力御侮，急谋自救，则曩日之忧患，皆吾人薪胆也。

吾闻孟君之文既竟，觉此外尚有数项，为孟君所未言，或言而未尽详者，因就平日调查所得，间付己意，摘要录出，以助关心中日间国事者。

（一）日本对外的政策

日本自明治维新之后，国家渐渐的强盛了，对于交涉也有一定的计划了，因为如此，所以才有对外的政策。他的对外政策，是采用侵略主义的，全国上下，莫不抱此主义对付外人。因为地理上和国势上的关系，在这几十年中都向亚洲大陆上来，而首当其冲的可就是朝鲜同我国。朝鲜亡了不用说。我国这几十年来，因为无外交政策，无武力为援的原故，又那有一天不受他们的气呢？二十一条款，我们在和平会中虽未签字，究竟日本在我国的势力，不是已经布置妥当了么？我们要想自强，就该研究方法，逐出他的势力，不然第二个朝鲜可就数到我们了。唉！还不知道吗？

(二) 日本在华的经济

　　国家最要紧的元素,经济占一部分,而经济之中,煤和铁又是最重要的,因为平时可用作机械,战时又可制造枪炮子弹的原故。故日本对我国最关心的就是这两项。煤矿仅就山东一省论,则有淄川煤矿(矿区面积四一八平方吉罗米突)、坊子煤矿(矿区面积五二八吉罗米突),此外又有张店煤矿(矿区调查不详)。据其专家调查谓仅淄川一区,总含量有六亿吨之多,即年产四百万吨,亦可采一百五十年而不尽,较之日本本国出产额 18 000 000 吨,尚多 5 972 000 000 之多。铁矿汉冶萍公司的铁,在四十年内要还日本生铁八兆吨,铁苗十五兆吨,其价值在民国二年只值二百万两,到民国七年就值一千九百万两了。但我们还他仍照从前价值,这个损失真不算小,如我们现在将运往日本的生铁和铁苗同我国全国的产出总数比较,则生铁占百分之五十,铁苗占百分之三十三。此外日本在山东尚有金岭镇铁矿(矿区面积二八三平方吉罗米突)和博山铁矿(矿区未详),简直我国的矿产,差不多尽归到他手中了,我们还说什么"地大物博、矿产丰富",请你快想想"慢藏诲盗"吧,这就不过专就煤铁两项说。若说到贸易,则我们不上几年,恐怕就穷到日本手里。据一九一九和一九二〇两年间,日本输入我国贸易总数调查,是 84 571 000 磅,占我国每年对外输出不逮输入数一亿数千万元之一大部分。可见日本对于经济上原料供给和熟货销售,都仰赖中国。我们为何做这样慈善的事业呀?

(三) 日本在华的铁路

　　已成的铁路归日本权力者,在东三省为南满、安奉、吉长、四洮、四郑线,在山东者为胶济干线和支线,在南昌和九江者为南浔线,共计有一一八七.五哩。未成的铁路为吉会、吉开、长洮、郑洮、热洮、高徐、济顺、赤连(未定)等线,共计有一九九八.〇哩。

（四）日本对华的海港计划

我们都知道现在灭国的新法，就是从经济上着手，使他国民穷财尽，动转不能自由，然后自己好得大利益，日本对我国当然也要采这个方法了。然若想把持他国的经济，必须先占好海港，使交通便利，商业发达，才能发展呢。

我国的好海港，可以说在南方就算香港，中部就是上海，北方就是天津了。香港不用说完全归英国人势力。上海虽是各国杂处，日本那能比上英国了。天津比较好点，然也是不如英国势力大。因为如此，所以日本想另外造三个海港，压倒英国在华势力。他想造的海港是：

A 福州：广州在福建东部，对着日本的台湾，往来便利。平常台湾可作大货场，福州可作销售场，战时台湾可作驻军根据地，福州可作海舰停泊所。若再修铁路到南昌与南浔路线相接，北可直达扬子江流域，垄断长江贸易，香港、上海必受影响。

B 青岛：青岛为山东门户，黄海最好的海港，日本垂涎已久。欧战一开，既先夺为己有。内通胶济铁路，北达天津北京，南至浦口，若再修济顺路线，由京汉可取山西的煤，修高徐路线由京汉可达西安，于是陕西河南和江苏北部都归他把持了。

C 大连旅顺营口：这三处就是满蒙和直隶的咽喉要道。他的势力已经是不可遏止了。大概我们都可以知道，也不必再细说了。

由这样看起来，南部有福州，中部有青岛，北部有大连、旅顺和营口。这三处如果兴盛起来，我们还想经济自由、交通自由？我恐怕为外国奴，都不能得好待遇了。

（五）日本对华的蒙古经营

日本近几年看蒙古为他所有的一样。不说支那蒙古，也不说外蒙和内蒙，一直就说满蒙，意谓满洲蒙古皆归他的势力范围了。我们听此言不愤恨图强，必是毫无心肝的人。日本对于蒙古，想极力发展其出产物，于是在奉天设"满蒙毛织物公司",资本日币一千万元,租地广设工场,以图扩充。又大仓洋行亦筹资一千万元,创办"满蒙兴发农业公司",有在一定区域内开矿,改良畜牧、森林和发行纸币的权。以上这是对于蒙古经济方面的经营。

民国八年秋,日僧田中舍身氏赴蒙,联络蒙古喇嘛,要求立"日蒙佛教同盟会",以笼络蒙古民心,脱离我国,俯顺日本。蒙民无识,未悉日本阴谋政策,遂多数人心理皆亲日。

(六)日本对华民的阴谋手段

日本对我们民族阴谋手段最明显的有二:(1)中日亲善(2)毒我国民。

(1)中日亲善:日本用中日亲善的招牌,欺我国、欺我友邦,报纸上、演说中,几无不以此为藉口。于是筹一万万元的资本,组织协会,联络我国人民。其方法为:在教育上,欢迎中国人赴日留学;社会上,办种种外面慈善的事业,买报馆、设医院等;最要紧的是买政界人物,鼓动内部分离,亲善居心即在此。

(2)毒我国民:日本想灭我民族,必须将强者毒死,种族断绝。于是用:(a)鸦片——大连民政署之一种官业,每年进款甚巨,日政府因此编入临时收项内。又阅日本报(五月二日)载大连民政署鸦片案之事,更可证实日人之居心了。(b)吗啡——吗啡毒人比鸦片尤大。日本在我国做此种营业的甚多,药房商店几无不代卖。就我乡唐山一处而论,每到夏日,穷民乞丐,三五成群蹲商店或宅地围墙下的,十之五六都是受吗啡之害。然此等无业游民仍不自觉,瘾一天还大似一天。唉!一人精力有限,吗啡毒质无穷,那能敌得他呢。我据最近的调查,从民国四年到六年,三年功夫,日本卖到我国的吗啡总数是一二一四一〇六两。这四年还没有人计算,想进步必更速了。(c)白丸——据最近的调查,每年卖入我国的白丸,大约价值五千万元左右。就山西一省论,每年要销五百多万元的,但是现在山西却不及河南了。河南一个月就销五十多万元。——这三种买卖,就是中日亲善的好礼物。我们的金钱被他骗去,还不要论,恐怕长此以往,我们的命——民族——想继续在世界上比雪国耻还要难了!

（七）结论

我写至此,不知阅者对此生出何种感想。我知日本之阴谋政策,方兴未艾,我知我国民之迷梦正长,转瞬锦绣河山,将不我有。青年! 青年! 亦想立马富士第一峰？望努力预备,来者尚可追呢!

炽晶附志 1921.5.2

参阅:《日本对华的政策》《战后之世国》《近世之日本》。

（《南开周刊》1921 年 5 月第 6 期,13—25 页）

范静生先生讲，李颐记：日本及其对于我国之经营

今天我的题目是"日本及其对于我国之经营"。孙子说："知己知彼，百战百胜。"我们到了这一天与其痛哭流涕的发一些牢骚，不如过细的来研究日本一番。"卧薪尝胆"四个字不是说说就可完的，我们要实在做去。我们对于日本不要恨她，嫉妒她。我们应该过细研究她。看她有何长处，我们有何短处。我们不可自馁，也不可自负。诸君虽然都是学生，可我是赞成学生要留心国事的。不过不要忘记了自己的责任罢了。今日我来这里演说决非虚应故事，到时候说一点牢骚话。我们要研究两点：（一）日本是一个什么国家，（二）日本是如何经营我们。

（一）日本是一个什么国家

（甲）土地。日本为一岛国，但是自从占了我们高丽以后她的势力已经伸到大陆上来了。北自库页岛，南至耶普岛，包有寒温热三带。本部面积有一四八，七五六方里，和我们云南一省差不多。日本属地面积有一一一，九八二方里，和中国的直隶省同京兆特别区两处面积一般。然而中国土地有四，二七七，一七〇方里，所以日本只有我们百分之六那么大。

（乙）人口。日本本部人口五千多万，合属地共八千多万，所以我们

五人抵他一人。

（丙）政治。日本为君主立宪政体，开国至今有二千五百八十多年。三千年来，他们的皇帝是一姓承袭的，共有一百二十三代。这是和中国不同的。我们应当注意的一件事就是明治维新。明治维新到现在才五十多年（明治元年为一八六八年）。这五十年中，最堪注意：明治二十二年颁布宪法（一八九○），至一八七一年和中国订通商条约。至一八九四年（甲午）就打败中国，一九○四年败俄国，一九一○年吞高丽。一九一二年明治死，大正继位。一九一五年对德宣战，攻青岛。次年（一九一六年）向中国提出二十一条。至一九一九年收得欧战后各种胜利，如耶普岛等。所以这五十年来日本发展实在非常快。

（丁）皇族忠心主义。日本的伦理是"忠孝一致"。因为他们皇帝是一姓承袭，所以一般人民以为现在他们的皇帝就是他们祖先崇拜的皇帝，所以忠即是孝。而且日本是"君国一体"大有"朕即国家"之气象。日本没有维新以前，国家分裂。虽有皇帝，大权都在将军手里，如同我们周末时候一般。维新以后，政权直到皇帝手里，所以一般百姓由将军治下一蹴而为皇帝的人民尤为欣喜，故内外一致发展。人民无不尽忠皇室，然而近来却发现一件日本自有历史以来不曾发现过的事，就是日人难波大助刺杀摄政太子的事。这在日本人看来是一件大逆不道的事。因为他们人民忠心，所以皇帝权也大，称为开明专制。世界潮流如此，日本政治也渐趋公开。譬如日本人做总理（宰相）的非贵族不行，然四年以前一个平民原敬居然也做了总理，近来议院又通过普选案。这两件事都是以证明日本政治渐趋平民化。在名义上皇帝仍是有莫大的威权，一如现在英国的政体。

（己）财政。岁入一，四六六，○○○元，岁出行政费六八九，○○○元。军费六四七，○○○元。

国债一三○，○○○元（日本共有国债四，○九七，八○○元，平均每人七十一元较之欧洲各国并不多）。

（庚）交通。铁道，日本共有一万英里，中国仅六千八百三十八里。

然而中国反比日本大十八九倍。他们的铁道多半是自己的钱修的。就是有一部分外国款修的，也归日本人管辖。中国的除开京绥一条外尽系外款所修。

电报线三万二千余里。

海底电线四千二百六十四海里（中国仅一千海里）。

商船二千余艘三百五十余万吨。一九二二年一年造出二十二万吨。

（辛）物产。农产，每年产米八千二百余万担，不敷己用。茶叶及蚕丝则已夺得中国在世界商场之地位。甘蔗糖亦常输入中国。麦棉花亦不少。

矿产，日本本部无铁矿，惟高丽有之。多铜多煤多洋油。煤输入中国者多，洋油亦有之，计每年出二百万担。

工业品更不必道。

商业岁入一，六一四，○○○，○○○元；岁出一，二五二，○○○元。岁入超过岁出三六二，○○○，○○○元。

故日本经济实不能自给。

（壬）教育。日本新学制在明治五年颁布，到现在一百人中仅一二人不能识字，那一二个是因为身体太弱的原故。日本人多业渔，所以普及教育是一件极难的事。然而五十年中，日本人居然有此成绩。即盲哑学校亦多。明治十二年以前，日本中央政府每年补助义务教育费一千万元。至明治十二年三月斗增三千万元，而地方补助者也不少。

我们现在看看他们的大学学生：

东京帝大　　六，一三一人

京都帝大　　二，七五七人

早稻田　　　四，五○○人

庆应　　　　二，八五三人

他们私立大学平常捐款的，每次几百万极为平常事，捐几千万的也有。就图书馆言，帝国图书馆有书二十九万三千多册。一般人民每天没有不读书看报的。每年新出书无数，东京一处大日报已有三十余种之多。

他们教育趋势注重理科教育及体育,私人究研科学的不少,国家也奖励。今年远东运动会,阁议议决提出六万元为辅助费,亦可见其注意矣。

(癸)军备。精强陆军二三六,〇〇〇人。行征兵制,男子至少服务二年。常备军约有二十万,其他后备军国民军尤多,打仗时其兵力可由两倍加之六倍或十余倍。

海军主力舰十只,三十万〇一千余吨。

航空母舰三只,八万余吨。

潜水艇 三十只

航空队。飞机交战,虽然欧战时已不足为奇,然实在始自日俄之战,故二十年来,日本非常注意。现每年经费有四一,二六〇,〇〇〇元。能战飞机三百只,航空人员三千一百人。政府非常注意,然民间私人组织亦多奖励的。

以上所说是日人在这五十年来做的事。但是为什么他们有这大的能力呢?我们现在再看看日本民族性。

日本维新以前,社会组织与中国一般分士农工商。他们的"士"就是"武士"。武士不事生产,专讲武术,是世袭的。武士生的时候,他的外祖母送他一把长刀一把短刀。长刀是和人家交战用的,短刀是要是和人打败用以破腹自杀的。他们的事就是忠心于他们的主人。维新以后,这种"武士"已经废除了,但是那种精神仍是流传民间。

日本人的长处在好学团结,坚忍不拔,勤俭勇敢,决断力大,清洁。他的短处在性急,自私,自负。日本人从来也不吸鸦片。所以他们的长处我们没有,我们的短处他们又没有,所以五十年来得如此成绩。现在我们继续讨论第二点:

(二)日本对于我国之经营

日本政府以全副精神来经营中国,这是我们有目共睹的。然而日本人民私人组织的团体来经营的也是不少,如同文会、黑龙会,等等。除上面二种外,日本人更各自为战的来经营中国,这都是不可掩饰的事。现在列强在中国所有的一切权利,日本无不有之。然而日本尤以为不足,以为她是东亚的主人翁必得比别人特别一点。所以欧美各国唱着"门户开放""机会平等"的口调,日本倒不愿意机会太平等,门户太开放。只有一样事日本在欧战前不及欧美各国的就(原文如此——编者)。

日本在华军事上的行动,尤足注意。北京天津尤其是东三省一带日本的兵都不少,在东三省正式的兵有一师,其他名为保安警察的也很多。辛亥革命那年,日本乘着机会,派兵到汉口驻留。华盛顿会议经过无数困难,始去此特权。然而日本的海军则在中国内行动非常自由。日本人对于我们山东福建二省尤其特别注意。

经济方面说来,中国供给米豆子棉花等把日本人。而日本人供给制造品给中国。别的不说,就如纱厂,日本人以为在日本纺了纱运到中国来太不经济,如是在上海青岛天津各处自行设立纱厂。上海近来日本纱厂工人罢工,诸君当已知道了罢。青岛也是如此,天津原有中国纱厂六家,因为这次战争的原故,倒了四家。一家卖给美人,三家却给日人收去了。

矿业方面,最大的汉冶萍公司也在日人制下。满洲山东各处大矿日本管的已是不少,其他各处的矿权也多。而年来日本来华考察矿业的更一天一天多。

商业方面只看银行,日本人办的如台湾银行正金银行,才开的时候,中国人听了这些名字就恨,现在都是一样了。中日合办而实在日人经营之下的如中华汇业银行等等,其他大的洋行如三井等等。民国十二年海关报告:日本在中国的大商家资本在十数万以上的有四千〇六十七家,共二十万一千七百〇四人。中日商业输入输出是年结果如下:

十二年中国自日本输入二九一,八八四,八九七元。

十二年日本自中国输入二八八,二四五,二五一元。

两抵中国输入超过输出三,八三九,六四六元。

　　但是日本人有一件事没有欧美各国在中国的势力大，就是债权。所以在欧战中段祺瑞当国的时候，日本不要条件、不要一切抵押品，尽量的把钱借给中国，所以在国际公法上取得债权国的地位。

　　欧美各国在中国有传教的特权，而日本无宗教可传，所以想尽方法借口来传佛教以取得内地房屋占住权。在二十一条中第五章第二款上说的明明白白，一方面又想出所谓"对支那文化事业"运动来博中国人的欢心而实行他侵略的政策。

　　据日本大藏省调查，大正十二年一月至六月中国排斥日货，日本损失约五千万元。此次排货结果，南方诸省影响最大，北部次之，东三省竟毫不受影响。

　　交通方面，日本在中国有南满及安东二条铁路。航业，据十二年海关报告：中国共有轮船及民船三二，四三三，八四七吨。日本在中国有轮船二五，〇六二只，共三三，二八八，六一七吨，故日本在中国航业比中国自己所有势力更大。

　　海底电线，日本有吴淞到耶普岛线、吴淞至长崎线、大连至佐世保线、青岛至佐世保线及旅顺青岛一带海底线。

　　无线电则北京、天津、上海、汉口、大连、奉天、通州（双桥无线电日本治三十年）等处，日本人无不有之。

　　总而言之，日本人是因为世界上已经没有别的地方给他占，而自己人口增加，不得已遂向中国侵略。其经营中国一如经营殖民地。

　　中国人衣食住三者差不多没有日本人就不能生存，还是一件何等可耻的事呵！平常中国人生了病也要找日本大夫。就是生小孩，都要日本人接生。这是一件何等痛心的事呵。日本人侵略中国虽是无孔不入，可是中国的孔也太多了。

　　排斥日货这件事，要拿他来表示我们意见是可以的。要以为排斥日货就可以解决中日间一切问题是幻想的。譬如日本船运一船货来，他不能空船回去。我们要是也运一船货去他又如何呢？银行事业，日本人不是仅仅把中国钱送到日本，因为片面的贸易是不能做的。我们看看日本每年商业他也是岁入超过岁出,她的钱也被欧美人挣去了。我们为什么不能去挣呢？日本教育,不惟教育他们的子弟成为爱国有用的国民,而且使中国人成为卖国忘国的蠢物。中国凡是有日本人的地方都有日本学校,在日本人开给中国人读书的学堂里面都有"化民成俗"的匾。我们更可以知道他的用意了。中国人在他们学校出来的,你问他是那国人,他说我是清国人,好在他们不说我是日本人罢了。

我们要知道日本人有如此能力,不是偶成的。他们成天是如何的用心调查研究中国的事才有现在的成绩。

老实说来,中国国耻多矣,也许比廿一条更利害的也有。不过我们所以要注重日本、研究日本,是以为要在现在世界立脚至少也要有日本那点能力,以日本作为我们中国一个最近最底的标准。我们要是日本也不能及,我们无丝毫的希望。

我们不要仅仅叹息、痛苦、流涕。我们不要自馁,也不要自负。世界上的事是人做的。我们应该努力！

今日是我们国耻纪念日。纪念日本人送给我们的二十一条。中国的国耻岂仅仅是二十一条可以包托吗！二十一条虽然在华盛顿会议上删去好些,然而日本人的野心只有一天一天的加进,决没有退步的。我们以后不应每年今日虚应故事的叫喊一场,我们应当过细研究日本。

我是不愿意做文章的,所以我今天非常欣喜我们有这个机会面谈。诸君总要尽力求学,保护身体,解决自己问题,谋将来报国。

《南大周刊》第 18 期,1925 年 5 月,1—9 页）

郑华基：日本之人造丝工业

是篇译自《远东时报》第二十三卷第七期。内容所载，原属记录日本人造丝之源起、经过及将来之大计划。夫日人之所以能如此劳心竭思，不遑宁处，以谋其本国人造丝业之发达者，良以人造丝成本之低廉，制法之简易，他日必有取蚕丝而代之之一日。窃思吾国为蚕丝之主产国，现每年出口货物，仍以蚕丝为最大宗，苟不从速竭力设法预谋，则将来吾国蚕丝工业之失败，将百倍于今日矣。愿邦人之关心吾国丝业者，睹斯篇有以自励，则吾国丝业前途，其庶有望乎！

译者附志

日本自一九二六年入口税则修正，将入口人造丝每百斤应纳之税八七.九零元改为一二五日元后，于是人造丝工业大盛。社会上一般人及资本家，对此均极注意。匪特现有之纱厂已从事于大扩充，即豪商巨贾及各重要毛织物工厂，对于新纱厂创设之进行，亦正方兴未艾。考日本人造丝工厂之创设，实昉于一九一三年，时铃木会社采行维斯可斯程序（Viscose Process）。迨后，该类纱厂之设立，犹雨后春笋，倏然万发，无如瞬息之间，而昙花一现者，为数亦指不胜屈。故兹所遗存兴隆茂盛之硕果，殆曾几经桑沧困难矣。

日本之人造丝业史,约可分为三时期:第一期始于一九一四年,尔时正当欧战爆发之际,外货之供给停顿,斯实授神户铃木会社以创设此种新工业之良机;俟后,因经济界方面情形之差逆,故此期终结于一九二〇年。第二期乃自一九二一年始,至日本大地震爆发时(一九二三年)止。而第三期则自一九二四年以迄于兹。

第一期纯为草创时期,故当时所设立之工厂,不久则归失败消灭。但其后因欧战之故,致人造丝入口减少;又加之以日本国内丝织业大行发达,是以日本人造丝工业遂应运而生。然尤以一九一六及一九一七两年之情形为最盛。彼等均采用硝酸化纤继方法,或铜钸方法。盖此种方法,当国家急难之际,可用以制造炸药,以供军需。后因专门技术上的困难,因而不得不宣告解散,合并、或改组焉。

第二期为天择时期,即财政充裕者,方可树其恒久之业;拮据者,终不免半途之覆灭。一九二〇年,日本经济界危机迫现,故人造丝业,亦受影响。无何,贸易景况由否而泰,于是人造丝业,亦随之而大有转机焉。一九二一年,日本帝国人造丝会社与铃木联合,建立第二工厂于广岛。随之而起者,约有数家。其后日本棉纱贸易会社购买朝日人造丝会社,而改组为朝日丝业纺织会社。此等工厂,均采维斯可斯程序。

一九二三年,日本大地震发生后,举凡百业,莫不重罹其灾。故人造丝业,自不能逭乎此劫。幸以国外汇兑之继续贬落,人造丝入口减少,而价格大增。夫以日人经济生活之状况单简,岂能胜此重负。故斯诚为日人所以旦夕亟亟谋其本国人造丝工业发达之主因。查一九二五年,日本人造丝之生产量,为数共三百万磅,其中百分之九十产自帝国人造丝会社及朝日丝业纺织会社。是岁杪,帝国人造丝会社之广岛及米泽二地之工厂,大加扩充,故其产量亦两倍于前焉。下列之表,所以示自一九一八年至一九二五年,此八年间,日本人造丝之生产、入口、出口及消费等量。

年次	生产量(磅)	入口量(磅)	总数(磅)	出口量(磅)	消费量(磅)
1918	100 000	77 086	177 086	7 000	170 086

年次	生产量	入口量	总数	出口量	消费量
1919	100 000	75 716	175 716	30 000	185 716
1920	200 000	79 805	279 805	15 000	264 805
1921	150 000	137 739	287 739	5 000	282 739
1922	250 000	224 142	474 142	6 000	468 142
1923	580 000	1 006 609	1 586 609	5 000	1 581 609
1924	1 035 000	885 572	1 920 572	10 000	1 910 572
1925	3 000 000	831 099	3 831 099	15 000	3 816 099
1926	5 500 000	2 500 000	8 000 000	10 000	7 990 000

（上列关及一九二六年之生产量、出口量，以及该年之其他数目，均属估计的。）

　　自上表观之，可知日本近年来人造丝之消费量，较前数年者，增加数倍。试观其一九一八年之消费量，不过于 17 万余磅耳；但于一九二二年，已增至 468 000 余磅矣。俟后，每年增进之速率，尤属骇人听闻！故一九二五年之消费量已较一九二三年者，增多 220 余万磅。而较一九二四年者，增多 190 万磅矣。此种消费量之增多，纯由货物生产额之加长有以致之。至于一九二二年之生产量为 25 万磅；一九二三年增至 58 万磅；一九二四年增至 103 万磅。而一九二五年则复增至 300 万磅焉。日本既供应所求，故国外丝货之入口，因之大减。今且就日本入口丝言之，一九二三年总额为 100 万磅；一九二四年降至 88 万余磅；一九二五年复降至 83 万余磅。是以今日之外国人造丝，已不能于日本市场上，据居优越之地位矣。

　　帝国人造丝工厂，及朝日丝业纺织会社，及日本现有人造丝厂中之最大者。据一九二六年三月之调查，谓：前者每日能产丝 10000 磅，而后者则 3000 磅。舍此之外，他如，东京人造丝厂，每日能产丝 500 磅；明治人造丝工业会社，每日能产丝 200 磅；及人造丝工业会社，每日能产丝 50磅。此数丝厂每日总产量为 13 750 磅，年产 4 115 000 磅。

年来，日本人造丝之专门技术日渐进步，故以上二大会社，现能将其制造成本，减至日圆一圆二钱，或一圆三钱之间，较市价廉三分之一。丁兹百业艰困之际，而遽有此巨利可图，故资本家多趋之若鹜。现各丝厂多努力于筹划扩充之事，苟此谋成功，则所投资本之总额，至少当在1亿日圆以上。每日生产量为74 000磅，每年2 220余万磅，对于日本工业上，当占至要之地位焉。

下表乃于一九二六年七月，自可靠方面得来关及日本人造丝工业之新计划：

公司名称	额定股本（单位1千日圆）	已缴股本（单位1千日圆）	地点	工厂组织	每日生产量估计（磅）
扩充计划					
帝国人造丝会社	12 500	8 750	岩国	广岛	12 000
朝日丝业纺织会社	8 000	6 000	锅冈	GERMAN	12 000
东京人造丝会社	10 000	2 500	吉原	GERMAN	5 000
人造丝工业会社	3 000	1 500	川声	GERMAN	1 000
明治人造丝工业会社	1 000	1 000	松坂	SUGA（JAPAN）	2 000
新计划					
东方人造丝会社	10 000	5 000	石山	GERMAN	6 600
日本人造丝会社	15 000	3 750	宇治	GERMAN	4 400
仓敷丝业纺织会社	10 000	2 500	仓敷	GERMAN	3 500
东方纺织会社	10 000	2 500	片田	GERMAN	2 000
日本毛织物会社	1 000	1 000	名古屋	意大利	1 000

续表

公司名称	额定股本 (单位1千日圆)	已缴股本 (单位1千日圆)	地点	工厂组织	每日生产量 估计（磅）
丸冈纺织会社	1 000	1 000	丸冈	？	1 000
帝国炸药会社	1 000	1 000	TAKWTOY0	？	1 000
后胜会社	5 000	2 500	TAKWTOYO	？	2 500
总共	7 500	39 000			52 000

（以上所列之数目，间有为估计的。）

舍此之外，又有三菱、钟渊、片仓丝厂、王子纸厂，及富士纸厂等大造纸会社，拟专从事于制造各种浆类，以供各丝厂制造人造丝之需，而不自行制造丝类。此种分工之计划，实最省便，诚足以使日本人造丝，以更有发皇兴盛之机焉。

据某方之核算，谓：苟照现在之计划，尽量实行，则于一九三三年，日本人造丝物品，每日出产总量将为 21 万磅，每年为 6 300 万磅矣。然此数目，固未包括出口之物品而言也；若包括而言之，则每日总额为 41 万磅，年为 1 亿 2000 万磅焉。此数几与一九二四年世界人造丝之生产量相埒，但计划过大，恐不免有"志上得中"之慨焉。

上述之人造丝出口品，乃帝国人造丝会社所倡设者，资本 1 亿日圆，定每五年或七年，缴收股本总数四分之一。计设四厂，每厂日出丝 40000 磅，发起人估计将来世界每年需求人造丝之量，至多为 20 亿磅；而中国及印度之需求，则为 2 亿磅。日人因欲谋此巨利也，拟渐事扩充，以期每年能供给此 2 亿磅之需求。因是，故将其创设新工厂之资本，加入其它工厂中，以期实力雄厚，而促其计划之得实行。现各工厂资本总额，已达 2 亿 8000 万日圆矣。日人为谋日本工业处于优越地位，及将来原料之供给计，故采行维斯可斯程序。查现时日本人造丝之原料，均来自外国，然此非至善之道，是以日人今日之急务，首在谋自供所需。总之，他日人造丝工业,必与造纸工厂有密切之连带关系,此实无可讳言者也。

现日本人造丝厂址,多在宇冶河畔,及琵琶湖滨之间;因该处水质宜于漂白丝品。然苟为出口运输,及消费便利起见,则厂址之设立,又不得不密迩神户及大阪之间焉。

苟此种纷繁之计划,尽皆践行,则诚足以促人造丝,将来有供过于求等不良之现象发生。据可靠方面之报告,谓:一九二六年日本人造丝出产总量,不过为500万磅,倘照现今所定之新计划践行之,则一九二八年之产量,将增加四倍。然此种计划之能否实行,及生产量之能否增加,则纯系乎将来工业之状况之良窳而定,故此时尚未可逆睹也。三菱纸厂董事藤野君,近刊行一书,估计将来日本人造丝之供给量。大致谓:一九二六年人造丝之生产量为500万磅;一九二七年将为1千200万磅;一九二八或二九年将为3480万磅;而一九三〇或三一年则将为7500万磅云。由是观之,可知将来人造丝之需求,将亦随挽近奢侈之风而日增无已。夫利之所在,人共趋之,斯又无怪乎日人之能殚精竭思,穷年蠡月,以谋其人造丝业前途之发展也。

(《南开大学周刊》1927年第43期,4—9页)

小仓章宏讲演，满蒙研究会记录：日本政党之过去与现在

这篇记录稿，早就应当发表，但因赴会忙与考试忙的关系，迟至现在才草草誊清。不特词句不及润饰，恐怕人名与时间也有错误之处。这是很对不住讲者与读者的。

现在有些人替中国抱悲观，我看是不应该的。因为中国现在的纷乱情形，是过渡时代的自然现象，不久自会平静。诸君如果不信，请看日本最近六十年的政变就晓得了。

至于日本政党之变迁可分三期：

1. 官僚（超然）内阁时代——明治元年至明治三十一年
2. 准政党内阁时代——明治三十一年至大正十三年
3. 政党内阁时代——大正十三年至现在

第一期　官僚（超然）内阁时代

在明治维新前二年，有志士横井小楠和松平春狱，目击日本政治十分腐败，乃奏请天皇，要求变法维新，结果没生效力。后来明治即位，他宣誓说"广开会议""国家万事公决"。又和国民约定，将来实行立宪政体。这是日本光华灿烂的维新史上第一枝花儿。不过维新不是一件易

事,明治乃迟迟不即实行。国民见政府有意推诿,乃作激烈的请愿运动,要求立宪。当时有参议板原(原文如此,应为"板垣",以下同——编者)退助(民众运动的领袖)和陆军大臣西乡隆盛(立宪运动的健将)因外交问题与政府意见不合,辞职归乡,向农民作宣传工作。有志之士都加入立宪运动,气势非常雄厚。不过人数增加,而意见也因之复杂。结果互不能相容乃有武断派、文治派、急进派之分。他们互相争持,各不相下,把国家闹的十分紊乱。与中国初改成共和制的情形是没什么分别的。武断派的行为太激烈,结果失败。文治派的领袖是板原和副岛种臣,他们鉴于武断派之失败,乃改取缓和态度。专向提高人民智识一方面下功夫。人民智识高了,反抗政治的力量也随之增大。政府不得已乃在明治十四年十月十二日下诏,允许在十三年内行立宪政体。人民见宪政不久即要实现,乃组织政党以为准备。自由党者首先成立,以板原为领袖。明治十五年四月改进党成立,以大隈重信为领袖。其党员大多数为退职的官僚、在野的政客和少数资本阶级。所以他们主张渐进反对激进。同时有帝政党出现,目的在拥护政府。明治十五年共有三政党:

1. 自由党 ⎤
            ⎬ 反对政府者
2. 改进党 ⎦

3. 帝政党——拥护政府者

帝政党成立的目的是抵制自由党与改进党,以维持政府之地位。后来自由党与改进党二党相互倾轧,其力不足以推翻政府。帝政党无所用,乃自行解散。日后的日本政党都产自自由党与改进党,故研究日本政党史以此二党为最重要。在那时日本有三个大问题:

1. 地租减轻问题

2. 言论集会自由问题

3. 外交政策挽回问题

第一问题为政府向人民征税过于苛酷所致。第二问题是政府与人民既约定不久立宪,而对于言论集会却努力压制,故人民要求取消政府的种种干涉。第三问题是日本关税既不自主又有种种不平等条约,人民乃有修约运动。又怕一班腐败官僚不胜其任，自由党与改进党乃组一"大同团结"作极端的维新运动，同时政府也做极端的压迫。直到明治二十三年才成立国会。这是日本第一期政变的大略情形。

第二期　准政党内阁时代

明治三十一年进步党（明治二十九年改进党更名为进步党）与自由党相合，组织宪政党。那时是伊藤博文组阁。他欲向田地征税，国会反对。伊藤解散国会，再选，宪政党仍占多数。伊藤乃荐板原退助和大隈重信以自代。那时维新党人得势，官僚知不能制，乃努力向维新党人买好。结果官僚政党化，政党官僚化。二者相溶，故谓之准政党内阁时代。后来宪政党内部分裂，其所组之内阁亦随之崩坏。乃由山县有朋组阁。伊藤同宪政党之一部分党员组政友会。安达谦飞（应为"安达谦藏"——编者）与肥田累三（应为"肥田景之"——编者）组织中央俱乐部。犬养毅与岛田三郎将宪政党改组国民党。但不久国民党受桂太郎（继续西园氏的内阁总理）的运动内部破裂。桂太郎合国民党一部及中央俱乐部之一部组织立宪同志会，国民党的残部乃与政友会联合反对桂太郎内阁。桂氏辞职。桂氏是陆军派的领袖，继桂内阁的是海军领袖山本。大正三年山本辞职，大隈重信继之。大正七年立宪同志会与政友会冲突。大隈辞职。由政友会总裁、敬原（应为"原敬"——编者）继之。大正十一年革新俱乐部成立。同时有大资本家武前山治组成实业同志会。这是日本资本家第一次在政治舞台上露面。继敬原者为山本。大正十二年九月东京大地震，山本无才不足负重建东京之重任，乃辞职。清埔（应为"清浦"——编者）继之。这日本第二期政变的情形。

第三期　政党内阁时代

清埔是上院的议长，又是一位元老。他与政友会毫无联络，故当清埔组阁时政友会分赞成与反对二派。赞成的理由是暂请清埔组阁以维持地震后之大局。反对者说让这样头脑腐旧的人组阁,是日本宪政退化的现象。他们乃与革新俱乐部、宪政会合起来作宪政拥护运动。同时赞成清埔的政友会党员组政友本党以为抵抗。结果清埔辞职,由宪政会领袖嘉籘(应为"加藤"——编者)高明组阁,大正十四年嘉籘死。宪政会总裁若槻礼次郎继之。(同时革新俱乐部解散,改组新政俱乐部。)若槻于昭和二年因经济关系辞职。继之者为政友会领袖田中。政友本党乃与宪政党合在一起组织民政党。这就是日本现在势力相敌的二大政党,民政党与政友会。

田中义一组阁时民政党在国会中占 219 席,政友会占 190 席。其余小党有的归入政友会,有的加入民政党。结果政府党占 223 席,在野党占 234 席。在野党比政府党多 11 席,如提出不信任案,政府党必失败。故于正月二十日田中内阁解散国会,实行普选。此举在日本选举史上开一新纪元。除以上两大党外尚有无产党,人数虽少,然也值得加一番研究。现在简略的说明该党之起源。

大正元年铃木文治组织劳动合作社,在大正十一年改名为日本劳动总同盟。日本农民组织农民合作社,又组劳动农民党。是为日本最初之无产政党。我想诸君一定会问"为什么日本无产党不由工人组成,而却发于农民呢"? 唯一的原因就是明治维新之时有许多志士,曾在农民身上下过宣传功夫,故农民对于政治之兴趣比工人浓厚。农民党主张急进。大正十五年社会民政党成立,中多有智识之工人,和比较稳健的份子,主张缓进。其领袖为安部矶雄。后分两支:(一) 社会民政党。(二)日本劳动党,以大山郁夫为领袖。我个人对于劳动党素少研究。而关于该党之组织与主义政府又不许作公开讲演,故难知其详。(中略)这次普选结果,无产党之成绩不很好。按着理论说,这次普选,中下阶有选权的人数骤增,劳工党似应有多人被选,而结果竟得极少数。盖由于日本社会平静,人民不愿社会有变动之观念所致。

这次选举是普选的第一次试验,同时又是政府党之生死关键。所以政府努力压迫在野党。新闻界知政府有此阴谋,乃共同发一宣言,告诫国民。于选举时力避犯法行为,以免政府有所藉口,加以干涉。选举时因犯法而怕政府藉题压迫者有三人自杀。此等小事很可看出日本人民对此次选举是非常慎重的。选举结果:

政友会　　　219

民政党　　　216

实业同志会　4

社会民众党　4

革新俱乐部　3

劳农党　　　2

日本劳动党　1

九州立宪党　1

中立党　　　16

这次选举结果,政友会只比民政党多 3 席。在政府积极压迫之下,民政党能得这样的好成绩,可见日本国民的政治智识已大有进步。二大党虽差 3 席,然各小党除中立党而外自然都要拥护民政党。我们假定中立党有二个人加入民政党,余者均归政友会,则二大党之比数当为 1 比 1,如下:

民政党		政友会	
民政党	216	政友会	219
中立党	2	中立党	14
其他小党	15		
合计	233		233

二大党席数一般多,则政府党必努力行贿以破坏民政党与其他小党之联合。然国民对政府监视极严,恐难以成功。结果如何,不久便可知道。

诸君,日本维新至今有六十年,仅得如此成绩。中国改成共和仅十七年。要想实现理想共和,实不可能。望诸君勿抱悲观,一切责任均在诸君身上。如努力为之,中国自会光明。

　小仓章宏先生的日本政党变迁表,附录于下:

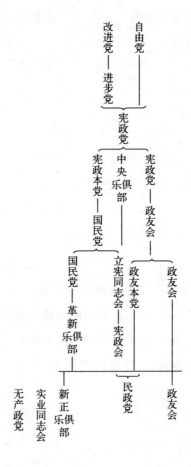

（《南开大学周刊》1928 年第 55 期,5—10 页）

小仓章宏讲，何庭鎏口译，范士奎记：日本新旧思想之变迁

　　从这篇演说里面，至少我们可以得到日本新旧思想的"来就去路"，实在有介绍的必要。但我所记下来的，因为课忙，未能充分的修改一下，更未就正于讲者和译者，对于遗漏或不洽处，应当由我负责，这也是很抱歉的一桩事。　士奎附记

　　在日本明治维新以前，有一个时期，称为"德川末期"，那时对于内政的主张约分三派：

　　（一）尊王讨幕　推倒藩镇，而尊天皇；

　　（二）佐幕　不必打倒藩镇，而主张改良政治；

　　（三）公武合体　这就所谓中立派，也不主张打倒藩镇，也不主张佐幕，乃赞成幕与藩镇合起联来改善政治；

　　对于外交的主张可分两派：

　　（一）攘夷　主张闭关自守，不与西洋通商；

　　（二）开关　主张大开海禁的人，又有两个意见：

　　（1）开国进战　先通商吸收西洋物质文明，而后再抵抗西洋；

　　（2）进战开国　轻视西洋文明，简直与之抵抗。

　　经过此时期旧思想之酝酿，而后乃有新日本思想之产生。新日本对于政治、社会、经济和外交各方面的思想，发扬很快，现在分述于下：

政治　复古以后，人民因受德川末期之压迫太甚，故首先即约求自由民权，更约求议会，议会成立以后，政党亦随之产生，日本的政权向来在军阀及资本家手里，所以平民不满意，又因为有选举的经验，人民思想大发达，无产阶级亦觉悟，这次日本普选，虽无产党仅占八名，然已开日本政史之纪元矣。先前仅四百万选民，而现在的选民突增加到二千多万，其中大多数是无产阶级，以故此后日本政党须注意到无产阶级的幸福，因为无产政党向各处活动，政权必日移于平民手中，总之此后日本的政治，一定要注意大多数人的幸福，并且日本之帝国主义，也决不能存在。

社会　从社会方面观察日本，先前有士农工商四阶级，武士属于"士"的阶级，就是"士"也分三等，"上克下"（按即专制意），各阶级很专制，武士有杀人特权，日本史上有"大名"之称，此"大名"即各地之诸侯，其部下有武士，割据一方，对于人民极专制，此为封建时代的社会状况，"大名"（诸侯）对于武士专制；武士对于人民专制，因此乃有自由平等、打破特权阶级的呼号，于是人权乃得确立，迨后资本阶级又起，因而又变成有产与无产之争矣。

经济　对于经济，则主自由，先前土地财产多在"大名"手中。旧日是子承父业，代代相传，总是作一种职业，否则为"不肖儿"。迨明治维新以后，才许人民自由选择职业，高桥是清为日本第一流政治家，屡长财政，其父曾为贱业（在妓女下处作事），这足证明不论家世了，虽然当时经济自由思想很发达，但因贵族们的利益，仍取保护政策，实在也因为日本的文明是后进的，亦不得不行保护政策。日本之改革为被动的，故与西洋各国所订之条约，多不平等，一面派人到西洋去观察，回国后乃有热烈的改革。日本全国朝野上下都觉悟，想取消不平等条约，于是造成国家主义；晓得非富强不足与西洋各国抗，因此予实业以极力保护，乃造成资本帝国主义；因为资本帝国主义之压迫，乃产生社会主义。如果想战胜资本阶级，非由无产阶级大联合不为功。

外交　日本对外交则取排斥主义。由极端国家主义而变为帝国主义,对于中国曾有一时取侵略政策,因那时以为倘不先入手,恐中国受西欧各国之大亏,但今日的日本则已觉悟,知帝国主义不能行,乃有国际调和主义产生。

总之自明治维新以后,不仅为政治的革命,实亦社会的革命,一方打倒社会各阶级,公布新教育政策;一方行征兵制,即国民皆有当兵及受教育之权利,于是武士阶级得以铲产,因此可以说明治维新后变为"下克上"。在封建时代,土地权为诸侯所有,而明治维新后,承认人民有土地权;在封建时代,最重视武士而轻商人,明治维新后,则大变更,因为人民有了土地,即是人民的财产增加,自然提高了他们在社会上的地位。封建时士族不作买卖,而明治维新后华族士族平民职业尽可自由,且法律上承认契约自由、土地自由,因是产生资本阶级。对于人权之确立,亦为明治维新以后的事。从前仅"士"有姓,而不准其他各阶级有姓,只能有名,明治三年九月上谕准人民皆有姓,四年八月上谕不准武士无故杀人,同年八月又下谕旨取消"新平民"之名,同年八月各民可以通婚,六年一月可以随意过继养子,九年三月谕,不准武士带刀,日本对于妇女历来极轻视,恒有虐待之事,明治六年明令女人亦可提起诉讼离婚,但未多见诸实行。

日本明治维新,不是资本家团结之力,当资本阶级尚没养成之时,西洋各国已来侵袭,故打倒旧势力出力最多者,实为藩镇志士,实因藩镇优镇柔寡断,乃造成武士与人民之联合。此辈人(士)打倒德川之势后乃得权,人民亦未与之争,但未得势之武士颇攻击得势之武士,明治维新既渐成形,政党与得势之官僚相争,政党即那时的财阀,他们渐渐得权,明治维新后,乃有资本主义之产生。当时颇受西欧帝国主义的侵略,国民觉悟,而成为国家主义,但个人自由主义很薄弱,在国家主义与资本主义时期,是封建时代的智识阶级人得政权。涩泽荣一、岩崎弥太郎(三菱公司社长)、初来天津之三友友原、三井洋行之经理中上川彦次郎,皆受政府保护而成为资本家者,故日本之资本家,乃受保护而发达,非如西洋为其自辈竞争而得成功者,所以总带有政治味。

以下还有几种变迁,尚需极大之注意。

社会方面之变迁 资本与劳动之出现,为明治维新以后的现象,当时分社会阶级为华族、士族、平民,除华族稍有特权外,士民皆平等,但因财产之发达,乃有劳动资本两阶级出现,资本家为旧日的贵族、大地主及新起的智识人,因为土地私有权之承认,有钱者乃收买小地主之地,而成为大地主,佃户受压迫。乃向城市集中,同时工业亦甚发达,因为农民之集中城市,变成劳工,自然渐渐产生劳动阶级,因为资本与劳动两阶级之冲突,乃有社会主义出现。总之明治维新后,对外为帝国主义,经济则为资本主义,社会则为社会主义,社会主义渐渐发达起来,明治四十三年有"大逆事件",尤以欧战后社会主义思想更有发达,大正六年俄国革命成功,日本社会运动立时紧涨,颇有为之牺牲者,但未大众化,结果失败,后乃觉悟先从群众化作起。

劳动运动 最早者为印刷组合,因为印刷工人接触文字较早。大概"大逆事件"或与印刷界有关系。明治十七年印刷工组合成立,因政府压迫,旋即解散。其次为铁路工组合,于明治二十年成立,二十二年更组同盟进工会,三十一年铁道机关守(司机匠)组铁道矫正会,片山潜组织劳动组合期盛会,以后矿工组合因政府之压迫,没现实效。大正八年八月铃木文治组友爱会,极有组织。在欧战前日本没有完全有组织的劳动组合,虽友爱会较佳,但其非纯粹劳动,不与资本阶级争斗,偶尔有劳资及罢工冲突,但极为少数,仅欧战后始有劳动的好组织,完全是日本工人的觉悟。工业突然发展,工人数目骤增,虽物价涨贵,而工资仍不增加,又因"成金"(新发户或暴发户意)生活太奢侈,工人愈苦,于是工人乃生反抗资本阶级之心。一般社会运动者,一面鼓励工人的知识,一面输入西洋社会思想,欧战后交通恢复,日本工人受到西洋之思想,更自觉悟,不愿受资本家的压迫,由劳资调协而进至劳资争斗。八月三十一日开第七次大会改为"日本劳动总同盟",乃带左倾思想,其宣言"由劳动阶级联合起来,打倒经济组织,劳工要努力向自由路走去"。日本之劳动界因受外国思想之影响,乃大渤渤,虽如此,仍未十分彻底,因学识不足,专在学理方面用功，而不从民众下手，由调协而成 Syndicalism（工团主义）。因此他们在社会得不到实在地位，由是他们又回到合作社内，从事联合。大正十三年日本农民组合加入劳动总同盟，大山郁夫作宣言："政权仍在少数人手里，若主张劳资妥协则不对，非要劳动者自己觉悟，铲除这种势力不可。"因为各种组织之运动，在大正十四年议会通过劳工有选举权，于是各种组合感觉非组织政党不可，然尚无真自由的思想，劳动组合一方面对付军阀，一方面指导受压迫的人民，故困难日甚，现在日本自由主义与社会主义立在同一战线，由此次选举结果，社会右党不见得比左党得胜，今后左党将渐渐得势，将来各政党政纲一定要变更。

外交上的变迁　明治以前之外交，极其幼稚，对于国际智识很有限，当时所谓"学者"只谙几句荷兰话而已，对于基督教仅视为"降妖术""棚经"，乃佛教中之一种，到各家念经，暗中调查户口，意在视有多少人信基督教者，虽如此闭守，但世界潮流终不可当。嘉永六年（距今七十年），美国军舰到日本浦贺港，江户（东京）当局很惊慌，想用寺院梵钟作炮，以吓美国人，但美人有望远镜，早窥得清楚，迨后浦贺当局到美舰上，其船长则授日人以望远镜，令藉之看大钟。日人乃大惊，船长问："你们的大炮，何以无孔？"日人赧然，商量妥协，美舰请日本供给水食等，日人用木船送水，极惊讶美之抽水机，又以为基督教作怪，乃极逃回。此段事实足可证明彼时日人智之幼稚也。美舰长 Harris 与日本之"大学者"林达学士会面，询以日本之土地、面积、户数、人口等问题，林达学士皆不能答，这又可证明当时无科学智识。这样幼稚，还要倡攘夷，怎样能抵制西洋各国？但因为日本与中国交通很早，对于中国文化了解颇多，故极尊重从学，对于西洋人则称"犬羊戎狄"。设若那时没有 Harris，恐日本尚无今日，故在伊豆国、下田港、柿崎三处，立有 Harris 的纪念碑。当时除美外其他各国对于日本皆抱侵略之心。

Harris 会见德川之后，在堀田正睦大臣家中召集会议，给日人解释世界大势，劝日本自动向外国通商，不然西欧各国也一定会来侵略。于是在安政五年六月（一八五八）定日美通商条约，但以欧西各国相继来强迫订约,受种种压迫苦痛,直到明治二十三年始与英订平等条约。

受外人之欺侮,则以忍耐奋斗处之,极力吸收其文明,待到时机,则可与之抵抗,取暴动不是上策,因为日本完全是富国强兵的思想,故在一九〇五至一九〇六年能战胜了俄国。固之演成资本帝国主义,曾有一时期侵略中国,但现在已有些学者觉悟,颇倡与中国亲善,所谓共存共荣主义也。

(《南开大学周刊》1928 年第 57 期,15—20 页)

黄子坚先生讲，士奎、永庆合记：日本之一般

"一般"是一个日本名词，就是"大概情形"的意义。我们这次游历，所得很多，简直说几天也说不完。今天不过先就我印象最深的几点讲出来，其余等以后再谈。

日本人是一个冬天打开冰洗凉水澡的民族，那种咬定牙根的干气，叫我们不能不佩服。我们中国这种随随便便，稀松懒懈的性情，是需要这种气来刺激一下的。

我们先从釜山说起，也说诸位随着我们旅行一次。由釜山渡海峡到下关，而后西京，东京。我们到釜山是早九点，车将要到时，就有人来替照顾行李，到船上领，每件七分，一点也不争执。

到了釜山，所有的客人，都自然的排成单人长行，预备上船，非到开船前半个小时，舱门是不开的。

从下关换车向西北走，铁路一面是山，一面是海，中间是小豆腐块儿的田地，这时日本的气候很有点像江南，满山松杉之外，别的树也正绿着呢，但其中杂着几棵枫树，还有许多柿子树，赤叶红实，点缀其间，煞是好看。将要割稻子的时节了，农村都很整齐，是证他们的生活很富裕。

西京是在众山之中，到了晚上灯火辉煌，十分华丽，白天可以看见街里泉水很多，有点像我们中国的济南。西京有现代城市交通之便，而无

现代的忙碌匆匆的样子。

由西京到东京,一路上的平原较大,农民也比较更富足,横滨东京间往来的车非常之多,交通极具便利,人民显出异常忙碌的样子。东京除去皇宫、古松和战壕之外,其余的都是一个近代的城市了。

在日本到处可以看出是一个治水国来。它的改革是从上向下的,就是一切公事,都是下行的。就以文部省(教育部)来说吧,在上有一个文部大臣,其余凡是一部分的事情,就要委派一个官员去管理,很能尽职,处处为人民施惠,日本虽然没有作到美国林肯说的 government by the people,of the people,但至少已经做到了 For the people(为人民)了! 但有人说这些官员多为贵族,所以他们尽心竭力去作是为他们贵族本身,而不是为人民,然而这就不是浅肤的旅行者们所能看出来的。

日本政府不但对于它的成年国民负责,并且对于在母胎里的国民,已经很尽它的保护责任。如市政府设立的相谈所,指导孕妇的卫生方法和保护胎儿的方法。小儿出了世,有奶吃,那是没有问题了。如果未有奶或奶不足就将它交给乳儿所,在那里它可以得着很好的奶吃,并且收费亦很低微;小孩在三四岁的时候,正需要人来保护和引着他玩,妇女们因为作工,所以昼间常常将她们的小孩子托给托儿所代照顾,到晚上下工领回,依然可以享受她们的亲子之爱;小孩长到五六岁,必须入学校,受义务教育。如此一看,政府对于一个小孩是多么尽责呀。

现在我可以大略讲一讲日本的经济情形,因为我不是个学经济的人,所以我所见到的,也许是浅肤。前面我已经说过,从下关到东京,没有大平原,都是些小豆腐块儿的稻田,它的出产既如是有限,它的原料当然仰仗着外国的供给了,就是它的制造品亦得运到外国来销。这个国离他最近,又有的是原料,那就是我们中国了。

日本近来很闹着失业的问题,据调查东京失业的人就有十万之多,但最使人惊讶的是在失业者之中大学毕业生很多,这实在是很可以注意的一件事,工人的不满意,最厉害的也不过暴动,但是那种暴动是容易制服的,然而这些智识阶级若是不满意于政府的时候,那就难免有大规模的运动发生。

在日本百货店中，有一点很惹人注意，就是其中的货物，百分之九十是本国出产的货，仅仅有百分之十，或许不到，是舶来物，然而要是走进中原公司看看，则百分之九十是舶来品！

还有一个现象，就是日本百货店中的人，比中原公司大减价的时候还要多，一群太太小姐们看着华丽的衣料，都红了眼。日本在欧战时突然发了一笔大财，因此大家都阔起来了。但是现在发财没有从前那样容易，而欲望仍不灭，想紧缩也紧缩不下去，将来或者成为日本一个大问题，这是很可以值得我们注意的。以下我要说些表现日本人的精神的事情，初看好像琐屑，其实件件都有很深的意义。

到日本后第一件令人感触的事是他们的活动，紧张。失业的人虽多而少闲的人——很少像街上那种手拿着鸟笼而逍遥自在的在街上走的人。他们无论什么事都好像是慎重其事的，就是旅行，他们也真在那里"行"，在那里"看"，而不是如我们一般之所谓消遣。

个人是如此，其他不论私人的或政府的组织也如此。当我们在东京那几天，仅就我们所知道的，每天有十几个展览会在那里同时举行，而同性质的展览会又因门类不同而同时又在多处举行。我们曾到第十次帝国美术展览会参观一次，人极拥挤，据说每天参观的人，最少时候是 4 万人，最多可到 20 万人！固然，到那里去参观的不一定人人都是对美术有兴趣，但他们都是在紧张的状态之下动着，都是在慎重其事的动着。

还有一种现象可以表现日本人的活动，就是旅行人之多，我们每天出去参观，总遇得见许多起旅行的团体。上至很老的男女，下至幼稚园的小孩都要去旅行。我们去的时候正是枫叶将红橘子将熟的日子，所以到处都有"红叶狩""蜜柑狩"的广告，鼓励人去旅行，旅行的人也真有。日本人真不辜负山水的风光。

政府机关也是如此活动着，紧张着。我们曾到文部省参观一次，在极不讲究的公事房中，他们人人都在那里忙他所应做的事，都现出一种紧张状态。像从前北京各部的职员，每天坐在公事房里拿着份报看，那是绝对不见的。办公的是这样,招待我们的那几位"司长"也是这样。谈话的时候,虽然我们说中国话的时候完全不懂,尚有待舌人的传译,但他也在那里很注意的听着,绝不现一点松懈的样子。

如果有个机器可以测验人类筋肉的紧张的程度,那末测验结果,日本人紧张的程度,一定要比中国人高得多。日本的筋肉时时是紧张的,而中国人的筋肉则时时是松弛的。这也难怪:中国的社会生活,个人生活都时常有冲突现象,都乏定准,在这种生活之下的人时时苦于彷徨莫知所从,彷徨与犹豫的时候筋肉自然松弛而"提不起劲来"。另一种原因,是体魄的关系。日本人的体魄实在比中国人强得多,学校里对体育之重视,也远在中国之上,中等学校每星期体育有七小时,课外运动不计。又他们的运动为激烈的,如"揉道"——即中国所谓的"角力"、"剑道"——即比剑,但都穿上特制的衣服,时常打得头破血流——都是他们锻炼身体的方法。东京有一个商业中学,他们在一个依山近水的地方去买了一块地。他们以为住在城市里太舒服了,所以每年寒假都使学生到那地方去受冻,同时还要打开薄冰,跳下零度以下的冷水里去洗几回澡。

在交通上也可以看出日本人的紧张状态,日本火车时间极准——有世界第一之称。我们曾看见火车时间表上"十二点二十五分二十五秒"之纪录。火车时间表上注明秒,在我们总以为多此一举,然而日本火车真会一秒钟不差的到站。普通车准时到站,特别快车更准。特别快车误点在三十分钟以上,车站负退票之义务,这是别处没见过的。

以上拉杂说了一些日本人的活动,紧张。紧张固使日本人成功许多大事,同时也造成他们一个弱点,就是神经,过敏,容易惊慌。

除了活动与紧张之外,还有一个现象也令人注意。就是日本与自然奋斗之猛烈。从薄硗的地力里,他们要拧给养五千余万的财富。地震毁了的东京,他们要造成一个更好的都市。你看东京的上架电线是个⊖形的。我以这个太极图是日本人有意与自然战争而得了胜利的象征。你再看日本的农村,我们在日本走的地方虽不多,却从没见到一块空地。日本除了高山就是大海;高山与大海之间有时虽可见到一些豆腐似的农田，也都是收拾得整整齐齐，令人一见生美感，田庄是整齐的，农人的住宅也是整齐的。这种住宅多围以篱笆，但他们篱笆不用树枝或其他植物编成，而以天然的树列成，再加以人工的修饰。处处在表示他们的爱美，而同时也现得出他们在爱美之中，还要将自然编排一下子。在日本，自然是吝啬的，而日本人要比自然还利害。

他们能征服自然，同时也能征服自己——人性中的自然。他们自制力极强，见到一件事非此不可；实在不行剖腹一死。日本人自杀的很过。他那自杀的哲学，好像是"自少我的生命在我手，自少我听我自己的话"。这点说好了是他们能知行合一，说坏了是他们"死心眼儿"。

说到"死心眼儿"，想起几件有意思的事情来了，他们虽非此处所谓"死心眼"的举例，也可以见日人心理之一斑。我们在大阪的时候，有两个便衣警察来找我们，他们开头一句就是"听说你们南开大学是北支反日的中心"。我不知道他们说这话是什么用意，我知道这话毫无用处。而这两位先生却既听说就当面说出。我想：净论外交日本决干不过中国人，太死板。然而人家的国家有实力啊！

日本人极信"修身"一科，他们以为修身是训导青年道德唯一的途径，既信之，他们也就力行之。所以修身在学校的功课里占很重要地位。他们又死心塌地的信忠君爱国之说，尊天皇如神圣，在女学校里尤甚。每周都要向御真容行礼，每星期一晨要集全体学生于天皇御容前行敬礼，并读天皇的诗。这种办法在多疑好辩的中国，决不行的，就是勉强行了，也是敷衍。然而在笃信不疑的日本人真实的皇室中心主义或者还有很长的命运呢。还有一件事他可以见日人心理之一端。日本小学教科书，全由文部省编纂，因此这次到文部省参观时曾顺问一下他们编书的方法，他们只答以"交给十二位编纂官"，再问他们如何编，他们就现出奇异的样子来，（联翻译带局长）似乎以为交给十二位编纂官去编，不就完了吗？诚然，在他们的例行是天皇命令文部省，文部省命令编纂官而已，编纂官就尽忠尽责地去编纂，绝没有什么可疑的。日本的政治这一条线从上往下，所以思想也一条线从上往下。

别看他这一条线,有时也一条线得可怕。日本人认定了他们要与欧美媲美争衡,简单极了,就是要不弱于欧美,欧美有的他要有,欧美会的他要会;海军他要比英美,工商业他要比西洋,赔着本也得要造自动车。你要有精神的眼睛你一定看得见日本头上的汗珠。

在日本人与西洋争衡之中,冷眼人也看得出他们的 Inferiority Complex。支那人和西洋人说我小,好,我"大"一个给你看。不错,东京的街道真宽,宽得过火,而大街之中还有小屋子。有一次我同一位日本人谈话。我正说我们南开是个小学堂,同时张望屋子的四周,他听了问道:"你说这个屋子小么?"记住了日本要大,最嫉人说"小"字。

现在我要说日本现代化的程度了。日本有大的机器工业,同时也有小的手工业,而且数目不很多;商业方面他有大的企业,同时也有小的铺子——卖日用品的铺;这足证日本的工商业还没到十分的资本化。很可笑的是在东京街市上,与电车汽车并行的还有牛车,不过只见过一次。戏剧也如此,布景极佳而情节则很简单。日本的建筑近来已多西式,但因为地震及火灾关系,这西式的建筑日本化了。一般的形状都是前后不一或左右各异,不是我们所见的整整齐齐的一片,盖在一个房顶之下。如此则虽发生地震和火灾,损失的只是一部分,绝不会全毁了。

日本一般可说的很多,但因时间关系,只说到这里。个人看了日本,发生两种感想:

日本所以有今日——在世界列为五大强国之一,不是他运气好,不是他地势好,而是因为日本人天天真在那里努力,在那里干。为要造成今天的地位,他们曾流了许多血,出了许多汗。所以他们现在的地位,完全是他们用血汗换来的。他们的干固可钦佩,但我们也不能因为他们的日进不已而自怯,为我们的生存计势必与之争。不过我们要认清:争不是"恨"所能成,也不是口号标语所能成,要紧的得干,还得要认清了他们。所以今后我们对日本不必恨,也不必做什么幻想,应当用紧张的态度、慎重的精神,对日本下一番研究的功夫。

至将来对待日本,我以为不必用战争——用战争反倒未必成功——

最好方法是以经济制胜,日本可以算是工业国,但国里没原料。煤铁要取自中国,材料要取自中国,制造后还要销之中国,所以日本的工商业,可以说大部分依中国而存在。假若中国经济方面有相当组织与力量,那末要对付日本,只须一方面不供给日本原料,一方面不贩入日本货,这么一办我们自然要吃苦,然而日本人也恐怕要听话。

(此文收入申泮文主编:《黄钰生文集》,天津:百花文艺出版社,2009年)

(《南开大学周刊》第 76 期 1929 年 12 月 24 日,7—12 页)

Nakazawa,K.著，孙毓棠译：日本诗歌的精神

日本诗是一滴露珠，中心蕴藏着一条虹彩。我们要想玩味，必须从那露珠内抽出这条虹彩，在天边再舒展开来。日本诗是很短的。Tanka（短歌）是三十一个音节组成的，俳句只有十七个音节。就在这小小的锦片上织成我们的梦。所以日本诗人必须在"默示"（Suggestion）上下很大的功夫。他们创造的，不是开就了的花朵，却是一些种苗，给予读者自己去培育成花。所以我们读日本诗时，所当抓到的不只是写成的诗句，而是那不言间的一点妙趣。读者不只是个读者，也是个创作者。读者须把诗人赐与的线条与彩色自己描成一篇完整的图画。一篇日本诗所表现的那一点东西，不过领我们上一个旅途，由此我们可以自己曲折地去找那布满山花的峡谷。

这是日本诗歌之最引人玩味处。自然这种诗比较有些神妙难解。至少他不是一种直接的表现。但也就因了这个，他能给与我们一点在平常明畅的诗篇中所找不到的意味。当我们忙乱的或是疲乏的时候，我们常望梦境来笼罩我们，但我们如果有的是闲暇，我们总愿意自己划到梦境里去。明畅的诗篇只好像是一个有了答案的难题一样，容不得我们再追寻再创造。其实这种追寻或创造所给与的快乐才是诗歌赐与的真乐趣。

文字本来是个不细腻不准确的东西。文字好像一张网,渔人把来在水中去网月影。我们可以用整千整万的字,却总不会留得住檐前蛛网上的一抹夕阳,或是夜半露珠中的一鳞月色。我们本来只能默示——只能造一束花茎,好容他将来自菩(培)苞蕾。所以一篇诗只像是一只看不见的鸟儿,躲在花心内唱歌,比那种清清楚楚的表现,更多一层妙处。买来的花儿总不如我们亲手种植的花儿爱人,因为我们曾经费过一番精力在里面。诗也如此。诗之所以引人入胜就是因为他能使我们在表面的真实内去发现内在的美。

日本诗是情绪的刻画,不是事实的记载。因其是重情绪,日本人特重视对物的感觉。一个日本诗人要是想写一首诗,他总得仔细观察他所要描写的东西,直到有一种特别的觉感在他心中结了晶。当他要表现他的情绪时,他只描写他所要描写的东西的一部分;直至可以达到他的目的为止。这个意思就是说,他在他的诗内所写的东西,与原来他所要写的东西已全然不同了。假若他写一首关于暴风雨的景色的诗,他所见的是闪电飞云,野风摧木,狂飙怒撼着巍峨的山峦。但他写在诗篇里面的,不是闪电,不是飙风,而是一片枯叶在暴雨内打旋。所以要真真体会一篇日本诗,我们要看的不是自然是什么,而是自然所赐与的觉感是什么。

在日本诗中所表现的情绪,最有趣的是季候的觉感。日本的四季是分得清清楚楚的。我们绝不会误认春天为秋天,或秋天为冬天。每个季候都可以使我们起一种特异的觉感。春天有柔媚的月光和梦一样的花丛。夏天有高翔的天鹊与绿油油的草坪。秋天有清澄的溪潭和红满了霜林的枫叶。冬天有淡淡的阳光和银白的大地。每一个季候给与我们以清晰的感觉。日本诗人善于把这些感觉绣在他的诗句里面。

这种季节的描写,要算俳句式的诗格为最好。很少的俳句式的诗是没有季节的;那就是说,大多数的都是某篇一定带某一季候的色彩。在单讲俳句诗的作法的书中,把全书清清楚楚地分成春夏秋冬。开首初学作俳句诗的人,除有特殊的情形外,你总得任择一个季节来描写。日本人都是自然的爱好者,所以对于季候看得非常的重要。因为季候才是自然的灵慧的表现。

日本诗人多少总是个多神主义者。他们意识或非意识地总觉得在人间的事事物物的后面,冥冥中尚有个定数在。在他们看来,斜阳中轻舞着的鲜艳的花儿,不只是花儿而已,他们信这是春神喜悦的表现。在恋人的墓上哀歌的鸟儿,不只是个鸟儿而已,他们信这是亡人的魂灵来慰怀伤心的孤独者来了。也许有人会说这是幼稚的迷信,但就是因为这迷信,才使得他们所描画的现世,与生命的本身更接近些。如果我们把一株树看作一株树,那不过只是一株树而已,果真我们把他看作一个有灵魂的或是有感情的东西,他立即可以变成一个活泼泼的美的象征。我们寻常尽可以去批评或反对多神主义,但在文艺与艺术的境界内,那里只认识和谐;那么多神主义,已不复是一团混杂的不调节的紊乱,而成为一种互系相依的绾拢,不似在别的境界内那样不能立足了。

要细腻地鉴赏日本诗歌,我们还得记住,日本与我们的日常,习惯的背景不同,所以他们对于事物也抱有不同的观念,我们拿对"卖糖的小贩"的观念作例。我们一听到"卖糖的小贩",眼前立刻就会逗起一个影像:一个肥肥的、鹰鼻子的、黑蓬蓬的髭须的人,穿着很洁净的雪白的衣服和帽子,挎着一个木盘子,绳子绕在颈项上,各处去用粗重的声音去叫卖他的糖果。我们一定不会想到日本人脑中的"卖糖的小贩",是一个和蔼的老头儿,在安静的街头缓缓地拖着鞋走,吹着小小的笛子,为主顾们作许多精致的小糖人儿。

对于一个"牧牛的小孩"看法也是一样。我们一听到"牧牛的孩子",即刻会想到一个粗手粗脚的、心浮气躁、说不来就要动蛮力的人。我们总不会想到一个农家的孩子,当东方新月自草原的后面升上来的时分,骑在牛背上回家去,放下芦笛,留恋着暮霭苍茫的景色。就是一个钟,观念也不相同。日本的钟是紫铜作的,用一个木锤把来敲。不清脆,不爽亮,而飘出一种深沉和缓的声响,像是洞底波流的澎湃,使人感不到愉快而只有无限的怆凉,觉不得亲柔而只有写不出的寂寥。我们要记得这些分别,然后再用日本人的眼去看日本诗。不然我们一定会弄错,把清水洒在干稻的花儿上。

我们已经谈过不少的欣赏日本诗的方法，让我们回来再谈一谈日本诗的本身。我们已知道日本的钟的声音与形状。我们先看一首关于寺庙的钟的诗。

> 在远寺的钟声里，
>
> 我听到了千载的寂寥。

一个老钟悬在夕阳斜照的钟楼上。钟楼顶上遍布了蓬蓬的秋草，青藤缠满了梁柱之间，苍苔遮满了残腐的阶廊。这老朽的钟楼的檐角上挂着那庞大的铜钟，锈着多年的铜绿，顶端还刻着一条青龙。

一个老僧来到这钟楼，瘦弱的身体披着一件黑色的长袍，枯干的手指捻着胸前一束念珠。他慢慢上了青苔的石阶，他简直像是绾拢来的黄昏暮影的灵魂。

钟发出深沉和缓的声响，播满了寺院与城廊。在这声响中藏着描不出的寂寥的情绪，使得我们想叫我们的灵魂解脱一切世俗的羁缚，去放浪于太空的无限。他唤醒人们的迷梦，告诉一天的光阴又告了一个结束——千千万万的人们站在昨日的冗长的路途上，静听，祈祷，瞬息化成渺茫。

这便是这首诗给与我们的境界与情绪。这里又有一首：

> 这样的清凉啊！竹叶丛间筛过来的月光。

一个夏天的晌晚。满的是灰尘和酷热。人们都在阳台上憩息，急急地挥着扇子，渴望着一丝凉风的吹来。骤然阴云遮满了天，一阵风雨扫过了竹林。不一刻，风雨过去，月光照得分外晶莹。清风起了，雨点从轻摇着的竹叶上滴下来，滴在新润的绿草尖头。月光映着滴滴的雨珠，像是洒一片月光的清霰。

这样的解诗好像是奇怪，其实我们是常常如此，也必得如此，假如你要想真正玩味一首好诗的话。例如我们读 The Last Rose of Summer（译者：此诗为 Thomas Moore 著），我们眼前展开的图画是一朵孤单的玫瑰花,可是我们要是只看见是一朵玫瑰冷静静地在晚夏的阳光中,我们对于这诗的玩味便不算完全。我们一定要得回想别的玫瑰花都在开放的时分。是的,我们更得想到他们未开之前,千千万万的玫瑰花都在吐了芳芽;不久,吐遍了花苞,在阳光中摇摆,在清风中舞蹈,在月光下睡着梦样的甜蜜。但不久,都谢了,一个随着一个,抛下这孤单的一朵玫瑰依然作着当日繁华的梦。我们只能这样去看那种种的境界,我们才能真正体会得这诗中所表现的情绪。

日本的诗歌像一只野雀。简单而短练,看去好像是粗糙,但是就在这后面藏着一个一切我们的梦都可以在那里实现的境界。自然是无论什么时候我们在诗篇之外所作的梦与他们日本人的不同。我们如不去体会那阴阴的峡谷,那里溪流满映了枫叶间筛下来的晶莹的月光,我们可以看那滴露的苹花上的阳光的簸荡。但是如果我们要是研究了日本人的生活与理想,并且我们也用他们的眼光看东西,和他们一样地去爱恋去体会自然,我们一定也可以把日本诗人所没有画出的那一点神妙的图画,自己成功起来。

(《南开双周》1929 年第 4 卷第 1 期,1—5 页)

Jsushima, J. 著，韩松寿译：日本恢复金本位制之概况

自日政府宣布禁金出口令实行以来，忽忽已逾十二载矣。迨至全国币制比价统一后，乃于一九三〇年正月十一日宣布恢复金本位制。兹将其禁金出口原因及恢复金本位制之经过，叙述如次。本篇目的，并非研究原理或学说，不过根据所经过之事实及其结果，加以讨论而已。

禁金出口之缘因

一九一七年十月十二日，大藏省第二十八号命令明令禁止现金出口，其文如下：

"凡欲输金币或金条出口者，必须经过大藏省之允许；个人放洋出境，身带金洋百元者，不在此例。"

又"违反以上条例者，处以三个月之苦役，或科百元之罚金"。

又"凡垄断，折扣，及私自溶解金币，意图变成金条出售者，与上款同罪"。

又"本命令自颁布日起，着即施行"。

从该命令中观察，可知禁金出口，并非绝对的；果能获得当局允许，尚有伸缩余地，然实际上尚不止此，当令出之日，日本银行即停止兑现，意

亦在免除现金外溢。故自此令施行之后,现金已成绝对不可流出之物矣。

大战前三年,现金出口,颇称自由;自美国一九一七年九月七日之禁金出口令颁布后,日方乃不得不有同样举动。当大战时,日本国际贸易,尚称盛旺,金洋汇率亦颇平稳,按理论言之,日本应有大宗现金入口,即或不得现金入口,亦无禁金出口必要。然以美国禁金出口,其现金之来源,于是断绝,而本身又以仍需大宗现金对付中国及印度入口之需,为自卫计,不得不采禁金出口政策。更有进者,大藏省于一九一七年十月六日所颁布之念六号命令,不仅现金禁止出口,即银币银条,亦在禁例,至一九一八年十月念六日第卅八号命令,即一切金银器皿及含有金银之制造品,均在禁令范围以内,其政策之严,可见一斑。

长期准备解禁中之情形

日人对于解禁一事,视为经济方面之一重大问题,政府近十年来,虽然设法进行,终难达到目的。盖日本于该时期中,屡遭不幸,是以欲前不能。大战后商业之大受打击,一九二〇年之经济恐慌,一九二三年之残酷地震,一九二七年之银行倒闭等,影响尤甚,其对国家财政,自然影响更烈,盖每经一种损失,政府必须筹大宗款项从事复兴,因此,日本国家财政之基础,渐动摇矣。

一九二三年之地震,可谓近年来最巨之困阨,其损失之数,不下五十亿金洋。所有生命之丧失,尚未计算。损失之巨,既如上陈,补救方法当然不可一日缓,因此之故,政府协同各地当局分担此责;由政府及省市当局之借款,拨十亿元作建筑之用,未及数年之间,新建筑纷纷林立。大工甫成,不幸一九二七年日本银行界之危机又至,于是政府视线又不得不因兹而转移,对于建设方面乃耽搁两年有余。就普通情形观之,大凡一国经济紧张之际,国家债务必增,日本既入斯境,当然不在例外。自地震以后,入口建筑材料为数最巨,此不单影响其国际间贸易之威权,即金价之汇率,亦日渐降落矣。

日本虽然经过以上种种不幸,政府与人民仍不因此而灰心,不但决心恢复其金本位制,即遇任何挫折,无不努力挣扎。结果,终获最后胜利,于是国家政治经济地位又与日具增。银行界于一九二八年十月间重新树立,于是解禁之声,又遍朝野焉。

决定解禁之办法

银行界之危机既已越过,解禁问题乃极力进行,其首部工作,即决定解禁手续及方法,于是一九二九年七月,政府派首相 Mr. Y. Hamaguchi(滨口雄幸——编者)及大藏省大臣 Mr. J. Inouye(井上准之助——编者)二人分担此事,定于最短期间,促其实现;同时公布巩固金融及恢复国家财政方针。兹录要旨于下:(一)搏节国家支销,整理国家债务;(二)减少家庭用度,俭省个人耗费;(三)增加国外贸易,促减货币外溢;(四)恢复金洋汇价,(五)降低物价五项。

(一)搏节国家支销,整理国家债务。

自地震以后,损失异常浩大,建筑材料,多自外来,故国家债务有增无减,明知对于国家不利,亦无法减少,下列一表,指示普通支销之数颇详:

第一表

以百万元为单位	
1919—20	1 172
1920—21	1 359
1921—22	1 489
1922—23	1 429
1923—24	1 521
1924—25	1 625
1925—26	1 524
1926—27	1 578

续表

以百万元为单位	
1927—28	1 765
1928—29^{注一}	1 721
1929—30^{注二}	1 773

注一:全年预算;注二:全年预算

按上表之数,大抵国家尚可担负,其款来源,一部由战后积余拨出,一部由国家发行公债。其实国家拨此巨款为整顿财政之用,亦难推诿,其于金融恐慌之时,尤难坐视。故议会于一九二九年三月间通过一案,议决今年支销,必须依照一九二九年至三〇年之预算范围以内,酌量支用。是以普通支销本来需要一七七三百万元,已减至一六八三百万元;其特种支销如国外经营费、铁路费及其它费用每减少五七百万元;故此期截短支销总数,不下一四七百万元矣。

日政府对一九二九至三〇年之预算,虽已缩减如此之巨,然仍未满足,故按此预算复行设法削减,其截短一九三〇至三一年之预算,阅下表可得其详。

第二表

	以百万元为单位		
	1929—30		1930—31 预算
	原定之预算	修正之预算	
支出项	1 773.5	1 681.0	1 602.6
普通	1 232.3	1 223.6	1 227.3
特别	541.2	457.3	375.3
收入项	1 773.5	1 681.0	1 602.6
普通	1 506.6	1 504.7	1 525.4
特别	266.9	176.3	77.2
公债收入	91.5	51.9	无
积余收入	89.7	55.4	322

大战期中,国债未变,逮至战事告终,债务累增,其于一九二三年地震后所负之数,尤为显著,下列一表,说明战后每年年终之结算颇详,阅后当不难明其梗概。

第三表

以百万元为单位	
1919—20	3 277
1920—21	3 777[注一]
1921—22	4 077
1922—23	4 341
1923—24	4 729
1924—25	4 863
1925—26	4 999
1926—27	5 171
1927—28	5 397
1928—29	5 831[注二]

注一:3 777 中有 1 311 为外债;注二:5 831 中 1 451 为外债

政府对于借债一事,亦力求限制,大致仅要足敷预算之数目,即可通融,据可靠估计,一九二九至三〇年之债务已减五千九百万元至一亿三千八百万元,内中五千一百万元为普通修理或建筑之用,其余八千七百万元则指作为特种支销之用,如整理铁路等是也,至于一九三〇年至三一年之计划,普通债务决定除消,特种债务虽然存在,亦限制不得超过上期之半数矣,不过有值得注意者,即一九三〇年至三一年之款除原有之基金外,德国本年赔款尚有八千四百万元,有此巨额,何患不敷支销?

政府此种毅然俭约政策既费颁布,于是全国各地无不响应,其成功之最大者唯搏节国家支销及整理国家债务也。

(二) 全国一致节俭之状况

为求恢复金本位制之实现,及建树坚固经济基础,以裨将来之发展起见,政府乃极力设法宣传,使全国人民均能节省耗费,俭截花销,其传之要旨,大致如下:(a) 解释现在经济之困难,及政府施行此政策之理由,同时使全民众了解解禁之需要;(b) 指示个人经济与国家财政有密切之关系,并劝民众努力实行俭节,从事储蓄,及减少耗费。

(三) 改良国外贸易及平衡一切收支

处于商业战争之国际间,日本原系出超国家,自遭地震以后,入口建筑材料有增无减,于是变为入超国家,下列之表,指示国外贸易(包括朝鲜台湾)及战后商业情形颇详。

第四表

以百万元为单位			
年次	出口	入口	入超
1919	2 154	2 333	179
1920	5 006	2 492	486
1921	1 207	1 730	433
1922	1 685	2 023	337
1923	1 497	2 119	622
1924	1 871	2 597	725
1925	2 377	2 734	356
1926	2 118	2 563	444
1927	2 065	2 358	293
1 928	2 038	2 372	334

迨至一九二九年后,出口始渐稍增,计出口为二,二一八百万元,而入口则二,三八八百万元,故全年入超,不过一七〇百万元而已。此项数目,可谓战后最小者。固然此中不明显之出口 Invisible export 亦会减少,据每年之调查报告所载,为数不过一五〇百万元而已(按一九二八年正确之数为一七〇百万元)。无论如何,一九二九年日本之国际贸易实

称平衡。

关于平衡国际贸易一层,日本曾于一九二九年七月间设立一委员会,主席为首相,其目的即求精密的调查贸易实况,并具详细报告及建议改良平衡支付之策略。据已得之建议云,若求平衡国际贸易,舍采出超原则莫属。此外,财政运用,须要敏捷,最好设立中央行政机关,专司鼓励对外贸易事项;提倡外人游历及经营等;闻政府方面已准其所请,并颁定相当步骤以资实现。

(四) 恢复金汇及降低物价

金洋汇价在大战前颇平稳,即或稍有变动,至多与法价相距不远,迄至地震以后,汇市遽变,此中详情,英伦电通记载颇详,阅下表可知("6 1/2"为"六又二分之一"——编者)。

第五表

年次	汇市比价二 2 先 0.582 便士					
	最高价		最低价		平均价	
	先令	便士	先令	便士	先令	便士
1919	2	$6\frac{1}{2}$	2	$1\frac{9}{16}$	2	3
1920	2	$10\frac{3}{8}$	2	$3\frac{1}{2}$	2	$7\frac{1}{2}$
1921	2	$8\frac{7}{16}$	2	$3\frac{1}{16}$	2	$5\frac{7}{8}$
1922	2	$3\frac{3}{8}$	2	$\frac{7}{8}$	2	$1\frac{7}{8}$
1923	2	3	2	$\frac{9}{16}$	2	$1\frac{1}{2}$
1924	2	$3\frac{1}{16}$	1	$7\frac{1}{2}$	1	$10\frac{13}{16}$
1925	1	$9\frac{1}{2}$	1	$7\frac{1}{4}$	1	$8\frac{1}{4}$
1926	2	$\frac{1}{8}$	1	$9\frac{1}{2}$	1	$11\frac{1}{8}$
1927	2	$\frac{1}{4}$	1	$10\frac{7}{16}$	1	$11\frac{7}{16}$
1928	1	$11\frac{5}{8}$	1	$10\frac{1}{8}$	1	$10\frac{7}{8}$

自一九二九年七月之国际贸易出口或增加后，金洋汇市同时亦恢复原状。及至一九二九年十一月时，汇市已涨，最高为二又十六分之一便士，最低为一先令十一又八分之一便士。

当时政府最注意者，厥为恢复外流资财，盖近年来减少过甚也。金洋汇市既有起色，政府乃乘机与日本银行 Bank of Japan 合作，自一九二九年七月至年终止，增积大宗现金作为购买国际汇兑之用，大概政府方面止出二三七百万元，日本银行出三〇四百万元之谱。此事既经办妥，不单偿清政府之夙愿，即影响金融混乱之汇市高涨问题，亦解决矣。

当是时也，物价随之而涨。设以一九一四年七月物价为一〇〇，则一九二〇年之平均指数当为二七三。虽然当时曾受世界经济恐慌之影响，而日本于一九二九年六月之物价指数竟降至一七六。比较起来，可谓超出水平线矣。不过自汇市恢复以后，物价降跌未止。自一九二九年七月至十二月六个月中，普通物价指数又减十六，则平均指数为一六三矣。下列二表，详叙每月物价指数变迁：

第六表

一九一四年七月为100			
年次	最高点	最低点	平均点
1919	303.4	212.7	248.1
1920	338.2	216.3	272.8
1921	230.5	199.7	210.8
1922	216.0	192.3	206.0
1923	222.6	193.8	209.5
1924	225.5	205.5	217.3
1925	224.8	203.8	212.2
1926	202.2	178.4	188.2
1927	180.6	176.2	178.6
1928	182.8	177.5	179.8
第六表 A			

一九一四年七月为 100			
年次	最高点	最低点	平均点
1929 正月			181.2
三月			179.9
六月			176.3
七月			174.6
八月			173.7
九月			173.0
十月			171.9
十一月			167.9
十二月			163.0
第六表 B			

金融概况:现金行市之巩固

自一九二七年之银行危机发生后已逾二载。结果,于一九二八年正月间,银行制度大加改革,组织之完善,理财之统一,虽不顾到,按部就班。树立坚固之基础,并决定达到解禁而后已。故于一九二八年十月间,乃宣布试行解禁。

银行界发生危机最足注意之金融现象,即各银行之款供过于求,换而言之,即当时社会需款者减少。盖自一九二七年十月起,商业骤呈停滞之象,官方规定之贴现率(约百分之五)过低故也。

银行危机虽有两年之长,而日本银行因持 Deflation policy(紧缩政策——编者)之结果,不单未受影响,并且颇称圆满,盖当时该行之准备金约一〇六〇百万元与所发行之钞票及支票比较,将在百分之六十五至百分之七十五之间也。兹将其详情列表如下:

第七表

年次	月	日	准备金	发行之钞票	发行之支票	准备金与钞票支票总数之百分率
	3	15	1 058	1 095	41	93.1
1927	6	15	1 062	1 303	259	67.9
	9	15	1 062	1 111	302	75.6
	12	15	1 062	1 278	263	68.9
	3	15	1 062	1 159	235	76.2
1928	6	15	1 062	1 249	407	64.2
	9	15	1 062	1 151	347	70.9
	12	15	1 062	1 290	312	66.3
	3	15	1 062	1 162	337	70.7
	6	15	1 064	1 248	361	66.0
1929	9	15	1 061	1 134	386	69.8
	11	15	1 062	1 175	348	69.7
	11	30	1 064	1 346	233	67.4
	12	14	1 064	1 252	373	65.4

以百万元为单位（表内标题）

现金准备虽然富裕，然恐惧将来解禁后大批现金流出之心理，在所难免，但国外金融状况尚无急遽之变化，故此恐惧心理未几已消灭矣。盖一九二九年十月间，美国纽约证券交易市场忽倒闭，于是各国币价均随之而跌，国内与国外之汇率因而稍减，结果，各国对外投资亦从此稍停。执是之故，东京、大阪等处之各大银行共同议决一案，决定对于政府及日本银行所规定之出口现金，必须具有充分理由，否则决不放行。众人既能共同负责遵行，因此畏惧之心，消灭殆尽。

伦敦纽约日本信用之牢固

经全国一致之努力，将上述一切难关先后撞破，于是一九二九年十一月宣布大功告成。

方今现金巩固之时，对外信用自然随之卓越。

Yokohama Specie Bank（横滨正金银行——编者）经政府及日本银行之资助，于一九二九年十二月间与英国之 Westminister Bank and Its Associates（威斯敏斯特银行及其联营公司——编者）有五百万金镑之交易，其一年中与美国各银行之交易，达二千五百万金洋，由此可知其信用之地位矣。

解禁命令

为巩固全国信用起见，政府最后毅然决定解禁，同时大藏省用大臣 Mr.J.Inouye 名义，于一九二九年十一月念一日发表第二十七号命令，其文如下：

"下列各项命令，着即撤销"：

大藏省一九一七年第二十六号命令——（关于禁止银币银条出口令）

大藏省一九一八年第三十八号命令——（关于禁止一切金银成仓有金银之制造品出口令）

大藏省一九一七年第二十八号命令——（关于禁止金币金条出口令）

注（本命令自一九三〇年正月十一日起，立即施行）

从上列各命令观之，解禁现银出口亦与解禁现金出口令同，其实，现银出口，于一九二五年十二月时即为法律所许，故此刻解禁现银出口之令，乃法律上一种手续而已。

政府既经决定于一九三〇年正月起实行解禁，何以预先将解禁命令颁布？此无他，盖政府意欲在此短促之时，慎重窥探一九二九年岁底之财政济济状况也。

关于解禁通告中，更有一事值得注意者，即政府对解禁后管理国外汇兑之政策是也。其现在政府所管之国外汇兑，均系临时性质，且非法的,故刻已停止。此系国外汇兑及管理国库等事将完全托付日本银行贷办。就理论言之,政府不应持大宗现金寄存外国,盖本国虽应偿还外债,亦可以国外寄回之货币代之。

解禁之设施

解禁命令颁布后,国内国外既无反应,于是一九三〇年正月十一日乃安稳实行。

当此之时,首相 Mr. Y. Hamaguchi 及大藏省大臣 Mr. J. Inouye 各有意见发表。首相所发表者,大致述叙关于此次解禁之回顾,并勉励一致努力更求改善国家一切经济问题。大藏省大臣所发表者,则申叙此次解禁之功,多蒙各国银行界之资助,其对于解禁后财政及经济之发展,及将来应对之政策,亦有详细报告。兹将其结论录记如次:

> 此次财政改革之手段,及撙节耗费之政策,如能顺利进行,全国俭朴之风,继续保持,则我国经济基础或可从此巩固。此后吾人应当更进一步,即一方求国内之实业发展,一方求国外之贸易伸张也。如此,则经济始称平稳,财政始得立于巩固地位。

日本此次毅然恢复金本位制,并非草草实行,盖含有两重大意义——恢复本身原有之经济状况,及恢复国际间原有之威权——关于本铁问题,日本以为本国经济本来颇为稳固,现在既时易势迁,或许可以借兹更加扩张。至于国际方面,因为欲使国际间之经济互相调剂,及使金融从此稳固,不得不力求恢复金本位制。

今恢复金本位制目的固已达到,而日人仍未满足,盖除恢复金本位制外,更欲设法改革现行之货币制度,以求经济地位更能发展。闻现在政府与人民双方已决定互相协作,共谋此目的之实现。

(《南开大学周刊》1930 年第 98 期,1—9 页)

渡边顺三作，锦遐译：日本普罗短歌运动的阵容

（一）

一九二八年十一月结成的"新兴歌人联盟"，是对于既往歌坛的封建之因袭，自然发生的叛逆的集团，完成×××××的自由主义的结合。当时联盟揭示标语，响应之者非常众多。但参与"新兴歌人联盟"的开会式中的急进分子，对于所发表的标语，多不满意。在联盟成立时，有很多人退出。退出的人有大塚金之助、伊泽信平、渡边顺三、浅野纯一、会田毅、坪野哲久、石塚英之助等。他们即时组织"无产者歌人联盟"，计划杂志《短歌战线》的发行。

《短歌战线》杂志于一九二八年十二月出创刊号。中村孝助、冈部文夫、井上义雄等于《短歌战线》发刊前后加入联盟。这个"无产者歌人联盟"的结成就是普通短歌运动的具体化最初的团体，给短歌史上放一异彩。一九二九年五月号的《短歌战线》被禁止发售，所以在那时也不得不停刊，但当时的歌坛上有次第进于左翼的倾向。这样的杂志有田边骏一夫妻的《黎明》；更有解散"新兴歌人联盟"发行新的杂志《尖端》的石博茂、前川佐美雄、五岛美代子等人。一九二九年六月，以上三志代表者的会议的结果，急转直下成立三志的合同。那就是组织

现在的"普罗列塔利亚歌人联盟",同年九月号召一时的《短歌前卫》第一号与世相见了。

(二)

"普洛列塔利亚歌人同盟"的结成,对于既往的歌坛不无卷起异常的动摇。他们既成名的歌人对于和他的运动主张,只是有意的恶骂和嘲笑,不免吹散报复的空气。但他的恶骂和嘲笑毕竟暴露他们阶级的立场。他们歌咏人类对于现实的社会是如何的浅薄;无异自由对于历史的发展是盲目的。试举歌坛所谓有大家称者的人,如斋藤茂吉、北原白狄、太水穗、佐佐木信纲等。所以我们只看见他们追随着数百既成名的歌人很多的作品,可是忘了我们当面的一九三〇年是现实的世界呵!

依我们现在当面客观的状势,是资本主义第三期的最后的恐慌的发展,伴×××××而起的关于资本家本位的产业合理化与失业群众的恐惶的增加,及农村贫农阶级绝望的贫穷等等事项,一言以蔽之,是资本主义对于阶级对立的紧张矛盾的激变。这是从×××××显著发展长成的。对于这个现实的世界全然不注意的——而以往歌坛的多人,不朽的短歌有《寂寞》《幽玄》《沉静》……他们要歌之为物,要言之,无过于个人的咏叹和情趣。所以这些短歌咏叹和情趣,断然没有新兴阶级无产大众的意识感情。

我们解释,从短歌的形式,毕竟和封建制度所产生的一样。就是这些旧短歌,是封建的遗训培养的古典的艺术。若我们严格来批评一句,则是废物对象的东西。短歌也和其他艺术相同,在一个理解社会的历史的生产物的我们,当然主张短歌形式的历史的界限。就是内容变革和同时形式的变革没有两样,新的内容必然生出适当的新的形式,从来的所谓的短歌的事情与普罗列塔利亚短歌根本相异。要破坏定型三十一音的短歌形式,因为那是约束短歌历史的发展。

一切的事务都是流动着的。对于发展变化中的短歌,梦想也想不到未来永劫变化成名的歌人,渐逐与社会隔离,与现实隔绝,静处于固定的观念世界里，尽自耽溺于风流三昧之中。这一类的歌人所制作的短歌，全然失去时代性，而是枯死的存在。只不过是在传统的惰力中残存的骨董品而已，结果以往的短歌除了身负和时代历史的一面而没落的命运无他。

(三)

在《短歌前卫》的初期，讨论短歌特殊性、定型律、短歌形式的历史的界限性，以及普罗列塔利亚短歌的形态问题等等。努力于过去歌坛的批判和检讨的有伊泽信平、会田毅、井上义雄和从《连络》杂志加入联盟的浦野敬等。还有优人作家，田中一郎、田边一子、浅野纯一、坪野哲久等无不活动了。《短歌前卫》次第清算初期的谬误和暧昧，向真的普罗列塔利亚艺术运动的分界的短歌运动的正方面滋长。

普罗列塔利亚短歌运动的显著的发展生长，发生了既往歌坛未有的混乱的摇动。我们的阵营慢慢移行至各种社内的激进分子。这个主张运行最力的，可以数出来的是林田茂雄、南正胤、美木行雄、宣町三郎、南信乃等。因而从对于过去短歌有兴趣而关心的劳动者农民中，产出多数的好的普罗列塔利亚短歌作者。

普罗列塔利亚歌人同盟成立后的两三个月，楠田敏郎主编的杂志《文珠兰》停版，组织"新兴短歌联盟"，发行机关杂志《新兴短歌》。和我们的歌人同盟如对立的存在，可是没有何等对立的理由，也不过追随我们的理论的发展之后，以因袭我们的见解为能事。对于普罗列塔利亚短歌运动飞跃的发展，楠田敏郎像新闻记者的敏感，单是附和流行的心理，来组织普罗列塔利亚的结社。楠田敏郎的自身，并没有何等阶级的意思，所以对于普罗列塔利亚短歌运动真正理解也是没有的。不久，对于普罗列塔利亚短歌运动的有正确的理解而又严格存在的歌人同盟——在事实上向真的普罗列塔利亚方向猛进的歌人同盟是无敌的。对立的组织所持的理论更有误谬，所以他们的马脚很快就被暴露了，这个即是他们非阶级的行为的证据。于是有很多人……退出新兴短歌联盟。退出的这些人,后来与歌人联盟会合,其中主要的人物为佐藤松平、正贺滋、山口博、杉本霸……诸人。

（四）

因为资本主义第三期的一般趋势的变化,我国(日本)艺术运动的战线,也走到显著方向的转换了。这件事形最近的夏季的××××××化的倾向已揭竿而起;今夏的××××××化的方向,后反映于驰骋一时短歌运动之上。歌人同盟果敢从事于自己内部的清理,日见成功,克服了社会民主主义的倾向。×××××短歌确立的问题,具体的讨论。这个短歌运动方向转换,产出新的希望和理论家浅野纯一、由比正道、林田茂雄等人。

从来对于普罗列塔利亚短歌的理解者是有的,实行者也像思想家一样是有的。在近来急进的左翼化的发展的过程,我们到底追随出来次第有几个冒险的歌人出现,打出楠田敏郎、丸山芳良等阻碍之中。从真普罗列塔利亚短歌运动先驱的收获中,可以看出右翼倾向的没落。如前川佐美雄的事即其明显的例子。而我们的阵营渐次清理的暧昧的分子,向正大马克思—列宁主义的道上进行。普罗列塔利亚歌人同盟亦为唯一之存在,无论在质的或量的方面近来均有急速的发展。不幸《短歌前卫》的上面又伸出弹压之手了。三、五、六、七、九月号都被禁止发售。但这件事绝不能与我们的运动以挫折,而我们的运动却因此愈益扩大强烈。

大熊信行所主编的杂志《连络》,在所谓新兴短歌运动的发生期是启蒙的收获。继承大熊信行死后的浦野敬,于我们的歌人同盟很有助益,近来通行何等的理论的发展都像有什么理由似的? 更继承了石川啄木、土岐善磨等。主张所谓生活派的西村阳吉,向无政府主义短歌方面转换,而反映出共新艺术派短歌一块没落的中产阶级的萎靡,论普罗列塔利亚短歌运动有无影响。其他创制普罗列塔利亚的短歌论,有逗子八郎、安田义一、井手逸郎等人。他们不过单是发挥理论的理论家,在事实上没有多少有力的接触,也没有在具体的现实之上实地去作,亦不过是书斋派的知识阶级罢了。

　　然而普罗列塔利亚短歌运动,为其主体的歌人同盟与今后愈加广泛的全普罗列塔利亚斗争团结一起。真的普罗列塔利亚的短歌,即是向马克思主义的短歌的确立积极的努力。(一九三〇.八.六)

(五)

　　普罗列塔利亚短歌运动的全阵,我在歌人同盟中可以探索出来的。坪野哲元、田中一郎、南正胤、南信乃、赤石茂、山根秀一、小原猛雄诸人是最近著名的普罗列塔利亚的歌人理论家,林田茂雄、室町三郎、伊泽信平、高桥福次郎、浦野敬等等的济济人才。余如佐藤松平、正贺滋、杉本霸、宫城研一、白万雄二、新津享等诸人亦是很有希望的人物。(一九三〇.八.六)

　　　　　　　　　　《南开大学周刊》1930 年第 99 期,59—62 页)

胡思猷：日本和帝国主义

日本之想占领东三省，这是在事实上一个必然要有的举动，因为无疑的，日本是一个十足的帝国主义，而帝国主义的唯一特征，就是在市场原料生产地和殖民地的独占。所以这次日本的出兵东三省，换句话说：也就是帝国主义的占领东三省，要明白这次日本占领东三省的总因，我们就应该知道什么是帝国主义？

帝国主义这个名字，很容易引起人的误解，而认他为一种纯粹的政治行为，其实这是不彻底的，因为政治只是帝国主义行动上的一种表现，而其最基本最重要的原素，还是经济。生产关系发达到一定程度时，必然要在政治行为上带出他的侵略面目来，简单地说：帝国主义实是资本主义发达到最高程度的表现。要明瞭何谓帝国主义？无疑地对于资本主义必须要有一番相当的认识。

从工业革命后，生产手段（机器、工具等）开始了大规模的生产，生产者不是为了自身的需要去生产，而变为商品的生产，那就是说：为顾客、为市场而去生产，很明显地，棺材店的老板，决不是为了他自己或者他的家族而去生产。但商品生产还不是资本主义的生产，资本主义的生产必须使生产机关变为少数资本家富人的私产，而使多数独立的手工业者、农民等破产，而变为工人、劳动者，只有依靠他们劳动力的出卖才得生存。因此资本家一天天的膨胀，而占领了所有的生产机关。因此生产机关的独占，资本家开始了劳动力的榨取，从工人阶级榨取出来的剩余价值，使资本家的企业越来越大，资本一天天地扩大起来，资本一天天地扩大，同时更因了交通的发达，运输的便利，货物的易于分销，和原料之容易采取，资本因此才能逐渐地变成巨量的集积。资本即为巨量的集积，资本主义便随之而起。

资本家以巨量的资本破坏了小规模的生产，使自身的事业更来得发达和兴隆，但这骇人的发展使资本主义碰着二个大矛盾的地方，我们多知道资本家的目的是在赚钱，无奈世间没有那么多的富人，而无产阶级又没有如许大的购买力，因此机械的大量生产和他的日渐进化的情势实为资本主义一个最大的致命伤。资本主义的第二矛盾点，就是资本主义和资本自身的冲突，我们知道资本主义越发展，资本便越来得集中，换句话说资本便变了少数富人的私产，也可以说是少数富人共了社会的资本，但资本走入资产阶级的手中时，即在资产阶级以外的许多人，便一天一天地日趋贫穷，因此无疑地社会的购买力便日渐减少，社会购买力一旦减少，生产过剩便成了资本阶级一个最最的致命伤。资本家为了要调剂这种生产过剩和资本膨胀的现象，必定地要在海外找出能够销货和投资的地方。

资本家为了要维持他在国内所得的种种优越地位和胜利，同时更为了对外侵略方面的便利起见，必须要有一个一贯的组织，而国家形式乃为保护此种特权的最理想手段。工业革命的结果，资本家推倒了当时僧侣大地主、贵族等特权阶级而自己垄断了一切政治上经济上的特权，所以那以自由平等成立的国家，其实仍是以资本为中心，以阶级特权为单位的国家，资本家有了这国家的保护，同时国家又以资本家之维持而向外发展，资本家乃得倒处行使其经济侵略的行为。

资本主义国家在互相竞争市场的结果，使他们一致地知道资的投资本比货物的销售来得有利，因为货物的销售与土地、购买力的强弱多有关系，而资本的输出则没有这许多要顾忌的地方，越是国家贫乏、地土饶瘠的地方,资本越是一个必要的原素,因为想占领一处地方,必须要有巨量的资本去建筑铁路,修理要塞等等,因此资本输出实是使帝国主义极端的发达,而引起帝国主义政策之树立的最要原素。读过历史的多知道,在五六十年前,地球表面上这种能为资本输出的地方实是不少,想殖民想输出资本的国家很可以毫不费力地得着许多土地,例如法国毫无冲突地得了阿耳格里亚(Algecia),意大利占领了北非洲,就连最小的比利时也不费吹灰之力地占领之孔哥。但无论如何这有限的地方,总不能弥补这无限的欲求。因此当德国想染指摩洛哥时,法兰西已经早捷足先登,俄国想伸张势力于波斯时,英国已经在那里有了根深蒂固的历史,总而言之,在这个时候,凡地球上可以输出资本的地方,多已被列强宰割殆尽,因此一个想扩张领土的国家,除了以干戈与别的国家相见,是没有再好的法子可想。世界大战,无疑是殖民政策的各种冲突的总结算。

上面对于资本主义和资本主义变成帝国主义的大概约略提过。现在我们回头来看日本!日本的经济发达,在短短的五十多年中,经得到了相当的进展,尤其是在欧战的几年间,他极力地发展他们的租工商品,垄断了东亚的市场,在这数年间他输出和输入的贸易额竟由八亿余元增加到四十三亿余元,于这巨量的贸易上,我们无疑地可以知道日本是完全地达到资本主义的阶段了。日本从明治维新后就政治修明和币制改良,因此民间的企业便渐次勃兴,到中日与日俄战争更占领台湾和得到巨额的赔款,使国家的实力非常充足,因此日本这时期的企业,便集中于铁路和银行事业,这时资本家的基本条件,交通和金融多已成立,同时金本位制度也制定。至明治三十九年后,日本已经进入工业电气时代,日本产业这时虽日渐发展,但因受各国的压迫而不能充分的发展,到大正三年时,世界大战忽然爆发起来,这时各国多忙于战事,无暇顾及远东的营业,日本因此才得任所欲为的发展他的资本主义和掠夺各交战国的市场和销售地,我们只看他从大正四年至大正七年四年间的输出贸易竟达五十四亿的数目就可以想见他这时的发达情形了。

正因日本资本主义的发展迅速,他的恐慌和失业的人数也特别来得扩大,日本在战时和战后的生产规模非常的扩大,同时生产力也异常增大,因此使国内的购买力非常减少;同时最近世界帝国主义迅速发展,使世界的生产力增大,更因半殖民地和殖民地的发展,各国革命的勃兴使帝国主义和帝国主义间的竞争日趋激烈;日本的产业合理化和前年的金融恐慌,使中小企业日渐倒闭,资本集中于少数大企业资本家手中,因此日本劳动阶级间的失业人数便一天天地增加;失业人数的日渐增加和日本地域的微小及一切的生产的不够需用,使日本不得不择取殖民政策,而以殖民地来抵制他的人口增加、生产过剩和原料的缺乏。日本的殖民政策本想以朝鲜为根据地,向北美洲、美国、巴西、加拿大以及中国的北部等处发展,可是聪明的美国人早就在一九二四年制定移民律的新政策来抵制日本,同时加拿大又是英国属地,南方菲澳二洲则为英国和荷兰的帝国主义所把持,日本在这举世无从措手的时候,便开始向他的接邻——中国下总攻击令。日人山田武吉在他著的《新满蒙政策》里说:"我国之人口问题与食粮问题为苦心焦思多年而莫得解者,然关于此问题之良策,向海外移民与海外拓殖,均属无望,因美国、加拿大、菲澳二洲,虽有可以容纳移民之余地,但此等国家因民族主义之偏见,又不喜他民族之移住,于是海外拓殖在此方面已属不可能,势不得不向满蒙方面发展,以资解决。"上面这段文,无疑是日本对满蒙侵略的一篇供词,我们从这里可以看出日本是如何斤斤不忘地在想吞并我们的东三省,同胞们,日本的占领东三省不使你非常惊异么?其实这并没什么可惊异的,因为帝国主义根本就是侵略人的,何况我们中国又是日本帝国主义梦中所浸浸不忘的呢?同胞们!你们不觉得这是耻羞吗!你们不是想打倒日本吗!起来,用你的血,来打倒一切吃人的帝国主义!不要靠别人,国联,国联是什么东西,他只是帝国主义的交易所;正义?正义只有在胜利者的手中失败者的嘴角上才能找着!

何廉讲，曾用修、陈振汉笔记：日本之经济发展及其现况

(一) 日本经济发展之分期

近代战争非仅为军事势力之搏斗，而为经济力之竞争。故当欧战之后，对各国之生产力及富力之研究事业甚盛，而国人则多未之注意。东三省事件之将来开展如何，吾人固不得而知，然无论为战为和，必将牵涉世界其他强国，经济势力既为近代战争之主力，对各国之经济状况之研究，实不容缓，其中尤以日本最关重要焉。

欲知经济势力之究竟，必先知其背景，即其经济发展之过程与现状况是也。其他问题，容陆续讨论。

日本之近代经济组织，肇始明治维新，以迄今日，其间经过，约可分为四期如下：

第一期　自明治维新起迄中日战争止(1868—1895)

第二期　自中日战争起迄欧洲大战止(1896—1914)

第三期　自欧洲大战始迄欧洲大战终(1915—1920)

第四期　自欧洲大战终迄今日止(1921—1930)

此四期之段落颇为明显：第一期方当明治维新之后，经济建设多为基础工作，采用西洋各国之经济组织，以为张本，从事改革，而后逢甲午

战胜,彼邦人士,益加兴奋。第二期在经济发展上较第一期为重要,当时日本乘中日、日俄战胜之机会,国际地位得以骤然增高,海外发展甚为顺利,高丽台湾皆于是时相继占去,国富增加,乃得从事内部之建设。第三期为日本经济发展之最高时期,此时欧战方酣,各国咸勠力疆场,工商业因之不振。日本虽为交战国之一,然其除攻击我国山东,坐收渔利外,未尝出一兵一卒,一方面因供给军火,大获利益,一方面复得从容发展在中国、南洋群岛及澳洲之商业,而获大利,商业在此时期特为发达。第四期之发展状态较为复杂,殊难分析,然要之可归纳为三种现象:自 1921 年至 1923 年为收缩时期,各国以大战损失甚大,民生凋蔽,商业不振,而日本则以第三期发展过速,建设甚多,故此时不见有显明发展。1923 年 9 月日本逢空前地震,损失滋巨,为谋恢复计,故自该年以后以至 1927 年,朝野并力合作,工商业颇有进展,然贸易入超仍有增加,汇率亦日渐减低。自 1927 以至 1930 为日本民政党柄政时代,该党主实事求是,逐渐推进,与政友会之主尽力扩充者不同,故 1929 时将禁金令取消,以求得与欧战时期相同之繁荣,然终以世界趋势与事实关系,未得达其目的,今日又以禁金令闻矣。

(二) 日本本部之土地与人口

日本本部土地共为十四万七千四百十六方哩,其中可耕地仅占百分之 15.8,林地占百分之 50.8,其他占百分之 33.4,于此可注意者,即其面积甚小,而可耕地更小。日本之人口总数,据 1930 年之统计共为 64 448 000 人,故其人口密度每方哩 437 人,除较英(468)、比(670)二国为小外,较其他任何各国为大(参看第一表)。中国人口密度则以三十省之土地人口合计之,平均为每方哩 101 人,以十七省(鲁、冀、苏、皖、川、浙、闽、粤、桂、赣、湘、鄂、晋、豫、辽、吉、黑)计之,则为 311 人;日本之人口密度实仅较我国之山东(466)、河北(450)、江苏(801)等省为小。尤可注意者其人口与可耕地之分配状况,计每方哩之可耕地有 2 774 人,较世界任何国家为高(参看第一表)。英国每方哩可耕地有

2 170人,然英为工业国,农民仅占百分之七,无甚重要,日本则百分之五十以上为农民,占人口之绝对多数,其比率仅次于印度与中国(皆为百分之七十。参看第二表),故日本工业化,仍未达最高程度,粮食之不足,为最大之问题。

第一表　世界各国人口密度比较表

国名	每方哩面积之人口	每方哩可耕地面积之人口
日本本部	437	2 774
英	468	2 170
比	670	1 709
意	349	819
德	330	806
法	191	467
美	41	229
中	三十一省101、十七省311	山东西北部 1 800—3 000

第二表　世界各国人口之职业分配表(与人口总数之百分比)

国名	年份	农业及渔业	制造工业及矿业	商业及交通	公共事业及自由职业	家庭	有职业男子	有职业妇女	有职业之男及女
日	1920	51.8	21.4	16.1	6.1	0.2	61.2	36.3	48.5
英	1921	6.8	47.2	20.9	10.9	11.8	67.0	35.6	45.4
美	1920	26.3	33.4	17.6	7.0	8.2	61.4	16.5	39.3
德	1925	30.5	41.3	16.4	6.5	4.4	71.2	36.4	53.0
法	1921	41.5	29.9	16.6	8.1	3.9	68.0	40.9	53.6
意	1921	56.1	24.6	10.4	6.5	2.4	68.1	27.2	47.4
加拿大	1921	35.0	28.5	20.8	9.0	6.7	59.1	2.5	36.1
澳洲	1921	22.9	34.1	24.3	8.6	9.0	67.5	17.6	42.7
印度	1921	72.3	11.5	7.3	2.9	1.8	59.6	28.8	44.8

(三) 日本之经济发展及其现状

(1) 农业

日本农民既占全国人口总数百分之五十以上,可知其农业地位之重要,而在农业方面之投资总额占全国百分之四七,较在任何其他事业者为大(参看第三表)。

第三表　日本工业投资状况表

实业名称	资本(以百万元为单位)	百分比
农业	34 700	47.1
商业	13 000	17.6
制造业	10 000	13.6
森林业	6 000	8.1
矿业	5 000	6.8
运输业	4 500	6.1
渔业	500	0.7
总数	73 700	100

农产物之主要者为米及蚕丝,米为日人之主要粮食,蚕丝则为最重要之农村副业:种稻之耕地约占可耕地总数百分之五十有奇(18 873 000亩),其收获之价值占农产总值百分之六十以上(2 651 536 000 金元);种桑之地占可耕地总数百分之十(1 494 493 亩),故此二者占农业之最重要地位,即可据以觇日本农业发展之概况也。今试自 1887 年以来之稻米产量及稻米田亩数,计其每亩田之产量,以观近数十年来之变迁状况:第一、二期内(1887—1913)平均每年有稻田 7 299 792 亩,产米 214 975 000担,每年每亩产 35.2 担;第三期(1914—1920)间有稻田 755 099 亩,产米共 295 946 000 担,每亩产 38.3 担;第四期(1921—1929)内有田 774 743 亩,产米共 299 109 担,每亩产 38.6 担。可见其第四期之增加率殊小,是盖由于土地之发展限度,已臻最高地位,不能再有若何增加也。至于蚕桑则近

年来发展甚速,1927 至 1929 两年之生产较 1918 至 1920 两年增加至百分之十六点八。其第一、二期(1894—1913)内平均每年得茧 255 009 000 磅,生丝 20 452 000 磅;第三期(1914—1920)每年得茧 490 419 000 磅,生丝 41 974 000 磅;第四期(1920—1929)茧达 666 427 000 磅,生丝达 69 939 000 磅,计较第一期增至三倍以上,发展之速,殊可惊人,然主要农业之稻米生产已无发展余地,农民乃竭力在副业上从事扩充也。

(2) 林业

就日本本部言,林地占全国总面积百分之四七点五,以帝国全部论,则占百分之五六点七,居全世界林地第三位。木材为造纸业之基础,故殊为重要。其他各国之林业,多为国家所经营,独日本则大半属诸私有,因之其发展上障碍不免较多。计私有者占全部百分之五十,中央政府所有者占百分之二九,地方政府占百分之十七,其他则皇室占百分之三,寺庙占百分之一。因日本造纸事业之发达,林业之发展亦速,然仍有供不应求之势,地震以后,建筑甚频,需用木料更多。近每年至少须进口木材 90 000 000 方尺,多至 110 000 000 方尺,值 10 000 000 日元,犹不过占全国需用木材百分之二十也。

(3) 渔业

日本海岸线长 17 000 哩,而美国不过 7 314 哩,渔区共占 924 000 方哩,大于日本全国面积六倍,产量占全世界产量总额四分之一,而列于世界第一位也。虽贸易上之获得有限,与海军之发展至有关系,故政府竭力奖励之也。

(4) 矿业

矿产可分为金属与非金属二类,金属之中,在日本三岛者以铜矿为最要,铁矿次之,其他矿产,以关系较小,兹不具论。

日本之铜矿生产占全世界第三位,世界产铜最多者为美国,其次为智利。1928 年日本所产之铜占全世界总额百分之三点九,美则占四九点七,智利则占十七。铜之生产,在日本发展极速,其第三期之生产,计较第一、二期,增加三倍以上,第四期之产量则又减少:自 1877—1913 年间,平均产 58 384 000 磅,至 1914—1920 则增至 189 031 000 磅,此时盖由于外国铜价廉,较日本国自行生产为合算也。然设能尽量开采,日本铜矿足敷本国应用矣。

日本铁矿之储量为 56 000 000 吨,每年平均产 105 585 吨。其发展状况颇有兴趣,盖第三期中增加甚速,而至第四期反逐渐减少,所用之铁大致自外国运来。计第一、二期中(自 1893—1913),平均每年产量甚少,几不足论;第三期(自 1914 至 1920)中增加至 234 431 吨,第四期(1921—1929)中为 10 585 吨。而 1929 前半年之生铁生产在德国为 6 600 000 吨,在英国及爱尔兰为 3 700 000 吨,在法国为 5 200 000 吨,在俄为 2 100 000 吨,在美为 22 000 000 吨,可知日本产铁之少。如照日本现在每年平均产量,五百年后日本之铁矿即尽,而在 1928 年,日本本国之出产犹不过占消费量全额百分之七点九,其九分之一来自殖民地,其余则来自中国及南洋,如此可见日本之铁矿,实大不足供其己国之用也!

非金属矿产中,自以煤为最要。煤之储量在日本及高丽约共有 8 000 000 000—9 000 000 000 吨,然在美国有 4 231 000 000 000 吨,加拿大有 1 361 000 000 000 吨,中国有 1 097 000 000 000 吨,可知日本煤矿储量之小。至煤之出产,在 1929 年为 34 258 000 吨,历年来之发展状况亦殊可观:计第一、二期(1877—1913)内每年平均生产 7 717 000 吨,第三期(1914—1920)即达 25 799 000 吨,第四期(1921—1929)达 30 835 000。日本煤矿以今日之速率生产,不足三百年即能尽净。而今日进口之煤已较出口之煤为多,因煤为工业之主要原料,工业发达需煤即增,况今木炭之价格增高乎?中国矿业之进步,使日本可以廉价向中国购煤,当 1913 年日煤出口超过进口 3 294 000 吨,然至 1928,进口煤反超过出口 584 000 吨,以此种情形观之,日煤之不敷已用已明甚矣。

另一重要非金属矿产为煤油。日本煤油之储量为 56 000 000 桶。1928 年之生产量为 77 216 393 加仑。至其发展之状况,则自第一期至第三期,殊有一日千里之势,惟入第四期,产量反骤然减少,盖由于成本过巨。而煤油为军用工业及日常应用之要品,故进口煤油量甚多:计自

1877—1881 年每年平均产 1 009 000 加仑,至 1893—1897 四年间骤增至七倍以上,每年产 7 730 000 加仑,而 1903 年—1913 年中间复增至十倍以上,而有 75 758 000 加仑,1914—1920 年间增加至 109 833 000 加仑;1921 年以迄 1929 年间之产量,降为每年平均 78 612 000 加仑。日本之煤油储量绝不足敷其本国之需要,1928 年合日本本部及台湾之出产共为1 800 000 桶,不过合全世界煤油出产总量百分之一之八分之一。同年日本自国外运入 380 554 900 加仑,然此犹不过为供给家常需用之煤油,其为海军购用油量,当更大于此数也。

(5)交通

交通事业与一国经济力之关系之重要,可无待言。日本交通事业,以政府之努力及人民之合作,发展殊速。交通工具之最重要者为铁道、轮船及电线(电报及电话),兹以此三者为代表,分别述其发展经过及现状,以明日本交通事业状况之一般:

铁道 中国之倡议建筑铁道,早在 1863 年。时沪上洋商要求政府许建苏沪铁路,较日本之初建铁道,犹早十年也。日本第一铁道,为自东京至横滨一段,长十八哩,于 1873 年始由政府兴建。自后于第一期(1873—1888)内增至 642 哩,内有 317 哩为商办铁路;第二期(1897—1908)内增至 4 899,较之第一期,几增加八倍,而可注意者即商办铁路之收归国有,4 899 哩中,有 4 453 哩系国有铁路,商办铁路仅 446 哩,而在1906 年时,曾增至 3 283 哩也。此时日方战胜俄国,铁路建筑之增加尤为迅速。第三期中 1917—1918 两年间,方当欧战,日本铁路增加甚速,至有7 834 哩之多,较之第二期之末,几增加三千哩;内国有铁路占六千哩,商办路则 1 835 哩。降至第四期,1927 至 1929 三年间,日铁路增加至12 199 哩,内国有路占 8 509 哩,商办路占 3 689 哩,此日本铁道发展之大概也。(参看第四表)

第四表　日本本部铁道发展状况表(1873—1929)以哩为单位

年份	国有铁路	商办铁路	总数
1873	18	——	18
1877—1878	65	——	65
1887—1888	325	317	642
1897—1898	662	2 288	2 950
1905—1906	1 500	3 283	4 783
1907—1908	4 453	446	4 899
1917—1918	6 000	1 835	7 834
1927—1928	8 322	3 401	1 1723
1928—1929	8 509	3 689	12 198

日本现有铁路共 12 198 哩,除中国外,较世界任何重要国家之铁路里数为少。如英本部三岛有 20 400 哩,美有 249 131 哩,法有 39 552 哩,德有 35 390 哩,即印度亦有 39 712 哩。以铁路与人口及面积之比例,除中国与印度外,日本亦低于其他各国:如每一千人中美国有铁路 20.8 哩,英有 4.6 哩,法有 9.7 哩,德有 5.6 哩,意有 3.2 哩,日本则每千人仅有铁路 1.8 哩,中国仅有 0.2 哩,印度为 1.2 哩。以面积比,则每千方哩中,英有 229.9 哩铁路,法有 185.9 哩,德有 195.5 哩,意有 112.7 哩,美则仅有 83.8 哩,日本计有 77 哩,印度仅 21.8 哩,中国则仅 4.6 哩。实不能与其他各国比较也。(参看第五表)

第五表　世界各国铁路里数表(1928)

国名	总里数	每千居民所有里数	每千方哩所有哩数
日	12 199	1.8	77.0
美	249 131	2.8	83.8
英	20 400	4.6	229.9
法	39 552	9.7	185.9
德	35 390	5.6	195.5

续表

国名	总里数	每千居民所有里数	每千方哩所有哩数
意	13 492	3.2	112.7
中	8 750	0.2	4.2
印	39 712	1.2	83.8

日本铁路之财政状况发展甚可惊异,1929 之经营效率(Operating Ratio)最高,达 52.7,而在美为 71.9,在英为 79.5,在德为 83.9。普通国家商办铁路获利往往较国有铁路为厚,然在日本,情形适为相反,其国有铁道每年获利,占资本总额百分之九,商办者则获利仅占资本总额百分之七也。

航船　日本造船厂之建筑亦较中国为晚,其最早之船厂为大坂铁厂(Osaka Iron Works),建于 1881,而中国之江南造船厂建于 1865 年,招商局亦于 1875 年成立,而及今日本航业居世界第三位,中国则根本毫无,不求长进,固步自封,甚可慨也！日本航业之发展状况可于所运之进出口货比率中得之:在第一期,航业自较幼稚,故 1894 年中,日船所运该国之出口货仅占出口货总额百分之七,所运进口货,仅占货总额百分之八七。及至第二期,进步甚速,计 1904 年日船载出口货占全部出口货百分之五二,出口货占全部百分之四六点六。而日本轮船事业发展最速,盖在欧战时期,东亚市场,但见日轮往来也。计 1918 年日船运日本本国全部出口货百分之八九,全部进口货百分之八七点一,较之大战之前(1913)几增加一倍也。降至最近,似稍衰颓,盖各国竞争甚烈,不容日本独占也。计 1928 年日船运日本本国出口货占全部百分之七二,进口货占百分之六三,亦仍可观。当 1913 年时,日本船业占世界第五位,今则一跃而为第三位(参看第六表)。此为日本轮船业发展之概况。

日本轮船现共有 4 186 652 吨,其中百分之六七且全在本国造船厂制造。英国现有轮船 20 046 270 吨,美则有 13 591 803 吨,德为 4 186 652 吨,法意荷等更少(参看第六表),故日本轮业现居世界第三位,设英为一○○,美为六八,日即占二一,恰合三强海军五—五—三之比例。而日人之吨数虽较美船为少,其效力反大,设美国再不努力,或将被日本所追蹑矣。

第六表　世界各国商船吨数比较表

国名	轮船吨数	
	1929 年	1913 年
英	20 046 270	18 273 944
美	13 591 803	4 302 294
日	4 186 652	1 500 014
德	4 057 657	4 743 046
法	3 302 684	1 793 310
意	3 215 327	1 274 127
荷	2 932 420	1 286 742
中	314 638	68 690
总数	66 407 093	43 079 177

电线　日本电报殖基于 1869 年,较中国为早(中国第一电线建筑于 1881 年),当时电报线仅九十哩,其后累年增加,在第一期中(1869—1891)即增至 20 020 哩,至第二期(1900—1910)复增加至 101 500 哩,较第二期增至五倍;入第四期(1920—1927)增加不多,为 184 500 哩。电话之见形于日本为 1891 年,较电报迟二十二年,然电话线之发展,则较电报为速,计 1891 日本有电话线 207 哩,至 1900 即至 4 400 哩,至 1910,增至 262 000 哩,1920 年,777 000 哩,及 1927 年,突增至 2 160 000 哩,二十六年间,增加一万倍之巨。

日本现有电报线 185 074 哩,计每一万居民有电报线 29 哩,而美国则每一万居民有电报线 179.3 哩,法有 108 哩,英有 79.6 哩,德有 65.4 哩,意有 51.5 哩,比有 32.3 哩,故以电报线与人口之比例论,日本占全世界第七位,仅胜过印度与中国(印每万人占 12.5 哩,中 3.6 哩)而已。

日本现(1927)有之电话线为 2 167 027 哩,平均每万人占有电话线

339.3 哩,以人口比例论,占全世界第六位,因美国每万居民有 5 319.1 哩,德有 1 664.0 哩,英有 1 595.2 哩,比有 1 085.2 哩,法有 603.3 哩,仅意、中、印次于日本(意 171.1 哩、中 2.0 哩、印 10.28 哩)。

(6) 制造工业

日本之制造工业,以从事工业人数之多少观之,则在 1926—1928 年间从事缫丝者平均每年有 407 920 人,约占全体从事工业者(1 241 602 人)之三分之一,从事纺纱者有 203 833 人,占全体六分之一,从事织布者有 160 333 人,占全体八分之一,而三者合计之,占全体工业人员之半数以上,可知纺织业在日本工业界之重要。而以生产品之价值计之,据 1924 年之统计,则丝产品有 801 261 000 日元,占全市工业生产值之第一位,棉纱有 644 945 000 日元,占全部工业生产值第二位,棉布值 633 427 000 日元,占第三位。故以生产值论,日本工业亦以纺织业最为重要。

此就日本之本国工业状况及生产立论,然就世界工业论,则钢铁时代虽已过去,钢铁业仍为一切工业之母,一国工业发展之程度如何,胥可由其所销蚀之钢量之多寡决定。故吾人于研究一国之制造业,实未可忽略其钢铁制造之状况。兹特以此二种制造业为代表,说明其发展沿革及现状,以明日本全国制造事之大概。

(A) 纺织业

(a) 丝

日本丝业,无论为缫丝,为织绸,最初之雏形皆为家庭手工业。机器之应用,始于第二期。1909—1931 年间,平均每年以手工所缫之丝有 7 726 000 磅,以机器缫者则为 20 179 000 磅,至第三期,1918 年一年内,手工缫丝量为 8 740 000 磅,以机器者则为 39 171 000 磅,逮第四期,在 1928 年内,手工生产为 9 361 000 磅,机器生产则有 78 139 000 磅。日本之丝织品发展,其趋势皆向上递升者。在第一、二期内(1909—1913)平均每年所有之未调节值(Unadjusted)141 976 000 日元,调节值(Adjusted)146 367 000 日元,第三期内(1914—1920)未调节值为 364 805 000 日元,调节值为 210 993 000 日元;第四期(1921—1928)间之未调节值平均为

519 714 000 日元,调节值则为 286 070 000 日元。日本之丝线纺织事业,情形仍属不振。1928 年之出产,不过为 60 047 000 日元而已。

日本丝业之地位,无论为生产及出口,皆占全世界第一位。在1925—1928 四年间,日本平均每年产丝 35 560 吨,而同时意大利每年平均不过产 5 010 吨,高丽在 1924—1927 四年间,平均每年产 956 吨,其他各国产丝更少(参看第七表)。出口方面,1925—1928 年四年间,日本之每年平均出口量为 29 436 吨,中国同时仅出口 10 210 吨,居于次位,其他除意大利在 1924—1927 年四年间之平均出口丝有 5,712 吨外,殆不足论矣。(参看第七表)

第七表 世界生丝供状况表(四年间之平均吨数)

A 生产状况

国名及年份	生产吨数
日本(1925—1928)	35 560
朝鲜(1924—1927)	956
意大利(1925—1928)	5 010
法兰西(1923—1926)	334
欧洲东南部(1924—1927)	292
叙利亚及沙伯拉斯(1924—1927)	264
希腊(1924—1927)	259
西班牙(1924—1927)	91
土耳其(1924—1927)	84

B 输出状况

国名及年份	输出吨数
日本(1925—1928)	29 436
中国(1925—1928)	10 210
印度(1925—1928)	64
印度支那(1935—1938)	50

续表

国名及年份	输出吨数
土耳其斯坦、考夹西亚、波斯(1924—1927)	189
意大利(1924—1927)	5 712
法(1925—1927)	472

（b）棉织业

日本棉织业之雏形亦为家庭手工业,其发展程度自 1890 年以后,始剧速焉。其在第一期之末(1894—1898)每年有锭子 796 000 具工作,出产棉纱 442 000 包,在第二期末(1909—1913)则锭子数剧增至 2 182 000 具,出产棉纱 1 231 000 包,自后趋向虽仍然增加,但稍稳定。在第三期(1914—1920)有锭子 3 132 000 具,出产棉纱 1 835 000 包,第四期(1921—1929)内,锭子数为 5 420 000 具,出产棉纱 2 344 000 包。至织布进展之速,则三期内几每期增加一倍。第三期内(1909—1913)布匹之每年平均未调节值为 139 343 000 日元,合调节值 138 649 000 元,至第三期(1914—1920)内,其每年平均未调节值为 483 570 000 日元,合调节值 241 833 000 日元,约为第二期之一倍,第四期(1921—1928)之每年平均未调节值为 721 300 000 日元,合调节值 429 358 000 日元。亦几为第三期生产值之一倍也。

日本之棉织业占全世界第六位,按照国际棉织公报之记录,1930 年 7 月日本有机锭 7 072 具,而同时英国有 55 917 具,美国有 34 031 具,德国有 11 070,法国有 10 250,印度有 8 907,中国居第八位,有 3 829,意大利居第七位,5 342,较中国为多也。本年(1931)一月之调查结果,亦复如是,计英 54 933,美 33 345,德 10 838,法 10 254,印 9 125,日 7 191,意 5 346,中 3 905,是日之棉业地位,亦高出于中国之上,不可厚侮也。

B 钢铁业

日本之钢铁业萌芽于二十世纪初(1900),然进展则殊迅速,计自 1912—1929 十余年间,增加产量三倍以上,而钢之生产则自 1917 至 1929 年十二年间,产量增加亦有三倍之巨。铁之生产在第一期中 1912

年为 239 168 米吨,1913 年为 242 676 米吨,第三期中 1914—1920 平均每年生产为 460 850 米吨,及第四期(1921—1929)则每年平均产量增至 767 024 米吨。钢之生产在 1917 年 773 132 米吨,在 1927 为 1 685 242 米吨,1929 为 2 293 840 米吨。

日本钢铁生产之少,殊不能与他国相比。其铁产状况,前论日本矿业时已大略言之,计 1929 年前半年内之生产,美有二千二百万吨,德有六百六十万吨,法有五百二十万吨,英国及爱尔兰岛有三百七十万吨,而日本则在 1921—1929 年间每年之平均产量不过为七十六万七千余吨。至于钢之产量,日本亦殊贫弱,1929 年前半年钢之产量,美为二千九百四十万吨,德为八百三十万吨,英及爱尔兰为五百万吨,法为四百八十万吨,比与鲁森堡为三百四十万吨,俄为二百四十万吨,而日本不过二百二十九万吨,列于世界第七位也。

以上已述日本钢铁制造业之沿革,及其在世界之地位,兹更一述其钢铁生产之趋势。日本之生铁不敷本国需用,全国消耗之铁,有百分之四十运自外国,而此百分之四十中,有百分之五五来自英属印度,百分之三五来自中国及满洲,百分之十来自英、德、瑞典及美国。(参看第八表)日本自产之钢仅足供给全部消费额之百分之六十五,其外来钢中,有百分之三十八系来自德,百分之二十来自英及美,其余则来自瑞典及比利时;(参考第八表)由此可知,日本之铁矿实不足以使日本成为一钢铁制造国家。其在本部及高丽之铁矿储量为六千万吨,在满洲为三万五千万吨,然皆质地恶劣,制造成本甚大,而不得不向南洋群岛输运生铁,是以日本欲发达钢铁业以适应本国之需要,实属不可能。如日本每年之钢铁生产量等于美国现在钢铁之生产量,则不出十五年,日本本部,高丽及中国之储铁即将馨尽矣,抑有进者,日本之钢铁之发展,以其成本太高,实属得不偿失者也。

第八表　日本本部产铁状况表(以吨为单位)

年份	日本本部所产铁之吨数	国外输入之吨数	由朝鲜输入之吨数	铁产总量	铁产总量对日本生产总额之百分比
1918	582 756	225 100	41 421	849 279	68.6
1919	595 518	283 140	62 387	941 045	63.3
1920	521 348	660	40 743	910 439	57.2
1921	472 725	227 100	48 055	747 990	63.2
1922	550 845	327 960	80 002	958 807	57.5
1923	599 698	346 020	81 916	1 027 634	58.4
1924	585 930	441 960	73 513	1 101 403	53.2
1925	685 178	316 380	83 857	1 085 415	63.8
1926	809 624	399 639	102 548(估计值)	1 311 082	61.6
1927	895 246	472 947	100 542(估计值)	1 468 735	61.0
1928	1 092 536	569 215	144 321(估计值)	1 806 072	60.5

（7）金融及贸易金融

日本银行之重要者有四：即日本(国家)银行,建立于1882;台湾银行,成立于1897,时当台湾被割归日本以后二年;三为朝鲜银行,成立于1910;四为横滨正金银行,乃一专为国外汇兑之银行也。台湾与朝鲜银行之设立,不过为欲操纵殖民地之金融与经济势力,其具有侵略意味,实与铁道事业如出一辙。日本银行之发展,在欧战期中最盛,计1915年,资本在十万日元以下之银行有五百五十家,十万至五十万者六百六十三家,五十万至百万者一百二十九家,资本在两百万以上者一百家,共计有1442家。至1921年,则资本十万元以下者减为二九十五家,资本十万至五十万者,减为四七十六家,资本五十万至一百万者,则增至二百九十家,资本一百万至二百万者一四二家,二百万以上者一二八家,共计有1331家。至1929,则资本在十万元以下者仅有七十家,十万至五十万者为一七六家,五十万至百万者二三五家,一百万至二百万者二〇九家,二百万以上者一九一家,共计八八一家。银行之数逐减,资本则日就集中,此为银行业发展之趋势也。

然日本金融事业困难正多,其最显然者,即金本位问题与利息之过高是也。日本于1897年颁行金本位,即因银行事业发展范围过广,金融反见停滞。同时贸易入超过多,国内金融不稳汇率低减,金本位之施行乃困难迭现,虽以民政党之实事求是,苦心维持,宣布解禁金令,以期恢复工商业,然股票市场仍日就降落,尤以此次东北九月十八日事变起后,变动尤烈。本国金融准备不足,金本位之弱点亦已暴露无遗,故最近政友会内阁之上台,又以禁金令闻,斯亦英国停用金本位后之必然影响也。

工商业发达之国家,无论为存放或抵押,利息皆较工商业幼稚之国家为低,然日本借券之利息,平均较美国同样借券之利息高百分之二至百分之四。而为救济计,1909至1930年间公债利息政府明定减低百分之五点一一至百分之八。商务借款减低百分之四点七五至百分之八点〇三,而银行公会会员银行之利息减低百分之五点八一至百分之十点四三。平常借款之利息则在1919至1928十年间平均减低百分之九点四五,故日本金融事业之前途实未可乐观也。

贸易,兹之所论,乃日本之对外贸易。日本之对外贸易,发迹自1868,此后之二十余年间,进展甚为缓慢,至1890及1897年,则贸易量之增加,可三数倍,自1900年至欧战之始(1914),逐渐进展,自1914至1918,则发展甚为明显。自1921年倾跌以后,其对外贸易又逐渐继续发展,以至1929。惟自1925以后,其进展殊为缓慢。此为其贸易发展之沿革大略。

至日本对外贸易之出入口比较,则自1868年以后之六十一年内,有四十二年为入超,仅十九年为出超。即1900年以来,三十年内,仅有1906、1909、1915至1918等六年为出超。1928之入超竟至224 359 000日元,1929亦至67 622 000日元之巨。(参看第九表)

第九表　日本对外贸易之入超概况表 (1923—1928)

年份	日本本部 (以日元为单位)	日本、台湾及朝鲜 (以日元为单位)
1923	145 000 000	
1924	230 000 000	310 000 000
1925	27 000 000	116 000 000
1926	29 000 000	232 000 000
1927	85 000 000	
1928	6 000 000	
平均	102 000 000	219 000 000

　　日本之贸易区域极为集中,而今且更有趋向集中之趋势也。其进出口贸易市场最大者为美国,占全部贸易额百分之三十五点九,中国次之,占百分之十二点八,印度第三,占百分之十一点一。(参看第十、十一、十二诸表) 日本之贸易市场既如此集中故极易受他国政治经济势力变迁之影响而受动摇。

第十表　日本之出口市场 (1925—1929 五年平均数)

市场	出口货值 (单位一千金元)	对日本出口货总额之百分比
中国:香港及关东	278 186	26.6
印度	48 101	8.0
亚洲其余各部	87 580	8.3
输入亚洲之总额值	449 867	43.9
美国	444 118	42.5
欧洲	73 751	7.1
澳洲及新西兰	28 976	2.8
其他	29 609	4.7
总额	1 046 321	100

第十一表　日本生丝出口状况 (1925—1929 五年内平均数)

运销地	货值 (单位一千金元)	百分比
美国	369 804	95.6
法国	12 831	3.3
其他	4 026	1.1
总额	386 661	100

第十二表　日本棉业输出状况（1924—1927 四年间之平均数）

运销地	货值（单位一千金元）	百分比
中国：香港：关东	110 156	46.0
亚洲其他各部	81 005	33.1
输入亚洲之总值	191 161	79.8
总值	239 644	100

至日本对外贸易之性质，可以两方面观察，即进出口货是也。日本之出口货，以生丝最占重要，据 1924—1927 四年间之平均值，生丝占贸易总值百分之三九点六，其次为棉纺织品，占百分之二四点八，最次则为丝织品及布匹瓷器等物。若以市场分别，则按 1924—1927 四年间之平均值，其运输于中国市场之货物，最多者为棉织物，平均每年值 86 519 000 金元，占对中国全部输出贸易百分之三十一点四，次为棉纱，值 23 637 000 金元，占全部百分之八点六，其次为糖，值 15 132 000 金元，占全部百分之五点五，再次则为煤、水产物及纸等。日货之输入美国者，则最多者为生丝，1924—1927 四年间之平均值为 363 842 000 金元，占全部贸易额之百分之八四点五，其次即为丝织品，值 11 140 000 金元，占百分之二点六，其他则为瓷器、玻璃、茶等等。

进口货方面，依 1924 至 1927 年之情形论，则最重要者为生棉，占全部进口货百分之三十，其次为粮食，占全部百分之十五点一。更次为皮毛及其制品，占百分之八，其他则为药材、化学物品、铜铁、机械、木材、肥料等。

兹更可分析其贸易品之种类，依 1923 至 1927 年五年间之情形，进口货中，食物占百分之十四点四，原料占百分之五三点六，半制造品占百分之十六，完全制造品占百分之十五点四，其他占百分之〇点六。出口货中，则食物占百分之六点七，原料占六点五，半制造品占四五点七，制造品占百分之四十，其他百分之一点一。

(三) 国富与国人之增加

日本国富增加颇为缓慢,计 1905 年每人得日金五一四元,1913 年则为六〇〇元(调节值五二八元),1924 则增加至一七三一(调节值七三八)元。与他国国富之比较,除德意及我国外,亦皆相形见绌,如美每人可得日金六六〇七元(1925),英为日金五二四七元(1925),澳洲联邦为日金三四五〇元(1922),法为日金二五四九元(1925),德则仅日金一一五四元(1922),意为日金一一一七元(1925),中国则为每人仅得二六八元(现值日金百余元),仅占国富百分之十二点五八,亦除中国外,较任何国家为小,美有日金一二七二元(1925),占国富百分之十八点六九。英有日金九七七元(1925),占国富百分之十八点五五。法有日金五四九元(1925),占国富百分之一二点一八,澳洲联邦有日金七七一元(1922),占国富百分之二三点二九,德有日金三九八元(1922),占国富百分之二三点二四。中国则每人仅得二七金(现值日金十元左右)也。

(《南开大学周刊》1931 年第 122 期,1—18 页)

秋华：日本的现势

　　知己知彼，百战百胜，这是不灭的公理。我们绝对客观地，为了要明了日本社会情势的一般起见，我们把秋华君的日本的现势，呈献给大家看。具体的、详细的引证，在这篇文章里，是缺少的，这是一个缺憾。原文题作《第六十议会》，系登在本年二月《普罗力达力亚科学》上，这是它的前篇。读了这一篇，也许对于日本的现势能稍为明白些。——编者

（一）

　　一九三一年，尤其是后半年，恐慌之尖锐化，终于卷起了帝国主义战争了。Comintern（国际共产中央）之规定，即是战争与革命的时代，字面一般地，就在日本，也逐见明了。

　　在此恐慌与战争的新发展之前，我们如今来迎接犬养内阁的第六十次议会，战争之第六十议会！

　　日本资产阶级经犬养毅的第六十议会，为了恐慌和战争，对劳动者、农民、一切的勤劳大众，来准备更深一层之深刻悲惨的牺牲与攻击，是无庸再言的了。因此，劳动者农民的斗争，也要向着这新的准备进攻的吧？

我们必须把第六十议会资产阶级的这个准备,和对这准备的劳动者农民的斗争联结起来,实际地,具体地理解第六十议会。

那么,资产阶级作着什么准备呢? 但为此,我们必须要一看现实的情势,而如何之点特别是他的中心的点的吧。

(二)

恐慌显示着新的发展。都市里的三百万余的失业者现在是不用再说的了。革除与不发工钱中的生活之穷乏,吃也不能吃,买也不能买的。而一方生产物之慢性的过剩,中小企业不用说,连大资本家大企业家也都无术可施了。这同时又与资本家和劳动者间的广泛决定的斗争之发展相并,愈加深刻化。

"今日之经济的不景气乃至恐慌,早已突破单纯经济问题之范围,逐渐化为社会不安的问题了。这是人所共知,世界地的呀。"(《东洋经济》七年新年特别号)。

以后还要提到的,"社会不安问题",如今,是"尽人皆知",成了"常识"的了。

据社会局的调查:一月—八月间的罢工统计,为一四八一件,比前年同期的一一五六件多三二五件,即示有 23% 的增加的。不光是件数增加,罢工的性质也愈加深刻。看看要求:"反对关闭工厂""反对不发工钱""退工者复职"等等。争议之方法也是有组织的、大众地的,逐渐赶向市街战、绝食罢工等决死的斗争尖锐化。例如:大众地的则以五月的减俸问题为中心的铁路职工二十万人的团结;这虽未发展到总的罢工 General Strike,然而指示着从下发展的广泛斗争发展方向的。住友炼钢厂之罢工,筑起 Barricade;矿山,特别是九州地方的总罢工时,像从来没有见过的深刻的激烈的战术都出现了。

在农村里呢! 我们先不能不坚称:特别是在农村里,如今恐慌已经深刻化到凶年饥馑的程度了。

资产阶级的消息,盛传于东北地方,北海道地方的饥馑凶年,把这归罪于今年天候之不顺。而姑娘突然被卖为娼，儿童率皆缺食，好像从今年起才吃起草根树皮般地说着。而儿子如今把全家牺牲了，是为了国家威武地满洲出征去了云云。

新闻的意图也太明显了。那乃是儿子之威武出征与爱国心所唤起的。

然而，凶年与饥馑，果然是起于天候的么？姑娘是从今年起才卖为娼的么，还有缺食的儿童！决不是这样的呀。农业恐慌已于昭和五年（一九三〇）就急性地变化。农产物价格暴落了百分之五十—六十；收入约减少了十四亿；昭和六年（去年）报载着除那之外更减少了四亿半圆。佃农争议也见激增，大众地被动员，减免斗争成为全免斗争；直接关于土地的斗争，全争议中，由昭和四年的 28.9％，昭和五年一跃成为 42.3％，六年成为 56.2％了。（本志前号"日本之农业恐慌"）

佃农争议的深刻化，使农民斗争和都市里同样地愈加成为组织的，愈加成为大众的；占领警察、占领裁判所已经不足为奇了。

单据最近的消息：朽（栃）木县里，袭击警察，割断电话，使把监室——打开，夺还了抢去的同志。富山县里，冲到法院前，要求释放同志，占领了法庭。特别是梨山（山梨）县五一节那天的劳动者农民底斗争的同盟，实际地指示出劳动者农民今后之方向，其他……

农业恐慌已如斯深刻化，成全国的了。因此，当然肥料也是不能施，良种不可得，凶年饥馑怎么会能不起呢?！缺食儿童与娼妇也不是起自此刻的！草根、树皮也一样！到如今就没有满足地吃了米面来。所以凶年地方的农民要"为什么今年才吵呢！"以为不可解了。该是不可思议的啊。因为内里为资本家地主的帝国主义战争区在等着"威武的出征"呢。

儿童、姑娘、儿子、那父亲、那母亲的惨酷的牺牲，不止此，以至于连田地也续作了牺牲的恐慌，凶年！

这就是指示一九三一年，特别是其后半的恐慌发展姿态的。

都市里的三百万失业者，不用说中小资本家、大企业、大资本家，包藏着一切企业，一切阶级层的"社会的不安"！农村里的连田地都在饿死着的恐慌之尖锐化。日本帝国主义资本家,经济的、政治的全都碰壁了。

那么,往那里去必得求脱离这危机的血路呢?曰:对劳动者农民的牺牲和攻击;同时,占领满洲开始帝国主义战争!

(三)

由于以上所说的国内状态,如今,日本必然地非占领满洲不可的。然而在那里有世界劳动者农民的反对,特别是中国劳动者农民的反对、苏联的反对。

在中国的这种反对的基础——中国的革命运动最近也有了长足的发展……

所以说,日本的占领满洲,瓜分中国,同时意味着对也含有满洲的中国革命运动正面及攻击的。只要一看日本资产阶级的所有报道中之所谓"中国的无秩序""匪贼横行"等就明白了。

占领战争新情势的特征,是以下诸点……

1. 日本强盗在满洲用武力的强夺,直追掠夺的政策;因此对呻吟在帝国主义里的中国国民,采用着帝国主义战争最恶的贼盗的方法。

2. 彼等对苏联则组织着白卫兵式的强盗团与阴谋团。

3. 其时,日本强盗受着法帝国主义者的完全支持和英帝国主义者的部分支持。

4. 此一团与紧追逐渐离出己手的中国猎品之美帝国主义者间的矛盾,急速地尖锐起来。

在这里,我们得展看清楚了中国 xx 党说的关于对苏联的干涉战争,白俄兵的阴谋等话。

想起来的是国际联盟的巴黎会议。要说国际联盟巴黎会议的根本目的究竟在那里时,那是干涉新苏联的准备,与中国的新分割的谈商之所。

特别是苏联的干涉战争,把日本帝国主义之在前头,使国际的阴谋前进一步的!

为什么有把这阴谋更积极地进一步的必要呢,我们想没有详细地去说的必要吧。看看日本里的恐慌,就具体地明了了。而这问题决不是日本一国的问题。

世界资本主义的危机,因为劳动者农民运动的滂湃,已经成为坚定的了。而这种革命运动之发展,藉苏联五年计划光辉的成功,愈加准备着确乎不拔的力量和基础。如斯,世界资本主义的危机愈加尖锐化,愈加坚决定。因此,世界资本主义诸国,国内地,以劳动者农民为牺牲而攻击,没命地求脱离他们危机的血路自不用说;国际地呢,就不得不商议殖民地、半殖民地的新分割,特别是中国满洲新的占领分割;同时,不得不商议绞杀中国革命,与对世界劳动者农民之友伴,绝对反对彼等之侵略攻击的苏联新干涉的。这就是国际联盟巴黎会议。

他们最忠实的代表巴黎马丹报,当时这样写着:

> 依国际联盟的推想,在等待裁判的两国背后,有第三者立着,那是为了无秩序之扩大尽着全力的——那个第三者就是苏俄。苏俄是指唆着中国的,看过了这有害的奸计不成。假如国际联盟愿适用强制手段,那不应对看守无秩序的守卫,而非对制造无秩序的张本人(苏俄)不可的。

这决不是一马丹报的思想,实在是各帝国主义者一致的思想。

在绞杀中国革命、干涉苏联同盟一点,他们是这样一致。然而,我们同时,不能忘了他们间的矛盾。特别因为占领满洲,美国与日本的对立,最近特别激化的情形。

一月九日各新闻都载着美国对日本要求适用非战条约,就是反对日本单独占领满洲。

> 锦州附近最近军事行动之结果,一九三一年九月十八日以前存在的满洲中华民国最后政权被破坏了。……美国政府鉴于目前之事态以及与此相关的美国政府的权利与义务……云云。

特别是,日美之对立是这样尖锐化着。

（四）

恐慌与战争的新阶段，是像上述的。然则，新的情势，新的阶段，向日本的劳动者农民要求了什么东西呢？经济的、政治的？我们为此有看一看金再禁（废除金本位制）与法西斯的支配之发展的必要。

从废除金本位制看起吧。

世界金融恐慌终于使英吉利停止了金本位。镑价·Pound下落，首先给了日本金融资本家直接的打击。据说三井当时受了四千万元的损害。为补偿起见，其后三井，大买起金元Dollar来了。自然，不光是三井的三井银行，据说自九月三十日英国废除金本位以来，约买着一亿圆Dollar，其他三菱、住友、第一、安田，不动贮金等大银行买有总额据称共达三亿圆的。

金本位一废除，圆（日本金票）价下落，金元相对地Dollar就贵那多，购买金元就发那么多的财。因这一回的金本位废除，从三井起各金融资本家，一夜之间就能赚百几千万元、几亿万元的。这种丑态的金元Dollar购买之正体，不用论，我们是必须看清。然而，重要的事，乃是以下的事情。

金本位制停止以前英国的恐慌，慢性的过剩生产与失业是有名的，特别是棉丝纺织如此。英吉利向东洋殖民地间将死地寻求血路，然而那里有最强大的日本的纺织产业。在这意味上，英国与日本的经济对立刻愈加尖锐化了。一切更重要者，是这英国的威胁使日本与美国间的对立也那样地尖锐化了。

国内恐慌尖锐化，战争的新关系，已经说过。而这种国内情势，又以世界经济恐慌的新尖锐化，金融恐慌下前述的关系为基础发展着。战争成为更决定的；由金准备与贸易市场间经济对抗的必要，金本位停止成为不可避免的事。

恐慌尖锐化与战争国内、国外既已意味到劳动者农民的攻击，特别是中国革命运动之压迫与苏联战争，如今则藉金本位停止开始着新的攻击。试看！由战争和金本位停止的物价腾贵，不是使劳动者农民的实质工钱愈加低落；不是经济的、军事的愈加要求着牺牲的么？而一方三井，三菱买金元的利益，一夜就是几千万元！连金融资本家代表井上准之助都这样正直地说着：

"如右的货币价值下落与物价腾贵，更引起政府的 inflation（高涨策）一样的因果关系，就如小车般，一次一次地加深其程度；最后，或者财界里引起重大的变动也说不定的。一定的薪金生活者，靠一定的劳动工资生活着的人们，如今站在怎样的不安的困难的地位里，实有不可测的情形。

不是用空洞的议论，拿近前的实例来指示，英国的蓝开夏纺织厂……不多时，被强制采用贵原料；一方，因饮食物品之长价，生活必需品暴腾，劳动者工资增加运动澎湃起来，罢工又罢工，比以前更窘困更深刻。"（《东京朝日新闻》一月七日）

（《南开大学周刊》1932 年第 127—128 期，12—16 页）

George，H. Blaskeslee 著，曹康伯译：日本东亚门罗主义之检讨

本文译自七月份外交季刊（Foreign Aflairs），作者为美国克拉克大学历史与国际关系教授乔治·布克斯里（George，H. Blaskeslee）。一九二一年氏为华盛顿会议美国之专家，一九三二年曾参加李顿委员会（Lytton commission）。

（一）引言

日本为解释辩护彼在远东之政策计，屡倡其所谓之东亚门罗主义，时而仍用二三意义相同之语句如"至尊权益""特殊权益""亚洲乃亚洲人之亚洲""东亚之领袖地位""生存权"等，表面观之，各名词之意义似略有出入，而其实质之支配东亚整个局面则初无二致，盖其用意，一方在解释日本在中国之特殊行动，一方则在表示日本关系中国对各列强之根本态度。本年二月二十一号日本代表对国联议会之报告曾正式声明日本在东亚采取门罗主义，此后对远东和平治安之维持负完全责任，同时日外交部长内田康哉一月二十一号对帝国议会关于国联盟约第十一条土地毗连谅解之演讲，亦有类似之言论：曾谓"国联盟约已认为由土地毗连所产生之特殊关系，当予尊重，故我政府当自信任何计划为促进东亚之和

平安宁,日本确当负完全责任"。此种论调虽似空洞渺茫,但实可窥见日人欲在东亚树立门罗主义之肺腑,一九一七年驻华盛顿日本大使石井子爵曾声明亚洲门罗主义,同时请求蓝辛(Lansing)承认日本在东亚之"至尊利益"。本年石井氏在备忘录又发表谈话谓:"以吾等之观察,认为日本在中国,犹以在土地毗连地带,所有之特权,当超过任何国家,正与美国在西半球之墨西哥与中美洲所有之特权,前后如出一辙。"吾人为洞悉日本在中国之近顷活动,及预测其将来开展之方向,则必需明了日人所谓门罗主义之真意所在,及其究竟要求列强尊重与承认何种权利,此皆本文所当特别提出讨论者也。

(二) 日本门罗主义史之考察

一九〇五年之日俄战争,为日本东亚门罗主义理想产生之起点。日俄战争,日本在一时期内,对外采取积极侵略政策,此种主义遂因之高倡入云。欧战期间,日人雄飞东亚,将德意志由中国及太平洋北岸驱出后,彼之东亚门罗主义无形中亦得欧洲各列强之默许矣。迨华盛顿会议后,日本外交又从新开展一新转向,一变其已往之积极侵略政策,而致力于对华亲善,门罗主义之呼声因受和平声浪之激荡,遂暂归消沉。最近因中日发生极严重之纠纷,此种主义遂又在世界政治舞台大露头角矣。

(三) 日人对于东亚门罗主义理论之诡辩

日人关于门罗主义实施领域之界限,各说纷纭,莫衷一是。有者主张包括整个亚洲大陆,但大多数意见只限于太平洋西岸诸国家。一般实际论者认为只在中国尤在中国之满洲,至于日人对于东亚门罗主义之诡辩有五:即"自卫权""大亚细亚主义""特殊权益""东亚之领袖地位"及"生存权"是也。

日人对于自卫权之诠释,即反对任何国家对中国之土地侵略,盖日人认为中国之特权乃血肉牺牲之代价,一九一五年之二十一条曾规定以后中国沿海之港口与岛屿不准租借外人。最近石井子爵关于自卫权之解释,于外交月报上发表下列之谈话:"我国在中国之政策,系完全根据建设政府中之政府之确信,任何第三国家,或各国之集团,如侵入满洲,不仅危害中国之土地完整,而且直接有损于日本生命之安全。"吾人于其谈话中即可窥见日人所谓自卫权之一斑矣。一般日人对于"大亚细亚主义""返回亚洲去""亚洲乃亚洲人之亚洲"等口号之解释不同,有者认为系防御的,在保护东亚庶几乎不致受欧美诸列强之侵略;有者认为系文化与商业的,各说似较纷纭,但吾人一察其目前之种种行动则知其意义确为侵略的,其主要目的在驱出欧美各国在东亚之政治势力,使东亚所有之领域悉置于日人政治统治之下。此种主义亦曾一度为中国之领袖如孙中山等之赞助,但考之目前益助之声则不复闻矣。

日人心坎所蕴藏者,为在中国犹以在满洲之"特殊权益"与"特殊地位"。欧洲各国虽经条约与会议对日人所谓之特殊权益似稍有谅解,但其真切意义,与解释,始终无正式之规定,新近李顿报告书关于日人在中国当有之"特殊权益",解释极为空洞渺茫。一九一七年蓝辛石井会议曾有下列声明:"美日两国政府认为日本在中国犹以在满洲,因土地之毗连当握有特殊权益。"但彼二人对于特殊权益意义之解释迥异,蓝辛所指者完全为工商业之利益,并丝毫未含政治意味,而石井所指者悉为政治之特权。

大多数日人相信日本之特殊权益不只限于货币之投资,与租界权之取得,而在享有各种无形之权益及维持中国和平治安之责任,此种论调一度震惊苏俄之驻日大使。一九一七年曾向母国政府呈一报告,谓"日本刻已显然表示在中国之特殊权益,其他各国未经日本之同意,在中国不能取进一步之政治活动,大有树立日本统治在华各列强之动向"。至于日本以特殊地位口实,强迫中国承认之二十一条,确足充分表示日人在中国政治与经济权利之程度,如第五条完全将中国变为一附属地位,剥夺其政治权利,掠取其工业之天然富源,第二条将中国之南满与内蒙古东部完全划为日本之经济势力范围,在该地有放款、投资,及铁路建筑之独占权,一九一九——一九二〇年日本更进一步要求中国承认其在满蒙之特权,当时虽有一般开明领袖如币原等主张门户开放,保全中国领土完整,及维持世界各国在满洲之宗祖权,然一般富有国家思想之青年军人领袖仍思扩张特权,虽损及中国之主权,违反世界公约亦在所不计。

日人所谓之东亚领袖地位,虽几经大隈侯爵及政府人员之提倡,但以一九三〇年所得之反应最大,是年美大使加斯晉(Castle)在东京演讲,比较日本在东亚与美国在西半球维持和平之目的,自此演讲发表后,日人遂确信彼在东亚占领袖地位,亚洲各国均有遵从之义务,同时任何列强不得日政府之同意,不得擅自行动。

经济之扩张与政治之理想交织成日本之门罗主义,日人称满洲为生命线,其意义系认满洲为日本经济所必需,故极端否认有领土野心,主张只扩充政治与经济权利而不扩张日本之主权,一般开明政治家犹倡言中日两国当友谊合作,以期达到两国之经济联合,然目前日本当政军人所谓之生命线,乃要求开发中国之富源,并不顾及中国同意与否,此点依松冈之解释系一国图生存觅出路之正当权利,前内阁总理原爵亦有类似之论调,彼于一九二一年解释门户开放主义曾谓:"门户开放政策并非根本取消国与国间之界限,其主意乃在与经济不稳固状态下之国家一开发世界富源之自由途径,取消一切人为之经济壁垒。"帝大教授高木博士亦谓:"现在日人之观点注重于日满经济之联合,以期将来达到东亚门罗主义。"同时最堪注目者为日陆相荒木贞夫所发表之谈话:"人类皆有生存于世界之权利,任何潜藏大量富源国家,不能拒绝人口过剩,食粮不足,国家之人民参与开拓。"

(四) 美日两国门罗主义同异比较观

美日门罗主义相似之点,仅在两国均标榜自卫政策。但美国所谓之自卫政策毫无领土野心,及要求"特殊权益""至尊权益"之欲望,而日本所谓之自卫政策实底蕴政治之野心。

日人所指之美国门罗主义乃加利滨政策(Carribean policy)。此种政策与日本门罗主义之背景、目的,固有相似之点:(一)两国均为列强之一,所对者均为政治组织欠佳,军备势力薄弱,同时内战频仍之国家。(二)两国悉为资本化、工业化之国家,而所对者均为农业国家。(三)两国同需要军事与商业特殊权益,日本之于南满铁路,美国之于巴拿马运河,同时两国在所属地带,均有大量之投资,一九二九年美国在墨西哥加利滨之投资额为三二九〇万元美金,日本在南满之投资额在十万万元(日金)与八万万元之间。(四)两国均积极致力于设法对已投之资本,加以合理与必需之保障。(五)两国均禁止外人势力侵入其所属地带,同时正式声明对该地有维持最低之和平治安责任。(六)两国有时均有武力以贯彻其政策(日人认为日本在朝鲜、满洲,及中国北部之军事行动,与美国之在加利滨洽相吻合。正是施行所谓罗斯福之警察政策,至于日本推翻满洲政府,正如美国推翻在古巴之西班牙政府。同时对于满洲国之承认,亦正如美国之承认巴拿马)。但考诸其他方面,美国之加利滨政策又与日本之门罗主义迥异。兹将其重要异点胪列如次:

(一)两国环境之不同。美国为一地大物博国家,日本为一领土较小人民较少之国家。

(二)两国门罗主义所要求之基本条件不同。日本要求"生存权""生命线""经济之扩张";美国则无之。

(三)两国在所属地带之军事行动不同。美国在加利滨之军事行动实不能与日本在满洲之军事行动相提并论。美国最低限度并未违反国际条约,如将古巴之西班牙政权推出后,立刻组织行政机关,撤退军队,日本如能在满洲建设新政府后,立即撤出军队,将政治经济之权利归还人民,世界舆论对日本定有一好的转向。同时一九一四年美国对墨西哥感觉有用武力之必要时,终因接受阿根建(廷)乌拉圭之劝告而撤兵,迨后墨西哥陷于无政府状态时美国又约请各国采取一致行动。

(四)两国之动机不同。美近年在加利滨之行动,目的不过一方保护美侨之生命财产,同时辅助加利滨促成一稳固繁荣之局面,并未设法直接或间接侵占加利滨之土地,及取得其政治经济之权利,每次关于加利滨问题之参与,不过为推动其国内之重新组织而已。总之,美国之政策在维持加利滨之现状,而日本之主义则在推翻满洲之现状。美国如不出此亦可用武力占领包括三千万民众之墨西哥,推翻其行政组织,施行独立运动,建立新政府,引用美国官吏与顾问,以专责成,同时用美国军队维持治安,由美政府管理其所有铁路与各种公用事业,如是则与日本之门罗主义相吻合矣。

(五)日本门罗主义之批评

一九〇五年罗斯福总统与日本金子子爵之谈话曾谓:"日本当在东亚树立门罗主义。"然其意义仅在保护远东以避免欧洲各列强之侵略。一九一七年美国务卿白伊安(Byran)氏曾正式声明:"承认因土地毗连,日本在南满、内蒙古产生之特殊关系。"一九一七年蓝辛亦谓:"日本在中国当有特殊权益,尤以在土地毗连之南满。"同时一九二〇年加斯窝又承认"日本为太平洋之和平维持者"。美政府负责人员以上之谈话与声明有一根本假定,即认为日本门罗主义只限于工商业利益而绝无侵略意义,同时亦并未承认日人所谓之"至尊权益""领袖地位"等名词也。

(六)日本门罗主义之危机

日本门罗主义之危机,要之不外二端,即中国本身之图强,与各国之歧视是也。

(一)中国本身富有潜势力,加以广博之土地,众多之人民,一旦建设一稳固合理之政府,则日本东亚门罗主义即告寿终正寝。

(二)欧洲各列强与中国之关系殊为密切,决不能永久屈服于日本统治之下,况苏俄在东南部已握得相当特殊权益,英国在中国之投资较日人为犹多,美国顷仍遵奉国务卿斯窝生所谓"美国乃太平洋领袖国家之一,对中国民族之将来将予一深刻之注意"之信条。加以中美两国历史的友谊关系,以及在中国之种种社会教育事业,使美国对于讨论中国问题占最重要地位。总之,日本门罗主义之生命绝不能维持长久,盖各列强誓不能承认日本为中国之唯一保护者也。

（七）结论

日本东亚门罗主义如真能与开明政治家所主张之意见一致,秉华盛顿会议后之精神,采取李顿报告书指示之途径,与中国施行友谊之经济合作,未始不能获得各列强之谅解,然考诸日本门罗主义目前所表现之事实,乃为军事占领满洲热河,及对中国之种种敌对态度,至若违反国际条约不顾各国之忠告,在满洲之行动毫无顾及,吾人曾不知其将沦于胡底也。（译于南大）

《南大半月刊》1933 年第 5 期,1—6 页)

梅宝昌：日本对外缔约权力之所在

日本在政治组织上，特点很多，而与欧美国家不同，缔结条约的权力，亦因此而迥异。在条约研究班上，编者受徐敦璋先生指导，成此一文，取材于1931年《American Jounural of International Law》第二十五卷 Colegrove 的《The Treaty Making Power in Japan》（该文为日本学者竹内所著），复参阅相关日本政治组织等书籍而成。

条约是两国间的契约，亦是国际间之合同。一切条约皆由国家名义或元首名义订立，其实际工作人员则为行政机关。各国间因政府组织不同，所以行政机关缔结条约的权力范围因而互异：有的国家一切条约均须得议会同意（如美国、瑞士）；有的国家宪法规定某种条约当经国会同意，其他可本身执行（如法国）；有的国家行政长官有全权订约而不受议会拘束，那就是日本。这种情形，在各国很少，民治国家，更所不容，因此特别提出来，而加以研究。

（一）议订与批准

日本天皇，对内是统治者，对外是代表国家，具有宣战、媾和、订约的全权。其本身可派遣外交官与专使及批准条约，而依法可不受任何机关之限制。日皇权是无限的。在他国元首,则不如此,如美总统订约必得上院之同意,英王订约须受国会之拘束。法总统不能订和约及与财政和现行法律有关系之条约,德总统定约关立法者,亦须经议会允许。批准条约在各国亦多受立法机关之限制,而日本宪法则未明载批准之步骤,只是天皇在未签字前,可交于枢密院,枢密院的职权,在宪法规定为"助天皇审定国家一切重要事务",所以天皇依法不必得其同意。枢密院乃依一八八八年四月天皇命令而成立,其权乃天皇所授给,视其产生方式对天皇职权,决无影响,但在事实上,自一八八八后,一切草约,天皇皆交枢密院审查,而成宪法上的惯例。枢密院并不对议会负责,但对内阁行政政策之决定,影响很大。

(二) 天皇的特权

一八八九年宪法第十三条规定:"天皇有宣战,媾和及缔约权。"依法无须得议会或其他政务机关之承认。明治天皇所颁布之宪法,较德国宪法尤不民治化,俾斯麦虽说"武力强于国会",而德国订约尚须经两院的承认,但在日本,天皇操有全权,在伊藤博文起草宪法的时候,关天皇特权,在半官方发表,其解释为:

> 宣战媾和订约,皇帝是有全权,无需得议会的同意,其原因在:
> (1)帝国对外权力是统一的;(2)宣战、订约为重委事件,含特别性质,不容审议,在今日各国订约,皆由行政机关沟通,天皇可受其建议,而议会无允许之必要。

依上观察,天皇权力很大,但亦稍有受限制的地方,如宪法第十四条定"天皇宣布戒严,而其效力及要件必由法律规定",天皇在立法上,似须得议会的同意,而其他方面,则不受限制。

关于天皇特权,日本法学家讨论的很多,旧派学者以天皇权力是无限的。如东京帝国大学教授 Uyesugi(上杉——编者)及 Hozumi(穗积——编者)等人,Hozumi 言:"皇室为国家之基础,乃主权之泉源,天皇和国家是一体的。"新派学者,则反对王·国一体说,Minobe(美浓部——编者)言:"国家与天皇合一,则国家为天皇而存在,而国家之支出、收入,亦即天皇的收入、支出,此与宪法相反,在宪法上国家的财务与皇室用费是分开的,国家事务与皇室事务亦不是合一的。此则表明天皇与国家并非一体,而统治权非天皇所独占有的。"他们以国家为法人(legal personality)而天皇为一机体(organ),主权虽以天皇名义行之,而实为国家所具有,新派主张天皇订约,可不受元老及海、陆军长官之影响,但必得阁员及下议院之承认。

一九二九年海牙和平公约,有"付人民同意"之句,枢密院以此侵犯天皇神圣及尊严,而不承认批准,但结果终为通过,所以天皇的权力,很受"议会形态"(Parliamentarian altitude)的影响。

(三) 枢密院的审议权

枢密院是天皇的咨询机关,似为天皇个人之顾问,一切国家行政,皆可参与,但本身不具有实权,无"自动"地位。今将其对条约之审查步骤及其本身地位分述如下:

(1) 审议条约的手续——天皇在未批准条约前,必交枢密院考查,其手续先由天皇用文书(包约文及公文)送至枢密院,然后国务大臣及外务大臣到枢密院,与该院院长、副院长及书记商定审议步骤,关重要条约多设一委员会(如一九二二华盛顿条约;一九三〇年伦敦海军协定,皆由九人组织之委员会审查),委员中以院长为主席。委员多为高级外交人员,委员会审查后,对枢密院有一报告,委员大多数通过,将报告送达皇宫,但有时亦不另组织委员会。在日本阁员多为枢密院委员,而可有表决权,然在平日开会时,多不重要阁员出席,但审查伦敦海军协定时,各部大臣都参加了。

(2) 权力——枢密院依法,没有权力,但实际对天皇影响很大。关枢密院的权力,日本法学家讨论的很多,而意见不同:保守派以枢密院在宪法上为必须设立的机关,因为他可以拘束议会的据骄,而控制阁员的专政,他是宪法的保障机关;而自由派则反对这种主张,以为枢密院的存在,乃是历史上一种错误,在一八八八年枢密院成立,其目的在考查伊藤所起草之宪法,此与天皇允许召集宪法会议原则相反,枢密院虽存在至今,而是不合法的,控制阁员更非良策,并且现在民治国家,政治中心皆在下院,阁员对议会负责,枢密院组织只二十六人,皆老人与军人,如何能使其干涉行政政策。

上两派主张不同,而在日本,实际上内阁对枢密院可以限制,缔结条约,天皇将文书送于枢密院,但该文书,由外务大臣制定,何时交与枢密院,枢密院不能干涉。所以内阁与枢密院并不能合作,而日本政治,并未受得美国总统与上院关系及英国议会政治的利益。

一切条约不尽须交枢密院审议,如邮政协定草政和行政协定,有的重要政治条约而亦不交枢密院同意的,如一九〇二年英日同盟约、一九一五年伦敦条约,对外得约得天皇核准,即能生效,有的行政上协定,只由双方政府换文,而更无交枢密院审议的必要。

(四) 议会的地位

(1) 天皇与议会——在宪法上,天皇的权力是无限的,但议会对立法权是共享的,从宪法第五、八、九、十三、三十七、六十二、六十三、六十四、六十五各条(条文附后)观察,国家立法必需得议会允许,有的学者主张天皇批准条约,在国内即成一种"条约法"(Treaty law),但"条约法"是否需经议会同意而成一疑问,然而天皇在议会闭会期内可发"勒令"(Ordinance),这种"勒令"就可代表法律。所以天皇的"勒令"权似已侵犯议会的立法权,并且召集议会为天皇的权力而并可解散下院,因而天皇的权力,在宪法上是高于议会的,在行政上,条约宣布,就发生效力,议会是无法阻止的。日本大多数法学家,主张条约于立法有关的,需得议会同意,而天皇的宪法第三十七、六十二、六十三各条(条文附后)尤须注意,而求不侵害议会之立法权。

(2) 议会的立法权——在宪法上,日本议会的权力很是明显:一切法律中由议会颁布(宪法第三十七条),政府预算必先交下院议定(宪法第六十五条)。但在宪法第六十七条文定:"本于宪法天皇已定之岁出,及法律之结果……帝国议会不得废除",关"天皇所定之岁出",宪法起草者伊藤解释,以包括"行政费、陆海军用费及官吏薪金,因对外条约影响所引起之用费每包含在内……"再依事实观察,政府预算关对于万国邮政联盟、国际联盟及国际劳工局之用费,议会是不加审查而同意的,此外在习惯上,关于国际航空义务及对外人土地权之法律,多以部令代立法,而议会自产生四十年来,对政府施行条约义务的要求,都是通过的。从以上看来,议会的立法权,都被行政机关所侵融,其外交权,更是绝无仅有。

日本议会,在世界各国议会地位里,其权力恐怕是最没有落的。所以在近代日本许多学者都倡言议会政治,而预备提高议会的地位。在事实上,一般人都同意减少枢密院的权力,而在政治上具有特权的元老又只有一人,所以一般倾向民治思想的人,都觉这是议会能抬头的机会,在日本协订 Kelling Pact 时,下院就要求政府将协定文件交下院审查,他说:"订约为天皇特权,而在习惯上,未批准生效之前,条约细文不能宣布,但以宪法第五十四条,阁员得出席议会发言,此则表示政府与立法机关关系之密切,政府可将其协议公开,下院议长是不会反对政府意志的。"议会的地位在一时期是渐露头角的,但是我们现在再看日本的行政的政策,我们只看见军人的形态,而寻不出议会的踪迹。

此外关批准国际劳工局草约问题,是很有兴趣的,顺便提出来。国际劳工局草约,依凡尔塞条约第四〇五条规定:"代表三分之二通过,交会员国批准,而闭会一年至十八个月内由各国'法律上机关'(Competent authority)立法……"盖因参加代表非皆政府代表。每国政府有二代表,雇主一代表,工人有一代表,此四代表非完全国家代表,不能代表国家的意志,故需国内立法。在日本政府以"法律上机关"为枢密院,而大多数主张此机关为议会,因议会始能立法,当时争执很厉害,而结果不知如何批准。

(五) 条约在国内效力问题

在国际惯例上,条约经批准则生效,但条约在性质上,有须议会立法的,而亦有本身即可执行的(self executing)。此两种性质如何分别,是很难言的,关于这一点日本法学家的意见可以分为两派:

有一般学者,根据国际法的普通原则,以条约签定只对契约国家有效,而对其人民无影响,若条约与人民权利或义务有关,则必有国内法律,始生效力。Hozumi 教授说:"……宣布条约乃宣告有一条约成立,而使人不'无意识的去接触',……其内容关立法的,在宪法上必议会允许,而在国内始生效力。"Uyesugi 教授说:"条约为本国统治者对他国内统治者间之契,并不是统治者在国内的最高命令,条约只是一种'国际现象'(international phenomenon),其性质只有国际效力,若求国内有效,天皇须得议会的允许……"

另有一般学者,将一切条约皆视为"本身执行"(self executing)性质,他们以为天皇既有全权订约,而其执行亦自无拘束,条约与人民权力或义务没有影响,自无问题。既使有影响,天皇在其批准时,一定注意到国家意志对人民权力或义务的影响,换句话讲,条约经批准就成为法律,批准代表两种意志:一方面表示订约国间有协定关系,另一方面则为对人民制一法则,表示第一种意志用交换批准书形式,表示第二种意志用宣布形式,宣布后,即如有一个法律,而即在国内有效。法律的来源有三:即议会立法、天皇敕令及条约法。所以在条约外,无须立法。Minobe 教授说:"这是一种不可保留的理论,条约合法订立,而仍须在法,这在法律上是不合理的,一个法人(personality)可有两种不同的意志(will)。条约立法订立,仍代表国家一种意志,决不能同时有其他意志与其相冲突,若是条约于国内法有关,在条约成就后,而法律必规定。日本宪法与他国不同,天皇对订约是具有全权的……"法学家 Shimizu(清水——编者)说,"宪法第十三条为第三十七条之例外……条约若需立法,批准即表示制定一法律……国会立法若可取消条约,则与他国订约为一错误"。

关于这个问题,日本法学家讨论的很多,上面的学者都是东京帝国大学的教授,其言论尤为有力。但实际上日本议会既处于"低头"地位,所以因条约而立法的,是尚所未闻,在现在的日本政局来看,这个问题要留到十年或二十年后再来讨论吧。

(六) 条约的宣布

政府在事实上可以条约为国内法,但经宣布始为法律,而对国民发生效力。在一九〇七年前,天皇批准条约在政府公报(Imperial Gazette)宣布即可,在一九〇七年时,有官方公文以敕令公布之法规。第八条定:国际间协定的宣布,必由圣旨(Imperial Edict)行之,圣旨或敕令上,必宣称得枢密院之审查,天皇签字,而加玉印(privy seal),首相标明日期,而国务大臣附署。此外条约并在政府公报条约栏内公布。

宣布有二形式,关与订约国条约交换批准书而生效力者,其形式如下:"得枢密院之审查,我们批准(条约名称)条约,由(缔约国名)代表签字于(地名)在(日期),而宣布之。"

若协订条约,直接由全权代表签字而生效者,其宣布则较简单:"得枢密院之审查,承认(Sanction)(条约名称)条约,而宣布之。"

承认(Sanction)如法律,凡天皇宣布约形式,而表出国家的意志,在此情形下国家意志,由全权代表签字表出。

【本文所引用日本宪法提文】

日本帝国以万世一系之天皇统治之

第五条　天皇以帝国议会之协赞,行立法权。

第六条　天皇裁可法律,命公布及执行。

第七条　天皇召集帝国议会,命开会闭会停会,及众议院之解决。

第八条　天皇为保公共之安全,免公共之灾厄,有紧急必要时,于帝国议会闭会期中,可发行代法律之敕令。

第九条　天皇为执行法律,或为保持公共安宁秩序,及增进臣民之幸福,亲发或发必要之命令,但不得以命令变更法律。

第十条　天皇定行政各部之官制,及文武官之俸给,并任免文武官。但本宪法及其他法律载有特例者,各依该条项。

第十三条　天皇主宣战、议和,及缔结各种条约。

第十四条　天皇得宣告戒严、戒严之要件及效力,以法律定之。

第三十七条　一切法律,须经帝国议会之协赞。

第五十四条　国务大臣及政府委员,无论何时,得于议会出席发言。

第六十二条　所课租税及变革租率,多以法律定之。但属于报偿之行政手数料及其他收纳金,起国债,及除预算规定者外之国库担保契约,须经议会之协赞。

第六十三条　现行租税,未曾以法律改易者,依旧征收之。

第六十四条　国家之岁出岁入,每年预算须经议会协赞,如有超过预算额或有预算外之支出,日后当得议会承诺。

第六十五条　预算当先提出于众议院。

第六十六条　皇室经费,依现在定额,每年由国库支出。除将来需增之时外,无需议会之协赞。

第六十七条　本于宪法上大权之已定岁出,及法律之结果,或法律上属于政府义务之岁出,非经政府同意,议会不得废除或削减。

(《南大半月刊》1933 年第 7 期,1—7 页)

赵纯孝：对于日本政治组织的认识

一、前言

　　吾人一察日本建国史，殆知日本于纪元前七世纪之时，有神武天皇者出世，起于九洲小岛，并合诸藩，平定四方，而建设日本帝国。日本立国之后，闭关自守，毫无文化可言。隋唐以来渐与中国交通，使臣学子相继来华者络绎不绝。因此将我国文化输入彼土，得使日本国家早日脱离野蛮时代，而走入文明之路。

　　自一八五四年美国强迫日本订立通商条约之后，渐打破日本与世界隔绝主义。自是之后，日感旧制度之不良。一八八九（一八六八——编者）年明治天皇即位，对于国内政治大加改革，并诸藩，改官制，励科学，兴实业，竭力发展，不遗余力，全国上下顿呈活泼气象，对于一切新发明新度制，迅速采取，更提倡军国民教育，不数年而国富兵强。即开拓殖民地，实行侵略政策，我属之琉球、台湾、朝鲜，先后被并。更于一八九五年战胜我国，一九〇五年更战胜俄国，一跃而居于强国之林。吾人对于邻国政治向持轻忽态度，日本为吾国敌人，故一提及日本，国人便表现一种讨厌的神气，于是关于日本种种问题，便以为不屑研究，这是我们的大错。知己知彼,百战百胜。今者世界政局动摇,太平洋风云日紧,日人铁蹄已踏破我大好河山,来日大难,未堪设想。吾中华民族是否受物竞天择之淘汰而召亡国之痛,全关乎今后吾全国上下之如何努力耳!今对日本政治组织作一简单的述要,借以洞悉日人侵略政策之原动力,而为唤起国人认识日本之动机。

二、日本近代政制的由来

日本的现代政治制度定于一八八九年的明治维新,由明治天皇颁布宪法,日本政制为之大变。此为其走向近代政治的基础。

一八六七年的革命,将日本的政权由幕府的手里移到天皇,此时日本为封建制度,名义上大权虽操之于天皇之手,而实际上天皇并不直运用,故天皇本为虚设,所有大权操之于将军之手,故日本史家称此期为日本双重政府时代(天皇政府与将军政府)。

封建制度当然不能长久的维持下去,所以改造现有政治制度自为日本全国上下之要求。日本在十九世纪之时,与中国同操闭关自守之主张,拒绝一切外人通商,夜郎自大不可一世。一八五六(一八五三——编者)年美国柏理(perry)提督率舰队驶入日本相洲之浦贺港,全国上下为之大哗,形势为之一变。美国当即约求与日本缔结通商条约,因此幕府惊骇失措。其后柏理强迫,是以幕府亦不能不屈伏,乃于一八五四(一八五八——编者)年成立日美神奈川约章(日人之维新实种因于此)。

一八五六年美国向日本提出修约条文意见,乃于一八五八年开会议定"江户约章",当时全国上下反抗甚烈,罪幕府擅开国禁。但幕府决然挺身负责,此事便成为日本开国史上重要之一页。

最初日本国视外人为夷狄,轻视过甚。不幸于一八六三年有英法美荷四国联军击下关事件,此次日人饱受教训,因此一反从前排外主义进而为师法外人之趋向。

自一八六七年以后,日本政权统一于天皇一人之手,号令全国军民,而奠都东京。一八六八年改元明治，国号一新，经此巨变，全国惊起，而以建国为第一要务，效法外国，修正商约，未几而与外人并驾争衡。废封建，改郡县，罢武士，宣教旨，集税征兵，国势日强。

明治六年，日本廷议因征韩政策意见上之不同而分裂，因此主倡征韩论之西乡隆盛、副岛种臣、后藤象次郎、坂垣退助、江藤新平诸参议联袂辞职。而唱内政改革之岩仓具视、木户孝允、大久保利通诸人，留掌政权。于是明治七年一月十八日，日本留美学生归国，宣传责任内阁制在欧洲之佳良成绩。因而坂垣、后藤、副岛等联名上书政府，提议民选议院，以求真正民意机关之实现。经明治八年大阪会议后，宪政政策即定，从此之后，日本民权自由平等思想日盛一日。

一八八一年（明治十四年）参议大隈重信独倡早开国会，上奏宫廷，举朝为之震惊。致一八九〇年御令免职。自是之后大隈重信派之人物如犬养毅、矢野文雄等一同去职。此次政朝影响甚大，大偎重信虽去，而予日本政治上以最大之成就，一方使日本国会早日实现，他方则大偎重信以自身政治地位及经验而唤起朝野上下对政治之注意，因是大偎重信乃别树一帜而与政府抗衡，以尽其在野监督之职。

一八八二年（明治十五年）天皇下诏令伊藤博文撰草宪法草案，伊藤受令后，当即赴欧考察宪政，归国即撰成宪法草案，以请政府采用。此即一八八九年日本明治维新颁布之宪法。表面上给天皇以无上大权，而实际上予人民以最大自由之享受。日本之政制由是而定。

三、日本的政治机关

日本的政制虽为立宪政体，实际并非真正以议会为中心的立宪政治，一切政权皆为贵族及中产阶级人民所把持，议会不过为其政治组织上之一部分耳。日本的政制并非一个单纯体的组织，而是一个复合体的构成，帷幄上奏机关（Supreme Command）、秘密院（Privy Council）、内大臣（Imperial household Ministry），及元老（Genro or old Stateman）等都具有重要的政治上的性质,在行政上的地位都很重要。他们是日本中央政府的主脑,以天皇为首相辅而行事。就一八八九年日本宪法看来,日本在外面上采了欧美的三权分立的形式。然而实际上行政权超过其他权限之上。仅将其组织,略作叙述以视其梗概:

A 咨询机关

(一)元老(the Genro):在日本宪法上并没有此一项组织之规定,而是依习惯生成的一个重要组织。元老的任期为终身职,此等人皆为国内年高望重对政治上经验宏富、老成练达者。吾人之政治组织之重要机关,首推中央政府——内阁。而日本内阁之组成,则由元首任命,而内阁首领人才的提出权则操诸元老之手。故每当内阁更换之时,则元老即向天皇奏荐请其任命,吾人就以往事实上之惯例观之,凡元老所荐之人,天皇无不批准。日本政治之最后支配者为"元老"。元老在日本政治上实居特殊地位,元老对于首相人选,上有最后决定权,因此首相无形中受元老之控制,而不能自由行动。内阁之改策如不见容于元老时只有辞职。故日本国家之元老实有如实行政党政治国家之下院多数党,而对其监督控制。由此更可见元老在日本政治组织上地位之重大了。

(二)内大臣:日本宪法第五十五款规定:"内大臣可作天皇的咨询,同时向天皇负责,凡关于一切国务文件及天皇的敕令(rescript)等非经大臣之副署不能生效。"故此为官制上规定存在的机关,其职责一言以蔽之曰,"辅助天皇且负其责"。故为天皇之臣仆,代天皇而负其责任。

(三)枢密院:亦为日本宪法明文规定组成之机关,非经修改宪法,此机关永远不能取消。日本宪法第五十六款载明枢密院为顾问之职。此等人员皆为有勋劳于国之大臣,亦为天皇之咨询。关于重要之国务事项,得具陈意见。如天皇布紧急命令或宣告戒严时,必先征求枢密院之意见,但天皇对该院之意见有自由采纳与否之权。依于宪法规定:"凡一切政务如得天皇之咨询,该院皆可议及。"吾人由此可知此机关在日本政治制度上之重要性。日本实际上有两个并立的国务咨询机关,政府负执行国务全责,枢密院虽为待咨询而供献意见的出发者,但亦得反对内阁之主张而提出自己之意见。虽内阁之取否听便,然因之而变更内阁方针牵制之事实所在多有。由此吾人可知枢密院在日本政制上实居于尽情说话而又不负其责的地位。

B 行政机关

行政部之首长为天皇,天皇在法律上可统括一切立法、行政、司法诸政权。一八八九年宪法规定:"天皇有批准条约,接见大使,宣战媾和等权。""任免大权,日本官吏上自中央大臣,下及地方郡长,名为天皇委任,实由首相及各部大臣主之。其受任命之后,得随时免职;故官吏服从政府之命令,不敢少违,而成为中央集权之制。""日本以万世一系之天皇统治之。"由此以观,则日本元首在法律上不但君临而且统治。

一切国内外之来往事件,皆由阁议后得枢密院之同意而行,事实上并非天皇亲身行使,吾人于此亦可见天皇之权无形中已为消减。

内阁为首相以下各国务大臣组合而成之会议机关,设首相以保持其行政上之统一,一切法律案、预算案、订约等,必经阁议后方能定其方向。全体内阁向天皇负责行使国家政务。宪法五十五款:"内阁向天皇直接负责,同时向人民间接负责。"如此则日本内阁实以一身而兼负双重责任(Dual Responaibility)。在事实上日本的内阁是一个联合的单一体,但是这个单一体 Unity 的存在并不是由于首相的负从,乃是由于 Group Spirit 共信的互立。国家政策的决定,与其说是由于首相负责不如说由内阁负责。一切内政外交财政军事教育司法等政务皆由内阁负责执行,但关于军令者(由帷幄上奏机关职管)不属内阁权限之内。

C 立法机关

日本之最高立法机关为"帝国议会",其内分贵族与众议两院。贵族院之议员约三百余人(一)皇族,(二)公侯爵贵族,(三)伯子男各爵互选议员(伯十八人,子男各六十六人),(四)敕选议员(一百二十五人),(五)多额纳税议员(六十六人)。日本贵族院完全为封建制度之遗毒,贵族官僚资本家充分表扬其势力,没有一点民主的意味。众议院人数亦百余人,但日本众议院组织,宪法上没有明文,而另有特殊法律规定,由采取大选举区制之选举法议员组织众院而实现几分比例代表制之意思,得使少数意见有表现之机会。

一切法律必由议会通过赞可,贵众两院议员皆有向政府建议或向天皇上奏之权。一切法律预算必得国会之同意,且必由两院共同同意,然后由内大臣奏请裁可。但一切出于法令之用费或政府法律规定之用费,议会不得任意议及或更改。如此议会财政无形中已受限制。宪法明文规定:"天皇有召集议会之特权,无论何时得令其停会闭会或解散下院,议会议决之法案必俟天皇裁可,始成法律;其否决者不能生效,如遇紧急之时,国会业已停会,天皇命令,其效力等于法律。"如此则议会权力已为宪法消减无余。如政府预算案国会不与之通过时,则政府得适用上年度之预算,紧急敕令等于法律。如此则更将国会权力剥夺殆尽,日本国会之存在,有名无实。

D 帷幄上奏机关

帷幄上奏机关之成立为日本政治组织上特有之现象,为他国政治组织所罕见。其组织实为军阀所独占。内包(一)参谋本部,(二)海陆军司令部,(三)元帅府,(四)军事参议、陆军大臣。其中以前(一)(二)两部重要,直隶天皇而参加军事上之帷幄事宜。全然立于内阁之外,不受其监督与指导。此机关为日本军事上关于国防用兵有最高决定及发令之权。有时在外交上此机关亦处于独立地位,故一般批评日本政治的人观其有两重外交之病。于政策之外而另设他种执行重要国务的机关,以使政府权限受其控制,国务不易统一,政府不能号令一切! 此为日本政治上之特殊现象,而为其他议会制度国家所罕有者!

四、日本政治组织批评

日本的政治组织已如上述,此种制度日人行之多年,其各机关组织及运用上不无缺点:

日本政治制度之造成,并非日本民族民权自由平等思想之自然要求，纯为外力与环境之强迫使然。故改制之初，对于中央地方分权未能有充分之明显的策划，故有今日分权之名而无分权之实。

日本政制虽为立宪政体，实际并非以议会为中心之政治制度，故皮相上采取了分权之形式，实际上距真正的议会分权制度甚远。

日本天皇在理论上、法律上实为至高不能侵犯。因为他在法理上是绝对专制，所以我们可说日本的"皇权神圣"（The Divine Right of the Emperor）。天皇为国家之首脑（The Emperor is the head of the State）由他一人统率全国。所以 Hirosi Stato 说："日本政府在法理上是一个君主专制政体。"Griffs 说："日本宪法是一个天皇特权所及的一部。"

在英国 Stuart 朝代的政治史上，Charles I 曾因为宣布"皇权神圣"（The Divine Right of the King）而断送了他的生命。所以在日本宪法给与的"皇权神圣"实在是英国 Stuart 朝的君王作梦也想不到的。

日本天皇在法理上是对一切有绝对的权力，但是在事实上也不无相当的限制。不过这并不是说天皇没有执行的权力，而是说天皇对于他的执行权力不能任意行使，他不过是行使命令的出发者，事实上在未执行之先，必要与其他僚属共议。就这一点上看来，我可断言日本并不是一个绝对的君主专制的政体，而是一个宪法规范的寡头政治。并不是只受一个有名无实的主权者支配，而是受 Crown 的统治了！我们由此也可说日本天皇实际上只是君临而不统治（He reigns but he does not rule），所以日本的天皇与英皇地位实属相同。

日本的元老任期终身，年高德重。内阁首领人才之提出操诸元老之手，元老对于首相人选有最后决定权。因此首相之进退受元老之指挥，议会对元老又无任何权去干涉。故虽为议会内之多数党，亦未必定有组阁之可能，因此日本超然内阁之出现实有可能，即事实上亦不少见。

日本咨询机关内之元老，实在政治上占有优越地位。内阁之成立受其指挥，因此议会制度无形被其破坏无余。况元老之意见天皇无不采用，故日久亦不免有滥用职权之弊。

日本宪法将议会之权限缩小至最小限度，议会在名义上虽有立法之大权,一切法律预算案必得议会之同意通过。但事实上宪法,规定于紧急事件发生时,天皇得不经议会之同意有以紧急敕令代表法律之权。议会如对政府预算案不与通过,则政府依宪法有适用上年度预算之权。同时国会通过之法律案,天皇之取否任意裁可。因此则所谓议会权力几剥削无余,民意机关之谓何?

帷幄上奏机关,原为日本政治组织上之特殊产物。且独立内阁之外,不受其指挥,握有军事外交上之特权,不经阁议而直奏天皇以行事。故日本有双重外交之弊。同时日本军阀操纵政治之事实,自不待言。吾人并非为日本国家担忧,一旦形式改变,军人不受政府之指挥而单独行事,则日本政治有走入暴政之危险。日本国内亦不乏明达之士,其亦干于军阀横行而使国运走入歧途乎?

【本文参考书目篇】

陈恭禄:《日本全史》

周鲠生:《现代日本的政治》

朱公振:《近百年世界史》

H.S.Quigley, *Japanese Government & Politics*

S.K.Hornbeck, *Contemporary politics in The far east*

F.Coleman, *The far East Unveiled*

F.A. Coleman, *Japan history*

H.P.Porter, *Japan the Rise of a Modern Power*

W.W.Mclaren, *Transaction of the Asiatic Society of Japan.*

(《南大半月刊》1933 年第 7 期,1—7 页)

小野武夫讲，傅恩龄译，德惠记录：日本之地主

主讲者：日本法政大学经济学部长农学博士小野武夫。由傅恩龄先生翻译。

时间：民国二十三年九月十三日

一、德川时代之地主

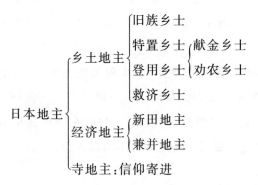

"旧族乡士"——四百年前，日本的农民，大都一面从事农业，一面还要担负兵役，在封建时代，这种"农兵"多散居在国内各军事要地，同时耕作。所谓"旧族乡士"，就指着这般人说的，这般武士们，在社会上地位很高，所以对于日本的农村经济关系很深，明治维新之后，彼等受资本主义

兴起的影响,地位逐渐低落,于是只得返回农村。现在日本乡村中的村长,以及市乡会的议员,多是这些人们。所以,谈到日本的农村经济,是不能忽略了他们的。

"特置乡士"——德川时代以前,各藩镇跋扈。后来虽然经德川幕府统一了政权,可是各藩镇为了维护自己最后的一点势力,大都设有"特置乡士"。例如,在日本的九州,有鹿儿岛藩,该藩主住在城内,而这些"特置乡士"就住在居城外,平时从事农作,到了发生战事的时候,他们立刻就变成战士。

"特置乡士",在日本的山形县与佐贺县都能见到,只是规模较小而已。

"献金乡士"与"劝农乡士"——日本的封建制,到了这个时候,已经进了衰老期,而不得不让位给新兴的资本主义的势力。

在封建时代,德川氏所送的宪法上,把日本人民分成士农工商四个阶级。农工商三阶级的地位,远居"士"(武士)之下;武士则受后三者的供养而立于支配的地位。社会上种种特权,如带刀、骑马等,也只有"武士"一阶级才能享受。

资本主义势力抬头后,"资本"的势力就深入了农村。"金钱"反而成为测量各人地位高下的标准,于是"武士"们旧有的地位乃不得不发生动摇。

事实上是这样:德川时代,幕府设在东京,大阪等地的藩主,有想到幕府去的,因乏于川资,多向大阪市的"町人"——即工商——告贷。这样看来,藩主没落的程度,也就可想而知了,所以,当时有个叫蒲生君平的人,形容这种情形,说过这样的话:"藩主没有不向町人借钱的;町人一怒,天下之藩主即将恐惧。"

同时,各藩主为了向领内人民征税——日本人叫作"借上",也多报以旧日武士所享有的特权(如带刀、骑马等)。这样,"町人"的势力,竟大有驾武士而上之势了。(当时,有水户藩藤田东湖氏,说过如下的话:"武士与町人都能带刀是件危险的事",其窘可知。)

这种因借钱为藩主赐以享受特权的,就叫"献金乡士"。

至于"劝农乡士"则是专指着一般因贡献了劳力,如修路架桥,而换得特权的人说的。

救济乡士——日本资本主义发达后,上述武士日趋崩溃,生活难以维持,政府便不得不加以救济,救济的方策是令他们开垦菲地。这些人就是"救济乡士"。

"救济乡士"又可分为二种:一是"贫穷乡士",专指不曾更换过藩主的没落的武士而言;一是"浪人",后者在日本社会中,常发生种种不法行为。

"新田地主"——上边所述的藩主,因陷于财政困难,德川幕府图谋加以挽助,也令他们开垦"耕田",一方面少微征收一点税,这就是日本的"新田地主"。这个新田运动,对日本社会影响很深。

"兼任地主"——德川时代初叶,日本有一条法律,禁止人民卖"死契"地亩(即私自买卖土地),执行颇严。

不过,凡研究经济的人都当注意,"法令"与"时尚"并不是永远相附合的,举个例吧:日本的法律禁止二十岁以下的青年吸烟喝酒,可是事实上,日本的中学学生,违反这条法令的,已经很多哩!

同样,法律上虽然明文规定禁止土地"死契"买卖,可是,恰如荻生徂徕君所说的"这是强贫农所不能的事",实际上,日本有许多农民,受了生活压迫,不能不卖土地的,多得很呢,我自己就目睹过不少。

"兼并地主",便是如此产生的。

上述"乡土地主"与"经济地主",支配着今日日本全国的农村。以下解释"寺地主"。

"寺地主"(信仰寄进)——德川时代,政府推行佛教而禁止基督教,所以,对于庙宇多赐以"领地",因而产生了"寺地主"。再者,因为政府对佛教的热烈推行,人民也有把土地布施给庙宇的。在日本这种布施叫作"灯明料",也就是香火费的意思。

二、土地所有权的性质

日本人对于土地所有权的拥有人,有三种主张。

德川时代,天皇的威权仍在,所以有人主张土地所有权应属于天皇。

第二派的意见,以为土地所有权应该属于幕府及藩主。理由是一般的农民农作物的种类,大都被决定于幕府及全国三百多藩主,不过彼时的藩主,与现在的行政官一样,是随时能撤换的,例如,日本有一个地方且有八十年一换地主的习惯,那末,第二个主张便不能自圆其说了。

只有第三种主张,即主张土地所有权属于农民的学说,才是无反驳之余地的。一则可以由罗马法中找出根据来,而且,在土地买卖的契约中,不是明白地写着"某人卖给某人"吗?

三、明治维新与土地所有权

明治维新,是日本历史中政治变动最大的时期,也就是从封建制度转向资本主义的过渡时代,这时,资本的势力也逐渐抬头,一切法律政治现象,从而起了显著的变动。

明治五年二月十五日,政府准许人民自由买卖土地,废除以往对于"武士"的特殊待遇,并以地租为国家的主要收入。于是,日本农村中地主的土地突见增长,所谓"小作人"即佃农者,日见加多。

明治六年,"地租改正"案完成。改正之前,都是用粮纳租;改正以后,规定以"钱"纳租。由佃户缴"粮租"给地主,然后再由地主纳"钱租"于政府。这样,使地主可以在十一二月米价最低时收进米粮,等到八九月米价最高的时候,再卖出去;转手之间,获利不少。而佃户则不能享受这种利益。

明治二十二年的宪法、二十九年的宪法,及三十一年的民法,对土地权所有者与地主的利益都有明文加以特别保护,但"小作人"是不被注意的，宪法上同时规定，纳税十五元以上的人民，才有被选为议员的资格。

总之，从明治七年新政府成立，到二十二年宪法宣布，这时间内，日本全部的政治经济都呈现资本主义的状态，土地的价格，由每亩五十元增加到五六百元，米价由每石五元增加到三十元，这种列外的收入，都被地主获得。而且，维新后国内的大地主，数日增加到三十户，其性质也与维新前的地主迥不相同，这种资本主义的发展，反映到政治上，就有彼时"自由党"的成立，这个"自由党"的党纲颇具有辅助资本主义发展的特质，这党就是现在的"政友会"的前身。

四、由全盛时期趋向没落的日本地主

一向受着法律与政治的保障的日本地主，由于资本主义发展的结果，到现在，其威势已开始走向凋落期了，这些地主，往日都靠着佃户的地租维持生活，对于实际的农业知识，自然隔膜，因而，情形更是"每况愈下"了。

日本全国的农民，统计约为五百五十万，其中"自作人"（即自耕农）与"小作人"（即佃农）约占百分之八十左右，明治维新后，自耕农与佃农因为教育普及的缘故，一方面由于报纸的指导，一方面受了大学生的宣传，加以欧战带来的恐怖，逐渐受到社会主义思想的熏陶，因而，在十七八年前的日本农村中从未发生过的，或纵然偶尔发生也不严重的佃户纠纷事件，突而由每年至多七八十件的状态，增加到每年二三千件。

大概发生纠纷最多的地方有两处：一是德川时代大地主势力最大的地方，如上述新潟县是；再一个就是人口多而土地少，不足分配的地方。

日本为了解决这个佃户纠纷问题，曾经组织过一个"小作制度调查会"，系由大学教授、大地主，及国会议员联合组织而成，研究的结果，有三种结论：

（A）"调停主义"——这派主张地主与农民互相合作，发生纠纷时则由农林部派员与法院合作，采仲裁方式加以调解。此方案于大正十一年由贵族与众议院通过,但是这个办法有一个缺点,就是:如果双方不接受又当如何?

(B)"小作权主义"——按现在日本的民法,"小作料"(即租税)极高,所以这派人主张应由政府明令保护"小作人"的"小作权"(即佃农对其土地之耕种权);同时,在农村中则组织"地方小作委员会",而以法令公布以下事实:

(一)地租既定后,非经过五六年,不得增加。

(二)"小作地"(即佃农耕种土地)不经"小作人"之同意,不得转让他人,而只可转租其他"小作人"。

"小作权主义"于众议院通过,而被贵族院否决,因而未能实行。

(C)"自作主义"——这是政友会的意见,主张由地主把土地所有权让给"小作人",其办法,则由政府设立农民银行,发行公债,以之购买土地,再转给"小作人"。

这办法也被贵族院所否决,并且,在日本农村中,常有"小作组合"及"小作人协会"等组织,也反对收买的方法,他们认为,由政府发行公债的结果,正足以使地主们坐收利息,不劳而获的。

三个解决方案中,"调停主义"失之空洞,"小作权主义"与"自作主义"又不能实行,所以,直到现在,日本的"小作人"纠纷,犹在无法处理中。

日本地主的生活,一向是奢华的,子女教育费也较常人多多,而在这些年中,收入骤然降低,政府又陷于财政困难,不能援助,所以,无论从历史过程,或从现在实际的发展来看,日本地主在农村的地位,已经没落了。

反之,佃户则有相反的趋势。所谓"自作主义"虽未能通过实施,可是,从法庭上判断的习惯来看,对于"自作权"的存在,似乎业已默认。

现在日本知识阶级,正致力于普及教育,希望佃户受过相当的教育之后,能够自己设法解决,而日本的报纸,近来也有一种新兴的口号,叫作"昭和维新",恰足以表示工人与佃户的新兴状态。

《南大半月刊》1934 年第 16 期,1—5 页)

曹康伯：狂风暴雨下之日本经济将走向那里去

（一）导言

日本现阶段之经济情势确已有百症齐发千疮百孔，言财政则赤字公债巨额之发行，军费大量之膨胀，以及政府预算之不平衡；言商业则国际贸易之萎缩以及年有入超；言工产则军需工业之偏重，促成正常工业进展之停滞；言农业则农产品跌价，农民入不敷出，以及农业生产之弛缓。以上种种均为日本经济上极严重之问题，此为任何人所不能否认者也。但由此种种病症是否即能推论日本经济却已濒于危机，而将走向崩溃之途，此为本文讨论之标的也。复有言者国内晚近报章杂志关于讨论日本经济现势之文章大抵千篇一律，显谓日本经济恐慌之如何尖锐化、深刻化也。盖国人为文，每喜参杂感情，或为得读者之嗜好，或为发泄自己之私愤，往往以不足代表全貌之数字，凭空加以臆断而夸大其词，似日本经济于最近期间即将沦于总崩溃总解体而毫无补救挽回之可能。杞人忧天即大可不必，兴灾乐恶（原文如此，应为"幸灾乐祸"——编者）又何所补益？此种成见，小焉者对学术欺骗，大焉者养成国人懵作浮浅、苟且之恶习。爰本斯旨，作者深愿将日本现阶段经济之隐疾、病症，详细加以剖解，而希阐示其进展之前途，并思亟力避免主观之成见，从大处远处着眼,但是否矫枉过正,半斤八两,尤请读者加以指教也。

(二) 财政之部

日本近一二年财政上最大问题为军费膨胀,政府预算之不平衡,以及巨额公债之发行。以上三大问题显有因果关系,因军费膨胀,则政府之预算不能平衡,补救之策唯有发行公债之一途,故国家预算之不平衡实乃由军费膨胀到发行公债之桥梁,吾人可暂不讨论,致所当注意者,仅为军费膨胀,及公债之发行两大问题耳。

（甲）军费膨胀是否足以促成日本经济破产

关于此点吾人首先须对军费膨胀有两个假定:第一认为膨胀系一种暂时性质,综计九一八事变前后日本为侵略东北所耗用之军费,为数在五万万七千万四金以上,较诸日俄战争时期所用之军费,相去悬殊,盖东北事变政府因昧于世界情势,采取不抵抗政策,日人不劳而获,于历史上任何战争,其军费为数之小亦未能与之相较也。后虽国人因爱国热忱,各地义勇军叠起,使日人疲于奔命,为靖平义勇军所用去之军费固不在少数,但究较诸大规模正式作战尚相去远甚。复有言者,一国立国于世界之上,除负担经常支出外,对临时意外之支出,并非绝对不能负担,何况东北事变之军费尚在少数耶?

复次吾人假定日本军费膨胀系一种比较永久性质,盖自日人占领东北,各列强因恐惧心理,虽于经济亟度凋蔽时期,尤欲作最后之挣扎,而致力于军备之扩张。日本因政权旁落于军人手中,彼等头脑简单,或因击犬自惊之恐惧心理,或因疯狂侵略欲望之冲动,对国民则以非常时期相号召,对政府则以胁迫增加预算为手段,而致力于军备之扩张,以目前情形窥之,日本军费只有渐次增加而不能有所减少也。关于此点吾人有两种假定,第一世界各国(日本在内)对军需继续扩张下去,则是世界整个将沦于破产,而不独日本为然也。第二假定各列强因一时之恐惧心理,对军费扩张,迄后究因国内经济过于凋蔽,人民怨声载道,而放弃其政策,重返于正常状态,则是日本失去扩充军费之意义,是军费膨胀又成为暂时之性质矣。考诸实际，各列强对战争之创痛尚深，距磨刀霍霍准备厮杀之时期尚远，以故扩充军备实不能再延续也。由以上种种吾人可洞悉日本军费膨胀乃一时现象，固不能谓对日本经济绝无影响，但其确不致使日本整个经济沦于破产也。

（乙）巨额公债之增发是否影响日本经济组织

一九三三年日本之国债（内债外债之总和）共为七十万万，一九一四年拟增发八万万，依政府预算至一九三六年只少超过一百万万。最近巨额公债之增发日本经济上究蒙若何之影响，第一，须看日本国民是否有消化此巨额公债之能力，关于此点尚须视日本全国之国富，及国民之总收入以为准。根据统计，日本共有之国债只占国富百分之八，每年增发之公债只占每年国民总收入十分之一，即可证明，日本国民有消化此巨额公债之能力也。复次，吾人再看国民消化此巨额公债后对产业发展之影响如何。考之实际增发公债后，货币并未膨胀，物价并非外腾，一切经济现象未有若何之变迁，足征其对于产业发展上并未发生重大之影响也。况增发巨额公债实乃军费膨胀之结果，以上即谓日本军费膨胀系暂时性质，故公债亦不能长此继续增发图之，吾人敢断言，增发公债不致影响于日本之经济组织也。

由财政上观察日本经济之现势，吾人可得一结论，日本财政上已发生破绽实为不可讳言之事实，但此种破绽乃一时之波澜，不久即可平息，不过如日人不能审度国内之现势，及早悬崖勒马，而仍一味侵略，向世界挑战，将人民之膏脂化为枪弹炮壳，即日本经济终不免沦于总崩溃也。

（三）工业之部

日本近年对军需工业异常扩充，一切私人工厂泰半归于政府管理，其出产品专为供给军需品之需要，以致引起正常工业进展之停滞，如日本长此处于战争笼罩之空气下，则军需品之扩充为不可免之事实，将来一旦战争发生，军需更将扩充，亦即其正常工业进展将陷于停顿也。不过吾人嗣前假定此种战争空气乃系暂时之现象，将来如战事发生，则是日本整个经济成为战时经济,其前途如何完全视战争胜败而决定,并无所谓破产与崩溃也。军需品工业之偏重即为暂时现象,吾人考察日本工业之前途则必着眼于其永久及正常之因子,否则必将走入歧路也。

一国工业发展之基本原素,为资本、原料、劳力及技术四者。

处现代金融资本主义时代,资本为工业发展最重要之原素,日本之资本如何须视国富、现在事业进行、状态、海外市场及国民之储蓄力四因子而决定。日本之国富已如上述,致日本现在事业进行状态如何,由每年各大公司股票价格渐次上腾即可窥其一斑。海外市场以现在情况论之,东北占领后,货品可大量倾销并设法遏制俄国货物之输入,其他美国印度两市场仍可维持下去,不致发生问题,致人民之储蓄力较任何国家为强,盖相续法规定仅长子继承,因之资本虽增加,而并不分散,日本人民在银行信托公司及邮政储金所有之现金达十六万万以上,其储蓄力之强即可想见,故关于资本一项实甚充裕也。

原料方面,因日本因国土面积过小,感觉缺乏,但处于国际关系密切、交通发达之今日,缺乏原料对工业发展上并不致发生若何之影响也。盖国际贸易互通有无,相依为命,任何产原料国家必须制造国之购品,否则其生产品堆积跌价,影响其国家之经济非小。况近年世界经济不景气之最主要原因为生产过剩,故各国亟力想推广市场与须要原料国家相拉拢,萨尔瓦多之承认伪满洲国即为最明显之实例。故日本只若有充裕之资本,绝不患原料之或缺也。加以日本四周环海,航运利便,并可采择最便宜之原料,是又环境使其便于利用外国之原料也。

关于劳力方面,以现在日本情形论,即颇感过剩现象。盖日本自明治维新以还,其一贯政策为富国增兵,故对于人口之生殖异常奖励,其生殖率之强,世界任何国家罕有能与之相比者。即或不足,尚有朝鲜、东北及我国内地之劳力为之辅助。

日本工业技术虽尚远逊于欧美,但因其国民善于模仿,往往加以改善而有青出于蓝之现象,加以政府近年对发明异常奖励,利用实用新案及特许制度以鼓励奖掖人民之发明,故其工业技术之前途正未可限量也。

综之日本如长此处于战时经济下，则军需品工业必更加扩充，则其正常工业必受亚大之打击，而归于崩溃。否则由目前各种工业发展之原素观之，其前途实甚乐观也。

(四) 农业之部

日本近年虽都市游资充塞，表示活跃状态，但其经济基础之农村实濒于崩溃之境地。农产品跌值，农民入不敷出，引起亚严重之小作争议。国会虽几次尽脑汁，但仍解决乏术。最近陆军部所发展之国防小册，内中曾谆谆以复兴农村为职志，足见其农村破产已达于尖锐化也。不过有一点差堪吾人注目者，即日本情形与我国之情形有异。盖我国向以农立国，百分之八十人民从事农业，都市基础完全放在农村经济上面，是农村破产即整个经济崩溃。而日本则不然，日本自明治维新以还，即放弃其以农立国之政策，以殖民地为农业区域，将农村之资本、人工减少，而从事于增加工业之资本及人工，是日本整个经济基础并未完全放在农村上面。故虽不能谓日本农村破产对整个经济结构并不发生影响，但至少其影响之程度决不若我国之甚也。日本农业方面早已发生破绽，吾人并可预卜其农村状况定每况愈下，不过其农村破产是否即能促成整个经济破产成问题耳。

(五) 商业之部

日本对外贸易虽曾一度陷于萎缩状态，但以最近情形论之，其对外贸易之活跃，于目前世界经济凋蔽时期，各国均莫能与之相比。其活跃之原因，除日圆贬值百分之六十外，主要仍由于对劳工之剥削。日本工资之低，超过于世界任何工业化程度较高之国家，故成本甚低，以日本商品与欧美相比，每件可低至百分之四十至百分之七十，因之各国市场莫不日货充塞。加以占我东北后，市场骤然扩大四五倍，去年更在我国本部市场上倾销尤烈，企图由其补偿其在印度之损失，综计去年出口贸易，较前年增加百分之三十四,其商业活跃之情形即可想见矣。致日本贸易虽年有入超,但其入超之数量年有递减之趋势,况日本往往在国外设厂,如中国各大工业都市日本之纱厂是,其每年收入之数量,并不在少,足兹弥补。综之日本商业上并未发生破绽,反而有蓬蓬勃勃之现象,此点堪差吾人注意也。

(六) 结语

由财政、工业、农业、商业上分析的结果可得一结论:

在狂风暴雨下的日本经济,隐约的可看见一条平坦的康庄的大道。

我们想打倒我们的敌人,先须要认清了我们的敌人。

世界主要国家国债之比较(此表截至 1933 年)

国别	内债	外债	总额	每人 负担
日本	5 663 754 千圆	1 390 442 千圆	7 054 196 千圆	105 圆
英国	6 799 290 千磅	1 060 436 千磅	7 859 726 千磅	171 磅
美国	22 538 627 千圆			182 圆
法国	284 315 百万佛郎	196 800 百万佛郎	461 115 百万佛郎	11 500 佛郎
德国	8 652 700 千马克	3 037 2004 马克	8 652 700 千马克	179 马克
意大利	97 215 百万利郎	6 653 百万利郎	98 868 百万利郎	2 403 利郎

(《南大半月刊》1935 年第 19—20 期,1—4 页)

蔡维藩：日本几个根本错误

明治维新之后，日本变成侵略国家。一八九五年她战胜中国，一九〇五年她战胜俄国，一九一四年于青岛之役，她战胜德国；三战皆胜之后，她几以侵略远东为其全部外交政策。"九一八"事变以来，日本的狰狞险恶面目完全暴露：她侵略中国，又侵略列强，几年期间，得寸进尺，欲望愈来愈大。她妄想征服中国，进而独霸远东，更进而称霸于全部太平洋。这些妄念多半是她已往三战侥幸胜利产生许多错误的心理和行为所养成的。在我们几年抗战期间，她简直在错误中打滚，最近她竟会错误到听从德国指挥向英美挑战进而向远东所有国家挑战的地步，日本的错误实在甚多，本文姑先指出她几个根本错误。

第一，日本是岛国，向海洋发展自是其天然途径；可是明治维新之后，她走上来就蓄意侵略朝鲜，结果酿成中日战争与日俄战争，两战皆胜，她遂大唱其"大陆政策"，远东大陆方面幅员最大的国家一是中国，一是俄国，海洋方面势力最强的国家一是英国一是美国，日本只宜于向海洋方面求商业的发展，偏偏海洋方面英美两国不容许她独占；她不宜于向大陆方面做武力的侵略，偏偏大陆方面中俄两国皆为她战败；这好像上天故意引领她走入歧途的样子，叫她不敢走她应当走的海洋途径，而诱惑她走上她不宜走的大陆途径。虽然，日本自己却满心愿意认这歧途走去,始终不肯降低"大陆政策"的热度。这种执迷不悟铸成她国策上的根本错误。这次法国战败之后,德军过不了英吉利海峡,英国人说:"列强中真正懂得海军和海权优越重要性的国家只是日本,可惜日本偏发展其所谓'大陆政策'。"这句话本是用来讥讽德国的,可是连带的也嘲笑了日本。近来日本更不度德、不量力了,她既要实现"大陆政策",又向海洋侵略,所谓"南进""北进"叫的满天响亮,可是真的"进"起来,她却处处碰壁,结果促成大家对她"群起而攻之"的局面,而她自己还在喊叫"被人包围",其实这全是她自己犯了根本错误的自然归宿。

第二,日本人向来以为他们自己认识中国最清楚,而他们的军政当局尤其惯于在欧美人面前做这样自夸的表示。其实,日本最不认识中国。数十年来,日本对中国侵略活动往往是基于他们这种"认识中国最清楚"的错误施展出来的。

从一八九四——一八九五年中日战争起,日本这种错误的表现可以分作几个时期来看:(一)中日战争前后,日本专以李鸿章为其活动的对象,她以为抓住李鸿章,威胁他签订合约,中国问题便可解决,国际干涉她不预防,中国人民反对她不承认;(二)满清被推翻,日本专以袁世凯为活动对象,她以为抓住袁世凯签订"廿一条",中国问题便解决了;(三)袁世凯既倒,日本又以为抓住北洋军阀,分化中国,中国问题便可解决;(四)国民军北伐,国民政府成立,北洋军阀大都覆灭,日本抓住几个残余军阀,她以为抓住他们分化中国,中国问题终可如意解决;"九一八"事变之后,她更这样做法,也相信这样可以成功;(五)几年中,中国并未分化,日本遂在华北利用制造"政委会""冀东自治政府""华北五省自治运动"一类伎俩,希图分割中国,结果处处证明日本既不能分化中国,也不能分割中国;(六)从"九一八"到"七七"事变,日本分化与分割中国的伎俩全部失败,"七七"之后,她遂转过来专以国民政府当局为对象,时常威胁他们,恫吓他们,她以为他们抵挡不住,中国问题便可完全解决;(七)国民政府当局不屈服,"八一三"全面抗战局面展开,她又以为三个月时间攻陷中国首都,强使国民政府屈服,中国问题便可解决;(八)首都失陷之后,国民政府领导全国继续抗战,日本抓不住国民政府当局,也抓不着北洋军阀,结果她只好抓了几个汉奸,组织几个伪政府,满以为这样可以分化国民政府,可以欺骗中国人民和列强,可以实现其"以华制华"的妄念,这是数十年来日本犯的一连串错误。最近她且因承认伪政府而丧失其对中国宣战权利,则是她错误中之尤甚者。然而日本自始至终看不见中国人民,不相信中国人民是一个民族,不承认中国人民的力量是中国的基本力量。直到如今,她依然不承认我们抗战数年是中国整个国家与民族力量的表现,却是她的根本错误。

　　第三,日本气派小,目光短浅,见识幼稚,胸襟窄狭,处处希图偷巧,她不是想不劳而获,就是想拿小本钱讨大利益。"九一八"之后,她以卑鄙伎俩侵略中国,就想不劳而获,"八一三"战争爆发,她侈言三个月征服中国,就想拿小本钱讨大利益。这充分表现她在政策上的错误。欧战爆发她极尽其侮辱英美侨民的能事,法国战败,她趁机打劫越南一些权利。这尤其表现她在错误政策中幼稚的识见、窄狭的胸襟与偷巧的心理。近来她的错误更加深入,她效法德国,始而威胁英美,继而恫吓英美,现在且闪击英美,满以为这样可以吓退英美,独霸远东及太平洋,以偿足其"不劳而获"与"拿小本钱讨大利益"的妄念。其实,这些皆是她的根本错误。"三个月征服中国"的错误已叫她数百万大军和数百万万战费深陷于中国泥沼而不能自拔,现在她对英美闪击的错误将叫她深陷于太平洋而招覆亡之祸,但她自己不承认这些是错误,她不相信她对中国不能不劳能获,却相信这是由于英美从中作梗所致;只看见德国在西欧闪击一时的侥幸胜利,却看不见德国终在东欧遭受的惨重损失;她只知道盲从德国的指挥,对英美闪击,却不知道德国同时在东欧败退,一面撤兵,以求保存实力。对中国她已错误,对英美依然错误,而盲从德国指挥,对英美闪击,则尤其错误。不度德、不量力、不知己、不知彼,专门投机取巧,一味盲从德国,实是日本另一根本错误。

　　上述日本几个根本错误必须彻底纠正,太平洋才得太平;纠正她这些错误,则是今日中国与太平洋反侵略国家的主要使命!

　　　　　　　　　（《当代评论》1942 年 7 月第 2 卷第 5 期,11—12 页）

国际关系中的日本

饶汉祊：日美问题与中国

前数星期,校长关于日美底谈话,倾听之余不觉为我国前途抱一种乐观。所以我就提出来讨论讨论,至于文字底拙陋,兄弟是劣等生,对于时间,不能不稍为经济,所以不先修改。

作者附志

自大战告终,群众嚣嚣,世界上底人,完全移目在太平洋焦点了,舆论所载,无日不有。而我国民,知者寥寥,纵有一二知者,皆抱着"漠然不理"底样式,此所以不能不研究。载传贤云:"太平洋不过是夹于亚美二州底一等大水,能发生一种什么什么问题呢? ……'太平洋'问题结果便只是两岸大陆和当中岛国住民生活上底问题。"由此说来,那这问题更不能不研究了。

中国底门户,一失于日再失于英,国人仍然睡觉。幸而大战过去,又碰到太平洋问题,这也可说中国"命途多舛"呀!但照实际上说:中国受了这些底攻击,应习觉悟才是,为什么中国反仍然高卧呢?现在碰到太平洋问题中国有何种表示?所以我对于太平洋与中国底关系,不先来说说,拿起地图一看,太平洋正当中国冲要之点,海军关系地,太平洋之重心,即在中国,太平洋之海权,即不若中国之海权,应操守此奥者,非中国而谁属?政治上、军政上、商业上、种种底关系,形成中国底太平洋不啻国家命运,太平洋亡失,即不啻中国之失,一发千钧,危矣! 急矣! 此太平洋对于中国底关系不能不算重呀! 由此说来,为何中国不奋斗呢? 诗经说:"迨天之未阴雨,彻彼桑土,绸缪牖户……"究竟中国应惭愧呀!

说到这里,我们应要注意日美了,近年以来,美国为什么要排日本? 日本为什么不乐意美国呢? 是不是关于这种悬而不绝底问题吗? 尽其源,寻其根,还是不外中国,小山精一郎说:"太平洋问题之中心在中国,故握太平洋之霸权者,即得东亚之支配权,此种国家,必先对于中国占优势之地位……"[①]那末:我国民,不能不稍加注意呀! 但是照我眼光看出来,日美近来底感情更趋险恶,二国一种嫉忌心,几不可收拾,全国舆论,莫不皆然[②],诸位请看日美海军底竞争,增加底次数,不可限量[③]。这就可知两国底用意,但是如果将来因日美问题而牵及中国,那么我国国民应如何注意如何对付?[④]

所谓注意者何? 就是将来日美两国如果起了极不幸的问题,中国的态度还是倾向于日本,还是倾向于美国?

饶汉礽　一九二一,五,十三。

饶君所言所见,非常真切。但是好多地方,不无有个人臆测之词。本社仅将饶君之作,登载一半。诸同学对于此问题,能有极真确定的言论送来,本社是非常欢迎的。

鹔鹴

(《南开周刊》,1921 年 5 月第 8 期,3—6 页)

---

① 见《战太平洋》八十八页小山精一郎之语。
② 日美二国相嫉,由下可见出来:a 美国限制日本移民事;b 加州排日政策;c 日本希望菲律宾岛之获得;d 日本在山东强横等事。
③ 参看战后太平洋日美海军逐见扩张其趋势及日美海军大规模之竞争。
④ 参看德皇统一世界政策设便中国果觉悟则如何?

《南大周刊》时评：日俄德三国联盟能成立耶（清）

前日本外务大臣后藤子爵新近游俄返国后，历次发表亲俄之论，对于日俄外交之前途，尤深致无穷之希望。因此国际舆论界，群作捕风捉影之谈。而日本大阪朝日新闻竟有日俄德将成立联盟之记载，该报之臆推，乃系以后藤在俄时曾与俄政府领袖吏他林等及驻俄德使相约会谈数次为根据。然吾人若细察最近国际情势与三国利害，联盟之说，实属子虚，但该报公然臆造此种消息，殊有乱国际听闻，不可不加以驳斥也。

第一，吾人须知后藤子爵此次游俄，完全为私人之视察，并无若何政治任务，联盟之议关系外交，后藤实无权预闻，彼之会晤德国公使者，实因其平生爱护德国文化，作一种钦仰之表示而已，吾人断不能据此为三国联盟之先声也。即进一步承认后藤曾获政府之秘命，谋外交上之进行，其结果必为无望。盖历来国际间之联盟，须有共同之目标与相互之利益，方能有实现之可能。今日德俄俱缺乏此种条件，一按国势情形便可知也。德国自加入国际联盟后，已与苏俄背道而驰，况处此列强压迫之下，联俄非徒无益，且伤英法之感情也。是德国不加三国联盟之理明矣。日本因苏俄以反帝国主义者之领袖国自居，对俄妥协，久有戒心，即欲与俄恢复商业，但无政治上之联合，亦可徐图进展，美俄间经济恢复如初是其先例。故日人联俄无益,不联俄亦无损也。三国之中,俄之地位比较孤立,然彼亦不急急谋三国之联盟,除求国际贸易进步外,又何求于列强哉,故吾人志朝日新闻三国联盟之言,闻之事势,实不可能也。

(《南开大学周刊》1928 年第 52 期,1—2 页)

何醉帘先生讲，李锐笔记：太平洋国交讨论会之经过

太平洋国交讨论会会议经过之情形，报章已屡有揭载，言之綦详，固无重述之必要。第见智见仁，人各不同，兹就吾个人之意，约略言之，或亦诸君之所乐闻也。

欲明会议情形之梗概，必先稔悉此会议之性质。此会为非政治之组织，其职务在讨论太平洋沿岸各国彼此相关之各种问题。其目的则欲藉此种讨论，引起社会一般之注意，俾彼此间之轧轹，谋得相互之谅解。因其性质如是，故会议之程序，与他种正式之国际会议，殊多不同。综而言之，约有两点：（一）凡与各国政府有关系之人物，不得参加；（二）因其为非政治之组织，故无若何会议之形式，讨论方式，即为圆桌会议；在此项会议中，各种言论或意见，均可发挥尽致，不受丝毫拘束。惟非负政府之使命，故未有解决问题之全权。所讨论者只属交换意见耳，殊无表决式之结果可言也。

此次各国参与之代表，共一百九十三人。计此一百九十三人中，日本代表四十八人，数最多；美则四十五人；中国三十一人；加拿大二十九人；英十五人；朝鲜印度比利时、墨西哥各国，亦各有参与者，共计十有四国。至各代表之职业，其中教授七十七人，商界四十四人。日本此次之代表，内多从前涉足政途之人，声誉甚著，学识亦宏。英国代表亦多富有

政治之经验,美之代表,则以学商两界为多,故就地位及声望言,首推英日之代表,而论其讨论会务之精神,则又以美国代表为最佳。

在大会进行之前,各国重要代表,先在查良举行一预备会议,规定大会之程序,及应加讨论之问题。此会议中,共分三委员会:(一)程序委员会;(二)执行委员会;(三)研究委员会。三者之中,以程序及执行两委员会为要。大会讨论之问题,均须由此会预定。此次准备会议,所以不能令人满意者,因专门人材太少故也。盖专门人材不多,则计虑不周,规划未能尽当,一至大会讨论,遂至困难丛生。且因预定不当之故,其影响所及,尤非浅鲜。此吾人所应当明了者也。

此次讨论之重要问题共三:(一)机械与文化;(二)中国治外法权与租界问题;(三)满洲问题。至于次要者为,(一)工业化,(二)人口与食粮,(三)中国经济建设问题,(四)太平洋外交问题,(五)太平洋国交讨论会之将来。关于各问题讨论之情形,不能备述,兹择其中之要者,撮述一二。

(一)治外法权与租界

此问题在第一第二次太平洋会议,已经讨论,故此次重提,争执甚多。中国代表,从政治上言论,谓治外法权与租界,有妨中国之主权,故急待取消。外国之代表,多从法律上着眼,谓中国司法情形混乱,不能独立,为保障外人生命财产计,不得不暂时保留。然一般意见,均以为中国如能逐渐改革,稍有成效,二者即可取消;所迟疑者,只在时间问题耳。就此一点,足征吾国之取消治外法权与租界,非不能得各国之同情,所惜者政府当局不能厉行改革,则自遗外人以口实,殊可惜也。

(二)中国经济建设问题

经济建设,为今日中国之要图,然欲实地建设,端赖筹备外资,国内资本之缺乏,已不能供发展实业之挹注。第欲借外资,必须担保,此次各国代表中之人,均以为非中国国内呈平稳之象,即有相当之担保,外国商人亦不欲有巨大之投资。由此可见今后之经济建设，非削平内乱，巩固政府，绝无着手之机。从前外人之投资者，盖欲利用政局之纷扰，藉以遂其政治上之野心耳。迩来外国银行界，多以纯粹投资为目的，则其欲政局之安稳，亦无足怪也。

（三）满洲问题

此问题未讨论之先，空气即甚紧张。盖大会视线，集中于此久矣。中国代表，在开会之前预先讨论，决定采用进攻之手段，而置日本代表于自卫之地位。第一日讨论之后，其夜即有公开讲演，日方讲演者为松冈氏，中国则为徐淑希先生。松冈氏讲演之大意，谓日本在满洲之发展是经济的，对中国利益甚多，换言之，即辅助中国以谋满州之发展。徐先生之讲演，实为答辩，反驳处莫不针锋相对，大意约分三点：（一）中国之有进步，全国皆然，不仅满洲一隅；（二）中国发展满州之计划，屡因日本之阻挠而不能施行；（三）即以满州之发展，有日本辅助之功，中国所牺牲之代价，亦已不可胜言。演毕时，大会空气，愈形紧张。后因他国代表居间调停，允许松冈翌日再做答复之讲演，松冈此次演词，甚愤激，大致谓日本对满洲牺牲甚巨，及满州应归日本之意，完全暴露其政治上之野心，且揭示前之所谓经济者，特其粉饰之词耳。听者多不直之，结果发生无限之反感。

除圆桌会议外，尚有"会外会议"之举。所谓会外会议者，即三数私人偶语，或彼此酬酢，藉之交换意见之谓也。然因有此种非正式之谈话，对于各重要问题之争执，多获有相当之谅解。

此次会议，因无结果之可言，然就各问题之讨论方面比较言之，则各国代表，对于治外法权及租界之取消，原则上多表同情。惟满洲问题，意见极不一致，然吾以为此次讨论满洲问题，有一结果，甚是令吾人注意，在太平洋会议未开之先，日本人民，多以满洲谓日本之尾闾，不成问题。且投资甚多，牺牲甚巨，尤足为其应有之铁证。自经此次讨论之后，始知满洲尚为一绝大之问题，然头棒喝（原文如此——编者），实足促其猛省也。

就此次会议之经过,吾个人所得之感想,约有两点:(一)政治不修,内战不息,国民外交会议,立言殊多困难。盖人言啧啧,交口相诘,虽欲置答,亦不可能!故欲国民外交会议之顺利,首须有统一自强之政府,否则侈谈理论,尚足令外人首肯,一至事实,便瞠目而无以对。(二)中国专门人才,较之外人,实远逊之。此次所讨论之问题,多属普通之性质,即无专力之研究,亦尚可参与其中;下届太平洋会议之举行,所讨论者,率趋近专门,非有精深之研究,决不能角逐于樽俎间也。

下届太平会议开会之地点,已定中国。将来在北平或南京或杭州,尚未预定,届时再斟酌取舍。下次讨论之问题,如(一)人口与粮食,(二)外侨待遇问题,(三)满洲问题,(四)国际贸易问题,(五)太平洋外交问题,(六)工业化及外人投资问题。此种问题,均属专门,吾国今日,对之有研究者几凤毛麟角之不可见,际此二年之中,希望国人竭力进行,搜集材料,以资准备。庶届时讨论,不致有失败之虞矣。

(《南开大学周刊》1929 年第 74 期,16—18 页,何醉帘先生即何廉先生。)

曹汉奇：世界政治与日本对中国之侵略

日军于三日之间，在无抵抗之下，连占中国辽吉二省省城及其他重要地方；噩耗传来，举世震惊。然稍一顾及日人数年来之设施与侵略之步骤，今日之举，实为必然之结果，初无惊讶之必要。非作者故为矫情之论，实事实推演之当然也。请伸论之。

日本以不满五万方里之国土，七千万之人口，位于横跨数洲之列强中，为长久大计，除侵略他人土地实无良策。然彼国祚短促，登入世界政治舞台不过百年，北之西伯利亚，南之澳非二洲，早为他族占领，所可进攻者惟此素不能抵抗，且不作抵抗准备之老大中华耳。虽然，侵略中国岂易事哉。中华民族虽平日惯于松懈、浪漫、自私，然亦决不甘心将祖宗产业，双手奉送于外人。此一难也。列强环视，对中国均存野心。东邻虽想染指，又惧白人之监视。此二难也。有此二难，日人对中国之侵略乃不得不积极，不得不深刻。幸而年来中国反日之声浪虽高，除贴标语喊口号之外，未见若何切实成绩，故第一难关早已不足作壁垒。惟第二难关，非具世界眼光，长于外交手段，不克攻取。中日战争之后，日本见此行尸走肉之中华无可为，乃谋机以运用世界政治。首被日本注意者，厥为俄国。俄对中国深藏祸心，势力之雄厚，又远过日本。故彼倭邦不得不熟思密计，谋破俄之策。当是时也，与俄为敌者，首推英国。盖当一八七八年俄侵土耳基时,英曾助土国,经毕士麦之调停,而有柏林之聚议,俄土条约因以修改。俄之凶焰既被挫于英,故对英之仇恨心,愈觉深切。于势英既不肯放弃远东利益,于理自不能不亲近东方国家以抗强俄。而当时中国以东方之堂堂大国,不但不能抗俄,且与俄结联盟之约。英不得已,乃与日互相利用而订同盟。美国当时尚不注意满洲问题。法与俄虽有攻守之盟,然为德所牵制不敢有所帮助。日本见有机可乘乃与俄国死战,结果南满之利益尽入日人之手。此日本第一次运用世界政治所收之效果也。

一九〇五至一九〇九年,美国顿将目光远射满蒙。愿投巨资,以开天源,乃大唱其门户开放主义。中国方面亦欲藉美国之经济力量以抗日本,故唐绍仪等,均同情美国之提议,各方奔走,促其实现。然日本除联美外,又以极敏捷之手段买俄人之好感,斯时英法日俄均有联络,美惧世界之大势,不敢贸然行动。中国想借美国经济力以抵抗日本之政治侵略之计划,乃沦于瓦解。此日本第二次利用世界政治所收之效果也。

欧战时,西洋各国,自顾不暇,日本高瞻远瞩利用时机,一则占据青岛胶济路,再则强迫袁项城签二十一条款。中国虽举族疯狂,其奈世界政治之推演为日人所利用,故终为日本完成其第三项利用世界政治之效果。

欧战之后,民族自决,声浪布满全球。中国对日又作有力之排斥日货运动。英国因二十一条有碍英国在扬子江流域之利益,美亦因资产过剩,非实现满洲门户开放主义不足解决。日人乃初次感觉运用世界政治之困难。在华府会议时,日本终因英美之压迫,对中国有所让步。斯时也,中国正宜趁机利用世界政治,以压迫日本。然国内兵连祸结,使外人在华内地之企业,如商业,如铁路,如矿业,均受重大损失,而在日本势力下之满洲反觉安全,故国际对中国之同情渐次冷化。

中国既然一再失败,国人宜如何猛省,实地图强?而事事上既不肯下苦功夫,口头上又不肯稍示软弱,故于打倒帝国主义,取消治外法权之声浪高潮中,日本见有机可乘,乃于一九三一年九月十八日以武力占据辽吉二省,此非日人之虐,实属咎由自取耳。此言似刻,然平心思之,实非过甚。试问我国自鸦片战败后,我国可有海防?可有建设?可有改新之成绩?可有平静之一日?日本何时不可进占福建、上海、山东、天津、东北?日人何时不可入国境惨杀?迟至今日而始发作者,非惧中国之标语与口号,良以今日又为运用世界政治之一良机耳。欧战以来,资本富源多已摧毁,货币之膨胀,更使许多工业组织瓦解,关税因战事之结果,致国际物品之交易因以破坏;生产过胜,失业问题缘而严重。有此数因遂形成世界经济恐慌。银价低落问题、德奥关税同盟问题、农工业生产过胜问题、德国赔款问题、年缩问题、失业救济问题,搅得西洋各国昏忙失措,自顾不暇。恰好英劳工内阁又突崩溃,保守党转占优势,日本乘此良机乃长驱直入。我国既于不抵抗之下,丧地辱国。又复不顾颜面,不计羞耻,向国联求救。乌乎!国联非他,即我平日高唱打到之帝国主义所组成者也。

国联果能为我出兵乎?此不待研究而知其不可也。国联果真能以公理为判断乎?何为公理?又需大加寻味者也。中华民族,占据此锦绣河山,不思开天利富源,供人群之需要而任其唾弃。今邻人不忍见宝藏之白白荒芜于地也,取而代之,其宜乎否也?吾愿以此问诸此不争气之民族。虽然,我祖宗既将此宝物传与我人,凡属子孙自负保卫之责,贼子虽已登堂入室,只要有一点血,仍要尽守土捍疆之天职。故当此大难临头之际,我全国宜以全体动员之整肃与在战场肉搏之努力精神,本十年生聚十年教训之义,亦利用世界政治以图富强而压迫日人。或者曰:今日世界现状,正有利于日本,我人又乌得而利用之?其果不足利用乎!夫自日军占据东北以来,世界舆论,无有同情于日本之举动者,国联一再劝告,美国朝野哗动,苏联亦大放激词,手段虽温和,然日本数年来在国际间努力造成之良好空气,经此折挫已荡然无存。有智识远见之政治家外交家及各国人民均知日本渐走入极端军政主义,而脱离民治爱众之场合。以世界政治观之,此系日本之损,我国之利也。我国乌可不趁机而利用之?

日本为西洋各国在中华市场上最大竞争者。数十年来,西洋国家无不各自努力,期买中人之好感。如退还庚款,如交退汉口九江租界及威海卫,如天灾之救济,人民间之友谊,学术团体之联络,无不各用其极。上年德国更派娄休博士来华办理中德交换学生之办法,又最近美国学生合群与中国学生互通音讯,此又为诸事实中之显著者。方西洋各国尽力向中国买好之际,日本突然不顾国际正义,行此残暴兽行,实不替为西洋国家作一广告昭示天下曰:日本为侵略中华之恶魔,万不若西洋人之宽大和平也。乌乎,此种心理深入国人之心,我不知日人将后须以如何努之方可扫除。以世界政治眼光观之,此又系日本之损,而西洋各国之利也。我国又乌可不乘机而利用之?

再者,苏俄素抱赤化中国之野心,常以扶助弱小民族为号召。在过去期间有与中国合作之历史,在目前又时时鼓励激烈青年革世界之命,中国方期与日本欧美列一战线向赤化进攻,而今日本公然背叛自己之立场,而与俄人一增加在华势力之机会,此非日本因不顾世界大势而失策乎?

世界政治既与吾人一利用之机会,我等乌可不设法左右以抗日本?在此三点之中不能不细加审慎者。"惟近苏俄乎?近英美乎"之问题耳。苏俄虽号称援救世界上之弱小民族,然自中俄历史观之,彼无时不思侵略中国之土地,彼无时不施展其口蜜腹剑之市侩伎俩!八国联军之役,得中国之最大利益者非英非法,实乃我之好友苏俄也。今日兴起中东路问题,鼓励外蒙独立者,又非他人,仍为此以扶助弱小民族为口号之赤党政府也。故当此中日之冲突期,虽苏俄竭力与我表示好感,吾人仍不可与伊亲近。

今日所可联络者,惟有英美二国。英国三党之中,工党与自由党均赞成与中国订立平等条约,使中国完全统一。盖英国近年来因与中国感情不佳,使日美二国坐收渔人之利,早已后悔。今正愿与华结好,而解决本国之困难。彼于民国十五年底,即公布对华新政策之说明书,十六年正月英公使又致书北京汉口二政府,仲明英欲与中国交涉,退还租界、关税自主及英侨纳税三项。后又退还汉口及九江租界,庚子赔款亦将大权交与董事会,而该会之过半数董事员均为华人。以此与他国相比,实不可同日而语。

美国在华所欲得者惟通商与传教之机会耳。故彼国国务卿海约翰有门户开放主义。所谓门户开放者,必须中国有领土之完整及主权之存在而后方能生效。此主义之实行固与美国之经济发展有大利益,但此点与中国亦极有佐助。盖美国人民之祖宗曾为自由独立而血战数年,彼固甚同情中国为自由独立而奋斗也。故美邦一般人民因此主义能保中国之独立与完整,故拥护之。我国正可藉此美国政府经济发展之野心,及美人民之同情心而利用之,以抗衡对中国有土地侵略之国家。故吾曰,于此国难之际,世界经费极端恐荒之时,趁英国失业者达三千万,美国失业者七千万之机,我国宜挺身而起与英国成立协定,以五年之计划,谋中国之改善。如此则日人必慄然而惊,其兵力自必撤退,东北问题自必不解自解,不决自决。此策难非万全,然比之高唱宣战及殴击王外长者,强大多矣。

(《南开双周》1931 年第 8 卷第 2 期,15—18 页)

傅恩龄：昭和八年(一九三三)四月十日至六月十一日日本条约关系之变迁

一、概说

日本近于退出国联以来，亟谋外交上之新发展，藉免陷于政治的国际之孤立。松冈全权言旋之际，曾往英美游说，并将日荷公断条约交涉成立，皆由于是。

最近期间，自昭和八年（一九三三）四月十日至六月十一日，因其政治及外交政策之更换，对外条约上之变化，故亦甚多。业将通商条约废止者，计有两国，印度及英属菲州西部殖民地是也。通商协定既经废止，复又展期者，计有一国，土耳其是也。通商条约行将成立者，亦有一国，南美乌拉圭是也。公断条约之已经成立者有日荷，行将复活者有日美。仅于两月之间，条约上已有若是之变化矣。

以上各项条约之中，与我国关系最大者，一为日印日菲通商条约之废止，一为日美公断条约之行将复活。日本因中国抵制日货之故，乃以廉价之商品，泛滥于英属各殖民地，英国久经占有之市场，致遭受巨大之损失，同时日本对于其太平洋上之军事根据地，如南洋委任统治各岛，既不交还国际联盟，复又大事修筑，予英国至印度及远东之海路，以严重之威胁，英国政府乃决心先行废止通商条约，藉以撤销最惠国之待遇，然后提高关税，以资抵制。英国政府既以此次重大决意，废止条约，是以日本货物，昔之畅销于英国各殖民地者，今于条约废止之后，将不能再与英国抗衡。日本原属工业国家，市场上卒然蒙此损失，则失之于彼者当求之于此，因此吾国市场恐将受其压迫，是乃不可不特予注意，事先筹谋预防者也。

日美公断条约，前已期满，自然消灭，但今由石井与罗斯福之交涉，颇有即将复活之势。倘日美两国对于世界经济会议，皆不如意，而所获利益亦属无多，则此项条约之复活或为可能。日本手创之"满洲国"，目下正在建设之秋，所需建设材料，为数想当甚多，若日本承认美国发售之专有权或优先权，则此项条约之复活，或将成为事实。日美公断条约若再成立,将于东北尚未规复之今日,影响于我国之处,当然甚大,是亦不可稍微疏忽之重大问题也。

兹将上述各项条约之废止、成立,或其交涉之经过,以及日人之主张,汇集成编,略述于后,尚望读者注意,以便有所警惕焉。

二、日印通商条约之废止

(一) 条约废止之声明

驻日英国大使林德莱氏,于四月十三日,往访内田外相于外务省,面称:"遵照该国政府训令,兹敬通知,日印通商条约,以四月十日起算,十月十日豫告期满之后,随即将其废止等语。"

外务省乃于四月十五日,公布告示,发表如下:"帝国政府顷已接到昭和八年(一九三三)四月十日,英国政府所来废止通告内称:明治三十七年(一九〇四)七月二十九日盖印,日本印度关于通商之条约,将于昭和八年(一九三三)十月十日,应即失效等语。"

(二) 条约之主要条文

一九三三年四月十一日,印度商务长官鲍尔氏,在印度立法院业经声明废止之日印通商条约内容要点如左。

第一条

凡在日本国皇帝陛下版图以内之物产或系制造之物品,往印度国输入之际,应当赋课以适用于其他各国所生产或制造,种类相同物品,最低率之关税

第二条

兹准前条,凡属印度国之物产或系制造之物品,输入于日本国皇帝陛下版图以内之际,与前条相同,应当赋课以适用于其他各国所生产或制造,种类相同物品,最低率之关税。

第三条

本条约之特权及约定,依据前与大不列颠国皇帝陛下之条约,或其他另外之理由。关于本条约之规定,对于与英领印度置于同一地位,印度土着之邦土,亦应适用之。

第四条

本条约批准之后,应尽早将其批准交换于东京,本条约之批准交换后,立即实施之。两缔约国之一方,自业经表示本条约意欲拟将终了之日起,六个月以内,仍然有效。明治三十七年(一九〇四)八月二十九日,在东京以日文及英文写作本条约各两份。

男爵小村寿太郎、麦克唐诺

(三) 条约废止之原因

1. 英国方面所述之原因

日印通商条约废止之原因,据印度政府商务长官鲍尔卿之宣言,大致如下:"兹提出反倾销法案之考虑,于立法会议者,印度政府并非对于任何国有何等之恶感,因而出此,此项手段不过仅系缓和,如彼由于货币价值之低落及其他各种原因,以异常之廉价而将商品予以倾销之国家,乃使危殆及于印度工业之存在,特种情况之影响,纯属防卫手段而已云云。"

英国驻日大使林得莱氏趋访内田外相于外务省,正式通告日印通商条约将于十月十日期满之际取消,曾经有所说明藉求谅解,言甚简单,略述如下:"此举系由于拟将实施印度议会所通过倾销防止法案之国内的关系,并非有所损毁日英之友好关系。"

印度实业保障法(Dumping Act)

一、外国商品若以危及印度工业在印度之存在,异常低廉的价格,售卖或输入之际,一经总督认为必要,于调查之后,即以官报告示,得征收对于保障该项印度工业之利益实属必要认为可行程度之关税,有效期间至一九三五年三月一日为止。

二、政府按照本法,发生赋课附加税布告之际,于公布后两个月以内,须将该项布告提出于国会而求其事后之追认。

2. 日本方面所称之原因

日印通商条约废止之原因,据日本方面所称者,兹亦略志于下:(甲)属于表面者,一,直接的原因,互惠通商条约为适用倾销防止法之障碍;二,间接的原因,按照去年十月欧达瓦会议之规定,英印间互惠协定之展期,此际拟即实在适用之。(乙)属于里面者,如由以下决议观之显然可以知之。本年四月十一日在曼彻斯特所举行之棉业协会,曾经通过下列之决议,且逼迫政府执行紧急措置。决议之要旨如下:"一,兹由于救济兰开夏之失业者,及印度居民的利益之见地,特减低印度对于英国棉织制品之关税;二,以在英国属地,我国(英)棉织品堪以与其竞争之限为止,提高对于国制品所征之税率。"

英国政府此次之设施不只限于日印条约。兹因欧战后国际贸易之变化,英政府认为英国前与各国所缔结之通商条约均已不适当。为适合将来之利害,乃将现行条约,姑且废止,另行重结新约。目下英国正将废止英国前与阿根廷、德国、荷兰、瑞典、挪威及其他各国之通商条约,并进行缔结新约。此次日印通商条约之废止,一方面固由于英国纺织业者之猛烈运动,有以致之;但其他一方面,则系由于上列普通之一般方针,故而出于斯举也。

兹为彻底明了个中情形起见,爰将近念余年以来,印度市场上,日本及英国棉织品之消长,略述于此,以资参考。一经阅毕此段之后,则日印通商条约废止之原因,不言可喻矣。

一、印度棉纱总输入中、英、日实力的消长

年份	输入总量 (一百万磅)	各国输入量百分比		
		英国占比	日本占比	中国占比
一九一三——一四	四四	九〇	二	一
一九一八——一九	三八	二五	七二	一

续表

年份	输入总量（一百万磅）	各国输入量百分比		
		英国占比	日本占比	中国占比
一九二〇—二一	四七	四九	四三	一
一九二一—二二	五七	七〇	二六	一
一九二二—二三	五九	五二	四五	一
一九二三—二四	四五	四九	四六	一
一九二四—二五	五六	三七	五七	一
一九二五—二六	五二	三一	六五	一
一九二六—二七	四九	四一	五四	二
一九二七—二八	五二	三九	三二	二五
一九二八—二九	四四	五三	一七	二六
一九二九—三〇	四四	四六	二五	二四
一九三〇—三一	二九	三五	二四	四〇
一九三一—三二	三二	三八	二〇	四二

　　如上表所示，当一九一三—一九一四年度中，印度输入棉纱总量中，英国出品居 90％，日本出品只居 2％；一九二五—一九二六年度，英国减为 31％，日本增为 65％；一九三一—一九三二年度，英国为 38％，日本减为 20％，但由中国输入之 42％中，多为日本出品。

二、印度棉布总输入中、英、日势力的消长

年份	输入量			百分比	
	总计	英国	日本	英国	日本
一九一三—一四	三，一九七	三，一〇四	九	九七·〇九	〇·二三
一九一八—一九	一，一二二	八六七	二三八	七二·二七	二一·二一
一九二三—二四	一，四八六	一，三一九	一二三	八八·七六	八·二八
一九二四—二五	一，八二三	一，六一四	一五五	八八·五三	八·五〇
一九二五—二六	一，五六四	一，二八七	二一七	八二·二九	一三·八七
一九二六—二七	一，七八八	一，四六七	二四四	八二·〇五	一三·六五
一九二七—二八	一，九七三	一，五四三	三二三	七八·二一	一六·三七

续表

年份	输入量			百分比	
	总计	英国	日本	英国	日本
一九二八—二九	一,九三七	一,四五七	三五七	七五·二二	一八·四三
一九二九—三〇	一,九二〇	一,二四八	五六二	六五·〇〇	二九·二七
一九三〇—三一	八九一	五二四	二二〇	五八·八一	三五·九一
一九三一—三二	七五二	三七七	三四〇	五〇·一三	四五·二一
一九三二	一,一五六	五五一	五五二	四七·六六	四七·七五

如上表所示,当一九一三—一九一四年度中,印度输入棉布总量中,日本出品仅为九,〇〇〇,〇〇〇码,但至一九二九—一九三〇年度,一跃而增至五六二,〇〇〇,〇〇〇码,自然,这其间又是英国货被挤了去,遂致由三,一〇四,〇〇〇,〇〇〇码(一九一三—一九一四),跌落为一,二四八,〇〇〇,〇〇〇码,(一九二九—一九三〇),不到二十年的工夫,印度市场上,日本布的输入增加了62倍,英国布的输入减落了59%。直到如今,日本仍然霸占着印度入口棉布市场,居然要与英国分庭抗礼了,

(四)条约废止后日本所受之影响

日印通商条约废止之后,日本对印输出入贸易所受影响颇巨,兹将日本对外及日印贸易,以及纺织物输出之现况等,为详述如下,以便知其影响之大也。

日本对外贸易,向以对美者占首位,其次为对华,再其次始为印度,但自去年以来,对华生意大减,印度遂取代吾华而代之矣。

一、日本对外贸易总额主要国百分数

		昭和五年(一九三〇)	昭和七年(一九三二)
一	对美	三二	三四
二	对华	一四	九
三	对印	一〇	一一

二、日本对外贸易主要国输出百分数

		昭和四年	昭和五年	昭和六年	昭和七年
一	对美	四二·六	三四·四	三七·一	三一·六
二	对华	二一·九	二三·七	一九·三	一五·九
三	对印	九·二	八·八	九·六	一三·七

日印间之贸易，为纺织工业之原料品及其制造所支配。由日本输入印度者为制品，但自印度输入日本者则为原料品。日本之输入品，占首位者乃系棉花，约居总数之三成，而棉花之中，复以印棉占绝对之大多数。

一、日印贸易日本重要输出入品价额统计表

（甲）		重要输出品	昭和七年(单位千元)	
	一	棉织物	八〇,六五三	四一·九〇％
	二	丝及人造丝织物	三二,九五六	二七·一二％
	三	棉纱	一四,三四三	七·四五％
	四	其他	六四,五三九	三三·五二％
		共计	一九二,四九一	
（乙）		重要输入品	昭和七年(单位千元)	
	一	棉花	九一,七四七	七八·五〇％
	二	其他植物纺织料	二,六六九	二·三六％
	三	生铁	三,〇二七	二·五〇％
	四	其他	一九,四三二	一六·六二％
		共计	一一六,八六五	

日本棉布之输出总量,约为廿亿平方码,详情如下:

二、昭和七年(一九三二)日本棉布输出国别表

(单位千平方码/价额千元)

国别	数量	价额	数量百分数
英属印度	六四四,六八五	八〇,六五三	三二
荷属印度	三五二,二三四	五〇,二二八	一七
埃及	一九五,四三五	二七,〇六八	九
中华民国	一九三,六二三	三八,二二九	九
东三省及关东州	九七,八〇九	一八,二二九	五
海峡殖民地	八二,二二八	一一,二二九	四
土耳其	四一,五二九	五,五七四	二
其他	四二四,一七九	五七,四三二	二二
(澳洲)	三五,九九二		
(南菲联邦)	三六,三一六		
合计	二,〇三一,七一二	二二八,七一二	一〇〇

三、日本对印度贸易之总额

(单位:千元)

年份	贸易总额	自日本		自印度	
		输出	百分数	输入	百分数
(一八七七) 明治十年	五二三	三三三	一·四二	一九〇	〇·七〇
(一九一二) 大正元年	一五八,三九〇	二三,六四八	四·〇八	一三四,七四二	一八·七五
(一九二六) 昭和元年	五四七,〇八八	一五五,九五二	七·六二	三九一,一三六	一六·二四
(一九三二) 昭和七年	三〇九,三五七	一九二,四九二	一三·六五	一一六,八六五	八·一六

日本棉布之输出国,原以吾国市场为主,但近年以来,销路大跌,一落千丈,对于吾国之输出,仅不过只占百分之九,在中国及其他各处所丧失之销路,乃即求之于印度市场,其间日本当业者之努力及牺牲,以及汇价低落之利用,历经奋斗,始可臻此。今者通商条约若即废止,则占棉布输入国首位(32%)印度市场之丧失,对于日本棉纺织工业之影响,可谓至大矣。

其次,据日人之观测,则谓印度政府之废止日印通商条约,纯系由于大英帝国拟将英帝国与其自治领及他项领土打成一片之政策,确立大英帝国经济封锁。第一步若在印度成功,则此政策必将顺次及于英国领土之埃及、南非联邦、阿菲利亚东部、巴来斯坦、香港(香港为英国租借地——编者)、英属非洲西部,及海峡殖民地等处。日本出品在各处均将被驱逐,如是则日本输出总量之五成,势必将被拥挤而出。依此观察,则日印通商条约废止后,日本所受之影响,将不可谓不大矣。

此次日印通商条约之废止,不仅影响于日本之棉织品及人造丝织品,自日本向印度输出所有各种商品,将均受其影响。去年日本售与印度之货物,全额逾百万元以上者,除上述两项外,尚有化妆品、纸类、洋灰、陶磁器、玻璃及其制品、编织物、木料、玩具、五金等物,以上列举之各项商品,皆将陷于与纺织品相同之命运。是以此问题不仅属于纺织业或棉业关系团体间之问题,实系日本对印输出二亿圆贸易关系业者全体之死活问题,故实可谓有关于日本工业全体。

(五)日本朝野之舆论

(1)政府要人之谈话

(甲)外务省之见解

日本外交当局接到现行日印通商条约废止通知之后,四月十二日午后内田外相、有田次官,及莱栖通商局长等人,当即协议其对策,咸认印度政府所以竟出此种手段者,乃系由于日本纺织关系业者,不顾屡次之警告,乘由银元下落汇价低廉之便,对于印度方面,施行棉布倾销之结果。外交当局认为,在于六个月豫告期间内,日本政府应将对于印度方面货品之倾销,加以调节。若由解释条约之法理的立场观之,日本不能不承认印度方面所主张为正当。故此日本政府对于可以倾销商品之措置,应暂且保留,容后再议;对于毫无倾销可虞之商品,除立即施行外交的折冲,使在条约期满之后,仍可依旧适用从前之税率,作为一种过度办法,此外恐无办法。外交当局将于日内与财政商工两部起首协商关于上列政治的解决方法,俾资作成对岸。

此外,外交当局复具下列见解,"日印通商条约废止之声明,对于日本固然与以激烈之冲动,同时此种冲动或将扩大为世界的,亦难逆料。"此项事件非仅属于日印间之问题,明治三十七年(一九〇四)八月二十九日所盖印之该项条约,乃系置于日英直接关系之下,因而此次通商条约之废止,纯系英国政府表示之意思,只此一事,问题之重大性,当然益加深重。英国政府究因何故对此重大问题迅雷不及掩耳,断然行之,关于此事尚未得有报告,即使有一二消息,恐其真相亦决非如责任者口中所言。

但我国与其有关系者之间,大体可以揣测而有以下之两种见解:

一、英国政府为引导业已急迫之国际关系,特别对于美国之交涉,趋于有利。

二、同时为企图打开兰开夏及印度棉业之局面。

前者对于将开之世界经济会议,有直接之关系。英国政府预料英国将对美协商互惠关税。假设此项协议,进行顺利,则英国殖民地——印度在内——与美国之间,亦必须施行广大范围之关税低减。若现行日印通商条约仍然存在,则日本当然亦可均沾此项缓和关税率之利益,因此英国及印度之棉业及其他之各项工业,均将蒙更大之威胁。英国政府之声明废止现行条约者,即在防止此种祸根于未然,藉此可知其意实在对于日本出品继续征收苛酷之关税,六个月以后,纺织或压迫日本货物之政策,将纯属印度政府之自由。在此种情况之下,日本对输出实业之立场果应何如耶?日本特别危惧之点,即在于此。十二日举行之纺织委员会,曾因此危惧而表示不安。当局对于此辈,似已劝其自重。现虽尚未直接动摇,但此种巨大打击,理想之沉默,恐难久持。

同时此种打击,并不仅仅限于棉业。今后猛烈运动之勃发,当可预期。

(乙)大藏省(财政部)之意见

大藏省对于印度通商条约之废止,及倾销防止法之通过,抱如下之意见。此际即使出于报复的手段,但印度棉花因系原料品,不致成为问题。生铁则不仅止业经征收相当之高率关税,而一年间之输入量价仅值二百万元上下,对于印度方面似亦无关痛痒。若进行妥协的交涉,似较有利。事之所以至此者,实由于利用汇价低落日本棉布及丝织物因之异常增进。故日本政府若对此种出品征收输出税,亦不失为良策之一。然而为使本国输出品价值腾贵而课税之事,实属并无前例。若仅为达到此项目的,则不如由政府指定对印输出货物之最低价格,在此价格限制之下之输出,即予禁止。此法颇属捷径。如此办法,则价格自可提高,其结果则销路减少,故此难免有矛盾之处,若价格减少剧甚,岂不反无意义,故此与其提高输出价格,似不如在于输出数量上,与印度方面有所协定,抑制其激增,较为有利也。

(丙)中岛商相(商工部长)之谈话

关系日印通商条约废止,中岛商相十三日所谈话如下:"顷已发生若此之事态,虽属甚为遗憾,但由于我国之退出国联,此类事项之或将发生,从来并非未曾虑及。对手国之商人,为得商业上之有利地位,而拟利用国际上我国(日本)之政治的孤立,本可想像而知。我国须立即筹谋对策,当为必要,故此余询明普通商业者意见之后,拟即树立具体之方案,然后决定政府之方针。现拟与外务、大藏、商工之关系各当局者,会于一堂,恳切讨论之。今若思及印度政府此次竟至即施行倾销税法之原因,殊不难揣测,其原因乃系由于我国商人中互相竞争,在外国市场实行大量之贱价出售,藉谋获利,层出不已,遂致如此。当局预先久已留意于此,虽对于当业者叠发警告,但不幸向未发生丝毫效力。无论如何,为与敌人竞争,在汇价低落良好材料以外,将不必要之利润牺牲一部分,此种办法非加统制不可。此后在海外其他市场中难保不再有同样之事发生,是以此际当业者非由将来之大局着想,而谋各种适当之对策不可。此次之新税法,今秋十月十日方为实施之日期,故于其间,余以为尚有慎重研究其对策之余地。本问题之解决,依自己个人之意见,不必非俟禁止印度棉花之输入,采取最后报复之手段不可。依据日英两国商业之利益以求开诚布公之谅解,如此似可得圆满之解决,余深信之。

(丁)高桥藏相(财政部长)之谈片

印度政府此次之态度,若以之视为退出国联之报复手段,颇属不当。所谓英国内地曼彻斯特之纺织资本,拟确保印度市场,而排除日本商品之说,实属根本原因。英国之所以竟出此种态度者,纯系欧达瓦会议以来之既定方针,毫不足怪。问题厥在于印度之消费者阶级,是否果能排斥日货,而被强迫购买价贵之英国货。此种政策是否无论至于何时均可圆满施行。故此,若不观其进展如何,对策殊难决定。此事似尚有可解决之途径,吾人不必恐惧印度市场立即完全丧失,吾人对于印度以外之各国,尚可向之前进。若对于印度棉花,课以报复关税,亦非不可行之事。通商条约满期,尚有六个月犹豫其间,吾人当竭力尽心图谋圆满之解决。惟增加输出税之议,殊无异欺骗儿童,当不致成为问题也。

(2)人民法团之决议

日印通商条约与纺织工业,关系最大,故废止通知送达日本之后,纺织联合会、(纺织协会)首先发出声明,表示反对。其他人民法团,亦相继踵起。兹将人民法团之决议及声明,汇齐择要记录,以明日本人民对于日通商条约废止之态度。

(甲)大日本纺织联合会之决议声明

(一)决议

一、印度政府若不反省,纺织业者本身,则将断然实行合理而应采取之唯一方法。

二、兹作为研究及实行此种方法之委员,除委员长东洋纺织外,并举钟纺、富士纺、大日本纺、福岛纺，及明正纺等公司，担任一切。

（二）声明书

一、印度政府对于我国（日本）棉织品之差别待遇，我国（日本）政府虽经屡向英印两国政府抗议，但两国政府至于今日，非仅尚未采取怀有诚意之措置，此次并且未经任何商酌，英国政府乃突然将日印通商条约之废止，通告前来，国际上之情谊，全然置诸不顾者也。

二、日印通商条约之废止，乃系由于本届印度立法会议所通过，印度产业保障法（倾销防止法）之实施，且为对于日本货物订定益较为苛酷差别关税之前提，更进而至于拟将日本棉布之输入，加以禁止。

三、印度政府允准印度纺织似此不法之要求，且将极度的排斥日本棉布，显然违反印度民众之利益，即将招致日印通商上不幸之结果。

四、英国政府之辩解，虽谓日印通商条约之废止纯为保护印度之实业，但印度之纺织事业，逐年进步，一九一四年纺机原为五百八十万锤，织机原为八万五千架，但去年增至八百十万锤及十五万七千架，虽然如此，但昭和五年（一九三〇）以来，既已施行增税四次，对于日本织品业经特予征收高至五成之税率，今犹诉诸如此非常之手段，毕竟不外纯为保护曼彻斯特纺织业之策动。

五、若言及我国纺织事业因之所受影响如何，我国棉织品输出总量，约有三成输出于印度，故印度实为我国最大之输出国。倘若丧失印度市场，则我国之纺织设备，约有二成殆归无用，其结果之重大，不待烦言也。

六、现在日印通商条约，系缔结于一九〇五年者，彼时之日印贸易，属于片面贸易，该年度印度对日输出额为九千万元，对此我国之对印度输出额，仅不过八百万元而已，故此该项条约乃系印度为承受最惠国条款之适用，进而对于我国切望该条约之缔结者。近来三十年间，印度之对日输出超过额，已表示三十三亿之巨额，仅有去年，偶值我国稍见输出超过之际，遂遽然废止该项条约，事实上似乎拟将我国之对印输出，加以阻止，英印两国政府之不信不义，不得不令人惊异也。

七、吾等关于本件,鉴其处于最重要之关系,此际颇欲谨慎论议其具体对策,但我国政府与英国政府,既已正在折冲之际,故此一俟观其结果如何之后,印度政府终不反省之时,吾等鉴于事件之重大性,爰以非常之决心,而拟对于本项问题有所坚决处置,兹敬声明如上。

(乙)东京商工会议所之公告文

此项与保护印度实业并无关系,拟将日本货物驱逐之激烈的法案及条约之废止,其影响颇大,兹鉴于日印通商多年之关系,恐将有所破坏,亟望贵长官深甚之考虑。

(丙)神户输出绢物同业组合之决议

日印通商条约之废止,使吾等当业者,深感致命的恐怖,且属破坏两国三十余年信义之暴举。故此若将其结果申而言之,对于日英二国多年之亲善,影响至大,且认为开世界通商上,投以极大暗影之端绪,因之此际贸然希望政府当局,筹谋强硬之对策而善自处理之。

(丁)日本棉织物工业组合及日本输出棉织物同业组合之声明书

事既至此,若自发的统制输出,外交的拟求英国态度之缓和等事,不过徒然仰承英印两国之鼻息,反而为彼所乘,非仅决非我国民之真议,且为拙策之最甚者。此际对于英国之无礼挑战的态度,断然以下列之方法报之。

一、断然实行不买印度棉花。

二、对于印度棉花,课以与印度对于日本货物所课最高率相同之关税。

三、一面促进"满蒙"棉花之栽培,而安定我国棉业界之前途。

(戊)神户贸易同业组合之决议

日印通商条约之废止,实为不顾三十年来两国通商关系之暴举,且系本市贸易业者之大部分盛衰有关之重大事件。本组合此际决议对于政府任何之对策,准备顺应之,而切望出于断然之对策。

(己)东方文化联盟之声明

东方文化联盟鉴于日印问题之现状,假大阪俱乐部举行紧急理事会,并召请驻日印度实业家,关于此次日印通商条约废止之影响,开诚布公讨论之结果,咸认为其影响之所及,不仅关于日印贸易之盛衰,且可发生印度输入物产之价格腾贵,其结果侵害为其消费者印度国民幸福之处甚大,系属人道上未可轻视之关系,更决定再行开会以谋对策。

（庚）近畿四十团体协议会之决议

日印通商条约之废止,不顾继续多年日英两国之传统的友好关系,且属破坏日英两国之互惠的经济关系,非仅威迫我国从事于对印输出实业者几百万人之生计,且为英国内地,驻印度少数企业家之利益,而将印度三亿五千万民众,供其牺牲。此由国际正义上观之,或由人道上观之,终属不能容忍之事。吾等关系实业团体,兹即表示断然反对,而期筹谋有效适当之对策。

（辛）日本经济联盟会之声明

近年国际贸易之倾向,适正遭遇殊可忧虑种种之障碍,对于吾等日本实业家,当为一至极关心之事,其中对于最近日英两国工业竞争激化之状况,吾等格外尤深注意焉。近年日英间之竞争,致使激化之原因,则为:

一、日本工业组织之进步,及工业从事员之效率,科学的进步之结果,其生产费遂至颇为低廉。

二、相信因金输出再禁止,元汇兑即可下落。

实际上日本商品在于多数之中立市场,委实威胁英国货物,由于与其对抗之必要上,英国当业者遂渴望提高关税或征收不当廉卖关税之际,偶然发生日印通商条约之废止,其直接原因,不论在于英印两国之任何方面,实为吾等之所深觉遗憾者也。

若深思之,日本工业并非施行不当之廉卖,征之其输出品皆获有相当之利润,事益明显。又日本之劳动力,并非至于不以高率关税将其生产品加以排斥不可程度之低廉。英国 fair play 之观念,日本以公正之利润为目的,将其所有之工业能力,最有利的利用者,确信可以认为其充分之权利。然而吾等所最悬念者,厥在于日英间之激烈的经济斗争,颇有势将向来存在两国间之友好关系,显著地毁损之可能性。若于此际,将威胁两国和平目下之竞争状态,考究可以缓和调整之有效适当的方策,则于两国之经济的及国民的亲善,及保护普通消费者之利益,所贡献之处,当亦属甚大,决无疑义。吾等日本实业家,深望两国当业者或实业家之间,实行开诚布公意见之交换,或协议之会见,以此为主义而行之此项方法,吾等今后当尽力斡旋之。吾等认为两国间继续施行无统制的商品之竞争,结局势必引导两国经济绝交,故痛感两国皆有从速猛省之必要。

（壬）国际联盟协议会之决议

关于日印通商之改善,（中略）吾国官民之渴望,英国方面毫不顾及,近来竟至对于英国内地货物,特惠之程度,逐渐增加,更于最近对于由于吾国通货跌落而生吾国商品之落价,以企图对策之必要为名,突然通告前述现行日印通商条约之废止,诚不能无所遗憾。本协会认为英国政府至于采取本条约之措置者,并非拟将吾国与英属印度间之通商,使其趋入无条约之关系,宁可确信拟将相互间之通商关系,使其置于尤为密接的基础之下。在于上列方针之下,当可缔结新协定。又至于新协定成立为止,认为改由暂行规定以之继续现行条约,庶可使其贯彻伦敦会议所提倡之关税休战协定也。

日印新协定方针提案

一、关于日英印三国纺织业,及其他三国间实业上之利害关系,依据通商平衡之原则,当以企图均等公平之调和,为新协定之要义。

二、因之,英属印度对于英国产品,特惠之赋与,应限于产业之保护上实系事属万不得已之情况及品目,且应不超过现行特惠之程度。又一切之日本货物,在于英属印度,或英属印度产之一切物品在于吾国及其殖民地,无论以任何理由,不得受比较第三国物品不利之待遇。

三、第一项所载英属印度及吾国间以平衡为原则之相互的均等待遇,非仅限于关税事项,关于输出入限制或禁止及航海亦适用之。

四、彼此约定对于特定物品,印度关税若仍维持现状,则虽在于本国

（日本）方面，对于印度某种主要输入品之关税，交换的亦可仍予维持现状。

附属决议

（甲）对于吾国之主要输出品，为输出市场之确保，或为使其增进，于必要之际，例图在于吾国，用适当之方法，以求统制输出数量或价格之手段，

（乙）对于吾国之主要输出品，从速设置对于比较第三国货物与以不利待遇无条约国之某种主要物品，理应适用之高率关税。

（丙）为使撤废在于吾国，对于仰光米之输入现行之差别待遇，变更米谷管理令之适应状况，今后无论对于暹罗米加州米作为非常措置，施行输入之限制，同时对于仰光米亦允许同样公正之输入分量。

（3）报纸之社评

日印通商条约，英国通知废止之后，日本各大报纸，争著社说以评论之。其中东京时事新报，立论尤较激烈，并发行《印度贸易非常对策》副刊，内容颇为详尽。兹择较佳者，译述于下。

（一）大阪每日新闻之社说（四月十四日）

日英通商条约之废止过于利己的英国

英国政府乍于十二日，突然通告日印通商条约之废止。现行条约缔结于明治三十七年（一九〇四），此约"终了"，只由缔结国之一方面表示其意思，经过六个月期间之后，任何时皆可实现，因之此项通告原系依据条约之条文，英国政府之所为，颇属合法。现行日印通商条约因系日印两国之间，规定最惠国之条款者，故若将此条约废止，则此后两国之间，关于关税已不必有任何之规定，两国对于相手国输入品之税率，皆可任意有所规定之。

日印两国与其谓之为保持长久的通商的友谊关系，不如谓之为我国对于印度诚为最良之雇主国。我国去年度，虽然首次对于印度为输出超过国，但至于彼时为止，不仅常为输入超过国，且其输入超过额，多年以来，皆超过一亿或两亿，多至四亿之时，亦曾有之。印度之物品，购取如

此之多,我国藉此当然亦得有利益,同时印度亦于我国觅得极大市场,实行共存共荣,虽然如此,但英国政府今日俄然将通商条约废止,通告前来,无论如何言之,不得不谓之过于任意妄为矣。

盖英国所以至于出此通告者,近年我国工业发达之结果,价廉而优良之制品,输入印度颇盛,既与英国内地之商品以胁威,最近复由于汇兑行市之关系,我国之商品,其价益廉,因此视作对于竞争之防卫手段,故而出此软!吾等虽以为英国政府决不即将条约废止,而将两国之立场,置于无条约国关系之下,即使如此,事前不作任何预备交涉,冷不防即将全条约通告废止,不可不谓过于不顾我国感情之行为也。

当然为保护国内之实业,而赋课关税,洵为国家生存上之要事,但凡事亦必应有相当之程度。目下各国概皆周章狼狈于世界的经济萧条,殆以征收高率之关税,悟为唯一之匡救方策,争相加高关税之壁垒,今日世界,通商之情况,殆有似已还原闭关的旧时代之观感,因之经济萧条,反而深刻之度,正在益见增加。高率关税政策,遇事不让之美国,新总统就任之后,立即悟其不当,近于美国,举行可以作为世界经济会议预备会议之会议,关于关税壁垒之低下,似将进而讨论之势,可以视作对于高率关税之病患,世界显然已达自觉之期。若由此种见地观之,英国政府对于我国,通商条约废止之通告,即可谓之为拟将关税之壁垒,对于我国,提高之准备行为。因此不可不称之曰,对于高率关税之弊害,目下正在觉醒之经济思潮,背道而逆行之者。实在尚不止此,兹于上列美国会议之前,英国已处于似乎埋没本身欣然参加之行动,对于美国可谓最大之倒戈也。

今若再由印度国民之立场观之,并非保护印度之实业,纯为保护英国内地之实业而订定高率关税,结局对于印度国民之生活,与以威胁者也。吾等当然承认不法的倾销,足以搅乱国际通商。然而并非倾销,合理的廉价,则为国际通商之正途,将其抑制之结局,不过仅利于国内一部之少数者而已,与普通国民当颇不利。特别若由英国内地与印度之政治的关系思之,似此内地之榨取的经济政策,英国本国或觉招致意想不到之结果,亦未可知。吾等不只以此次英国政府所采取之措置,为过于利己的,并且以为实于世界经济恢复之途上,投以最大之暗影,非仅单为英国,由于世界的见地,令人不胜悲戚。

(二)东京时事新报之社论(四月十六日)

印度政府废止日印通商条约,并实施倾销法之举,无论在于文化或经济之任何关系,不仅使极为密切日印两国之国交,殊深悲叹,并鉴于印度政府之此种措置,不外由于英国内地经济的利害,致而出此,则日英间似此之经济的冲突,甚至恐将投一暗影于两国多年之亲善关系也。视为世界之工场之英国所生产之商品,输出于永无落日世界各地之领土及工业未发达之国家,唯此利润,乃系已往大英帝国繁荣之基础,但德美日等新兴工业国家各自运用其特殊之经济条件,以蚕食此老大工业国家之地盘,其经济的地位,遂至动摇,乃属当然。

特别日本纺织业之发展,质量皆颇显著,曩充斯霸业者英国之曼彻斯特,今已在于世界市场,终非日本之敌手。例如曼彻斯特之纺织,自世界大战以还,阻于劳动协会之伟大势力,工资减少,至难如愿,由于老朽固定资本之压迫等事,生产费之削减,仅不过一成前后,但我国之纺织,业已优然敢行五成生产费之削减矣。此外并因最近之银贱,日本商品之对外竞争力,藉以增加,益使英国商品陷于不利,虽系事实,但汇价跌落,仅为附带条件,英国商品不振之根本原因,深信确实在于其生产费之成数太高也。

然而英国官商不努力务使除却此种根本原因,反而依据政治的势力,嗾使属领出于封锁他国商品之方策。去年之欧达瓦协定,此次之废止日印通商条约,及倾销防止法案等事,无一非其表现。世界萧条之一大原因,唯在于各国之闭关经济政策,业已认为其改善乃系世界经济会议重大使命之今日,占世界经济上重要地位之英国,及为其殖民地之印度,拟将实施逆行政策,可谓谬误已极矣。或者藉此,英国及印度一部分之工业家,有所获利之处,但印度之民众,购买价格高贵之商品,而于日常生活上蒙一极大损失,英国之印度统治上亦决不能谓之为得计。总而言之,此次日印通商条约之废止,由大局观之,既为印度之所不当取,复为英国所不应用,不可不谓事极明显也。

(六)日本之对策

日印通商条约通告废止以来,日本之对策,政府方面拟将采取者较为温和,但社会之中各法团所决议者,大多较为激烈。

外交当局研究之结果,具体的对策,大致如下:

一、政府力图当业者之自重及输出之统制。

二、希冀印度政府虽于条约之废止后,对于我(日本)输出品,勿为急激之课税。

三、与印度市场并不威胁如洋灰等输出品,竭力应使免除倾销防止法,仍如以前作为最惠国而待遇之。

四、具体的磋商,务使日印两国勿陷于无条约关系。

五、对于并无条约缔结权之印度,为防止其实质的提高关税,在于当地开始交涉。

六、虽在于印度以外之英属各地及其他之各国,亦须筹谋豫防的措置。

今将最近日本国民间业者方面所表示之意见,约而言之,其置重之处,可得下列五项方策(据大阪商工会议所之调查):

一、由于政府外交之折冲,要求英印两国,条约废止之中止。

二、由经济协调之大局的见地,促英国本国及印度政府,考虑设法缓和之。

三、选派有力之代表赴世界经济会议,坚持英印之行动,乃系通商之障碍。

四、缔结日本向印度输出数量之协定。

五、考虑以关税报复手段,或至停止购棉花生铁等事,作为经济的对策。

（七）缔结新约之趋势

缔结日印通商新约之交涉，虽经已于伦敦、西木拉、东京等三处同时进行，但尚无何等具体之结果。据日报载称：英国及印度两政府之态度，大致如下。

一松平大使与商相兰西曼会见之后，据称："英国政府对于缔结新协定，以代现行条约之举，虽然似无异议，但似有限定在于与欧达瓦英印协定不相抵触范围以内之意向。目下之问题原属印度之问题，故此先使驻加尔加答日本总领事与印度政府之间，举行就地交涉，内容大体商妥之后，再行移往伦敦通盘交涉以资结束，信此乃系可能性最多之方法。"

其他印度方面，若据三宅总领事致外务省之公电，大意又复如下："遵奉政府之训令，已于五日与印度政府商务长官会见，当经要求即将英政府之见解相告，以便从速开始交涉，但商务长官则谓，关于印度产业政策，虽然属于印度政府权限之内，但如关于外交交涉，则非概须禀承伦敦政府之指令不可，若有必要，当即请示协议方法、协议时日、地点及其他，容后奉复云云。"

但于五月二十五日，英国商相兰西曼氏，突然向松平大使提议，为防止日英通商之竞争，拟请日英商民关系业者组织协议委员会。此种委员会，据称不仅限于印度、大英帝国以内各地，不论中国南洋方面，凡世界上日英通商关系复杂之地方，亦皆包含于其范围以内，该处日英商品竞争之状况，及其他与此关联情形，由日英当业者，开诚陈明意见，然后希冀达到各方面日英当业者之市场协定，负有此种重大使命云。

日本政府对于兰西曼氏此项提议，以为确系作为实际问题适切之方案，原则上颇已表示赞成之意，但英国按照欧达瓦会议之决定，立脚于大英帝国之封锁经济主义，实质上实行排日性质的日印通商条约之废止，一方面又作此项提议，关于其动机及情况，殊有慎重研究之余地。且日英当业者之间，拟将协定之事项，例如：

一、可以协定市场之范围如何？

二、市场协定果无将其扩充至于各自国家之输出统制及生产限制之方针否？

三、与关税协定之关系如何？

四、拟将通商协定适用之商品的范围及种类如何？

等项,不明了之点甚多,反而思之,我国之产业不仅只限于纺织工业,即在于其他之各种工业,比较英国货物,亦皆优秀,而且生产费用低,经济的方面,英国货物决非我国货物之劲敌,然而对于此等优秀且低廉之我国实业,市场协定恐有将我国商品之销路,使其狭少化之处,兹于缔结之前,殊有十分考虑之必要,须将上列各点,询明英国政府意思如何之后,我国方可决定态度云云。

英国商相提案之内容,前后两次所传,大致如左：

（甲）初次所传者

一、兹为商议关于日英经济关系之全部门,而以日英两国民间代表,使之组织日英经济协议委员会。

二、但委员会之性质,属于私人的,英国政府虽不过仅执斡旋之劳,但如日英当业者间,作成何种协定,英国政府亦有再于印度政府及当业者之间,执行斡旋微劳之意思。

三、依据委员会商议之结果,进而审议日印间之新通商条约问题。

（乙）最近所传者

一、日英纺织业关系者,将关于两国间之销路,及贩卖价格、数量等项问题,纯为由于民间业者之合作,藉以发现解决之方法,爰设立协议委员会。

二、委员会之会员,以比较的少数者组织之。

三、英国方面提案,委员会设立于伦敦

四、本委员会,与日印通商条约废止问题,政府间之交涉,并非一事,唯对于日英纺织全部之问题可协议之。

五、委员会须即早开会。

纺织联合会（纺织协会）及输出棉丝布（棉布）同业会,对于英国答复之内容,认为缺乏明了,并未涉及具体的要点,爰于视协议之结果,决定下列三项,请政府转达英国政府,如英国政府对于所提三项,予以同意,日本对于日英协商则有应诺之意思云。

一、协定品目限于棉布。

协定限定于棉布,协定虽分为两国之输出数量及输出价格两项,但价格之协定若绝望,结局数量协定即成问题,然而关于数量协定,亦有下列复杂之情形。

(甲)日英两国输出之棉布,种类繁多,势不能每种各自皆有数量协定。

(乙)即使对于两国持定市场之输出数量,包括的有所协定,但决定其数量,既往两国输出之实数,究以何年度作为标准?

二、为使协定有效,英国政府应有所援助。

即使举行数量协定,但关于其实行,亦有非常之危惧,目下即属曼彻斯特当业者之减工问题,实行已较困难。

而且此次英国方面之意向,乃系"政府并非作为直接当业者而协定之,盼望作为两国当业者之绅士协约",因之,我当业者为协定之实行,关于英国政府应加监督之事项:至少若无英政府之护符,难以放心。

三、对于英属各处提高关税之停止,须有英政府之保障。

例如印度政府虽无外交权,但关于产业经济问题,印度政府属于自治,故此可言英国不能干涉,然而外交权英国固有之,故此今于日英协商之际,印度若已将关税提高,颇为不便,故此项先即作抑制之交涉,实为先决问题,英国对于此点,应与日本以十分保障,至关紧要,但此亦须视英国之诚意如何也。

东京时事新报,对于兰西曼氏通商调整之提议,著有社论以批评之,兹择要译述之:"……(上略)此次英国商相兰西曼氏对于我国松平大使,拟将组织日英商民协议会之提案,英国之态度,可谓任意妄为已极。一方面敢将既存通商条约突然为此国际的非友谊之行为而废止于前,乃又复作此项提议于后,英国方面之权变,可谓过于老练机巧,而戏弄吾人矣。但亦可视作与日本经济的断绝之不利,自觉反省之一证。所传为协议目的之市场协定等事,违反通商自由之大原则,对于拟达成世界经济会议之趣旨,亦属逆行。鉴于日本英国间特殊情形,若视作例外而承认之,对于防止问题恶化之一手段,谅颇有效。而且决其成否,可谓完全系于英国方面诚意之程度及其实行方法之如何。

(中略)英国之新提案,在于其趣旨纯为通商原则之例外,同时实行上之困难,虽不难想象而知,但为使日英间通商关系之圆滑,尚不失为一极有意义之企图。果真可得实效与否,可谓完全系于英国方面之诚意如

何。对于多年友邦之英国,今犹诚意云云者,洵是憾惜,但鉴于日印通商条约废止之态度,关于此点殊感有特予注意之必要。英国而以诚意临之,则我国亦以诚意应之,是乃不待烦言者也。"

（《外交月报》1933 年第 3 卷第 1 期(第 2 期续,189—195 页),157—179 页）

出渊胜次作，范维璋译：最近日美关系

　　本文译自本年二月日本《外交时报》，六卷四号，作者曾为特派驻美全权大使，彼对日美关系，作事实上之观察及检讨，彼承认日美在文化及经济上有密切之关系。我国自"九一八"事变后，举国注目于日美关系之演变，美虽不耻日人之所为；然因其背景及立足点之不同，一时间尚不能表明态度，以吾人之常情观之，美为复兴本国经济计，一时不致与日本发生正面冲突，然一九三六年之日美大战果能幸免欤，此有待于事实之推演，吾人拭目以待。（译者识）

一

　　去秋吾归自美国。回想于华盛顿五年任期内之日美两国外交形迹，实令人不胜感慨。

　　昭和三年秋，吾受驻美大使之重责而复任，当时美国适在极端繁荣时期，因而日美关系诚属圆满。此后美之繁荣，因翌年秋经济恐慌之袭来遂见停顿，日美关系更加使之改善。昭和六年春，在华盛顿公园中，日本樱花盛开之际，欢迎高松宫两亲王时正达极顶，当时胡佛大总统以下美国官民，对两亲王欢迎之热诚，余见之后，曾生极大之感触，此盛大欢迎固有赖于两亲王人格之高尚,同时余信此为美国一般人民对我国友情之发露。同年四月二十九日天长节时,美国国务院长斯提文逊氏自七千哩遥之合众国放送祝词到我国(我指日本后仿此):

"于广阔太平洋之上,否认日美两国为云所遮,此二国既然不可分离,宁可使之结合。"

余信是语,确实表示当时美国官民对我国之感情。当斯年夏林伯德大佐夫妻飞渡太平洋造访我国时,我国同胞对大佐夫妻欢迎之热烈,亦表示我国民对美之善意。

同年秋,余得准假回国之许可,于斯愉快之期,不料有"九一八"事变之发生,遂致归国延期,乃决心应付此非常局面。此后满洲事件更加扩大,翌年春,继而发生上海事件,因而,日美关系之恶化有急转直下之势,致美国一部有排斥日货声浪,此诚令我不胜遗憾之至。

无论在国际间或个人间,常因彼此立场不同而时起误解,因之感情也日见疏远。若使根本不相容,舍弃利害关系之盘算,即或因一时误解而感情疏远,此未必不能恢复原有之常态。吾见及日美两国间因袭之密切来往,自最有趣之关系上,确信在最近一两年内可渐次改善,兹将二国之交涉关系,自过去历史上满洲事变及上海事件等方面加以检讨,并将最近美国对日感情,以余所见亦披露之。

二

诸君尽悉美为一大国,自大西洋沿岸至太平洋岸长凡三千哩,对我国之利害关系,亦异于他国;其国民乃由许多种族所组成,和平论者及军国主义者皆有之,故其对外感情未必常能一致。当欧洲大战于下院会议对德宣战案时,竟有五十余名议员公然反对舆论之趋势,特别以美最早女议员兰清氏坚决的不赞成参加战事,竟投票反对,因而感动议员以至于引起伤感并激起会场及旁听者之大同情。

在满洲事变发生后,据余所见,当时美国舆论受和平论者及理想家之支配,彼等专根据非战条约及其他和平条约而攻击我国,使国际联盟之气势因而增加。诸君皆知美国在满洲并无特殊利害关系,不过因满洲事变有关于国家体面,难以弃而不顾,于是才引起所谓有关于国利国权之实际问题。此种因一时受兴奋刺激之理想议论,不久即归镇静,即以现时看法,可知此势已经渐缓矣。特别在最近,因我国努力使满洲事态渐次安定,政治设施日日改善,其中对政治整理之就绪,及经济之发展,使中国对日感情渐次改善,排日运动之势力亦渐次消失,由此等事实观之,我国在东亚之势力渐次为美人所认识;且我国国民为真正爱好和平,切望相邻各国之间能有亲善关系以至谅解,为促成此种倾向而与以有力之认识。自去年秋后,美国对日感情即有几分改善,近来更求得改善之路,今后若不幸再造成何等事件,致再引起国际纠纷时,只要不疏忽意思之疏通,则吾信美人对我国之感情将更可使之改善,在此种机会上,余亦无庸特加陈述。近来美国对于日本各方面之研究极为热烈,关于日本之文化演讲到处受人欢迎,在中小学校课程中,盛行授以日本问题,故日美国交大局上诚属乐观。谚云"雨降而地固",吾由最近日美国交之推移,极感此谚语之适洽。日美两国自迄雨降之后天气渐晴之际,无论在任何方面不再使气压降低,此余衷心之所愿也。

三

其次余对日美两国密不可离之关系更为进一步之叙述,日美两国在嘉永七年即西历一千八百五十四年三月三十日缔结最初修交条约,其中第一条有下列规定:"日本与合众国及其人民结永世不朽之亲善,无地方人品之差别。"此"永世不朽"四字适足以预言日美两国传统关系之意义,实际两国在八十年中,虽时有感情之不和,然尚未见有重大之冲突;此种幸福乃源于文化之接触及经济之提携而成,决非一朝一夕间能造成,亦非因一时动机发作而成者。

今先自文化方面申述之:我国明治维新之时,对于采取制度文物专门以美国为模范而大加改革,因此自美国聘请许多学者及教育家,共同发挥彼等各种专门学识,我国并派遣有名学者致力于吸收西洋文化。同时美国亦有许多传教师来我国,彼等不只尽力于宗教,同时亦尽力于教育及社会方面,故至少对于我国近代文化之发展,有相当贡献,此为吾人所须记忆者。兹将日美关系摘记二三重要事实,以供诸君之参考:(一)我国在明治六年招聘纽约州立大学秘书长马莱氏为教育部顾问,于是树立我国教育制度之根基。彼居我国凡六年,仿美制而定公立学校之基础,此事在我国教育史上应特书之。(二)我国在明治初年,置开拓使,锐意注力于北海道之开发,当时之开垦方法,以至铁路及街市计划,悉采美国方式。又札幌农学校,因招请著名学者,而造成一种健全校风。北海道之所以有今日者,美国之所负实为重大。(三)在明治维新后,我国固有之美术,为一般人所轻视;以至贵重古雅之美术品流出国外,当时有美人佛伊奥罗斯及白可罗者,在内对于我国民东洋文化大加发扬,因之在国内唤起国民对于美术之自尊心,在外尽力介绍而抬高我国美术之声价;今日我国美术之所以能与世界并驾齐驱者,实潜伏着两氏努力之功绩。(四)野球以及各种运动,皆自美传入者,即以野球发达之程度而论,真可与美并肩,致我国今日能雄飞于世界,成一运动国家,且在我国民身心锻炼上收极大之效果。余对于所谓以运动来疏通日美关系,有相当之置重。除上举之例外,其他有关于日美文化之事迹及关系之人员,实不胜数。我国因与美国文化之接触,而得其大利;同时美国亦因与我国交际,而得吸收东洋文化之真髓,直接间接上也给与中国利益,此亦为难免之事实。想到日本文化之接触事情,结果使东西文化得以融合,对于世界之进步及幸福有极大之贡献。

四

其次对日美经济提携谨述余所见,兹先就贸易关系言之:在欧洲大战后,我国之国外贸易非常发展,昭和四年之贸易总额,达四十三亿圆以上;其后因有世界不景气之关系,乃有显著减少,然而去年入口有再增加之倾向。日美间之贸易,大体约占我国外贸易总额三分之一以上。美国为我国之最大雇主,我国输出品中以生丝为最重要,每年自我国输出国外之货物中,以生丝为最多,而此项生丝,有九成是输入美国。复自他方面观之,英国本部及加拿大均为我国次等大主顾。美国输入我国之主要物品为棉花,输入我国者其总额约有四分之一。若以日美间之重要商品生丝及棉花合计之,约达日美贸易总额三分之二,此二项物品彼此得免税输入,此应加以特别注意之一点。至所余三分之一,为人所担心竞争之商品,只占日美贸易总额一成以内。现在全世界焦急于经济复兴,彼此设立无益之障壁,防害自由贸易,无意间世界血液循环为之停滞,致引起一般荣养不足之状态;然而只有日美两国得有此幸福之经济关系,实信为天佑之功。美国目下为使经济复兴起见,在各方面俱实行大规模之统治经济,我国应视其趋势之转移,而予以适当之对策。

生丝棉花为日美间之主要贸易品,兹述其对我国经济界之重要性:我国农民以养蚕为一重要事业,今更扩张于各地。美国生丝之需要情形,尤其是价值之涨跌,对于我国农村命运直接有重大之影响。在农村救济声浪极高之今日,特别是蚕丝问题对美国之关系,为吾人必须加以思索者。近年以来,我国棉丝纺织业实有惊人之发展,制造品也有压倒世界市场之势,所需原料一半以上仰给美国,其次印度及中国之棉亦为维持我国优越纺织业之要源,是以吾人对美之关系不能不有一深切之印象。今复将中国市场加以观察,最近美国对中国之输出有显著之增进,幸而日美两国对于中国之贸易,有竞争事实。由地理上及其他关系上察之,由我国商人经手卖与中国之美货,其额数当很可观。其次对"满洲国"之经济实力,使如本国之发展,此举在直接及间接上,必然可使美国货物之销路扩充,即在事实上,已显出此种倾向。再就投资方面观之:近来我国在美之国债市场上所募集之资金,其总额已达四亿七千万元以上,此外美国对于电气公司、公司债各种企业,股票市场之参与,及在日本内地所设之美国公司等之投资,合计之,美资之流入我国者,概有十亿圆之数。将来世界繁荣恢复以后,在募债可能情形之下,美国资金定有再增加之可能。

五

依以上所举事实观之,可见日美间之经济关系如何密切,对于我国经济实力消长所及之影响如何重大。美国前大总统罗斯福预言,谓太平洋时代未知何时到来,时在今日尚未能加以测视。日美两国政府向来置重于太平洋通商,此事可在二十六年前,即明治四十一年有名之陆德高平协定第一条中见之:"日美两国政府,希望能奖励两国在太平洋之商业,得自由安稳之发达。"

此语足以表明事实,诚然认为有贤名昭昭之指导精神。又明治初年,驻在我国之美国公使卞加木氏对美国政府报告中云:"日本顺依天命,不使东亚对美国及西欧各国之通商为之封锁。"此语诚明而至当。我国利用所谓封锁东亚之天然地位,保持对美国之经济提携,共图伸张国力,而有所觉悟,更进而努力于太平洋全部之发展。

日美两国在文化及经济之密切关系上,已略述其大要。近年以来,造成日美关系之不幸,如前所述者诚为明显而有趣之事;一部分极端悲观论者,甚至说日美两国将以干戈相见,此种传说之感想并非无有,此或因缺乏任何实际观察所致;实在日美两国间,并无此种可忧虑事态之存在。就此时两国国民应以冷静态度,彼此顾念实际上之密切关系,以理性而制感情,将八十年来亲密之交谊,互相努力作更进一步觉悟,如此余信两国国交之前途,正是不可限量。最后我愿再进一语,以此作此篇之结束:

"日美两国对任何事件,先须用坦白之精神,以图增进彼此之亲善关系。"

(《南大半月刊》1934 年第 10 期,1—5 页)

蔡维藩:"九一八"后中日美俄之远东政策

一、美国

自"九一八"以来,美国之远东政策,最坦白而直率;质言之,斯蒂生之"不承认主义"是也。此后一再申述,亦不出此范围。何则?盖不如此,再进一步,不免引起战祸;在未准备作战以前,美国政府折冲樽俎,亦惟有声明贯彻其"不承认主义"而已。

美虽号称黄金国,对于战争总是力求避免,盖以欧战之恶果,已足使之惩羹吹齑也。几年以来,经济恐慌,普遍全国,共和党因此而失落其再握政权之机会,全国人民因此而深受失业之痛苦;罗斯福就任总统以来,苦思焦虑,若货币政策也、复兴运动也,皆是昭苏欧战之疮痍也;盖近代战争,战败者丧师赔款,苦不堪言,战胜者亦每斫消元气,恢复不易;他国或未必作如是观,然在美国忧患之余,痛定思痛,确不愿轻率投入战争也。

数十年来,日美冲突谣传已非一次,譬如在欧战期中,日本大有钳制美国参战之危险,结果,美国让步,权以"兰辛石井宣言"缓和一时。时至今日,国际情势,更较复杂,国内经济,又不安定;美国对日岂能不格外慎重耶？去年美国承认苏俄，即是着手与俄提携暂维远东和平；随即宣布撤退太平洋舰队，是即给予日本外交当局活动余地，俾便寻觅和平途径；月前日美互致交换书简一事，益之证明美国之倾心于维持日美间之和平为何如矣。本月十七日，日本外务省舌人非正式宣言，于明示其企图独占中国全部利益中，虽有攻击美方之词句，美政府依然紧守沉默，而一部分人则对此宣言，犹虑日美互致交换书简所造成之若干成绩将有破坏之虞；其所事如是者，美国迄今仍不忘其稳定日美间和平关系之企图也。待至英政府照会日本注意九国公约，美政府仍然沉默不言，是其于未准备再进一步以前，不愿多所表示也；与其追随英国徒托之言而反有碍日美情感，不如保持旧有立场，暂观国际情势之推移。就目下国际状况测之，如果美政府将有所表示，要亦不外乎参与列强共申九国公约之要义而已，总之如日本对美不为已甚，美国决不至对日轻启战端；况美为民主国家，又处于经济问题严重之今日，事实上，作战政策，至难确定（倘若日本军阀不顾一切，突击美国，当别论）。

二、俄国

当苏俄倡导世界革命之际，列强莫不以洪水猛兽视之；但自改行新经济政策与五年计划以来，苏俄对外之态度与政策大为转变，诸如所谓"社会主义可以行于一个国家"，"社会主义与资本主义在相当时期内可以并行，而二种制度不同的国家可以合作"，"目前苏联所最需要者是和平"等等口号，均由苏联当局屡次告诸世界，同时苏联政府更以订立互不侵犯条约来做事实证明。因此一般国家从前视苏俄为洪水猛兽者，今则视之为爱好和平之侣伴。因之，在经济上极愿与之合作，在外交上也须与之提携；而苏联之国际地位由是抬高，其经济建设亦就由是迈近。收效如此，苏联当然不愿改弦更张，无他，"和平"诚为其经济建设途中之一大需要。"九一八"事件发生，中国大受损失，苏俄亦感痛苦，若在欧战以前，俄日战争必发动；今则不然，盖因共产政府代表人民幸福而非王室尊荣,其在今日之目的在国内建设,而不在国外侵略。所以"九一八"以来,俄方总是避免对日之战争,而其手段则不暇择,甚至在极端隐忍中,依然次第与日签订渔业协定、石油协定,他若提议缔结互不侵犯条约之进行,出卖中东路问题之磋商,皆是避免战争之手段也。若日本稍自敛迹,将计就计——交涉完成,俄国之远东边境得能保持国际之安局面,苏联政府未尝不可以与伪国发生种种正常之国际关系。今则不然,中俄与美俄先后复交,国际情势为之一变,苏联固不愿首先发动战争,但日本又不愿明白示弱于人,于是数年来似紧非紧的外交关系系于两国之间。总之,时至今日,苏联亦只有本诸"尺寸之土不让予人"的自卫政策,一方面与日周旋,一方面自身准备,在其准备未充分以前,依然得利用中东路一类之问题以为缓冲;盖以各方面准备充分而又达到忍无可忍之境地,日本再来挑衅,战争当不可免;但不过苏联果真准备充分,日本是否仍旧对之如此横蛮,殊不敢必也。

三、日本

"九一八"事件后,日本在外交常轨上得不着出路,于是毅然退出国联,希图对中国佯言亲善,对美俄力求和缓,以期得以保持其既得之胜利。殊不知此类抄袭普法战争之俾士麦政策,即在日本亦有难过之处。所以日本退出国联以后,虽有和缓美国反日情绪之企图,确又不肯低首下心求其谅解;另一方面,虽有解除日俄冲突之欲望,但又处心积虑对俄奢求无厌。及至美俄复交,法俄接近,日本之别求出路的外交政策,殆将绝望,外交既难有出路,军人之气焰势必益更横张。然如认日本此后必以战争应付各国,是未免视日本当局之头脑过于简单;如认日本今后侧重外交,亦不免视日本当局之眼光过于远大。按实际论之,日本当局目下重军事抑重外交固难揣测,但是二者并用确可断言;至于如何对华对美对俄,其手段则又不同。概括言之,对华不外口头上倡导亲善,实际上步步侵略。我国如受其诱,日本即采用合作方式实行其经济侵略;不然,则出诸军事行动,再求城下之盟。一旦美俄或他国逼之过甚,日本自会由"蚕食"中国一变而为"鲸吞"中国之政策,即为军事策略起见,亦必如此做去。设中国改变方式期与他国合作,日本必断然的加以干涉,一方面是断绝中国求援之望,一方面是阻止他国插入中日之间,四月十七日之声言,即此意也。至于对美,日本当然另眼看待,美俄复交足以威胁日本,而美日直接冲突之可能性又较日俄为小。是故在美俄二国合作还未深入以前,必是无法从中隔离,前之日美互致交换书简,尚属其对美政策之初步成就;将来如何对美虽不可测,然若日本处心促成美日战祸则未必也。至若四月十七日,日外务省之非正式宣言虽有针对美国之意,设亦不外乎应用亦紧亦张之手段也;将来向美求得若干谅解,日政府又可乘机再作进一步之交换企图。总之,日本对美之手段,如何应用,恒以英美是否合作,俄美是否亲交为其准则;而美政府之稳健政策,其人民之厌战心理,亦久为日本当局所深知者也,今以亦紧亦张之手段待之,盖信其必收效果也。对俄则是军事为外交并用,不过在东北四省之军事准备未充分完成以前,日本还须沿用其"挑战""抗议""道歉""会商"一类之手段;一方面是在外(交)上试探出路,一方面是在军事上步步准备,另一方面是在隔离美俄手段上加以努力,自今以后,日本在此三方面努力经过相当时间,始能决定对俄之最后方案。总之,日本对付中美俄三国,当然是采用各个击破的政策,而其军事与外交的应用,又是各有其先后缓急之步骤也。

四、中国

自"九一八"以来,我国对日着着失败;然概括言之,其原因不外政治不统一,科学不进步,人民意志涣散,经济力量薄弱,因之中央政府不能树立确定之政策,地方当局亦难有统一行动,数年中只是在纷乱幻想中虚度过去,时至今日,环视国联力量已入穷途,而远东大战又未必造福中国,于是乎举国上下扑朔迷离莫知所措,政府当局难于中日关系上,时时在忧郁烦闷中,究竟如何应付?仍是无决心无办法。近二年来,凡是涉及中日问题之处,当轴者总是含糊其词者,无决心无办法之所致也。长此下去,大祸之来,真不伊于胡底。要知对日政策,在"九一八"以前,固难确定,盖因处于打倒"一切帝国主义"口号之下,其势不能确定何种切乎实际之外交政策也;今则不然,举凡自身力量国际大势,无一不赤裸裸的表露出来;当局如有决心且有勇气,则其必然的外交政策,要亦不外乎最低限度之自卫而已;此而不能,夫复何言。自卫之道,经纬万端,政府当局若能就力之所能者,严密计划,按诸平易通达之处,躬行实践,总较无决心无办法之为善也。

　　然于自卫之道未决以前,政府当局应先注意者,厥有数端:一曰,对内速谋统一。外交出路方策,无论如何研究,其归结处全在于自身之种种问题;然其中尤以政治不统一为最严重。举凡经济建设之迟缓,科学进步之迟顿,政治之不改良,军力之无法充实,处处都是受有政治不统一之恶影响;诸如有边无防,有官无责,无不是政治不统一之局造成;即如日人横施挑拨伎俩,妄造谣言,亦莫不是政治不统一所给予之机会。故凡百设施,在在均须先求政治统一,政治能统一,直接的可以加厚自卫力量,间接的亦可有补于外交出路的寻求。二曰,全力复兴农村。中国既为农业国家,其国力自全系于农村人民生活上;农村兴旺国乃可强,反之国必危,此极明显之理也。普法战争后,法国朝野上下之一致努力者,是在于如何改善农民生活,如何增进农业生产;数年中,政府的政策是如此,国会的议案也是如此,而层层的立法,又多半是提高农民地位许予参政,使其得与政策共同努力于全国元气之恢复与实力之培养。夫然后方可以于十年之内,稳固政治基础,四十年后复仇雪耻。反观今日之中国,论工业进步,实不如当年之法国;论国难,则尤甚焉。今日政府当局既每以战后法国之危难,训示人民,则何以不从积极的切实的建设农村救济农民效法法国做起?与其动以千万金辉煌城市,何若减除苛捐杂税保养农村?与其添设骈枝机关收养闲员,何若留此财力改良农业增进农业?要知一般不能下乡一步的市民,实无须乎加以姑息;空闲社会中的三五城市,也无须乎故作辉煌。此种错误,若不及早改正,三五城市,徒博少数游人之赞许,而千万分之几的市民,多为贫民之剥削分子;充其量,城市与市民不过是向人输财之总汇,与夫外货之销售者。试问农民如何生活?国力如何培养?故吾曰,救国保民,须自全力复兴农村始。三曰,对日审慎而不惧。日本对我,外交与军事双管齐下,如得应用外交手腕,政府当局应即直率而坦白的表示自身最后之立场;于所要求如为条约许可,应予允诺,否则立加拒绝;即如对方提及"伪国"字样,无论公私接触,亦应立时中止,是所以断绝其诱惑或威吓之妄念也。如果出诸军事行动,中央与地方当局应即随时地抵抗,胜负虽难计及,然总须使其不劳而获之企图,终难得逞。反之,一味敷衍畏缩,更易以促祸之速来也。四曰,对列强勿存奢望。国际结合,古今皆有;结合而无条件,则为古今所无。我国处于今日,苟求结合,其所恃者究如何?无所恃而强以求之,则惟有丧权辱国。请观最近极寻之棉麦借款一事,尚且误入歧途,遑论其他,况列强各有切身利害,虽欲强而求之,亦不可能。四月十七日,日外务省宣言以后,有求于人,更属忧乎其难。既如此,若就有应我求者,则必有其自身之绝大利益在焉;然其将有损于我者不问可知矣。今日政府当局果能善为国谋,理应埋头求己,一俟己力充实能以自卫,任何方向都有出路;不然,空言求人,小则招讥,大则致祸。普法战后,法政府曾有一度安于孤立地位之政策,盖有故也。五曰,切实解决外交悬案。中日外交实已走入绝路,东北外交无从着手,即近如远东问题,亦复不易应付。然对其他国家之种种外交案件,并非不可决者。诸如班洪西藏新疆及各租借地等等有关问题,均应赶速选派负责人员,切实调查,迅速解决。盖因处于今日,纵不能求人助我,然亦不应促其仇;如能早决悬案,当可消弭隐患;不然坐待事态转变,将来小事化大,他国对我情感有所损伤,而日本又可乘间挑拨;万一各国皆非我友,岂不危之又危?即退一步言之,仅求目前通常国际机系,减少障碍,此类外交悬案,亦应一一解决,假使一旦问题发生,即全对日的视线,亦恐有难以集中之苦,更何暇以论何国助我何国仇我哉?

　　总之,时至今日,惟有自助,自助无术,求人何益。与其侈言外交出路,何若埋头修明内政,内政能修明,外交方有出路;反之,要不免有再度丧权辱国之虞也。政府当局如有卫国之能,理应确立自卫之道,告诸天下,躬行实践。自今以后,中央政府能否见谅于国人取信于列强,在在全系于此。要而言之,国难当前,政府寿命事小,国家存亡事大,东隅虽失,桑榆未晚,在位诸公,其急图之。

一九三四,四,卅。

(《南大半月刊》1934 年第 12 期,1—5 页)

傅恩龄：日英美主力舰与主炮之过去现在及将来

一、过去——显著之变迁

昔于明治三十八年，即西历一九〇五年，日本海海战之际，当时装有世界屈指可数的巨炮之大舰，如三笠、朝日及敷岛等，建树丰功伟业以来，世界列强之大舰巨炮主义，进展益见迅速，由于三笠之十二英寸炮四门，及一万五千吨，较之巨大者遂逐渐为人所建造，英国于是乃造十二英寸炮十门，及一万七千九百吨之持莱特欧号，自此始有所谓超弩级战舰型，主炮更成十三英寸半，或十四英寸，吨数亦大增，而产生超弩级战舰，至欧战之后，在于日英美之三大海军国，乃至于建造备有十五英寸或十六英寸之主炮，吨数亦自二万五千吨，至于三万五千吨之主力舰矣。而且各国建造较其再大之战舰，似已颇难担负，以此作为一大原因，遂有华盛顿条约之缔结，除英国所仅有一双十五英寸，四万两千吨的福特号不计外，巨舰主义乃至于限制不得超过十六英寸及三万五千吨矣。

二、现在——伟力大同小异

现在备有十六英寸之主炮，在于华盛顿条约限制之内，三万吨以上，具有最大威力之主力舰,计日本有二艘,于华盛顿及伦敦两条缔结时各国之主张,及现在各国之海军政策,则日英美皆未舍弃,按照其名称之原义,仍以主力舰而为海军兵力之主力的大炮巨舰主义,依据下列以战舰种类分别效果之价值判断,则依然将主力舰予以尊重。

	战舰	航空母舰	八英寸巡洋舰	驱逐舰	潜水舰
基于条约舰龄每一年一吨造舰	五五	八〇	八一	一七六	二七四
防御力之比例	一〇	五·七	二·五	〇·七六	〇·四三
攻击力	五八	一八	三五	四七	一〇
对于攻击力一之造舰费	二〇	八七	四八	五九	三五八
航行继续距离之比数	一〇	七·五	六	三	五.五
一吨一年之行动费 (人件费包括在内)	六四	八二	一〇二	一九〇	一五五
上述诸要素之综合价值	一〇〇	五六	五四	三七	二四

此表当然仅属于形式的,是以具有支持一定海军力,不满千吨之潜水舰,不能断定其不能击沉三万五千吨之主力舰,是不过战舰种类普通的价值之一种标准而已。英美海军之中,既有主张德国所造一万吨,十一英寸炮六门之小型强力所谓德国级之袖珍战舰,颇合舰队主力之用者,亦有航空兵器之伟力,主力舰不敢撄其锋芒之说,是皆仅视一面,不足作为海军应即考虑之处。英国及日本亦有两只,美国则有三只。其性能若大公无私而比较之,则皆系各国集现代科学之精华而建造者,当可视为大同小异,又于事实上似亦属于大同小异,但如以数字比较而观之,吨数则自三万一千五百吨至三万三千五百吨之大同小异;主炮则日美皆有十六英寸者八门,而英国则有九门;速力则英日为二十三节,美为二十一节,此项公称速力倘系事实,则美国之主力舰,在速力上可谓具有稍劣之处;装甲则日为十二英寸至十三英寸,据称英为十四英寸,美则十三或十五英寸,大体亦似属相同。其次再就战舰之种类而言之,则自弩级战舰时代以来,业已产生在攻击力及防御力劣于战舰,而于速力则颇优越

之巡洋战舰,但由于现代科学之发达,战舰即于原有重大攻击力及防御力之外,似乎亦可增加速力,其他一方面巡洋战舰之攻击力及防御力,亦不能将其过于缩小之结果,虽于华盛顿条约,战舰与巡洋舰总括而规定之为主力舰,亦有未合之处。盖日美皆至于呼巡洋舰为战舰,英国之福特、莱那恩及莱伯路斯等三舰则称之为巡洋战舰,事实上之区别业已不复存在矣。

三、将来——大炮巨舰之尊重

然而今后主力舰之价值,果将如何耶? 此点若征之,在于将至之裁军会议,皆有拟将主力舰缩小至于二万五千吨及十二英寸至十四英寸炮之意,协定若可成立,则以经费低减,岂非即可略予建造小型者,但尊重主力舰之态度,则日英美皆无所变也。

四、附录

(一) 伦敦条约海军之限制

(虚线为现存之总吨数,法意协定未经成立故无限制)

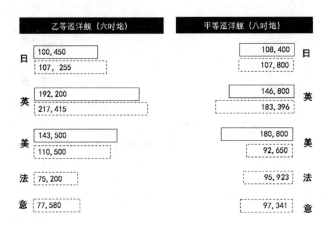

195

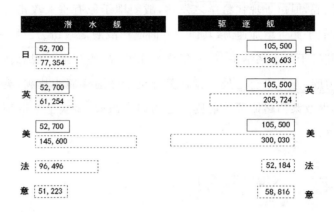

(二) 华盛顿条约海军之限制

虚线为现存之总吨数（未成舰亦包括在内）

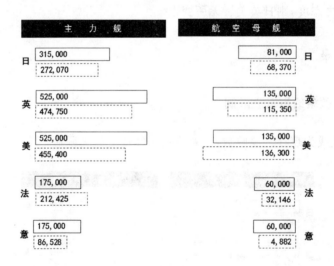

（《南大半月刊》1934 年第 16 期，1—4 页）

《南大半月刊》时评：日德密约果将实现乎（作周）

近几日来，日德密约之风传甚盛。法国哈瓦斯通讯社前在巴黎各报，曾屡次登载此项消息，惟因其电文简单，无从考究，兹据最近大阪每日新闻巴黎专电所揭之日德密约内容，录之如下：

一、德国承认日本在贝加尔湖以东西伯利亚一带之特殊利益；

二、日本承认德国在乌克兰一带之殖民地计划；

三、两国规定在政治上军事上互相援助；

四、该约期限为五年。

又据《大公报》十月二十三日伦敦路透电载有《每日先锋报》（工党报）惊人之消息，谓日德两国近签订秘密贸易协定，德国允年购大豆一百万吨，日本将向德国购买炸药、机关枪、飞机引擎及化学品等物。德并允于一九三五年遣派飞行家与工程师五百人至日。

关于日德密约之协定，自日德两国相继退出国际联盟后，时有传闻，惟此项传闻，是否属实，至今尚无从断定。兹就各方面观察，实有其可能性在。吾人愿根据两国目前所处之国际地位以及共同之利害关系加以研究。

日本自侵占我东北后，在国际间之地位，早已陷于孤立状态，自不待言。德国自希特勒秉政后，崇尚武力，成立独裁，退出国联，地位孤立与日本同。加之,希氏对于军备平等之坚持,以及对东欧保安公约之拒绝,因而造成法意之携手,俄法之交欢,苏联之入盟,其地位更陷于四面楚歌之状态中。

自地理上观之,日本远在太平洋,而德国位在中欧,两国东西远隔,缓急难助,似无接近之可能,惟日德领土均与苏俄相接连,日本欲贯彻其大陆政策,势不能不驱除苏俄之东方势力;德国欲扩张其国外殖民地,又不能不向外发展。故在密约中德国承认日本在贝加尔湖以东西伯利亚一带之特殊利益,而日本承认德国在乌克兰一带之殖民地计划,此皆有所用意也。

总之,两国之国际关系,同病相怜,自易勾结,利益所系,势必接近。故近来日德密约之传闻,非为无因也。惟吾人所虑者,为远东之害虫,德国为中欧之毒蛇,二者勾结,世界和平之前途不堪设想。(作周)

(《南大半月刊》1934年第16期,1—2页)

勋：英日续盟之回顾与前瞻

英日同盟之过去史迹

一、第一次英日同盟与国际政治关系

英日同盟在过去的史实上，是有三次的续盟。这三次盟约共有二十年的长期。日本在东亚的地位与国势，可以说都是这个盟约的赐给。

第一次英日同盟，是在一九〇二年（明治三十五年）一月三十日。英日所以要订盟的原因，可以分英日两方面来阐述。在日本这一方：自从甲午战胜了中国以后，志满意骄。不期隔了不久，便有俄法德的强迫交还辽东半岛的事件发生。这块土地已是日本既得的利益，而他们硬要限期归还；当时的日本朝野实有不惜一战的决心，但是终就因为实力恐怕不及，一战胜华已是出乎意料之外，若再轻同俄人开衅，结果的损失恐怕还不只辽东半岛这一地，所以隐忍地承诺了。但是内心的嫉恶是与时俱增。所以英日同盟的话，日本当然乐于接受。至于英国呢？在当时早已看到俄国的国势日盛，第一是进出波斯忽略英国的势力。第二是南下的雄心，不只英国在华的利益危险，竟有进窥西藏的野心。但是英本国远

在西欧,所以在远交政策上,才竭力拉进日本作同盟。

在这次盟约里:

"两缔约国以相互承认中韩两国之独立,声明该两国无论何方,不为全然的侵略的趋势所牵制。但两缔约国之利益,即英国以对于中国之利益为主,日本对于中国之利益及韩国政治上商工业上之特殊利益,若因他国侵略行为,至缔盟之利益受侵害,或因中韩两国自起骚扰,致缔盟国之利益及缔盟国臣民之生命财产受侵害,两缔盟国为拥护该利益起见,各得执行必要之手段。"

"两缔约国若一方因防护利益,与乙国交战时。他一方之缔盟国须严守中立,并努力妨碍第三国加入乙国与同盟国交战。"

因为英日有了同盟的缔结,国际间的政局就大起了变化。由这次盟约的束缚,所以使日本可以大胆的同俄一战,偏的又是一战而胜,所以向日俄国在华东三省的利益,完全驱出而朝鲜的独立竟以盟约条文明白规定,英国是承认的。这次结果对于英国又怎样? 那无疑地也自是心满意足。他那预计的抗俄的志愿,已经达到。可以放心了中国市场,可以放心了西藏和波斯的利益。但是若来作一比较,那仍算是日本得利较大。假设没有英日同盟的关系,法国定可加入助俄。日本战胜的希望,可以说没有,还谈到其他更大的权利么?

二、第二次英日同盟与国际政治关系

第二次英日续盟,是在一九〇五年(明治三十八年)八月十二日。在第一次的英日盟约继续了三年,日本已收利较大,当然不能把这有利的条约取消,而努力于第二次续定,但是英国又为什么也表不同意呢? 那就是西欧的此刻,新兴了德国的势力,这势力实有凌人的气概,所在强国都拭目以视他的举动,尤以三B政策线的划定,英国在印度的利益,大起恐慌,同时自己又得专力应付欧洲的变局,所以正好在东亚以联盟这另一个新兴势力,以与德相抗衡。

在这次盟约里：

"两缔约国(甲)确保东亚及印度地域全局之和平。(乙)确保中国之独立与领土之保全,及列国工商业机会均等主义,以维持列国之公共利益。(丙)保全东亚及印度地域两缔约国之领土权,并保让该地域两缔约国之特殊权利。"

"两缔约国之一方,非自挑拨而受一国或数国之攻击与侵略行动,该缔约国为防护上文记述之领土权与特殊利益,至于交战之时,他一方之缔盟国直与援助为协同战斗媾和亦双方同意为之。"

这次同盟的结果,在盟约上已可看出加强了同盟关系,直可谓为攻守同盟,至于两国利益方面:英国落得一个维持印度和远东势力的声援,而日本则进行吞并了朝鲜,强迫俄国承认了朴茨茅斯和约中的规定,以便日俄合力侵华之机,尤以美国南满铁道中立计划的失败,收功于此盟者不少,因为美国看到了日本的国势日强,而又承继了俄国在东三省的利益,所以在一九○九年美国国务卿洛克斯提议南满铁道中立计划,终以英日同盟的关系,英国不置一辞,他国也相望莫言,致使日本从容作大,遂有今日。

三、第三次英日同盟与国际政治关系

到了第二次英日同盟,续盟的结果,英国才觉得英日同盟无异英国以全力来支持日本,使日本渐渐强大起来,尤其是日美关系的恶化,假使一旦日美发生了战事,则英国以盟约的束缚有加入助日抗美的必然,但是这一件事实,是英国所最不愿的事。所以宁可对日淡漠些而求减去了盟约的束缚,因此一九一一年(明治四十四年)七月十三日才有第二次盟约的改订,即所谓第三次英日同盟。

在这次的盟约里：

"缔约国之一方与第三国结总括的仲裁裁判条约时,限于该仲裁裁判条约有效期间,前记缔盟国不负与该第三国交战之义务。"

在盟约里既然加入了这一条,那么果真日美一旦发生战事,英国可以不加入助日，因为英美两国已有仲裁裁判条约的订定，这一来在日本大失所望，以为当年可以胜俄的骄气，也可胜美，现在不敢了。就是一九○七年，美国在太平洋岸排斥日本移民的宿仇积恨，也没得伸长。不过日本也得到一些利益，那就是大战期间日本以英日同盟的盟约，作加入协约国作战。而趁着中国之危，有侵略山东的行为，得有继德利益的权利。

四、华府会议与英日同盟的取消

大战结束了。俄德的国势一蹶之后，势难再起。只有在远东受英日同盟而得实惠的日本，气焰逼人，因于日美关系的恶化，英领地的阻抑，英国已存有这盟约必废的决心。到一九二○年七月十二日英日盟约满期以前，日本以皇太子去伦敦再求续订。英国这一次并不是看着国际厉害，而只以日本旧盟的友谊，允以一年为续。到了翌年的十一年华盛顿会议召集了，英国这时便藉着一个英美法日四国协定，取消了英日同盟。

从此以后，英日两国分道扬鞭。起初还碍着一些情面，后来便大异其趣了，以至于正面的冲突起来。现在的日本外交竟有联美排英政策的口号。假设英人想到从前一味的提挈日本，而今反召其害，当亦不胜其悔。

现阶段日英关系之对立

一、商业市场之角逐

英国立国间注意于商业，故世界商业市场，英国莫有不想以政治军事外交的手段，据为己有。惟有大战以后，世界情势大异，在任何市场上均可以看到昔日同盟的日货充斥其间。其他各国或以异类商品同销于一市场，而日本则以同样的棉纺织品与英作正峙的竞争，这所谓冲突和角逐，当所不免，如在一九二九年英国的棉布总输出是三十六亿

七千二百万平方码,到了一九三二年竟落到二十一亿九千八百万平方
码,而反观日本则在昭和四年(一九二九年)棉布输出为十七亿九千一
百万平方码,到了昭和七年(一九三二年)增加至二十亿三千二百万
平方码,在这里日本三年之间增加百分之二十,而英国竟减少了百分
之三十多,可见日本棉业的猛进,实使英人莫及,即便英人也想同他
一样的实行合理化增加效率,但是资低廉一项,英人无论如何敌他
不过。

表一　日英两国棉布输出总额(单位百万码)及增减百分数

年次	日本布	增减	英国布	增减
一九一三	六八六	一〇〇	八,一三六	一〇〇
一九三〇	一,五七二	增一二九	二,八六四	减七九
一九三一	一,四一四	减一〇	二,〇五八	减二八
一九三二	二,〇三二	增四四	二,六四八	增二九
一九三三	二,〇九〇	增三	二,四六〇	减七

在表一上所指,以英国棉纺业先进的国家,而在英日的竞争上,
英国渐被压倒。就以输出的年年减少,已很够英国工业怀着莫大的
忧虑。其中在一九三二年下季同一九三三年上季,虽然因为停止金
本位,而使镑价下落;并且力行集团经济,而在棉布的输出上稍有起
色,但不久又呈下降的趋力。假设这种竞争在第三国的市场上角逐,
还有可说。即是在英国的属地上或自治领土,亦有日本的棉货在竞
争。这足使英国气愤填胸的主因,如一九三〇年日本棉织物输出到
印度、加拿大、澳洲等地在六亿六千六百万方码,而到了一九三二年
则增至九亿平方码。至于英国则由十一亿一千二百万方码,降到十
亿五百万平方码。

表二　日英棉业在英属地及自治领地之角逐（单位百万平方码）

输出地	一九三一年		一九三二年		一九三三年	
	日本	英国	日本	英国	日本	英国
香港	六三	五一	二三	五三	二九	五三
印度	四〇四	四〇九	六四五	六三八	四五二	五一二
海峡殖民地	四一	二三	八二	四五	九六	四五
锡兰	三〇	一八	三〇	一八	三〇	一八
亚丁	三二		六一		六一	
加拿大		三四		三四		三四
澳洲	二〇	一八三	三五	二五一	五五	一五二
新西兰			一		三	九八
南非联邦	三九		三六		二六	八八
东非	五二	九三	七六	九七	七六	九
西非	三〇	一四四	五二	二七六	五二	一八〇
合计	七二	九五五	一,〇四一	一·四一二	八八〇	一·一八九
两国总输出	一·四一四	二·〇五八	二·〇三二	二·六四八	二·〇九〇	二·四六〇

在表二上可以看到英日两国角逐的情形，但是这些地带自有英人的特权，所以渥太华会议以后，在英领地普遍的增税和严拒日货倾销的情形下，日货也曾大招挫败。所以表二所指一九三三年同一九三二年的日货相比，显然的受了互惠条约的失效和关税障垒的影响不少。但是在第三国的市场上，英日即可自由角逐了。不过自以往的成绩看来，英国颇处弱势。今后日本既受了英领地的驱逐和限制，只好取偿于别国市场上了。纵然英国的威力有加，也只是莫可如何。这种嫉恶只好在别的事体上再作发泄吧！如表三所示的数字，日本蒸蒸日上，而英国却相对的减少了。

表三　日英棉业在第三国市场上之角逐（单位百万码）

输入国	输出国	一九三二年	一九三○年	一九二八年
埃及	日本	一九五	一○九	七七
	英国	八一	一一七	一二八
非洲除埃及	英国	一一○	九五	一四二
欧洲除巴尔干	英国	二一一	二七二	三七六
日本	英国	四	七	一一
中国	日本	二九一	四八一	五八五
	英国	七二	四一	一五三
荷领印度	日本	三五二	一八二	一七二
	英国	四三	七○	一四三
菲列宾	日本	二一	三五	三○
	英国	五	六	一二
暹罗	日本	二四	一六	三○
	英国	九	一○	二三
阿拉伯	日本	六二	四八	一二
波斯	英国	五八	四三	六七
土耳其	日本	四一	二○	一五
	英国	二五	二九	五五
北美	日本	一		一
	英国	一○	一九	三八
南美	日本	二七	二三	一六
	英国	二二二	二七二	三七六
巴尔干	日本	四二	三	四
	英国	三八	五二	六二
其他	日本	一九	一○	一○
	英国	八○	九一	一一○
总计	日本	一,○八○	九三二	九三三
	英国	九七五	一,一三二	一,七○二

二、海军军备之竞争

英国的属地遍布于世界各地,并且因为早年英国便以商业称雄,因此在海军的军备方面,英国自是世界上唯一的巨指,这当然一方可以保护散在各地的通商的侨民;一则也是感于三万两千八百三十五哩的海岸线若不是有了强大的海军,定有呼应不灵的危险。但是在近年以来,海军独霸世界的荣誉已与美国平分了。但是英国所以要有这大的海军,除了国防而外,他暂时不会有侵略别人的野心,可是同他相伯仲的日本,时时怀着打破从前海会所给的五五三比率,假设在远东有一个同英国海军军备平等的国家,那英国东亚的属领和利益自有危险的可能。所以只有在现有的比率限制内,徒速的增加到最高限数,再一方加紧建筑海军根据地,以谋一旦有事的对策,如新加坡军港的完成,在澳洲一方面,自从日本人在小笠原群岛上建立的防预工事进行后,更使英人感到莫大的威胁。所以澳大利亚的纽喀斯、委西尼、额尔巴里的海岸炮径加大;又在墨耳钵、塔斯马尼亚的炮台改造。这都表示着英日两国的海军上的竞争和对峙的尖锐化。

三、日本对英领地的移民问题

日本国以国境所限,所以极端鼓励移民到别地去谋生。自从这种政策实施以后,除了大部分的日人来华以外,自也有到英领的加拿大新西兰和澳大利亚一带的地方去,渐渐的感到地势的适宜和生活的容易,所以以后的日人便亟力的移殖。尤其是海军军人所标榜的太平洋独霸政策,和南进政策的目的必及地点——"澳大利亚",更是日本垂涎已久的地域。而在英领各地除一方促其祖国的注意,一方则增订移民法以限制日人的南侵,或移殖。如加拿大一九〇七年成立了一个米绅士协定,以限制日人入境,最初的一年间限定在四百人,但是渐渐的减少,以到这个半数的移入为主。而澳大利亚则公布短期居住的移民法,也就无异于拒绝日人的入境。差不多的在全澳排日的结果,使日人不能不深嫉到英人的"排他政策"的可怖。

四、英日在华利益的冲突

以英国一国在华的投资数目看,也有使他特别注意到中国安全的必要。外债投资的总额四亿六千四百万元,对于事业的投资有十九亿七千九百余万元,以如此大的投资,在中国内政不安的时候,已使英人怀着甚大的隐忧。乃自"九一八"以后,日本军人不顾一切的从事于军事侵略,以谋他个人的利益。所以,英国特别感到日人有独占中国的野心,而尽除其他一切各国在华的利益于不顾。虽然在现在日本尚未敢公然有损坏于列强在华的事业,但是间接的影响当所不免。即以东三省的一隅,英国的投资也有三千三百余万元之谱。此外华北同长江一带的英人投资较多,日人以现在军人的蛮横,在华的军事行动,时怀侵略的野心。英人感于己身的利益,也自得注意日本的行动;或是想有抑止日人气焰的对策,实是现形势下不能少的准备。

五、两国外交关系之互异

日本自从退出了国联以后,到处感到外交的孤立。而英国则不然,一方苏俄加入了国联,而法俄的关系加深。一方英美以海会的相互关系所在,更加上同种同文的友谊,当然两大之间既没有互仇的事迹,亦更不能做出反目的外交关系,而致两败俱伤。但是日美与日俄之间,便是积恶所在,决裂当在意中。英国处在现势外交环境下,自然愿作国联的亲信,以便法俄的交谊,因为英国有举足重轻的关系,扩大了英法俄的互助。另一方维持英美的常态的友谊,而协力谋明年海会的进展,所以英日两国在外交上,一个是孤立,一个是多方的互利,显然是各尽其趣。

结论

自从英国实业考察团到了东北以后,一时"英日续盟"的声浪加高起来，尤以受着侵略的我国，更感到重大的刺激。以为中国的命运，就许在这四个字里决定也未可知。

现在就已往英日同盟的历史，特别注意到原因和结果，那我们得着的结论是：英国为防俄防德而进行的同盟，所得利益除了一种东亚的声援而外，没有别的可以称述，日本则藉着这个同盟的声气，得到不少实利。而在现势下，正同着英国处于面面对立的地位。所以，英日同盟的话，说是一种东京的外交烟幕，不为无因。

不过国际间的外交运用，多主避重就轻倘有转圜之余地，谁也不肯多仇结怨于他国。况且在英日两国的中间，冲突最深，也就是关系最切。倘或日本能以经济上的诱饵以享英国，英国也未尝不可重走同盟的故径，就以在太平洋上的英国利益，纵让英本国国势如何的强盛，也不能不感到鞭长莫及之苦。并且现在的日本，也不是一个容易对付的一国，与其两伤反不如互相利益的较好。纵然在得利的方面有大小的不同，但究胜于不利，这种英人心理，在现在的海军预会上，可以看得最清，所以英日续盟，或同续盟相类的英日外交的亲善，在最近的将来，或亦有展开之可能？所以吾人正未可以英日经济利益之冲突而怀乐观也，若果这样，两大的同盟实现，对于世界的政局又当别论，在中国或作亡韩之续也未可知！

（《南大半月刊》1934 年第 18 期，1—6 页）

蔡维藩：一九三三年之日俄关系

"九一八"事变后，远东国际情势日趋复杂；其直接有关者，当为中日美俄四国。一九三三年度之日俄关系又适介乎中俄复交（一九三三年十二月）与美俄复交（一九三三年十一月）之间，际此一年前后，中美与俄先后复交，其影响于远东局面及日俄关系之处殊剧。故在此一年之内，日俄二国之国际关系，每因中俄及美俄之弛张离合，而显示其极端迂回曲折之姿态。爰就其间经过分述如次。

一、日俄互不侵犯条约之交涉

俄与邻邦缔结互不侵犯条约，久为其最明显之外交政策的一部；但因东省问题，其希望于俄日间的互不侵犯条约，尤为迫切。日本方面，对于此点，希望甚大，满拟趁此使俄就范，藉此获得绝大之外交胜利：（一）日本希望于缔结互不侵犯条约以前，解决日方所谓之一切日俄悬案，俄方如同意，日本即在日俄经济关系上也可获得不少实利；（二）介乎日俄之间的伪国，终未曾得着俄国承认，俄既欲缔结日俄互不侵犯条约，及日俄伪之亲善关系必先确立，如是，则日俄之互不侵犯条约，未始不可代之以日俄伪之互不侵犯条约，而俄国事实上承认伪国基础，就此也可确立。

本来俄国对于缔结日俄互不侵犯条约,其目的是在求得东方国境不受侵犯,对华对日不作偏袒,对中日问题更可置身事外,夫然后方可继续其国内经济建设。不图日本藉此问题节外生枝,故作要挟。日本既无诚意,俄国乃亦以不诚意报之;故虽明知缔约不成,新任俄使优列勒夫三月二十三日访晤内田外相时,仍作希望继续商订互不侵犯条约的表示。及至四月,日方屡促伪国捣乱中东路政;五月,俄国更洞悉日方阴谋。于是苏联政府乃用针对日人心理之出卖中东路的外交手段另图缓冲之计,而久久不决之互不侵犯条约的交涉,也就销声匿迹。

二、中东路问题

自"九一八"事变以来,中东路问题久为日俄关系之一大症结。一九三三年元月至五月,自南满铁路公司计划改变中东路轨宽度,伪国封锁满洲里与绥芬河之俄方税关,截断中东路与贝加尔铁路交通,日军枪击机车阻止货运,及向苏俄强索机车火车;其间日俄伪经过多次抗议与通牒,中东路问题益加复杂,两国关系因之日趋紧张。苏联有鉴于此,乃就当前之紧急问题,设计和缓日俄关系,于是遂有五月间苏联向日提出售路之意见;其理由不外:(一)中东路为日俄冲突之来源;(二)伪国成立,日本包办东省交通,致使东路失却其军事与经济的价值;(三)二年以来东路继续亏损,若再共同经营,亦不过是忍痛受害而已。根据上述三理由,苏联出卖中东路于日本,不独可以免去经济上的损失,亦且可以消灭日俄间的根本隐患;故虽日方提出"日本居间斡旋伪国收买东路"的提案,俄国仍是迁就;即有承认伪国之嫌,亦所不惜;盖因苏联当局认为交涉成功,俄日关系自可再返常态,否则,亦可和缓一时。试观售路问题提出后,日伪向俄索车限期虽满(五月十二日),日伪方面并无强烈动作,是为苏联外交收效之一大例证;而李维诺夫答复中国抗议,日本方面认为满意,其于确信苏联终将承认伪国一点,日人尤为兴高采烈,此为苏联外交收效之又一例证。至于日本方面,收买中东路,并非不愿;盖因收买成功,则此项交涉,终必造成苏联政府在实质上承认满洲国之结果;但不过此事竟由俄方提议,俄之诚意如何,是不可不加考虑。因此,日本当局之态度,是为:(一)收买中东路,不可急促,急促则不利;(二)价格若低廉,不妨收买;(三)伪国出面购买,日本居中斡旋,较为有利。日俄二国,既同抱有两可的态度,无怪乎售路交涉,尽是迂回曲折,时日迁延,结果入僵局而后已。

售路会议地点在东京。会议期定于六月二十五日开始(后改为二十六日)。俄代表为驻日大使优列尼欧夫,外交人民委员会远东部长柯兹洛夫斯基,及副理事长库慈化欧夫三人。日代表为内田、重光葵,与东乡茂德三人。伪代表为丁鉴修、丁士源、大桥忠一,及田成行等人。二十六日午后二时,售路会议正式开幕。兹将会议经过概况,略述如次:

首次会议(六月二十六日),俄日伪代表致词毕,日本仅留外务省与陆军省之二员旁听外,余均退席。于是俄伪代表遂入于第一次之会议。大体是讨论此后集议的方式与手段。

二次会议(六月二十八日),评价问题,开始发生争执;俄主依照建设价值为准,伪主依照现实价值评订。

三次会议(七月三日),双方交换关于中东路问题意见。俄方认为中东路目下财政状态,系含暂时性质,故其价格仍须按照建设价一一估计,其总数应为三亿五千万金卢布(约合日币二亿六千万元)。伪方则认中东路及其附带财产均已陈旧,而其他铁道完成,中东路价值更为减少,故其现有价值仅在六千五百万元左右,计以半数,则伪方应付之代价,亦不过三千二百五十万元(以日圆计算)。

四次会议(七月五日),俄代表突然声明俄国售路所出让者,是管理权而非所有权;并列举华府会议设置中东路共同委员会之宗旨,中俄奉俄两协定之内容,及内田之欢迎词,证明俄方所有权之存在。俟后伪方代表大桥丁士源等痛加辩驳,俄代表认为侮辱。双方争执多时,会议无结果。

五次会议(七月十四日),第四次会议因所有权的问题引起冲突后,双方均各有所声明;俄方谈条约,伪方重现状,两趋极端意见益难接近。末后俄代表通告伪代表继续开会,于是乃有七月十四日之第五次会议。会议结局,俄方售价减至二亿五千万元,伪方购价增至五千万圆;至于所有权问题,俄方不放弃,伪方亦不承认。会后俄代表鉴于双方订价太悬殊而观点又各异,乃由俄使私人出面邀请日政府外相与铁相力为斡旋,并告以俄方售价可以减至二亿元。二相婉言却之。

六次会议(八月四日),俄代表申述已告日方减低售价为二亿元,并盼伪方加以考虑。伪代表日人大桥答以俄方向日本声明,不重视"满洲国"地位,实属极大错误,"满洲国"不能接收;至于所出之五千万元,已属最高价格,故不能再有增价之考虑。末后,决议二项:(一) 俄伪两国代表推加兹洛夫基(即柯兹洛夫斯基——编者)及大桥二人,进行私人接洽,以求折冲办法;(二) 接洽结果,交付正式会议,未经认可,不得认为有效。

自第六次会议后,虽经几次私人折冲,双方意见,依然不能接近。及至九月初旬,伪国代表亦不愿继续交涉,俄国代表则故事延宕。不料,日方不能久待,一面唆使伪国逮捕俄员,一面指导匪人出扰路政;于是九月中旬,苏联政府遂向驻俄日使与东京分别提出严重抗议,明白指摘日方唆使伪国采取不法行动;并声明俄政府业已获得日方秘密文件,故日本对伪国不法行动,应负全责。苏俄态度如是强硬,二国间之关系,遂顿呈拔弩张弓之势。际此紧急情态中,广田新任外相,迭与俄伪代表商洽,企图积极斡旋;不料,关东军对中东路继续其蛮横行动;更不料,十月初旬莫斯科塔斯社竟然发表日本秘密文件四件。(日本驻伪国大使致东京外相报告三件,与日本驻哈总令致日驻伪国大使报告一件。)日本方面顿形软化,除发表几次否认的声明与封闭塔斯社的恫吓论调外,亦只好利用荒木与记者谈话形式发表"不与俄美战"的态度,(十月十三)与广田外相对日俄经济关系恳谈会声明"欲求打开日俄关系,必须依据外交手段,在最大限度范围内,将对俄问题逐次予以解决"的主张,以求日俄形势和缓。自此以后,中东路会议未开,而二国间之关系,遂进入时弛时张之局面。

出售中东路问题,经过正式与私人会商计有十次以上,观其要价还价一点，即可知双方均无诚意。日方处心讨巧，俄方则故以延宕。会议中双方难收速效，日方乃采阴谋行动。不料，美俄复交进行顺利，俄政府觉有所恃，一面抗议，一面示威；结果，日本计不得逞，反于表示外交政策上暴露多少弱点。总之，美俄复交以后，苏俄出售中东路，自然更乏诚意，但在未决心作战前，俄当局仍将再以中东路问题以诱日本；如日本亦无作战决心，日当局也须故受其诱相与周旋；此即为双方利用外交手段推延战机之中东路问题是也。

三、双方外交政策的表示

一九三三年，自元月斯丹林演讲积极备战（七日）内因发表狂论（二十一日）起，俄日双方均有多次有如狮吼的言论。在日本反面，多是着着紧逼，在俄国方面，则是弛张并进。直至九月中旬，双方外交言论战始达于一转变时期；此固由于日本之自觉而改变其外交态度，然亦与美俄复交交涉进行顺利大有关系。

日本方面，广田就任之初，即有"侧重外交途径，解决一切对俄关系"之表示。十月五相会议后所披露之外交国策之基本原则，其中对俄，是为"内应有充实之军备，外应持冷静待机之姿势，以之处理两国间之悬案，而谋国交之调整"。至对俄方发表秘密文件，日外务省只以"置之不理"应之而已。十一月间，荒木标榜"远东和平会议"，广田企图转变对俄僵局，此皆为日本自九月以来所转变之侧重外交手段之作态也。即在今年（一九三四）元月十九日，斋藤首相尚谓："……当前迎春之际，首宜考虑者……日本与列强关系若能如诏敕所示，当保自然协调即佳；且今后亦不至变更此精神。今苏俄等既不辞与主义相异之国握手，则我国自亦宜与各国保持亲善协调关系。"按斋藤此谈话，意味深长，所可惜者已蹈明日黄花之诮耳。

俄国方面，自暴露日人之中东路阴谋后，对日态度即趋强硬，除为中东路问题等迭次向日伪抗议与边境表演军力外，尚有苏联要人先后发表不少愤激言论。如人民委员会主席莫洛托夫在苏维埃全体大会举行十月革命十大周年纪念大会,发表政治报告,内称"……吾人红军实力业已巩固,并且仍在巩固,吾人确有把握,在任何时间,能使进攻者了解红军为一如何不可侵犯之力量"。十二月二十八日,莫洛托夫在中央执委全体大会演讲,称"……吾人对日始终抱定和平政策,诸如提议缔结互不侵犯条约与出售中东路等,均为明证;不图日本方面,意存挑拨,荒谬造谣,最反动之日本军界自觉彼等地位孤立,特别恐慌俄美及中国间成立合作;时而故意夸张俄与他国关系,时而自造种种否认;此皆徒自暴露其野心未泯而状态又极狼狈。凡此一切均表示吾人对战争及侵略危机已无忽视之可能。当今任务,惟有继续吾人之不屈不挠的精神,贯彻吾人远东和平政策,改善对日之关系,并同时准备应付一切可能的袭击与纠纷;因吾人不能认为在此种袭击与纠纷中可以获得安全也。"同日,李维诺夫演讲,更明确认定:"日本外交操纵诸武人掌握中,日本政策有如云雾一般。吾人屡示和平政策,日方始终缺乏诚意。我政府为保持安全计,不得不开始动员我国必要之军力,以求边防巩固。吾人希望日本能依有理智之爱国者的忠告,而勿认凭军事冒险者的主张,以求日俄相互尊重权益,改善二国间之关系。"总之,苏联外交政策之基本原则,是在于维持和平,遇有国际战争,则努力保守中立,中立不可保,则惟有利图自卫,共产党第十六次大会斯他林之所谓"苏联不取人寸土,亦决不以寸土让人"一语,苏联外交政策之精髓,尽于是矣。今于对日关系,要不外本此原则前进;所不同者,举国上下多自警惕,努力充实军备,以防狂暴的日军袭击而已。

四、临时发生事件

一九三三年度,日俄两方所造成之临时外交性质之事件,至为繁多:例如日伪逮捕俄员,强索机车,阻止货运,唆示匪人扰乱中东路政,封锁交通,日俄双方陈兵边境,有时相互抗议,有时相互声明。要之,此类临时发生事件之多寡与缓急，是皆以双方外交政策为转移，当其未有作战决心时，一切临时发生事件，多半可以视作缓冲工具；反之，任何一件即可用作战争之导火线；是故仅在临时所发生之事件本身上观察，是不足以断定其将来之日俄关系也。

溯自"九一八"事变以来，日本恒藉口攻击共产主义国家，以期获得欧美之若干同情；及至中俄复交，日本则更以"共产的俄国与混乱的中国相互携手，足以危及远东"之危言，恫吓世界。孰知欧美国家，久已认识史他林的"建设一个社会主义国家"的政策，实无所畏于苏联；而日政府之所谓"混乱的中国"，在一般政治家眼光中，是远不若蛮横的日本为可惧。日政府计不得逞，乃于一九三三年三月退出国联，满拟跳出欧洲国际范围，另觅外交途径，以维持和平为政策，以亲交俄美为手段；前者志在维持其既得之胜利，后者志在安定远东之新现状。如是做去，则未尝不是重演一八七一年普法战争后的俾士麦政策；若能成功，亦未始不可维持类似大战前欧洲几十年的武装和平的局势。且美俄未复交，俄德又交恶，美国忙于经济恐慌的救济，俄国忙于新五年计划的开始；如日本政府能以本诸退出国联的初衷，向前迈进，俾士麦的事业，未尝不可重现于远东。虽然，其如日本无俾士麦其人，更无俾士麦之环境何？是以一年以来，外交当局虽有若干卓见，然若求诸实现，诚不可能；纵有一步能以实现，亦未能克奏肤功；无他，军权高于一切之所致也。既如此，则日本何以不夺取中东路？何以不与俄战？盖因日军人虽蛮横，而蛮横中犹识国际情势。入秋以来，俄德外交战终止，俄法日趋合作，美俄复交，苏联之军力不可侮，凡此种种，要皆为稍识国际情势的蛮横军人所不可忽视，故不与俄战。中东路关系六国（中美俄法英日）万一过为已甚，不独与俄冲突，亦且惹起更不利之国际情势，故不夺取中东路。然则日本又何贵乎维持其藕断丝连的东路交涉？更何贵乎昭示其虚张声势的外交危言与军事表演？无他，东路交涉足以延宕日俄战争的危机，虚张声势又足以便利对俄战争的准备。要而言之，日本军人之"战，力有所不能；不战，心有所不甘"的心理，造成一九三三年日俄关系中的日本方面的真正的情态。

俄国之自保政策,自日本占领东省以来,益加显明。一九三二年松冈道经莫斯科,深信日俄大有默契可能;及至中俄复交,始知中计;因之对俄态度,乃一变而再变。俄国虽目睹日军之气势高涨,然犹忍辱负重"提出缔结日俄互不侵犯条约之意见,缔约不能收效,不复迁就于俄日伪之中东路会议"。日军蛮横,伪国作态,俄政府始终是亦紧亦张的相与周旋;而日本之阴谋文件虽被获得,尚须迟迟公布者,一方面是在外交上军事上从容布置,一方面是试探日方决心,测验国际态度。孰知日本政策未决,而美俄复交于焉告成。自此以后,俄国态度转趋强硬,互不侵犯条约因不谈即进行好久的售路会议又复中止。至此,日本所能为者,亦不过是报之以亦紧亦张的手段而已。殊不知美俄复交以前,俄之所求者,不战与和平而已,设使日本军人及早窥破此点,诚意购买中东路,再进而求得俄国对于伪国事实上的承认,并非决不可能之事;果如是,日俄可默契,美俄或竟难以复交,远东现状,自可暂保。日本不此之图,不敢战而又挑战,俄乃能忍辱周旋,因势利导以达于美俄复交地步;美俄既复交,则出售中东路与承认伪国,是不可能亦不必为之牺牲;盖因既与斯蒂生主义发生抵触,复于美俄结合上具有绝大障碍。因之,十一月以来,俄当局屡有"如被侵犯,必痛击之"之表示者,是俄之有所恃而无恐之所致也。要言之,苏联当局之"来犯则攻,不来犯则守"的心理造成一九三三年的日俄关系的俄国方面的真正的情态。

设使处于一九〇四年,俄必先战;反之,如处于一九一九年,日必先战。今于一九三三年,日俄国内外情势,迥非昔日可比,故双方均有顾虑,双方势必慎审,战争推延,实不得已。然而究竟战端何时发动? 是否可以幸免? 亦要以以下几点为其基本条件:(一)日本军人蛮横达何境地? (二)日俄双方容忍能力到何限度? (三)日俄军事准备如何? (四)美俄合作到何地步? (五)国际情势有何变化? 根据上述几点,一俟必战的环境造成战祸自必不免;反之仍可推延。总之,中俄复交后,日俄关系,已经一变,美俄复交后,又经一变,两变之后,俄之绝对的消极的政策业已放弃，"人不犯我，我不犯人"，是为目前苏联之基本政策。同时，日本之维持现状的外交政策，既不能行于美俄复交以前，更无法行于美俄复交以后，而俄对德避免交恶，法对俄又趋合作，日本经济势力，侵入非洲，震动英义，是日本虽欲于美俄之外，另寻途径，亦不可能。此其时，要为日本自一九〇五年以来，在国际政治地位上最为孤立；其情势，自较一九三二年国际舆论上的孤立地位，尤为严重。外交难有出路，军人亦更专横，荒木标榜"远东和平会议"口号，向其国内"和平空气"迎头一击，从此外交当局哑口无言，全国上下亦只有瞠目以待军人准备，战事来临，虽日皇亦无能为力也。我中国处此二大之间，既明知其战祸终不可免，投机之术，虽不具有，然自保之道，岂能不讲？不然，一旦战祸发动，首先牺牲者，必为我国；又何暇以论日俄胜负哉？

一九三四，一，二〇。

（《外交月报》1934 年 2 月第 4 卷第 2 期，1933 年国际外交总检讨专号 下册。）

姜作周：华府会议后英美日三国海军之发展

一、华盛顿会议后海军竞争之概观

自欧战以还，各国咸感国防之重要，除于陆空两军积极整备外，复汲汲于海军之扩充。一九一六年夏季美国国会通过巨大造舰计划，规定三年内建造军舰一五七艘。（注一）一九二〇年日本亦举行扩大海军计划，于该年七月日本议院采用八八制，规定于一九二八年完成主要舰十六艘。（注二）英政府为对抗日美起见，于休战协约签订后，亦核准添建四三，〇〇〇吨之巡洋舰四艘。（注三）于是海军竞争，益趋激烈。于一九二一年五强之海军军费竟达一，三〇〇，〇〇〇，〇〇〇元之多，较巴拿马运河费用尚多三倍有奇。（注四）其竞争之严重，概可想见。

一九二一年美总统哈定为限制列国海军竞争起见，特发起召集华盛顿会议，与会者有英、美、日、法、意、中、荷、比、葡九国。开会时间历五月之久，签订英五、美五、日三、法意各一，七五之海军比率；通过放弃十年内各国造舰之计划；协定太平洋防备限制区域；并规定各国主力舰之数目与吨数及条约之有效期间。（注五）但此项海军协定，其所限制只在各国之主力舰，而于补助舰（巡洋舰、驱逐舰、潜水艇等）之如何处置，并未提及只字,因此各国使任意从事补助舰之竞争。自一九二二至一九二六年之五年中,各国陆空军与潜水艇之扩张,姑不具论,只就巡洋舰数目之增加而论,英国有六三艘,计三八〇,六七〇吨;美国有四〇艘,计三三四,五六〇吨;日本有四三艘,计二八九,七〇一吨。(注六)

一九二七年美国总统柯立芝邀请五大海军国在日内瓦开会,以商讨限制华盛顿条约中未有规定之军舰。法意两国藉口限制海陆空军备系国联应行处理之问题,拒绝参加。英日虽接受美国之邀请,但因巡洋舰问题,英美不能妥约,会议终告决裂。(注七)会议决裂之后,英美日三国海军之竞争,更形尖锐。美国于一九二八年即着手建造八吋口径炮军舰六艘。国会中一般坚持扩张海军论者并提出一规模宏伟之海军程序,拟于五年内,添设新舰七一艘。此项计划,虽未经议会通过,然已得会议赞助,允许建造飞机母舰一艘,八吋口炮巡洋舰十五艘。(注八)同时,英日两国为追逐美国之造舰程序计,英国遂建造同式之军舰一五艘;日本亦建造二艘。(注九)此时华盛顿条约之成效,已烟消云散矣。

一九三〇年开伦敦会议,对于战舰及各级补助舰始有相当规定。关于战舰之规定,英美各减至一五艘,日本则减至九艘。(注十)关于补助舰之规定,则有如下表:(注十一)

舰别	美国	英国	日本
甲级巡洋舰	一八〇,〇〇〇吨	一四六,八〇〇吨	一〇八,〇〇〇吨
乙级巡洋舰	一四三,五〇〇吨	一九二,二〇〇吨	一〇〇,四五〇吨
驱逐舰	一五〇,〇〇〇吨	一五〇,〇〇〇吨	一〇五,五〇〇吨
潜水艇	五二,七〇〇吨	五一,七〇〇吨	五二,七〇〇吨

各国军舰之吨数,经过此次会议,虽有相当缩减,然各级练习舰,应其必要,仍可改装工事。各虽减少舰数,实亦等于掩耳盗铃耳。

二、最近英美日三国之造舰计划

自伦敦条约成立后,各国为于一九三六年达成条约所规定之最高限度计,则仍继续扩大海军程序。且于会议时将军舰年龄缩短,(注十二)各国又可利用补充"逾龄"之条文,开始添建新舰。

日本于伦敦会议后,首先着手进行庞大之造舰计划。于一九三六年底以前完成,其经费总额为三亿九千五百万元。兹将第一次补充计划内容,录之于下:(注十三)

一、舰艇建造费二亿四千七百万元。

(一)八五〇〇吨巡洋舰四艘。

(二)一四〇〇吨驱逐舰十二艘。

(三)一九〇〇吨潜水艇一艘;一三〇〇吨潜水舰六艘;九〇〇吨潜水舰二艘。

(四)五〇〇〇吨敷设舰一艘。

(五)扫海艇五艘,小型敷设艇三艘,水雷艇四艘。

二、航空兵力充备费八千二百万元。

三、海军内容充实费四千五百万元。

第一次补充计划尚未完全实行,第二次补充计划又经提出。此项计划原属秘密。于一九三一年国会讨论预算时,议员追询海军状态,海军大臣答辩时于不注意中露泄一部,遂致公开。(注十四)此计划规定添建七,五〇〇吨六吋口径炮之巡洋舰二艘;一〇,〇〇〇吨之航空母舰二艘;驱逐舰十四艘,水雷艇十六艘,潜水艇四艘,水上飞机母舰三艘,给油舰两艘,工作船一艘,并其他小艇若干艘。此外拟于一九三七年添设航空八大队。(注十五)规定自一九三四年起至一九三五年完成,据日本海军当局之估计,第二次补充计划需要经费日金四八七,〇〇〇,〇〇〇元,其中有七三,〇〇〇,〇〇〇元将于第一年度(一九三四——一九三五)支用。(注十六)

美国自日本采行第一第二两次补充计划后,亦不愿华盛顿及伦敦二条约之限制,从事于欧战以来最大之造舰计划,以期美国海军达到条约所规定之最高限度。一九三三年有复兴法案之救济失业建舰计划,规定自一九三三年至一九三六年之三年内,建造六吋炮巡洋舰四艘,航空母舰二艘,驱逐舰二十艘,炮舰二艘,潜水舰四艘,合计三十二艘。经费达二亿三千八百万元。(注十七)一九三四年三月美国又成立一耸动世界视听之海军扩张案。此案原系温逊氏于一月三十日提出于议会,经下院通过后,送至上院。适上院有与温逊案内容略同之德拉美案提出,通过于上院海军委员会,因之上院将此二议案合并审查,修正后,于三月二十七日经大总统署名,遂告成立。此项大建舰计划,规定自一九三四年至一九三九年五年间,建造一百〇二艘军舰。其中包含:八吋炮巡洋舰一艘,六吋炮巡洋舰五艘,航空母舰(一万二千五百吨)一艘,驱逐舰六十五艘,潜水舰三十艘,以及兵员之增加,一千一百八十四架飞机之建造与购入等项。为实现上项计划,赋与大总统以支出舰艇建设费预算五亿一千六百万万元,飞机设置费九千五百万万元之权限。(注十八)

其次,英国亦年年实行扩张,其一九三四年度之造舰计划,包含巡洋舰四艘,驱逐舰八艘,潜水艇三艘,飞机母舰一艘,小型司令舰一艘,其他舰艇八艘,合计二十五艘。(注十九)又据伦敦星期民报所载,最近英国内阁复规定一海军造舰程序,包括巡洋舰三十艘,无畏艇十二艘,驱逐舰与飞机母舰数艘,需费约一万万镑。(注二十)

三、海军军费之膨胀

关于军费增加之惊人数字,近来时有所闻。除德国而外,各国军备费用之膨胀,均较战前为甚。兹将膨胀之情形,表列于下:(注二十一)

国别	一九三一	一九三四	增加率
法国	一,八〇七,〇〇〇,〇〇〇法郎	二,二七三,八〇〇,〇〇〇法郎	二五·八
意国	九二七,〇〇〇,〇〇〇法郎	一,一七一,六〇〇,〇〇〇法郎	二六·三
英国	七七,二〇〇,〇〇〇镑	一一四,九〇〇,〇〇〇镑	四八·八
美国	二四四,六〇〇,〇〇〇美金	七一一,五〇〇,〇〇〇美金	一九〇·九
日本	一九一,八〇〇,〇〇〇日金	九,三五〇,九〇〇,〇〇〇日金	三八八·〇

由上表观之,军费之膨胀,以日本为最甚,其次则为英美。再以一九三四年各国海陆空军费与各国总支出之百分比论之,亦以日本为甚,几达日本总支出之一半。(注二十二)此项费用,虽包括一般军事费用,但军舰之制造在英美日等国中,实占其重要部分。

英国一九三四,三五年度之海军预算,总数为五千六百五十五万镑。较之一九三二年之五〇,四七六,三〇〇镑增加六,〇七三,七〇〇镑。较之一九三三年之五三,五七〇,〇〇〇镑,亦增加二,九八〇,〇〇〇镑。(注二十三)此数用于海舰之添建与修理者为二〇,六七七,五〇〇镑。较一九三二年之一五,八八二,六五〇镑增加四七九,四八五镑;较之一九三三年之一八,三九一,三〇〇镑增加二,二八六,二〇〇镑。(注二十四)再就增加数中论之,有一,四二六,八六〇镑,用以建造新舰;一,一〇二,八四〇镑,用以修改主力舰。(注二十五)故一九三四年度海军总预算较一九三三年所增之二,九八〇,〇〇〇镑,几完全用之于新舰之添建。

美国一九三四——三五年度之海军预算总额为三三七,一七八,四〇〇元。较之一九三三——三四年度之三四九,五六一,九二四元减一二,三八三,五四二元。然其建舰费则较往年为多。于一九三三年度则仅为四八,三一九,七四八元,至一九三四年度则达七七,一三三,四〇〇元。(注二十六)前次海军部向下院海军委员会报告,一九三五年度之海军预算为四五四,八四九,〇〇〇元。然据一般人估计,如果温逊议案将第一年造舰程序之经费(约二五,〇〇〇,〇〇〇元),亦加在一九三五年度及之预算内,于是海军之经费势必超过四七五,〇〇〇,〇〇〇元。(注二十七)

日本于三大海军列强中,海军预算之增加为最甚。于一九三二——一九三三年度增加至三一二,八〇九,〇〇〇元,而次年度增至四〇三,七七一,〇〇〇元,较诸一九三一年度几增加一倍。一九三四——三五年度之海军预算达四八七,八七一,六六三元。(注二十八)为欧战以后最大之海军预算。此数用于海舰之添建与修理者为二四〇·六六二·

七五一元,(注二十九)几占海军预算之半数。由此可见日本建舰之程度矣。

四、海军根据地之扩充

海军竞争之结果,海军根据地亦随之而扩充。美国之海军根据地,于太平洋方面原只以旧金山湾内之米亚岛港及夏威夷之真珠港为中心。自日本以桦太岛、小笠原群岛、东京湾、千岛等地为其海军之根据地后,美属之阿留地安群岛(Aleutianlslands)以及阿拉斯加(Alaska),则时有被日本袭击之可能。因此近来美国海军当局极注力于阿留地安群岛,并已遣派航空机、潜水舰及其他必要之舰艇,开始于根据地选定之测量。(注三十)阿留地安群岛为美国太平洋上外方线及中央线之北角,(注三十一)在此岛上筑港,既能防御阿拉斯加,同时亦可防止对美国本土由北方而来之侵袭。且距日本北部之各港,相隔不过二十哩,故策动桦太、北海道,以牵制日本之太平洋作战更为适当。其次,则积极充实檀香山之海军设备,建筑飞机浮站,并且经营关岛,及萨摩亚岛之军港,使与菲律滨联络,以期保持远东之门户开放。(注三十二)

华府会议后,对于菲律滨、关岛及萨摩亚群岛之防备,则仅维持现状,不再扩张设备,唯对于夏威夷岛中之真珠港,则以全力经营之,使其成立一难攻之大要塞。真珠港之深处,自一九三二年起,以二百万美金,建设最新式之大规模火药库,原定于一九三四年七月完成,但于一九三三年底,已建设完善矣。(注三十三)

英国为海上贸易先进之国,故在世界各处,得以有优良之海军根据地与商船队之根据地。唯在远东方面,殊缺乏一较完善之根据地。值此远东战云密布之际,一旦发生战事,其破损之战舰,与轻舰艇,势将不远数千哩,由战场遣送回国。然则日复一日之损失,势必至影响战斗势力。因此,美国当局提早完成新加坡之军港。按该港原定于一九三九年完成,现日夜兴工极急,料于一九三六年以前,即可完成一切工事及设备

矣。(注三十四)

此根据地之面积约三千亩,共建筑费约七百七十五万镑。(注三十五)将来工程完成时,将有乾船坞一座,与停泊舰船长二千余呎之码头、屯粮码头、装给燃料码头各一座;无线电台一座;医院、军械库各一所;以及电力厂、造船所、工厂、各级职员房舍办公室等。(注三十六)

其他如澳洲及新西兰之海军根据地,亦着手扩大建设,规定于一九三七年完成之。(注三十七)

日本在太平洋上海军根据地,因地理关系最占优势。西太平洋有旅顺、澎湖群岛、台湾,北太平洋有桦太岛、小笠原群岛、东京湾、千岛等。最近因美国拟在阿留地安群岛建筑航空港,日本海军当局正在北海道及千岛群岛间,寻觅可以建筑航空港之基址,以资应付。现已指派现随联合队在北方洋方面供职之海军航空局长盐泽中将,前往视察,以求获得良好之基址。(注三十八)

五、英美日海军实力之比较

最近各国海军实力之现状,据日本海军省公布,去年九月一日以前英美日三国在条约限制内舰艇之舰龄,只数与吨数,有如下表:(注三十九)

三国现有海军实力表

舰别	英		美		日	
	只数	吨数	只数	吨数	只数	吨数
主力舰	一五	四七四,七五〇	一五	四五五,四〇〇	九	二七二,〇七〇
航空母舰	六	一一五,三五〇	五	一二〇,五〇〇	四	六八,三七〇
大巡洋舰	一五	一四三,九七〇	一七	一二六,四五〇	一二	一〇七,八〇〇
轻巡洋舰	四五	二六〇,一九六	一四	二〇,五〇〇	二一	一一五,四五四
驱逐舰	一〇六	一二九,八三四	二二三	二七四,〇七五	九六	一〇二,〇九七
潜水艇	三九	四七,八一四	五三	五八,六二〇	六二	七六,一二八
补助舰	二〇五	五八一,八一四	三〇七	六〇五,六四五	一九〇	四一九,四八〇
总计	四二一	一,七三三,七二七	六三四	一,六六一,一九〇	三九五	一,一六一,三八一

此外尚有三国正在建造中而未完成之舰艇,列表如下:(注四十)

三国正在建造中之舰艇表

舰别	英		美		日	
	只数	吨数	只数	吨数	只数	吨数
航空母舰	一	一九,六五〇	一	二〇,〇〇〇		
大巡洋舰			二	二〇,〇〇〇		
轻巡洋舰	八	六一,〇〇〇	七	七〇,〇〇〇	四	三四,〇〇〇
驱逐舰	一八	二四,九五〇	四四	六九,五〇〇	七	九,五七六
潜水艇	八	八五,〇七〇	一〇	一三,〇二〇	九	一一,七〇〇
总计	三五	一一四,七七〇	六四	一七二,五二〇	二〇	五五,三七六

根据以上二表,数量上似以美国为多,英次之,日又次之。然就质量上及续航力上言,则实以日本为最强,英次之,美又次之。盖美国之驱逐舰及潜水艇中,旧式及已达废弃年龄者颇多。此类舰艇,于远洋作战均不堪用。且日本军舰,近年新造者居多,其设计基础,均以攻防能力增大为主眼,对于舰上兵员生活安适条件均大都牺牲。故其甲级巡洋舰、驱逐舰、潜水舰等之载重能力、速力均较英美为强,至于其继续航行之能力,则更超越英美之上。(注四十一)

根据美国海军研究社之统计,最近各国军舰之实力:英国有未超过舰龄之驱逐舰四十三艘,共计五六,九七四吨,超过舰龄者一百十六艘,共计一二三,四九〇吨。是英国驱逐舰超过舰龄者,逾三分之二。美国因驱逐舰队为欧战时所造之舰组成,故超过舰龄之成数更多。在一九三三年其未超过舰龄之驱逐舰不过四艘,共计四,七六〇吨;其超过舰龄者有二百四十七艘,共计二六二,七一〇吨。日本未逾舰龄驱逐舰之成数最多,因其驱逐舰总数百分之七十,皆不及十二年之舰龄。(注四十二)至于潜水艇方面,日本于一九二一年完成者不过三艘,故其超过舰龄者,亦属极少。(注四十三)

上述仅就舰力而言,以下再就三国海军人数比较之,亦可窥得海军发展之一般。一九三二年三月二十九日英国海军大臣孟塞尔氏在下院列举美日英三国海军在役人数之大略,并将于一九一四年初三国海军人数,以百分率比较其增减,计美国十万零七千三百人,较一九一四年增加百分之六十;日本八万八千人,较一九一四年增加百分之七四;英国九万八千一百人,较一九一四年减少百分之三十五。若就实数论之,美国约增三万九千七百人;日本约增四万人;英国则约减五万五千人。(注四十四)

六、结论

世界五大海军强国将于明年重行召集会议,讨请限制各该国之海军军备。然去年预备会议几次谈判,毫无结果,而卒不免日本通告废约之提出。就此以测将来,则未来之海缩谁敢乐观?

关于海军问题,目前之情形,与一九二一年举行华盛顿会议时根本不同。十四年以前,海上称霸者只有英美日三国,现在法意亦可并驾齐驱矣。当伦敦会议时,法意即拒绝三大列强所提出之限制补助舰办法。现在两国态度仍旧,均在积极建造强劲之潜水艇队。法国已有一百零九艘,意国有六十九艘。最近法国为称霸地中海计,又添造二万六千五百吨之军舰二艘,每艘约值美金三千万元。意大利因法国添舰,亦随之建造军舰二艘。(注四十五)

因为法意海军之迅速伸张,致英国异常忧虑。为保持将来之安全计,对于未来之海军会议,主张海军军备更行减缩,并须以各关系国(不只限二三国)订立共合协定为绝对之条件。易言之,即一九三〇年之伦敦条约扩大,将法意亦包括在内。(注四十六)

美国近年来海军政策,乃以太平洋为中心。故对于海军会议仍主维持主力舰五:五:三;补助舰十:十:七之比率。至于日本之海军政策,显而易见为充实日本之军事地位,使外人不能以武力干涉东亚,故极力要求"平等原则",坚决主张加认华盛顿条约第十九条(禁止各国发展太平洋之海军根据地）。

　　海军竞争之如彼，各国意见分歧之如此，将来海军问题之难得妥协，自在意中。他日太平洋方面，势将因是酿成阴惨严酷之风云。我国地当其冲，亦必卷入漩涡，将何以图自卫之道，谋安全之计，是则有赖于当局者与全国民众好自为之耳。

附注：

　　一、William T.Stone, *Impending Naval Rivatry*, *Foreign Policy Report*, Val. X, No.3, April, 1934, p.31.

　　二、Buell. *The Washington Conference*, Chapter. Ⅴ, p.139.

　　三、同注一。

　　四、Buell. *The Washington Conference*, Chapter. Ⅴ, p.145.

　　五、周守一：《华盛会议小史》，第五章，限制军备问题。

　　六、王纪元：《海军会议之回顾与展望》，《申报》月刊，第三卷，十一号，民二十三年，十一月，第四四页。

　　七、凤章：《美日二国海军之扩张》，《海军》杂志，第六卷。十期，民二三年，六月，第七〇页。

　　八、William T.Stone, *Impending Naval Riavatry*, *Foreign Policy Report*, Vol. X, No.3, April, 1934, p.33.

　　九、同上。

　　十、英国 G.H.Hurtord 著，鲁季译：《各国海军之势力及其配备概况》，《海军》杂志，第七卷，三期，民二三年，十一月，第十六页。

　　十一、梁抚：《世界军备的现状》，《申报》月刊，第三卷，七号，民二三年，七月，第十二页。

　　十二、同注八。

　　十三、芙仲：《日本的战争准备》，《大公报》，民二二年，十二月五日。

　　十四、同上。

　　十五、《大公报》，民二二年，四日，东京日本通社电。

　　十六、同注八，第三五页。

十七、力生译:《海军预备会议的展望》,《时事类编》,第二卷,二十期,民二三年,七月,第四页。

十八、唐宝镐:《美国大建舰计划之起源与将来》,《海军》杂志,第七卷,一期,民国二三年,九月,第七一至七二页。

十九、同注十七。

二十、《海军》杂志,第七卷,一期,民国二三年,九月,世界海军要闻。

二十一、William T. Stone and David Hpopper, *The Increasing Burden of Armaments.Foreign Policy Report*, Vol.X, No.17, October 24 1934, p.210.

二十二、一九三四年各国海陆空军费与各国总支出之百分比:英为一六,四;德为一七,一;美为一七,九;意为二〇,八;法为 二二,三;日本为四三,七。

二十三、William T. Stone, *Impending Naval Rivatry, Foreign Policy Report*, Vol.Vol.X, No.3, April, 1934, p.37.

二十四、杨锐灵:《军备扩张中之英国海军》,《东方杂志》,第三十一卷,十五号,民二三年,八月,第三八页。

二十五、海客:《一九三四年英国海军预算》,《海事》月刊,第八卷,二期,民二十三年,八月,第四九页。

二十六、William T. Stone, *Impending Naval Rivalry, Foreign Policy Reports*, Val.X, No.4, April, 1934, p.40.

二十七、同上。

二十八、*The Japan Year Book*, 1934.

二十九、同上。

三十、晨园译:《阿留地安群岛之军事价值》,《海事》月刊,第八卷,三随,民二三年,九月,第二十三页。

三十一、美国在太平洋之海上国防线,由三线而成:(一)以旧金山湾内之米亚岛军港为中心,而以巴拿马及布里麻敦为两翼之内方线;(二)以夏威夷之真珠港为中心,北连相隔二千里阿留地安群岛之荷兰港,南连相隔二千三百里突伊拉岛(萨摩亚群岛)之拔苛巴可之中央线;(三)联络菲律宾,关岛,荷兰港之外方线。

三十二、王纪元:《海军会议之回顾与展望》,《申报》月刊,第三卷,十一号,民二十三年,十一月,第四七页。

三十三、高尚志:《最近美俄对日军事准备之检讨》,《外交》周报,第二卷,九期,民二三年,八月,第三页。

三十四、见民二十三年,五月,二十六日,上海《申报》。

三十五、张泽善:《举世瞩目之新加坡海军根据地》,《海军》杂志,第六卷,十期,民二三年,六月,第二页。

三十六、同上。

三十七、同注三十四。

三十八、《海军》杂志,第七卷,三期,民二三年,十一月,海军要闻,第七页。

三十九、王纪元:《海军会议之回顾与展望》,《申报》月刊,第三卷,十一号,民二十三年,十一月,第四五,四六页。

四十、同上。

四十一、同注十三。

四十二、张泽善:《列强海军力之比较》,《海军》杂志,第六卷,十一期,民二三年,七月,第九,一三页。

四十三、同上。

四十四、同上。

四十五、Heetor C. Bywater, The Caming struggle for Sea Powder, *Current History*, October 1934.

四十六、同上。

(《南大半月刊》1935 年第 22 期,1—11 页)

蔡维藩：苏俄如何防日？

苏俄国内的消息，本不像别的国家那样公开，关于国防的消息，更是讳莫如深。今作者草拟是篇，不过根据若干报章和杂志的零星记载，故文中所述，类多粗浅，但其主要目的却在于促醒国人从苏俄防御侵略的努力方面，得着相当认识和警惕而已。至日俄战争之可能性如何，则因时间仓促，篇幅有限，不能一并论及，容俟他日，另文论之。

作者附识

一、导论

"九一八"事件发生以来，日俄战争的声浪甚嚣尘上，最主要的原因当然是日本占我东北疆土之后，日俄之间发生更多的直接关系。几年来的纠纷，表面上是俄满及满蒙间的问题，其实就是日俄对立的结果，与一九〇四—五年日俄战争前夕相较，她们对立的范围更为广大，其情势亦较紧张。所以有人说满洲为今日的巴尔干，海参崴将为明日的塞拉耶佛（Serajevo）。[①] 又有人说："纵使海参崴将为明日的塞拉耶佛，但从海参崴

---

① Owen Latimore，Mongolia enters world affairs，*Pacific Affairs*，Ⅶ，P.15.

爆发出来的战争,其胜负终必取决于蒙古方面"。^① 凭心而论,除非日本一旦悔悟过来,撤退她在我东北四省的武力侵略——虽然这话说得太理想了——满洲或蒙古终必为远东战祸的爆发地,即或一时未见爆发,日俄之间的纠纷,也必是迭出不穷。单讲国境纠纷,在一九三二—五年间有二百数十件^②,去年一年达一〇六件^③,本年一月至五月十五日就有八十二件。^④ 这些纠纷的真正原因是日俄之间的相互猜忌趋于极端,因为她们争霸远东的长期雠恨已达到一决胜负的阶段了。^⑤ 这一点不解决,其余皆不能解决,纵或有所解决,也无补于日俄间整个问题的解决。所以苏俄虽已出售中东铁路,其他如勘定国界、北库页岛煤油开采权、缔结互不侵犯条约等问题,迄今皆难着手。

目前姑且不谈日本的"大亚细亚主义"和苏俄的"世界革命主义",单说她们双方面都向蒙古前进,就会有不可避免的冲突。日本方面的计划是内蒙古独立。据说,"现正分头游说各地蒙古王公,如能宣布独立,'满洲国'很乐于将'新安省'的西部让予内蒙古"^⑥。这一步实现后,就是扩大"内蒙国",把凡有蒙古人居住的地方全都吸收进去,那就是想包括"新安省"的西部、热河、察哈尔、绥远、宁夏、外蒙古及属苏俄的白利蒂和都

---

① 同上。参阅 T. A. Bisson, Outer Mongolia-a new zone in the Far East, *Foreign Policy Reports*, Nov.20 1935.

② 本年五月九—十日天津益世报译文《国境纷争与日苏危机》。

③ Sterling Fisher, Russia faces Japan on vast Asian front, *Peking-Tientsin Times*, May 23 12 3936.

④ 据本年六月十四日东京电称:"日本陆军省十三日发表,苏俄因在远东之军力处于优势,故这次发生越界事件。自本年一月一日至五月十五日止,俄蒙军队侵入'满洲国'者达八十二次之多,与去年同期比较,增加四十七次。军方又指陈,俄军侵入满方东部边境者三十五次,侵入西境者四次,余十六次为蒙满边境之纠纷。"

⑤ 同③。

⑥ 同③。

温斯基①两个人民共和国,共有人口约五百万,面积在百万方里以上。日本的目的在消极方面阻止苏维埃政治力量的南进,在积极方面是树立她自己在满蒙的势力,准备侵略苏俄在贝加尔湖以东的领土。② 苏俄方面对于外蒙古本极重视.就单从经济的理由看来,外蒙古诚为苏俄一大需要,因为它能够大量的供给皮毛牲畜,全时也专门的销售苏俄制造品,所以它在苏俄对外贸易中占第四位。在"九一八"事件以前,俄蒙之间在经济关系外,已有很密切的政治关系;以后,她们更有树立军事上密切关系的必要,因为她在外蒙的势力如被摧残,白利蒂和都温斯基两共和国都难保存,而乌拉山以东的领土全有遭遇侵略的危险。③ 所以苏俄要想预防这种危险,必得首先保障外蒙古,使它作成她的屏障,这是她最单纯的目的,也是最重要的目的。本年四月七日苏俄公布俄蒙互助条约,就是公然的表示俄蒙间的关系有如日"满"一样。这以后,日俄关系的恶化,不仅仅由于日俄二国的对立,而且由于日"满"和俄蒙的对立,只要满蒙之间发生冲突,就会酿成日俄二国的直接冲突。在苏俄方面看来,日本一面充实她在"满洲国"的实力,一面擘画内蒙古的独立,一旦内蒙独立以后,向外扩充,则苏俄将受"满"蒙两方面的威胁,这是直接有关于苏俄东部安全,间接有关于苏俄整个政治前途的重大问题。所以自一九三一年以来,她在远东方面积极进行种种建设事业,为的准备足以抵御日本侵略的国防力量。

远东区的面积有二百三十三万二千平方公里,约合现时德国的五倍,人口则仅有六百万左右,可是它的天然富源却极雄厚,自苏俄政府鉴于"九一八"事变所造成的远东区的危急境地,除力修战备以防万一之

① 都温斯基共和国即唐努乌梁海的前身,位于叶尼塞河(Enisei River)上游的地盘。一七五四年归入我国版图,一九二〇年俄人入侵,一九二四年在俄人指挥之下,采用苏维埃制度,组织独立政府,自称都温斯基人民共和国。一九二六年她和苏俄政府缔结密约,举凡内政、外交、军事皆受苏联管束,该国实际属于苏联的属国。(详见外交月报五卷三期何环著《唐努乌梁海问题及其与中俄蒙三方之间关系》)
② 这是美国记者 Sterling Fisher 的观察,载见本年五月二十三日天津京津泰晤士报。
③ 同上。

外，就该区内各方面的特殊情形加以考究，一面考察天然富源和民族状况，一面策划建设新的经济和国防根据地，为的是要把这块地大物博人口稀少的领土，造成一个进可攻退可守的远东根据地。据说，为这种远大计划策动最早的是熟悉远东政情的布鲁赫尔（即加伦）将军。布氏当时鉴于我东北方面中日关系紧急的情形，曾极力游说莫斯科当局，晓以种种利害，促使政府警觉。盖布氏认为苏俄如不积极建设远东区的国防力量，则亚洲领土和太平洋门户的丧失，只是时间问题。然而在一九三三年革命纪念节，布鲁赫尔将军公开的说："我可以断言远东赤军当维护祖国国境的安宁，可以很巩固的锁着远东国境。"这可以见得苏俄在短期内（一九三一年—三年）已将远东防御力量充实到相当地步了。现就外交、军事、经济三方面论述于后。

二、外交方面

论战斗力量，日俄二国本是强弱互见，可是在一般的国际关系方面，苏俄却是显然的较弱于日本，特别在一九三三年德国国社党执政以后，苏俄简直被陷于腹背受敌的危险境地；所以她除在国内埋首苦干以外，还须努力于她自身国际关系的改善。在一九三三年前后，苏俄和法、意、波及东欧、近东、中东邻邦签订互不侵犯条约，和中、美及小协约国恢复邦交，和法捷缔结互助协定，参加世界经济会议、裁军大会、非战公约，加入国联，参加对意经济制裁等等，皆是她改善自身国际关系的事实和途径。有人说："苏俄在欧洲的地位，已经不像五六年前的了，不说法国，就连英国保守党内亦有一派认为苏俄是欧洲和平的要素，这是事实胜于雄辩的。在欧洲嘲骂苏俄是扰乱和平者的国家，只有习惯于蹂躏条约的希特勒的德国。"这种效果虽然仅限于欧洲方面，可是她在欧洲能够树立友好的和亲善的国际关系，自然可以减少她在西方的后顾之忧，而加强她在远东方面的力量。

讲到远东方面，苏俄在外交方面更是沉着应付。中俄和美俄复交，本是具有相当意义,不过中美两国的不积极的态度,却反使她在远东外交上的努力,还得要侧重于对日方面。几年来她对日本不断的尽其外交能事,以求双方关系得以和缓。这是有事实可以为证的。

自日本占我东北以后,中东路就失去了经济利益和军事功能。苏俄为自身想,与其留待日本武力夺取,倒不如及早让渡,还可讨回相当代价,同时也可由此消弭日俄间冲突于满洲的因素。所以苏俄出售中东路是一种有策略的退让。但不过该路出让之后,日本欲望犹未稍戢,所以诸如承认"满洲国",修改渔业条约,确定北库页岛煤油采掘权,勘定国界,缔结互不侵犯条约等,几乎全成了无法解决的悬案;因为这里面,固然有些是使苏俄不能躲避的,可是大半是使她很难以着手的问题。近来苏俄政府虽在努力折冲,但除渔业条约问题屡作谈判外,余皆无何效果。统观几年来的经过,日本所侧重的是确定国境,而苏俄所侧重的是缔结互不侵犯约,最近因苏俄远东实力加强,日本方面更力主双方减少驻军人数,并划定非武装区域,这更非一时所可解决的问题。

苏俄提议缔结互不侵犯条约,在原则上日本本也赞同。日人青木千里在他著的《日露不侵略协定缔结论》文中就说:"与俄缔约,可以使日本脱却国际的孤立,可以引诱苏俄承认'满洲国',可以打破中国以俄制日的外交,可以缩短日本国防防御线。"[1]但日方所坚持的是条约的内容,"曾任西园寺内阁阁员的阪谷芳郎氏就提示过,日俄不侵犯条约的内容应包含以下四项:(一)相互撤销俄'满'边境的防御工事,(二)除为维持和平秩序所需要者外,苏俄将一切军队开至贝加尔湖以西,(三)除为保获'满'境及热河者外,日本将一切军队撤出'满'境,(四)如日本为条约外一国或数国所攻击时,苏俄为最善的利益计,应从事合作,以免日本海及库页岛受战争的威胁。"[2]这四项中,除第四项牵涉一般的国际关系外,余皆与国境问题有密切关系。本年六月,在双方同意设置国境委员会

---

[1] 载见日本外交时报六十四卷四号。

[2] 见外交月报六卷五期戴尔卿著:《东铁非法买卖成交后日俄关系的展望》,页五二。

后，俄大使向广田首相提询日本关于缔结不侵犯条约的意向，广田答以俄国在国境拥有廿万大军与坚固之堡垒，而对日政府提议不侵犯条约，实属无何效果。同时，日外务省表示，日政府希望解决日俄之间的一切悬案，以期达到不侵略条约状态，而军部方面则表示须根据朴茨茅斯条约，各在五十公里以内，设立非武装地带，日俄悬案就更容易解决。这些表示都是证明日本当局对于缔结互不侵犯条约问题，认为须以解决悬案和设立非武装地带为先决条件。所以苏俄只得就国境问题先行着手，于是遂有处埋边境纠纷和确定国境两委员会的组织。

自日本占我东北以后，日俄接壤的地方，由二百公里增至三千五百公里，若再加上"满"蒙之间的边境，日俄相接的地方则更多。因此，两国边境上常有发生纠纷的可能，如果处置不慎，便有导入战争的危险，在已往几年中，几百次的边境事件，大半已造成两国间多次的紧张情势。然而苏俄固力求避免武力上的冲突，即日本亦暂无强占苏俄领土的决心，所以日俄"满"国境纠纷虽然是一个极复杂的问题，可是日俄双方皆愿意和平解决。在前年交涉中东路的时候，她们便开始接洽，现已决定设置国境纠纷处理委员及国境确定委员，并且正在计议它们的组织和工作。大体上看来，这两个委员会的工作，或者可以逐渐推动，如果能有成绩，则日俄之间未尝不可进而解决"满"蒙之间的边境问题，俄"满"和"满"蒙边境问题全都解决，则日俄之间自无所谓国境纠纷，而苏俄所重视的不侵犯条约未尝不可开始谈判。但不过最近几天关于内蒙古的情报，却不能证明日本方面没有建设"蒙古国"的企图，这方面的动态，实令苏俄不能放心，即对正在进行中的国境问题的处理，恐亦不能多抱乐观。

自"九一八"以来，苏俄对日，本是在可能范围中容忍过去，更在容忍中努力准备，这诚所谓"有文事者必有武备"的对日政策，但如果超出可能范围之外，苏俄当舍外交谈判而讲武力抵抗。本年五月间，俄名记者拉狄克氏曾发表谈话："吾人诚恳希望树立日俄间的友好国交。……希望边境委员会能有实效的工作，更希望关东军不侵犯苏俄和与苏俄有协定关系的'蒙古人民共和国'的领土。……苏俄已向全世界证明，希望和日本树立善邻的关系，以使两国间的经济联系巩固，并减轻双方军备上的担负。将来苏俄仍将向此目的努力做去，我们希望日本首相、外相、陆相也都能像苏俄政府同样努力的向此目的做去。"[1]这一段的谈话，很足以代表苏俄对日的政见，也足以证明苏俄当局的确抱着"不到和平绝望的时候，决不放弃和平"的对日决心。

三、军事方面

从苏俄"五年计划即国防计划"的口号中，我们可以看出她对军事上的努力，外人虽然无法知道她详细的内容，但总可相信她的军力较五年计划以前为强大，较帝俄时代更强大。据苏俄外交人民委员长李维诺夫报告，一九三一年一月一日以前，苏俄军力计有陆海空红军人数五八九七〇〇，他种军事组织人数六二，五一〇，军用飞机七五〇架，军舰五四艘，共计一六〇，八九二吨，一九三一年度军费总支出为一，二九〇，〇〇〇，〇〇〇卢布。[2]美记者保罗赫金氏（Paul Hutehinson）在一九三二年十一月《论坛世纪报》里说："红军并不是一种虚张声势的组织，军事专家对于它的效率观察容有不同，某种重要的军备或许仍然缺乏，但是红军比较帝俄时代的军队，的确是后来居上。……拿红军和欧洲其他军队比较，虽则没有欧洲别国的军容整齐，但是他们有一种伙伴的精神，和十字军的精神差相彷佛，所以红军的战斗力是不能忽视的。"[3]从一九三三年起，苏俄在腹背受敌的情况下，全国的军事准备更是突飞猛进。参合列

---

① 载见本年五月十九日天津华北明星报。

② 这是一九三二年国联秘书处根据李维诺夫报告对新闻记者发表的。详细统计见外交月报创刊号《苏俄之军备概况》。

③ 外交月报二卷六期译文《十五年来的红军》。参阅 Is the Red Army reliable? Peking-Tientsin Times，May 9 1936。

强军事家的观察①,苏俄现在的军力计为海陆空军人数一,六〇〇,〇〇〇,军用飞机约四,〇〇〇架,坦克车四,〇〇〇架,军舰吨数三四七,六六〇,其中有潜形艇九十六艘,本年度军费总预算为一四,八〇〇,〇〇〇,〇〇〇卢布。按照第二次五年计划,军用机至少要有五千架,工厂生产力要增大到年产二万至三万架,尤其倾全力于爆击机的生产。据一九三三年三月英国每日邮报发表,苏俄一日平均制造重爆击机一架,一年平均飞机制造力达一万架。再看她的军费总数,本年一月在中执委会通过的预算,约占全国总预算(八百七十五万万卢布)六分之一,和一九三一年度的支出比较,超出十倍以上。把这样的实力和进步的速率来同五年前比较,那简直是有天壤之别了。

苏俄因受日本行动的影响,近来在全盘国防建设中,格外重视远东方面,本是公开的实事。本年六月初,东京朝日新闻载称:"苏俄远东驻军最初仅有步兵三师,骑兵三旅,而自一九二九年中东铁路事件后,增加步兵一师,便成苏俄国内第二等的装备。'九一八'事变后,受了日军滔滔进出北满的刺激,于是急忙计划军备充实,使成第一等的装备。"②本年三月五日莫斯科报纸登载史达林氏警告日本不得侵犯外蒙的报告时候,附带的露布本年以来远东军队调动的消息,据说列宁格勒和白俄罗斯军区的炮队,重坦克车队业已集中于佛尔加流域(Volga Basin),人数在十万以上,为远东而征调的大批后备军队业已集中在诺佛西比尔斯克(Novosibirsk),由格力蒂将军统率,本来调动土耳其斯坦几部军队向西开拔的命令又已中止,③这个消息可以证明在已往几个月的短期中,苏俄在远东区的军事准备是更加紧张了。

苏俄军备的实况,一向严守秘密,而远东方面的一切既是有确切对

---

① 参阅二五年八月十三、十九、廿、廿六、八日天津大公报《德法俄军备鸟瞰》;十二月十二、十四、十六、十七、十九日《列宁军备扩充战》;本年六月四、五日《苏俄的远东军备》;六月九、十二日《纸上谈兵之日俄战争》;廿四年八月三、四日北平晨报《苏俄的武力》;本年三月四、五日《英国防白皮书》;外交月报七卷六期《欧美列强之空军——苏联》。

② 译文见本年六月四、五日天津大公报。

③ Soviet eastern defences,Peking-Tientsin Times,May 12,1936。

象的准备,则更不能让人知道它的真相;但参合若干外国军事专家的估计,我们可以得着以下几方面的梗概。

远东方面,除去一般有关国防的经济建设外,海陆空军的设备,确有惊人的成绩。苏俄海军本不发达,但潜水艇的建造则非常迅速。据英国海军专家白华德氏估计:①苏俄潜水艇共有九十六艘,占列强中第一位,②装配在远东方面的约在卅艘以上,此外还有水雷敷设舰和鱼雷艇。这些舰艇的主要部分,系在欧洲建造,分部运到远东,其余则在海参崴配制。陆军方面的设备较海军为庞大。据东京朝日新闻的估计:远东军司令部设在哈巴罗夫斯克(伯力),后贝加尔军司令部设在赤塔,在它们之下,还设有沿海洲和阿穆尔等地的兵团司令部,共有游击师骑兵师等十五个师团,总计兵力在廿三万与卅万之间。本年三月五日拉忒维亚方面的消息,也说苏俄在远东方面的军队在廿八万,分驻三区,贝加尔湖之南有七万人,阿穆尔(即黑龙江)之北有十五万人,沿海洲有六万人。至新式武器的设备和组织,则有高射炮队、高射机枪队、化学战部队、大小型坦克车队、水陆两用坦克车队、汽车步兵队、汽车炮兵队、装甲火车队等,其中要以坦克车和装甲汽车各在一千内外的数量,为最引人注意。而任远东军司令的布雷赫尔将军(General Bliicher),尤为人所重视,他就是当年在我国国共合作时代鼎鼎大名的加伦将军。苏俄远东空军分配在尼柯里斯克、布拉果叶西秦斯克(海兰泡)、赤塔三个中心地带,在东部国境方面主要的是轰炸机和侦察机,北部国境是轰炸机,后贝加尔方面是战斗机。据专家估计,远东空军约占全国数量三分之一左右,即千架以上,其中有长距离轰炸机二百架,分配在海参崴、伯力和赤塔三个军事根据地,在库伦一个地方,就有二百架之多,虽然它们全是轰炸机。北平骆驼队(Caravan)记者高尔曼氏(George Gorman)在一九三四年游俄时候,亲眼看见赤塔城外飞机场上的飞机就有五百架之多,他并且看见一些假

---

① 本年六月九、十二日天津大公报《纸上谈兵之日俄战争》。
② 列强潜形艇舰数比较:苏俄九六,美国九〇,意大利七七,日本六七,英国五九,德国二八。

的飞机场和假的飞机,准备叫敌人的轰炸机迷离。

苏俄远东国境的筑垒,当然是整个国防设备中的一重要部门。据东京朝日新闻所露布的是:"他们(苏俄)在兴凯湖以南的陆地、伯力一带,黑龙江与松花江合流的地方,海兰泡方面,以星罗棋布的名叫'德齐卡'的堡垒为核心的阵地,用过十六亿元(日金)的巨资,构筑最新式的工事,它的构造是一般人所认为最厉害无比的,无论是由空中或地上加以攻击它都能够巧妙的躲开,同时敌人的地上部队只要在它的附近出现,立刻就要受它们十字炮火的洗礼而被歼灭,他们这种工事不单供防备之用,时机一到也可作为攻击前进的根据。……海参崴的要塞,其坚固实在往年旅顺口以上,由海参崴至尼港(庙街),沿着海岸都设有许多防御工作的潜水艇根据地。"①海参崴一带,海陆两方面的工事全都是重行建筑的,因为要使当年日军占领西比利亚的经验的回忆,在将来进攻苏俄时,不能有何效用。②(George Glasgow 在去年写的文章里说:"钢骨三和土的炮垒和毒气炸弹防御物都已建筑起来,海参崴已放在炮垒保卫中,兵工场、飞机制造厂和船坞全都完成,煤是很丰富的,库页岛的煤油随时可以得着,整个海岸线全都在坚固的防务之中,那里已经有了可用的潜水艇队,并有足够防卫海滨省的空军力量,在几小时之内,苏俄的空军力量便可达到距海参崴仅有六百英里远的东京。"③)

总之:苏俄在远东区军力上的努力,规模很大,成绩也很大。远东军司令布鲁赫尔氏曾自信的说过:"讲到阿穆尔沿海洲一带流动的策略的

---

① 译文见本年六月四、五日天津大公报。

② 本年三月十日,日本军部特写《纪念日俄战争》小册,发行全国,其中描写苏俄边境要塞建筑的一段是:"自一九三二年以来,苏俄共用去约合日金十六万万元,建筑俄'满'边境重要地点的要塞。这种防御工程包括小的坚固的炮台,约每隔五十码至一百码一个,共分三道防线,其数目约为五千或六千,自战略上看,这些炮台不仅在防守上重要,也是进攻上有力的根据地。"(这本册子的序文和第三章的要点,译见本年五月五、六日天津大公报。)二十三年十一月二十八日天津大公报译自密勒氏评论记者鲍尔温氏游俄通讯:"当日美联合进军西比利亚时,日军曾对俄国国防之布置,作周密视察,并测绘军事地图。因此一九二二年赤军重占海参崴时,遂决定将壁垒拆除,并将大炮移至腹地。自一九二九年起,苏俄军事布置之内幕现为一大秘密。惟间此间(海参崴)传闻,防御计划项已全盘变易。……"

③ *Contemporary Review*, April 1935, p.496.

战争,其结果是必然的仰赖三个基本条件;(一)各部队独自作战的能力,(二)下级军官的独创能力,(三)每个军人能以单独行动的全副本领。苏俄红军在这些条件上将要证明他们是较日军为优的军队,至少可说这种优越的程度有如一九〇四—五年日军对于帝俄时代的俄军是一样的"[1]。因为他深信当年日俄战争的时候,"俄军方面始终缺乏的,不是交通,不是军队,而是军队的能力"[2]。假若上面所说的概况是可信的,同时红军是充满主义训练的军队是公认的,那末要说苏俄的远东军力在"量"和"质"两方面全都较优于日军,也未必完全不对吧。[3] 如其是对的,那末苏俄在远东的军力可以独立抗战远东方面的敌人侵略,自然是可以做到的,而"莫斯科当局相信苏俄的军力很有助于日本的和平倾向"[4]也不一定是夸大之谈。

四、经济方面

近几年中,苏俄在远东方面既然建设大规模的国防力量,那她必须同时从事于大规模的经济建设。据许多人的观察,她在这方面确已有惊人的成绩,从第二个五年计划实施以来,进步尤为迅速。其主要项门为开发矿藏发展农业、建设工厂和交通。

---

[1] Trotsky believes Far Eastern clash to be Probable,*North China Star*,April 9,1936.

[2] 在上次日俄战争初发动的时候,俄军有三十二万人,末后总崩溃的时候,共有五十万人,但日本方面始终未曾超越过俄军的数量,这可见得当年俄国之所以失败,在军事方面的原因却是在"质"而不在"量"。"在日俄战争(一九〇四·五年)前,日本参谋部就当时单轨西比利亚铁路运输设备判断,每日不过能运转八次,算定其运输力量最多能运二十万兵,然其后实际每日运输十四次,能运五十万大军。盖俄国自始即多制粗车直运,不必放回空车,故能以单轨而发双轨之能力。至奉天会战以后,日本已无兵可增,而俄国大军接踵而至……"(见外交月报创刊号页一二一)从这两件事看来,可见布鲁赫尔氏的判断是对的。

[3] 据日本方面的估计,在满洲的日军仅合苏俄远东军六分之一,而苏俄远东军则等于日本全国军队的总数。再如红军系充满布尔什维克主义的军队,现在却更变成对外备战的利器了,这种转变已久为世人所公认的事实。参阅本年三月份英文现代史料杂志费尼斯著《苏俄的军力》译文见四月九—十一日天津益世报;二十四年八月三—四日北平晨报《苏俄的武力》,Is the Red Army reliable? Peking-Tientsin Times,May 9,1936.

[4] Contemporary Review,April 1935,P.496。

当签订布累斯特列托夫斯克(Brest-Litvosk)和约的时候,列宁就打算在远东发展建设事业。一九三〇年政府开始考察远东各区的资源。一九三一年按远东八区①考察报告的结果是远东区的资源占全国百分之八十,其中以贵重金属,铅、锌、铜的藏量为最大。② 在第二个五年计划实施以前,有二二九个研究组织,出发远东各区,考察矿藏;实施以后,政府方面参照经济利益、民族政策、国防需要三方面的相互关系,把远东区分成五十五小区,以求实现彼此之间分工发展的原则。在第二个五年计划的投资和生产预计中,远东区所占之成分如左:③

全国投资总数(以百万卢布为单位)

部　　门	全国投资总数	远东区所占之百分比例数
全国国民经济事业	一三三,四〇〇	三九·二五
重工业	四六,七六〇	四三·五二
轻工业	九,二〇〇	五
农业	一四,七五〇	三·二四
铁路运输	一八,七〇〇	五七·七三
交通事业	一,七〇〇	三八·〇六
教育	三,一五〇	三七·三五

全国和远东区生产量的比较

部　　门	一九三二年的产量		一九三七年预计的产量	
	全国产量	远东区百分比例产量	全国产量	远东区百分比例产量
电力(以一千基罗瓦特为单位)	四,六七二	一八·八五	一〇,七〇〇	三〇·三二

---

① 远东八区为 The Urals, Bashkir Republic, Western Siberia, Eastern Siberia, Central Asia, Yakut Republic, Kazakstan, The Far Eastern Area.

② Bruce Hopper, Eastward the course of Soviet Empire, *Foreign Affaire*, Oct.1935.

③ 同上。

续表

部 门	一九三二年的产量		一九三七年的产量	
	全国产量	远东区百分比例产量	全国产量	远东区百分比例产量
煤（以下以千吨为单位）	六四,三一〇	二五·七三	一五二,五〇〇	三七·七七
铁	一二,〇六二	二五·八七	三九,九〇〇	三一·八四
块铁	六,六〇九	二四·〇〇	一八,九六三	三二·六〇
铜	四六	六五·九六	一五五	八一·九三

第二个五年计划,在远东区的投资,占全国总数百分之四十二强。而远东区的生产量,从第一年的百分之三十三提高到第五年的百分之四十三。单从这两个比例数看来,我们就可以想象到苏俄在远东区的建设事业,是已在如何急进的程序中。这在原则上,苏俄发展远东本是固定的政策,可是在事实上,她的发展远东政策的急进是受了日本行动的刺激,所以苏俄为防御远东侵略,更为使远东区能够独立防御侵略起见,他们必得把第二个五年计划中的远东经济建设发展到能以自足自给的地步,然后才可以使远东区的国防建设到类似一国整个国防建设的程度。就是因为这个缘故,政府方面才向仅占全国人口八十分之一的远东区,投下占全国投资百分之四十二以上的资本。

（一）交通　在远东区交通建设中,要以铁路为最重要,无论从一般经济发展或国防需要观察,它与防日政策都有密切关系。在第一个五年计划中,全国增设的铁路计长六,五〇〇基罗米特,敷设在远东区内（包括土西铁路）的即占百分之八十。在第二个五年计划中,全国增设的铁路计长一一,三八一基罗米特,敷设在远东区内的计长七,五〇〇基罗米特,这在总长度里占百分之六十五以上。①

---

① 第二个五年计划远东区域铁路建设程序,详见 P241 注②,页四八。

本来达到海滨省和海参崴的铁路线有二：一是西比利亚铁路，一是中东铁路。但自中东路出让后，只余西比利亚铁路。像这样沿着"满洲国"边界由西而东的单行路线，在作战时随处有被敌人截断的危险，即或可以幸免，单行线的运输效率，亦不易提高，这是上次日俄战争中的一大教训。所以苏俄在出让中东路之后，立即开始增设西比利亚铁路远东部分一千英里的双轨，去年底完工，现在运输业已开始。最近在海滨省之北，另设较安全的海军根据地，开辟海港，从伯力到尼可莱伊夫斯克（Nikolaievsk），建筑铁路，衔接西比利亚铁路东端，现正在建筑中。此外苏俄更从贝加尔湖区的泰士特城（Taishet）至伯力之北的康梭莫斯克城（komsomolsk），建筑新铁路，通称之为贝加尔阿穆尔铁路，全线约长二千英里，与西比利亚铁道并行，两线相隔在一百英里以上，本年二月测量完竣后，即开始兴修。现正在紧张工作中，预计明年完成全线。同时还有达于外蒙边境的佛尔牛金斯克吉亚克塔（Verkhneuinsk-Kyakhta）铁路，计长二五五基罗米特，利那流域的铁路，计长七〇〇基罗米特，这两路预计在第三个五年计划期中可以完成。

这以上铁路建设完成以后，无疑的极有助于苏俄远东军事运输；因为西比利亚铁路敷设双轨，增高运输效率伯力至尼可莱伊夫斯克的铁路，衔接新旧海军根据地，使它们得着互为犄角的呼应，贝阿铁路则是俄国东西两部的联络线，是西比利亚铁路的辅佐线，同时因有西比利亚铁路的屏障，它也是远东区内较安全的交通线。至佛吉和利那二铁路更是战略的路线。

苏俄在航空方面，极力发展民用航空事业，迄今已开辟横贯西比利亚的两大干线和贝加尔湖及东北方太平洋岸的两支线，共长约二万公里。主要目的有三：（一）联贯全国东西两部的交通，（二）辅佐西比利亚富饶而幽僻区域的开发，（三）增加远东区军事重镇的密切关系。

除铁路和航空外，苏俄政府又致力于开辟北部海运，疏浚内地运河，敷设运输矿藏铁道，修筑汽车公路。这一类的建设，在平时是帮助经济富源的开发，在作战时它们全都可以提高军事运输的效率。

（二）农业 "苏俄全国本分生产与消费两个区域,其西南部为食粮之生产区,东北部为消费区。……今苏俄……最大目的,即在取消此生产区与消费区之分别,使东北亦能生产米麦及棉花等。"①近几年来,在组织上已由个人农业而变为集团农业,在改进上已使农业机械化,并改良农产种子。"自一九三三年起,北部产麦农田已有九七七,〇〇〇海克泰（每一海克泰等于十五六中国亩）,一九三四年增至一,九六二,〇〇〇海克泰,及一九三七年计可达到四,〇〇〇,〇〇〇海克泰。北部成绩既若是之可观,东部气候较暖,土质较肥,于第二五年计划完成时,其成绩必更可观。"②关于农具制造方面,他们建设大规模农具制造厂,并在各地设置牵引机站、修理厂和电气耷米所。有时他们还利用飞机播散种子。同时政府方面利用减免赋税的优待办法,鼓励人民向东移殖,即远东犹太自治国一个区域里,几年之间,人口增加双倍。据说,三年以前,远东区和滨海省驻军的粮食,有一半是从西比利亚运输过来的,可是现在因军部附设农业推广部努力实现它的三年计划的结果,所有驻军的粮食已完全做到就地自给的地步,③这一点很可以证明远东区农业进步的迅速。

（三）工业 工业上与军备上必需的煤、铁及煤油三种原料,苏俄不特兼有,且其贮藏的数量,除美国外,几甲于全球;所不幸者,帝俄时代未尝努力开发。在革命以前,四分之三的工业皆集中于欧洲区如狄波（Dnieper Region）、唐乃支（Donets Basin）、莫斯科、伊文诺佛（Ivanovo）及圣彼得堡等处,其他区域如乌拉尔（Ural Region）、中亚细亚、卡萨克司顿（Kazakstan）及西比利亚等均成极退化之地。④ 所以第一个五年计划

---

① 复兴月刊四卷十期金通艺著《斯丹林统治下之新苏俄》。

② 同前。

③ *Contemporary Review*,April 1935,P,496.

④ 根据一九三四年的统计,苏联储藏之煤,经地质学家审定而尚未经营者,共计一,一七二,九八四,〇〇〇,〇〇〇吨,已经营者计有一五,三七三,〇〇〇,〇〇〇吨;其储藏之铁,经质学家审定尚未经营者,共计二四〇,〇〇〇,〇〇〇,〇〇〇吨,几占全世界藏铁百分之五十,已经营者计有四,一〇〇,〇〇〇,〇〇〇吨;其储藏之煤油共计三,〇〇〇,〇〇〇,〇〇〇吨,占全世界藏油三分之一。参阅二十三年二月七—十一日天津大公报《莫洛托夫第二五年计划报告书》。

实施以来,苏俄政府侧重在新富源的开发,更致力于向东进展。有人说:
"第一个五年计划的开始,特别标异出他们态度上的改变,其结果则更进
一步展开布尔什维克党人的眼界,这不仅使苏俄从对西部传统的经济依
赖摆脱出来,并且这是初次把全国安放在为国防需要的新工业基础之
上。"①莫洛托夫在报告第二五年计划时,郑重提出分配天然富源于工业
化之新的主要根据地问题,是特别在苏俄东部、乌拉尔、东西西比利亚、
远东区、卡萨克斯顿与中亚细亚各地的创造问题。所以在第二个五年计
划实施期中,苏俄东部工业化遂成为全盘计划中的主要部门:利用西部
工业重镇的机器制造力,开发东部的天然富源,而使乌拉尔、贝加尔湖、
西比利亚等地变成苏俄广大的新工业区域,其进步较诸久已发展的西部
为迅速。

"新辟之工业区共有六处:(一)乌拉尔区,该区所产之铜,于第二五
年计划完成时,将居全俄之第一位,其所产之铅将居第二位,其所产之煤
将居第三位,其所产之各种机器将居第四位,此外尚有麦格民高司克
(Magntogoisk)炼钢厂为全俄最大钢厂之一。(二)巴斯克区(Baskir
Region),该区产有铁及煤油等原料。(三)卡萨克斯顿区,该区内有卡兹
波列炼钢厂(Kazpoly metal Work),其产额将为全俄产钢最多区之一。
(四)西西比利亚区,该区适位于我国外蒙与新疆之北,内有库兹乃司克
煤矿(Kuzetsk Coal Basin),藏煤计有四千五百万万吨,为全世界最大之
煤矿;另设有钢厂,以库矿之煤,就地熔铁,产钢极为丰富;此外尚有制车
厂,每年可产十万辆运货汽车。(五)东西比利亚区,该区位干我国外蒙
之北,内有金矿、煤矿、炼钢厂、机器厂以及消费工业品制造厂等。(六)
远东区,该区位于我国满洲之北,内有卡巴拉夫司克(Khabarovsk)炼油
厂,一九三二年产油二十万吨,一九三七年可增至八十万吨;最近在该区
之波莱萨地方(Burezha)新发视一煤矿,藏煤约有一千万吨。"②

---

① 同 P241 注②。
② 同 P241 注①。

苏俄如是发展东部工业,在一般经济发展上看来,她是树立新工业根据地,一面增高全国轻重工业的力量,一面使工业品由亚洲边界而达于亚洲各部;在国防事业上看来,此项根据地可以增强苏俄军队在东部的国防力量。这样,她进可以巩固其太平洋的地位,退可以保卫其远东的广大领土。[①]

假使彻底观察上述的种种经济建设计划和进步程度,我们应当相信苏俄之所以如是努力的,除战略的理由外,还有远大的经济、社会、政治的三方面理由;因为她这一切的建设事业固然可以促进国内退化区域,使它们工业化,但同时对于一般还未工业化的亚洲边境民族的命运,也必有无限的影响。所以有人说:"外蒙古和新疆的自然经济的出路是到苏俄,即民族主义正盛的土耳其和波斯,也在响应着她这么大工业上有如磁石般的吸引力量。按纯理论上说来,如果承认俄国革命之于亚洲有如法国革命之于欧洲,那末亚洲边境的民族,除去他方面外力不论,将要听从苏维埃经济和政治的支配,似乎只是一个时间问题。"[②]这种预言如果有相当见地,那苏俄在东部措施的目的,当然不能被视为仅是消极的防范日本侵略了。

五、结论

苏俄在远东方面的防日计划,本是多方面的,且是具有远大眼光的。几年以来,她一方面埋头于有关国防的种种经济建设,一方面尽量的充实军事上的设备,但始终却仍不放弃外交折冲的途径。这当然是在努力于各方面准备期中,她还时时期望着更多的准备时间。所以在为了策略关系而出售中东铁路以后,苏俄政府还是继续不断的和日本进行渔业权、库页岛石油开采问题和边境冲突事件等等外交谈判,即在今日,她还

---

① 参阅外交月报五卷一期刘泽荣著《苏联实行太平洋领域工业化之基础》;二十四年十一月十八—二十一日北平晨报译文《苏俄在远东区经济的跃进》。

② 同 P241 注②。

一再的向日本提议缔结互不侵犯条约。这便是对日"一面抵抗，一面交涉"的政策。

苏俄积极发展东部，其目的固然是利用未经开发的天然富源，增加国防力量，但是重要的目的是要使东部发展到能以独自抗御侵略的程度，因为只有这样，无论东部或西部遭遇侵略，才可以不致动摇全国，也可以减少两面敌国趁机向她夹攻的危险。所有她在近几年中对一般国际关系的调整和对远东方面的军事及经济的种种建设，全都是要实现这个目的；在这个目的未充分达到以前，苏俄对外能容忍总得容忍，这个目的达到的时候，她当然不惜以武力摧毁任何外来的侵略。实际说起来，苏俄真准备到东西两部都能各自抵御侵略的程度，敌国也未必敢对她轻易一试，那末敌国对她既有一日的顾虑，她就可多有一日准备，如果敌国将来对她侵略，她将来当有更大的抵抗力量。这就是当前苏俄具有最大决心于暂时容忍之中的政策，也就是久远的防日政策。

几年前虽然风传过："如果日军向北侵略，苏俄或将不惜暂时放弃滨海省阿穆尔省和堪察加的领土。"然在今日，则时移势易，此类风传确已成为过去，苏俄当局所谓"虽一尺寸的领土不能让人"的话，虽日本也必确信无疑了。

再从远大方面观察，苏俄在远东区一般文化教育上的努力，也不亚于在军事或经济上的努力，诸如发展儿童教育、成人补习教育，改善课本，设立专门学校、技术学校、工厂学徒学校等等，皆足以证明苏俄在远东方面的防御侵略，是一个面面俱到的国防政策。

一九三三年一月，斯达林氏在共党中央执行委员会报告第一次五年计划成绩时，曾说："一般的说来，五年计划仅有百分之六没有做到，那是因为邻国拒绝缔结不侵犯条约，远东情势一时危急的结果，使多数工厂都致力于武器制造方面去了。但国防却因以充实，无论在什么时候，都可以抵抗外敌的侵入。……若像中国一样，工业落后，国防空虚，则将不免成为外敌的军事行动的目标。"在认识苏俄远东区的国防建设概况以后,再看到斯达林氏这一段谈话,我们真不禁要问一句:"中国如何防日?"

二十五年六月　脱稿于天津。

(《外交评论》1936 年 7 月第 7 卷第 1 期,70—99 页)

蔡维藩：日德同盟的影响

德日两政府在上月二十五日签订协定，举世震惊。就里面的条文看，她们的目的是在共同防止第三国际的活动，就她们政府当局发表的谈话看，她们的目的也是在共同防止第三国际的活动；然而许多国家却仍在震惊，这当然不在于这个协定的内容而在于它的影响。作者愿就个人见到的一申述之。

战后欧洲列强，论主张异同，可分为维护现状和推翻现状两派；论结合力量，前一派较强大，后一派则较孤立。到一九三六年，意、奥、匈两次协定（三月二十三日和十一月十二日。已往还有一九三四年三月十七日的三国政治经济协定和一九三五年三月二日的三国文化协定）、德奥亲善协定（七月十一日）、德意协定（十月二十三日）相继缔结之后，推翻现状派的国家才有第一次的结合，也才有和维护现状派国家对抗的阵容。现在德日缔结同盟，而意日协定又紧随其后，这是推翻现状派国家结合的扩大，也是推翻现状派国家和维护现状对抗阵容的扩大。推翻现状派国家的结合这样扩大，自会促使许多主张维护现状的国家力求结合或扩大结合，结果终将形成全世界空前对峙的两大壁垒。

国与国间求结合本是常事，结合而有固定对象也不稀奇，但如德日二国公开的以反某种主义为口号而结合的，还很少见。从前在十九世纪奥相梅特涅时代，英、法、普、俄、奥五国虽会以"防止革命"口号缔结同盟，然其目的却在于维护现状。即在欧战后，英、美、法、日四国武力干涉俄国革命，她们也未尝缔结定期的反共同盟。今日正求推翻现状的德日二国，竟以"反国际共产主义"口号公开缔结同盟，而于以某国为其固定对象外，更有极广泛的对象，这在德日当局未尝不自鸣得意，可是在这种种"前线"运动极狂热的当儿，一旦她们的口号弄假成真，她们自己虽欲罢而不能，那才是人类空前的浩劫！

本来法俄互助公约成立之后，法、俄、德三国间如果发生战争，就会有牵动远东的可能，但因日德之间没有互相的义务，日本或可旁观，趁机另求发展，以减少这种可能性。现在德日同盟既告成立，她们有了互助义务，并且具有应付共同对象的义务；这以后德俄之间发生战争，日本有参战的义务，而日俄之间发生战争，德国也有参战的义务。在从前，欧洲战祸可以卷入远东，远东战祸却不一定波及欧洲；这以后，任何一方面发生战祸，他方面终必被卷入。即或欧战可以暂时避免，远东斗争中，除中、英、美、日、俄主角之外，更必增加一些配角的国家，结果远东风云的紧张必不亚于欧洲。

按国际惯例说，两国间缔结同盟，在政治军事范围外，每会有经济的动机，德日同盟当然不能例外，而意日协定尤为明显。如其风传德意协定成立后，两国又签订航空协定规定"双方应在远东共同经营航空机，并开办东非航空线，由德国齐柏林飞船担任飞航"是真确的话，那么德、意、日三国也会有经济性质的结合，也可以造成一种经济集团的实力。她们可以排挤英美在远东的利益，也可以威胁英帝国的经济命脉，英美如对抗，两个集团的经济斗争也有促成战祸的可能。

再就对远东和中国的影响说一说，按德日协定第二条"缔约国应联合邀请凡遭受国际共产党（第三国际）阴谋破坏国内安宁的国家，采取依据本协定主旨之防卫措置"分析看来，除了协定引言和协定本文第一条事实上以第三国际所在国为其对象外，其他已有或将有共党问题的国家都不免有被放在她们对象范围中的可能，这等于说，她们是在组织"剿共救世军"，许多国家都在"被救"之列。然而在强大国家方面，无论是被认作她们的何种对象,自有"勿劳尊驾"之道,可是较弱的国家如中国,那将怎么办呢! 这是我们应认为德日同盟的严重影响之一。再说,德日同盟条文公布之后,世间风传着她们还另有秘密条款,如其不是神经过敏的话,我个人认为她们除常设委员会可以随时商讨军事合作无须预定条款外,很有另订有关远东商务势力范围的秘密规定的可能,这方面意大利也可参加。我们只要就着德意协定外另有"共同经营远东航空线"的规定加以印证,上面的揣测或不一定毫无意义。如果真有这样的事,德意日在远东经济上的合作,可以造成她们和英美的对抗局面,也可以由对抗而获得一时的妥协;因为强国政策变化无穷,一时的现状不可久持。在作者看来,她们对抗或妥协,皆是可能的,也皆是于我国不利的。这是我们应认为德日同盟的严重影响之二。

上述种种影响,多属个人臆测,对不对,暂时无从断定。此后各方面的反响愈多愈大,德日同盟的影响自会更加清楚。至于讲到应付方面,别的国家姑且不管,但我们自身如何应付却有赶快决定的必要。

依个人所见,全国应一致认识的有两点:一是大战不可避免,人类浩劫迟早终将临到,单独一国要想幸免,实不可能,因之全国团结一致卫国,自是天经地义的道理;一是将来战争的力量,不仅在于军队和武器,而更在于全国人力和财力,因之增加国内生产力,少作"外货销售员",也是天经地义的道理。最后要请政府注意的有两点:一是赶向列强特别是向倾向维持和平的列强,切实说明我们抵抗任何外来侵略的决心,更须以我们的行为表示我们的决心;一是赶紧以极大力量建设西北国防,无论为今日为将来,全都有此必要。请看不久以前远离俄国的罗马利亚,最近作过"决不容许德国军队过境"的表示,而远处于近东中东的土耳其、伊拉克、阿富汗、伊朗已在准备缔结四国公约;这皆是事先下决心和作准备的实证。第不知作者上述的刍荛之议,其能视为衡量今后政府能力与国人觉悟的标准乎。

(《兴华》1936 年 12 月第 33 卷第 50 期,10—13 页)

丁洪范：日英在华之经济斗争

嚣尘已久之世界资源与市场重分配问题最近且日趋严重化。所谓资源与市场重分配者，正释之，应为殖民地的重分配。然而无论愿不愿，或能与不能，在列强重分配其既得殖民地之前，断不容半殖民地一类的东西存在，其理至显，毋庸申述。此项半殖民地为数原已不多，其最为人所垂涎者在西方有阿比西尼亚，在东方有中国。阿比西尼亚问题已暂告一段落，中国问题现在正在急剧演化中。二十世纪开始，中国瓜分的恶运似已降临，然卒因列强势均力敌，相持不下之结果而产生所谓"领土完整，门户开放"的原则，幸得苟延残喘。然自"九一八"事变以后，此种均势局面业已打破，"领土"既不"完整"，"门户"亦逐步"关闭"。此后结局如何，还视列强角逐之结果及中国本身能否振作以为断。大战以前与中国经济关系最为密切者按次有英、俄、德、法、日、美诸强。大战以后德国势力荡然无存。俄仅保有中东路一隅，自最近该路出卖亦与德国同遭摒退之命运。法国势力无大进展。故在中国经济舞台上相周旋者至今惟余日、英、美三国耳。三国之中又显然以日为主角，英、美为副角，偶或加入其他配角，但俱属跑龙套之流无关重要。英、美之中，美在贸易上与日冲突甚少，且其投资势力亦不大，故美亦暂可退居次要地位。至于英则与远东关系过深，其在华之市场与投资非独不甘放弃，且亦不能放弃，盖

252

中国之资源与市场供人独占之后,无异为虎添翼,其远东其他殖民地利益且岌岌乎危矣。兹特举日英在华之经济关系,略加论列,以明其争持现象之一斑。

一、贸易之角逐

近代产业先进国最初侵入落后国者,厥为商品。远在鸦片战争以前,英国对华贸易已占重要地位,战争以后更见重要。在东印度公司时代,广东对外贸易几完全为英国独占。自有海关报告(一八六四)以至一八七四年,中国对外的直接贸易,英占百分之四十以上,直至十九世纪末叶尚占百分之二十左右。在一八七〇年左右,百分之九十进口货由香港、印度及英伦运来,百分之七十运往英国。当时的旅华外人英籍亦约占一半。通十九世纪中,对英贸易非独占中国对外贸易的首位,并且是居绝对的主位。

二十世纪开始情形便有不同,大战以后英国对华的贸易地位更见衰落,首席遂转让与日本。最近因东北分离的关系,首席又为美国所夺。其地位低落情形可从下表中见之:

表一　英美日对华贸易地位之消长

年份		一九一三	一九二〇	一九二七	一九三四	一九三五
进口总额	(百万海关两末两年百万元)	五七〇	七六二	一,三〇九	一,〇三九	九二五
各国所占之百分比	英国	一七	一六	八	一二	一〇
	日本	二一	三〇	二五	一二	一五
	美国	六	一九	一八	二六	一九

上表明示英国对华的贸易地位已从十九世纪之第一位降至第三位矣。至于第一位则允推日本,虽最近数年似让美国占先,但此就东北贸易及走私除外而言,倘东北及走私算在内,则日本地位仍居绝对优势也。惟在此读者应注意英国对华贸易除本国直接外,尚有经过香港及其他殖

民地,如印度、澳洲、加拿大等贸易。故就全体而论,英帝国对华之贸易利益仍驾凌他国之上。此处所论仅其本国之直接贸易耳。

英国对华贸易地位之所以衰落者,实因日货竞争所致。英国输华之主要商品为棉货(参见表二)。自大战以来日本轻工业长足进展,其技术精,其人工贱,故其出品价廉而物美,遂为英国对华贸易之劲敌。自一九一三至一九二九年之间,英国棉货出口减少五百万镑,其地位即为日本所夺。在一九一三年英国棉货占我国进口棉货百分之五十三,日本棉货占百分之二十,至一九二九年英国占百分之二十一,日本占百分至六十六,其地位正好相反。(*Report of British Economic Mission to the Far East*,*1930—1931*,pp.59—62.)世人皆知美国在太平洋上与日本对立,但就三国对华的经济关系言之,成为死仇者首为日英,次为美英,而日美的冲突关系尚小也。兹任举最近二年三国输华之主要货品列表如下:

表二　英美日输华主要货品(单位千元)

货品	英国		日本		美国	
	一九三三	一九三四	一九三三	一九三四	一九三三	一九三四
棉布	一九,九五一	一〇,〇九五	三三,二四七	一五,二〇四		
棉花					六六,五八五	五二,八八四
呢绒及绒线	一八,二五六	一五,九五二	二,八九九	五,六四四		
麦粉					二,三八〇	四,〇三四
钢铁	二七,二六一	一六,四三一		一〇,六三一		一二,六九八
车辆电器机器等	五,四〇四	三,六〇九			一八,九四二	二一,五一四
纺织及其他机器	一三,七三九	一七,〇七一	六,二六二	九,三二二	五,八三八	八,四三九

凡对某一国家输出同一或同类货物者必发生竞争。表二显示英国与日本在棉布与呢绒等输出上处于竞争地位。美国对华单独输出棉花

与麦粉,故在此两种商品上与英日无竞争之可言。英国在钢铁及车辆电机的输出上又和美国竞争(日本虽也输出钢铁但数量较小)。至于三国互相竞争者主要的惟纺织及其他机器一项,由此可知美日在对华贸易上所竞争者甚小。英国则既须抗日又须排美,明乎此则知日英冲突之由来,及英美对华之不易合作矣。

英日在对华贸易之冲突除商品的表面竞争外,尤有其他更根本的原由。英国在晚近国际贸易上为一有名的入超国家。其在对外五六十国贸易中,惟对中国与巴西两国有确实的出超。故中国为英国的稀有可贵的市场,当此工业品生产过剩无尾闾可泄之时岂可不重视乎哉?就日本方面言之,其经济基础尚筑于轻工业之上,而且因国内资源缺乏,重工业能否成功,大成问题。际此集团经济锁国政策盛行之秋,日本棉货到处碰壁,其市场不求之于无藩篱之中国,将何求?宜乎此两强在吾国之肉搏也!

至此且一观测"九一八"以后东北的国际贸易关系,俾更明了两国对华之贸易状态。"九一八"以前东北对外贸易最大特征之一项出超,自后在日本护符之下,情形剧变,至今每年平均约有入超一万万元矣。此项入超状态为日本一手所造成,东北此后之指定职务之一为消费日货,再无疑问。一九三一年日货输往东北尚止七千七百万日元,至一九三四年增至四万万三百万日元,相差五倍有余,日货增销,中国本部及其他各国商品则不得不为所侵夺而致剧减。兹举对东北输出主要国家的地位消长比较之如下:

表三　主要国家对东北贸易地位之消长(占东北输入百分比)

年份	中国本部	日本	英国	美国	苏俄
一九二八	二一·〇	三七	二	七	九
一九二九	二三·〇	四〇	三	八	五
一九三〇	二五·〇	三六	四	七	五
一九三一	二七·〇	四〇	二	六	七
一九三二	一八·〇	五四	二	六	二

年份	中国本部	日本	英国	美国	苏俄
一九三三	一六·〇	六一	一	六	二
一九三四	一〇·〇	六五	二	六	
一九三四 (七个月)	八·〇	六四	二	八	一
一九三五 (七个月)	四·五	七二	二	五	

表三明示,中国本部在"九一八"(一九三一)以前对东北输出的地位日渐增高,自百分之二一增至百分之二七,自"九一八"以后则逐年递减,至一九三五年仅百分之四·五。与中国本部地位遭相似之命运者有苏俄,自"九一八"以后降至最近几无贸易之可言。英美地位原不甚重要,仅占百分之二·三与六·七,故其变化亦少。至于日本,则军旗所至,货物随来,"九一八"以后其地位自百分之三十六竟增至百分之七十二矣。倘将本部除去,谓我东北输入几完全为日本所独占也亦无不可。此何足怪帝国主义者霸占殖民地非以此为主要目的之一乎?

观夫东北对外之贸易关系,可知日本近年来对华之贸易地位急剧增高,大非英美所能颉颃。其最近趋势,日货非仅独占东北,且利用走私机构,进而独占华北,渐及于全中国矣。中国固已矣,与其对顶冲突的英国,将何以堪?将何以堪?

二、航业之消长

与商品贸易有密切关系者为航运,故列强在华经济势力之消长,亦可从航运中见之。航运可分为外洋、沿海及内河三方面言之。我国之外洋航路,以大连、上海、厦门、香港等四埠为起点,大别之有欧洲航线、美洲航线、菲洲航线、澳洲航线、西比利亚航线等五路。沿海以上海为起点,其北为北洋航路,其南为南洋航路。内河航运尤以长江、黑龙江、珠江及沽河等航线为最长且最重要。我国外洋航业完全操诸外人之手,固无待论,而沿海及内河航运亦太阿倒持,此在独立自主的国中所未之见者也。凡独立自主的国家,其领海与内河之航行权利,莫不归其国民所独享,他国人民不得染指。在次殖民地的中国则不然。计一八四二年南京条约订立,五口通商,自上海至广州沿岸外轮乃得自由行驶,是为沿海航权丧失之始。一八五八年天津条约成立,镇江、南京、九江、汉口等商埠开辟,是为长江航权丧失之始。自是,一八六〇年北京条约、一八七七年烟台条约、一八九五年马关条约相继订立,于是沿海及内河航权逐步断送。一八九八年海关总税务司英人赫德(Robert Hart)颁布两种祸国法令:一为长江通商章程,除汇列已开放商埠许列国自由航行外,更指定长江内地八处为外轮上下旅客之所;一为内港航轮章程,自行开放内地河港,使外轮可领照航行。一九〇二年中英马凯条约订立,又断送珠江航权。至此我国沿海及内河航权丧失殆尽矣。

我国航运大权既操诸列强之手,而列强之中尤以英日势力为主要。兹举近数年列强在华航运之分配列表如下(表四):

表四　近年各国商船进出中国口岸百分比

旗别	英国	日本	中国	其他各国	合计	总吨数(单位百万吨)
一九一六	四一	二八	二六	五	一〇〇	八八
一九二六	三五	二九	二一	一五	一〇〇	一三五
一九三〇	三七	二九	一九	一五	一〇〇	一五六
一九三一	三八	二七	二〇	一五	一〇〇	一六〇
一九三二	四四	一五	二五	一六	一〇〇	一三五
一九三三	四二	一五	二七	一六	一〇〇	一三七
一九三四	四二	一五	二九	一四	一〇〇	一四〇
一九三五	四二	一五	二九	一四	一〇〇	一四四

注:中国船舶包括帆船在内,帆船吨数约占十分之一。其余各国概属轮船。

上表显示两项重要知识:(一)通商船舶吨数自一九一六至一九二六年期间增加四千六百余万吨,达三分之一以上。一九二六年以后至今增加无多。（二）英国因其开辟中国商港的历史关系,在华航业中恒居首位,占全体航业百分之四十左右。其次为日本,自一九一六至一九三一年约占百分至三十弱,其地位无大变更;自一九三二年以后,因东北的分离关系乃落至第三位,占百分之十五,迄今无大变更。中国本身航业仅占五分之一,且其中杂有十分之一的帆船。自一九三二以后,地位略有进展,跃居第二位,然仍不能与英国抗衡。其他各国近年来成分亦渐增多,主要的为美国约占全数百分之四左右,且多航行外洋者。次为荷兰、那威、法、德等,合计之尚不满百分之十。故就外船而言,列国在华势力实不能与英日相提并论。

日本在中国本部之航业地位虽大见衰落,但东北的航运几完全为其所独占。兹举一九三四年进出东北口岸之船舶列表如下(表五,根据一九三六年日伪英文年鉴数字重算):

表五　各国商船进出东北口岸之分配(一九三四年)

旗别	日本及关东	英国	中国本部	东北	其他各国	总计
船数	六,四六七	八七七	二,八六三	七〇三	五〇四	二,四一四
吨数(单位千)	一一,六四六	二,三二三	二,一六七	四二二	二,三五五	一八,九一二
百分比	六二	一二	一一	二	一三	一〇〇

在一九三四年东北一千八百余万吨航运中,日本竟占一千一百六十余万,合占全额百分之六十二;英国有二百三十余万吨,合占百分之十二;中国本部尚不及英国,仅得二百十余万吨,合占百分之十一;东北本身几无航业之可言,仅得百分之二;其他各国在东北之地位与在中国本部相似,约占百分之十三。由此观之,日本在航业上一如在贸易上,自"九一八"以后在中国本部地位之衰落由其在东北地位之提高填补有余。"失之东隅,收之桑榆。"固早在意中,况本部尤为其"外府"乎?

三、投资势力之进攻

资本主义国家侵入产业落后国家继商品而至者厥惟投资。投资势力在多种意义上较其他经济势力更为重要,故日英在华经济势力之消长,最好从投资上见之。自一八四二年江宁条约订立,外人在华之商业投资基础即行奠定,其树立此项基础者,英国也。自一八九五年马关条约订立,外人在华之工业投资基础亦行奠定,其树立此项基础者,日本也。自是以后,外人纷纷来华设厂、开矿、筑路等等,无微不至,资本大量输入而国权日渐丧失矣。故自对华投资地盘之开辟而言,日英之功,无分轩轾,至其发展则大有迟速之分。

在二十世纪初期日本资本主义尚未充分发展,其对俄战争及国内产业,还恃英国之资力以供调达,故大战之前英国资本在中国经济舞台上独霸一切,远非日本所能抗衡。然在大战期间,英国无暇东顾,日本因利乘便,猛力发展,遂取代英国之地位而代之。据美人雷麦教授(C.F. Remer)估计日本在一九〇二年对华的投资总额仅一百万美元,其在列强中之地位几等于零,而英国则有二万六千万美元,至一九三一年日本投资增至十一万三千七百万美元,占各国在华投资总额百分之三十五强,而英国则仅增至十一万八千九百万美元,占总额百分之三十七,仍占第一位。惟据一九三一年日本经济年报统计列强对华投资总额约为五十万万日元,而日本投资惟二十五万三千九百万余日元,已占各国总投资额之一半,则日资已驾凌英资之上矣。日经济学者尾崎秀实关于列强在华之投资,在一九三一年以前取雷麦教授之数字,而附以一九三四年之数字列表如下(《日本国际评论》一九三六年一月号《列强在华之角逐》,时事类编四卷四期,高璘度译):

表六　英日美在华投资势力之消长(单位百万美元)

国别	一九〇二		一九一四		一九三一		一九三四	
	投资额	%	投资额	%	投资额	%	投资额	%
英国	二六〇	三三	六〇八	三八	一,一八九	三七	一,二〇二	三四
日本	一		二二〇	一三	一,一三七	三五	一,四一〇	四〇
美国	二〇	二	四九	三	一九七	六	二三〇	六

右表明示日本在华投资自一九〇二至一九三四年三十二年期间增加一千四百余倍,其速率至足惊人。兹复举大战前后列强对华产业投资之指数,俾更明了日英在华投资势力之消长与对立状态。(C.F.Remer, Foreign Investment in China,p.99)

表七　列强产业投资之比较

国别	一九〇二年	一九一四年	一九三一年
英 国	三七·五	一〇〇	二四〇·八
日 本	〇·五	一〇〇	四三四·七
美 国	四一·七	一〇〇	三六九·三
俄 国	九三·一	一〇〇	一一五·五
法 国	四九·三	一〇〇	一五八·三
德 国	六二·五	一〇〇	五五·一

自一九〇二至一九三一年三十年期间,列强对华产业投资,除德国外,其余均有增加,而要无如英、日、美三国之速。而三国之中,又英不如美,而美不如日。美国自百分之四十一增至百分之三百六十九,相差九倍强。英国约增六倍。日本则千分之五增至百分之四百三十五,相差达八九百倍。故截至"九一八"之年(一九三一)为止,日本在华投资势力之膨胀,已气焰万丈,不可一世。自"九一八"以后,其势力如何,则尤为吾人所注意。

上列尾崎秀实所举一九三四年日本投资之数字,是否包括"九一八"事变后对东北投资在内并未明确指出,吾人且另举事实以为补充。据木村禧八郎估计,自"九一八"以来至最近,日本对东北经满铁之手投资三万四千五百万日元,而直接投与伪政府者约七千万日元,两共四万一千五百万日元,又收买中东铁路,已募之债一万五千万日元,在东北各种新设公司三万万余日元,日本辛第克投资三万万日元,合计不下十二万万日元之巨(《日本社会评论》一卷八号)。又据日本拓务省调查,日本对满投资经满铁及其他等,在昭和七年(一九三二)约为一万万日元,八年约为二万万日元,九年约为一万八千万日元,三年期间实投四万八千余万日元,较之明治三十八年至昭和六年长期间之投资实额仅十七万万元(一九三六年英文《日伪年鉴》六三八页),实足惊人。据东洋经济年报计算,昭和十年之投资自一月至九月间已超过三万万元,则加入购买中东铁路及最近投资,日本在东北投资总额,自"九一八"以后迄今已达十万万日元左右大约可信。据另一估计,此种投资加上关东日政府资产,合计在一九三四年底已达二十七万万日元。

帝国主义者投资必择其势力所及最稳固之地域为之。"九一八"事后,日本已置我东北于囊中,视为最稳固之投资地,故进展极速。其他列强之处境与之适得其反。"九一八"之前,列强在东北投资除俄国外已微不足道,兹举一九三〇年之数字如下(同上书页八一七):

表八 列强在东北之投资比较(一九三〇)

国别	数额(单位千日元)	百分比
日本	一,七五六,六三六	七二·三
俄国	五九〇,〇〇〇	二四·三
英国	三三,三六〇	一·四
美国	二六,四〇〇	一·〇
法国	二一,〇八六	一·〇
其他	一,二一七	·〇五
合计	二,四二八,六九九	一〇〇·〇

"九一八"以前东北门户号称开放,而投资势力已为日本所操纵,占总额百分之七二强,其次为俄国占百分之二四强,英国仅百分之一强。"九一八"以后,东北门户关闭,苏俄迫不得已将中东路出让。俄国在东北除中东路外,别无投资可言,故该路出让后苏联势力不复存在矣。英国在该区域投资原不重要,此后乃更无问津之机会。

日本既肆力经营东北,在遂行其国策上尚觉大有所不足,故一方面在前年四月间,假有名的天羽声明恫吓列强使不敢对华投资,一方面自去春起高唱其所谓"中日经济提携"口号,在中国本部积极推行经济统制。此种统制计划,自最近川越大使北来以后,已急转直下,由提倡时期而进于实行时期矣。中日经济提携计划虽包括全中国,但其实行步骤则自近水楼台之华北始。故年来在华北五省努力造成特殊环境,俾利进行。最近中日经济提携的口号,又一变而为"华北经济合作"矣。其合作之目的与内容与经济提携无大分别,以川越大使之语出之,即"供给日本的资本、技术与经验,来开发中国的资源、市场、交通等等"。此项经济合作的投资已成功或在进行中者,先后有值资四百万元之柳江煤矿被占领,裕元、宝成及最近华新等纱厂被收买,华北公库之提议,农村合作社之举办,棉业贷款及农牧场之倡议,裕丰纱厂之创办,裕大纱厂之扩充,大同煤矿之投资,沧石铁路之建筑,胶济铁路之延长,塘大商港之扩张,天津电业公司之成立,最近往来营口之北方航业公司亦为日商所收买。其他小规模营业之不与日商合作营特殊贸易者,倒闭纷纷,不胜缕举。而策划及遂行此种经济合作事业之主要机关则为关东军、津驻屯军及满铁三位一体所决定之兴中公司。该公司于去年十一月间成立,资本暂定一千万日金,为满铁之子公司,其董事长即满铁常务理事十河信二。

日本"自九一八"以后在华北及其他中国本部的投资,总额尚无确实之估计,但就上举之遂行事业观之,其势力实咄咄迫人,华北对于日资之地位去东北已不远矣。

四、挣扎与对峙

假如东北为日本投资之大本营,则东南为英国投资之大本营,关东州及满铁之于日本,与香港及广九铁路之于英国,正好遥遥相对成为无独有偶之双璧。据雷麦教授一九三一年估计,日本直接投资总额八万七千万美元中有五万五千万在东北,二万一千万在上海,而英国的九万六千万美元总额中有七万三千万在上海,其余则大部在香港。故英国投资在长江一带有绝对的优势,而其最后至根据地则在香港。英国在华北非无资本,如北宁铁路、开滦煤矿、门头沟煤矿、天津之水电公司等,其投资额俱不为小,然与华中华南之资本比较则不可同日而语也。

日本在中国北部之投资势力之所以能猛烈发展者,实有许多他国所不能抗御之原因。一为壤地接近,非独其殖民地朝鲜与我国接壤,即其本部亦仅一衣带水之隔,无论商品与军械、人力与物力,俱可朝发而夕至。次之,日本近年来武力发展过速有非向外膨胀不可之势。其近年对外投资胥为武人所主动,有武力做前驱与后盾,所向披靡,自然容易。又次之,其所采策略亦有为现代国家所不及之处,例如利用走私及浪人扰乱以破坏所在国之经济基础,使华人及他国正当企业有非为其并吞不可之势。欲阻遏此种趋势,非出于武力抵御自难见效,中国人既屈于威武不得不与之"合作",英人又无武力争霸之决心,其惟一方法乃与之妥协或无条件的退让。英国自"九一八"之后派遣远东经济考察团,利用李顿调查团及李滋罗斯专使等,竭力追求与日本妥协以维持其在中国之既得利益,俾在相当范围之内徐图发展。无奈日方旨在利益独占,以致种种妥协企图俱未成功。英国在此种状态之下,惟有采退让政策。

然而英国之退让亦有其限度,在东北可退让,因其利益原来微不足道,在华北亦可退让,因其利益虽有而尚不大,至于在华中与华南则命脉所在,非经一番争扎不轻易放弃矣。英国在香港、新嘉坡有其海军根据地,且其领地印度及缅甸接壤我西南。假今西南交通发展与华中息息相通,则未始非可与日本较短长也。所患者中国在其势力范围之内无统一有力之政权再与之合作耳。故无怪乎英国一方面在经济政策上赞助我中央政府在华南一带统一政权,一方面以西南铁路网为中心进行投资。粤汉之外,其他路线有待英资助力之处,尚不为少。同时英国亦不忘在新嘉坡及香港等处增厚其军事设备,最近且在九龙进行建造大规模之陆军营房。英在华南,日在华北,两者所为恰似遥相呼应。所异者进攻与退守,威迫与利诱,态度与手段有不同耳。是以最近日英在华经济关系在追求妥协及退让之余,大有形成对峙割据之势矣。

五、结论

帝国主义国家对于文化落后民族原有数种显著的处置办法:(一)独占,(二)瓜分,(三)划定势力范围,(四)"领土完整,门户开放",其进一步的变态就是(五)国际共管,或(六)委任统治。力能独占则取为保护国,或夷为殖民地,或直截并吞之。力不能独占,则瓜分之。瓜分之时机未至,则先划定势力范围以减少冲突。若夫势均力敌,相持不下,则有"门户开放"及其进一步的变态办法。此数种办法除最后两种外,在中国均经尝试,卒以列强均势而维持"领土完整"。今也均势局破,领土不完,独占并吞又在尝试。观夫日英经济势力之明争暗斗,则独占局面似又未易成功。最近日方激于英俄海军及借款协定之成立,又感巴蛇吞象之不易,在舆论界方面又露有英日妥协之鼓吹。李滋罗斯专使归国时亦有劝中政府减低关税并承认既成事实(意即伪国)以徇日方要求之说,此举无非为英日妥协留地步。无论日英或加入其他列强能妥协与否,中国最近将来之"领土"与"门户",已非"九一八"以前之"领土"与"门户"矣。假今英、美、法、苏诸强能合作应付,则"九一八"以前之均势不难恢复。无如列强各怀鬼胎,俱欲人作鹬蚌,己收渔利,于是望风披靡,眼看既得利益逐步断送(如苏售中东铁路,英美退出华北等)。良以中国"地大物博",独占形势急切似难遂行,此后势力范围或经济瓜分之现状尚有相当时期之延长欤? 此吾于日英在华之经济斗争中见之。中国之最后命运亦将在此时期中决之矣!

二十五,九,十。

(《东方杂志》1937 年第 34 卷第 14 期,7—15 页)

陈序经：暹罗与日本

一

暹罗与日本虽远隔重洋,却有好多类似的地方,在幅员上,两者都比较的狭小;在人口上,两者也比较的稀少;在体格上,两国的人民又比较的矮小;在文化上,这两个国家都没有什么固有的文化。两者直接上都会深受中国文化的影响,间接上,也深受印度文化的滋育,日本的佛教是由中国传播,而暹罗的佛教,主要却由缅甸与柬埔寨传播。虽则好多考古学者断定,暹罗在西历五六世纪的时候,印度的大乘佛教曾直接的输入暹罗,可是这种佛教在暹罗早已消减,而现在所流行者,却为间接由缅甸与柬埔寨所传入的小乘佛教。

因为这两个国家都没有什么固有的文化,所以对于采纳外来的文化都较为容易,在以往,他们虚心容纳中国与印度文化,固不待说;日本自明治维新以后,暹罗自拉玛第四以后,对于西洋文化,都能积极的提倡,积极的接受,而且两国的领导西化运动的任务,多为皇室与贵族方面。

此外,在语言文字方面,暹罗与日本同样的受了中国的影响;可是两者都经过改革运动,而趋于易读。又如日本的神道教与暹罗的佛教,在派别上虽是各异,然而对于人民生活的影响,却同样的有了很大的力量。日本政府与暹罗政府能利用这种宗教的势力,去统治人民,去统一国家,他如日本之外出喜带剑,与暹罗人之外出喜带刀,也是风俗上的类似之处。

上面所说的类似之点,当然是偶然的,并非因暹罗与日本有了什么关系而致此。不过亚洲只有三个独立国家,除了中国以外,这两个国家却有了这么多类似的地方,这是值得我们注意的。

而况近来不但在国内政治方面,暹罗与日本一样的偏向于法西斯蒂主义,而且在向外发展方面,我们的南邻的野心,并不下于我们的东邻的野心。日本人的大陆政策,要想并吞整个中国,暹罗人的大汰主义,也未尝不想鼓动中国境内所有的汰族。大陆政策与大汰主义,名称虽是不同,实际没有什么区别,两者都是侵略的口号,两者都是错误,两者都是妄说。

然而从中国的立场来看,我们对于两者都要留意,对于两者都要防备,我之所以常常提醒国人不要蔑视我们的南邻,就是这个原因。

二

暹罗与日本的关系,据说在日本是始于庆长元和宽永之间,在暹罗为希啊呦他亚王朝时代(一三五一——一七六七)。日暹关系,比之中暹关系较晚得多,而且最足以使我们注意的是,那个时候的日暹交通,多依赖于中国的船舶,而且日暹的国书,多有汉文的本子,故中国不但是日暹关系的物质方面的媒介,而且是日暹关系的精神方面的媒介。

暹罗与日本在那个时候的关系,主要是在贸易方面。从日本运去暹罗的物品为金、银、铜、雕刻品、金屏风、绘画敷物、铜器、漆品、瓷器、太刀、铠、枪、伞、扇子、硫黄、麦粉之类;由暹罗运去日本的货品为花、毛毡、木棉、绉更纱、鲛皮、黑糖、鹿皮、象牙、象皮、犀角、漆、漆器、烟、硝锡、槟榔、子籐、乳香、金刚石、珊瑚、琥珀、珠蓝、水牛角、紫檀、黑檀、白檀、火桐、伽罗、沉香、麝香、冰砂糖、西洋布、铁炮、铅、生丝、绢织物,此外又有鸟兽如鹦鹉、孔雀、驴、马、野牛、猫等。

日暹贸易的货物,在数量上如何无从考据。但是若单以种类上来看,由暹罗运去日本的东西,比之由日本运来暹罗的多得多。我以为假使暹罗人能闭着眼睛去回想那个时候日暹贸易的状况,再来放开眼睛看看现在日本的货物之在暹罗充斥城市,深入乡村,男女老少,日常所用的以至一身所穿的几无一不来自日本的情形,那么他们免不了要有今昔之感,而且必能感到所谓日暹亲善者,不外是暹人代日人畅销货物的意思。

据荷兰人亨弗利佗的《暹罗国志》,在日本宽永年间,日人之居留暹罗京都者,有六百人。日本人之在暹罗最著名的为山田长政及其子阿因,据说他们对于暹罗皇室都有过很大的帮助。至于暹罗使节与译官之到日本者为数也在不少。至一八九八年,日暹又互订通商航海条约。

三

暹罗与日本在欧战以前,除了商业的关系外,在政治上以及文化的其他方面,可以说是没有什么特殊的关系。欧战时期,日本虽趁机积极的在暹罗扩充其经济势力,然在政治方面,尚没有什么活动。

"九一八"以后,日本除了经济上的南进之外,在政治上也极力拉拢暹罗。其目的无非使暹罗表同情于日本对中国的侵略以免在国际上处于孤立的地位。在国联会议谴责日本占据东四省的表决中,只有暹罗一国弃权,暹罗当局在当时虽宣称这种举动并非对于日本有所偏袒,然而暹罗亲日排华的政策,已很明显地暴露出来了。

同时,日本又向暹罗租借克拉腰地,希望开凿运河,使英国在新嘉坡的海军根据地失其重要性,同时也能争夺英国在马来半岛的经济势力。此外,据说日本又曾向暹罗政府要求在大城(希啊呦他亚)租借地方,以为日本移民区。我个人因为好奇心所驱使,三年前游暹罗时,曾特地到了这两个地方调查,结果虽一无所见,然而日本并不因暹罗不答应租借这些地方,而停止其拉拢暹罗的举动。比方日暹协会主席曾明白的指出荷兰与英国能否长久的保有他们的殖民地,都成疑问,他又指出现在正是日本南进的好机会,在南进中暹罗最为他所看重,因为暹罗不但是有了丰富的资源,而且对日亲善。又如东亚文化协会的主席也说,"安南与暹罗人民未享有他们所应当享的待遇,东亚新秩序是包括这些地方在内。其实这种妄说,不但只侮辱了暹罗政府,而且侮辱了暹罗人民,难道日本人不知道暹罗是一个独立国家吗?暹罗既是一个独立国家,暹罗自己会为人民谋幸福,何苦日本去担忧呢?"

不但这样,去年年底日本曾派一位海军大将到暹罗游说,要求暹罗与日本订结攻守同盟。同时,日本又极力引诱暹罗加入防共协定,暹罗对于攻守同盟,虽已拒绝,可是对于防共协定,据说曾有参加的倾向。有些人且说已经秘密的签字了。然而无论如何,自德国与苏俄订结互不侵犯协定与共同瓜分波兰之后,暹罗人应该明白参加所谓防共协定是上了大当,日本人自作聪明却上了德国的当,暹罗又上了日本的当,这岂不是上了大当吗?而况数月前,法国报纸曾揭载日德曾签过一种瓜分亚洲的密约而暹罗也包括在内。

日本人的东亚新秩序,已给暹罗一种侮辱,日本的防共协定,又使暹罗上了大当,日德的密约又要使暹罗成为刀上鱼肉,日本要亲善暹罗的用意,很为显明,可是暹罗去亲善日本的政策,真是其愚不可及。

四

然而为什么暹罗还要与日本亲善呢?照暹罗人的看法,他们亲善日本,对于他们也有好处。比方:暹罗的人士与学生之赴日本者,得到日人的盛大欢迎,暹罗的海陆空军之积极扩充,又得到日本的很多帮助;同时日本又派送了很多军事顾问与供给不少的工业资料与暹罗。暹罗在军事上既素来薄弱,在工业原料上又很为缺乏,日本既乐意帮忙,暹罗也乐意接受,然而暹罗人好像忘记了这些小便宜,还抵不过日本货物在暹罗畅销所得的利益。

此外,暹罗人受了近代国家主义与民族主义的影响之后,存了很大的野心,怀着很多的妄想,他们以为缅甸之东,安南之西,马来半岛之北,在历史上有的时候曾为暹罗所征服,暹罗人觉得应该夺回这些地方。我记得在暹罗东部边境有一个地方叫做乌汶,在县署的门上与好多地方都挂起抵御外侮的口号,贴了收复失地的标语。我又记得三年前经过暹罗与马来半岛的边界时,见到暹罗在军事上作了不少的准备,与六年前我经过那个地方的情形很不相同。我们知道东部边境的口号标语,是针对法国,南部边界的军事行动,却是针对着英国。暹罗既非英法的劲敌,同时又要夺回所谓历史上的属地,那么非借日本的力量是不成的。

暹罗又以为在安南,在缅甸以至在中国,还有好多汰族的支流。暹罗人自称为汰人,对于暹罗以外的汰族自然很想联络起来,而成为一大汰民族。所以暹罗在今年六月间曾改国号为汰。其用意我在本刊第二卷第一期所发表《暹罗与汰族》一文,已经申述。我们在这里所要注意的是:暹罗人这种用意,是早在我们意料之中,所以暹罗政府改国号为汰后,暹罗政府与学界曾宣传收复汰族已失的土地,建设汰族的国家,可是暹罗人要想达到这种目的,非借日本的力量是不成的。

暹罗既有了这种野心,怀着这种妄想,日本人又从中煽动,结果只有使暹罗的国家主义趋于帝国主义,暹罗的民族主义趋于侵略政策!

这种帝国主义与侵略政策的趋向,不但对于英法很为不利,就是对于中国也有害处。假使这种主义、这种政策实施起来,那么法属安南的柬埔寨,英属缅甸与马来半岛一部分,都要让给暹罗,同时中国境内的所谓汰族曾经占领过或尚正居住的地方,也要让给暹罗。

理论上,这种主义与政策的错误,我在《暹罗与汰族》一文已经说过,我现在所要指摘的是实际上,这种主义与政策是一条行不通的路。

暹罗要想实现这种野心与妄想,故不得不排除英法与中国,同时又不得不亲善日本。然而暹罗好像忘记了假使日本能帮助暹罗去打败英法,而夺取那些所谓历史的属地,那些所谓汰族的乡土,那么日本自己也能打败英法,而夺取这些地方;假使日本自己能占据英法这些属地,日本也能占据暹罗。暹罗之于英法的属地正是"辅车相依,唇亡齿寒"。何况暹罗之所以能成为一个独立国家,完全依赖英法二国以这块地方当作缓冲地带?英法过去既因权利冲突,而给暹罗以独立的机会,英法现在若利用联合战线来压迫暹罗,即使暹罗有了日本的帮助,也是毫无济事。又况日本的东亚新秩序、防共协定、日德密约,无一不是当暹罗来作一种牺牲品,我上面所以说暹罗亲日的政策,是愚不可及的,就是这个意思。

至于暹罗排华也是错误的。中国与暹罗并不接壤,暹罗要想重回他们所谓南诏祖国,与汰族故乡,那么暹罗非借日本力量先占据英法属地不可;可是这么一来,结果是正像我在上面所说,不但此路不通,恐怕暹罗本身也自受其危。

其实,暹罗排华,至多只给在暹罗的华侨吃亏,可是华侨吃亏,恐怕对于暹罗不但没有好处,反而有害。暹罗的经济权大半操在华侨的手里,暹罗人而尤其统治阶级,时假法律以抽税,用政治力量去剥削他们,假使华侨通通被迫而破产,通通被迫而逃跑,暹罗人这种闲坐而吃的权利也没有了。因为暹罗人直到现在,不但没有力量去创造华侨所已经造成的经济基础,而且没有经验去维持华侨所已经造成的经济基础。一个国家的经济基础,是与一个国家的本身成立有了密切的关系,暹罗压迫华侨,结果也不过是损害了自己罢!

(《今日评论》1939 年第二卷第 17 期,260—262 页)

蔡维藩：论日寇的狂言

——"日本将以一切可以想象之方式击溃中国"的狂言

二月间，日本陆军发言人发表狂言。二十四日，英国曼哲斯特导报著论称："日陆军发言人最近曾扬言，日本将以一切可以想象之方式以击溃中国。按自日本侵华以来，其军事力量因中国地域辽阔业已挫其锐气，而其进展亦日趋迟缓。其作此威胁，亦非初次，根据吾人所知之事实，使吾人殊难相信日本之联合攻势乃系对华作最后之进攻；但中国之盟友将注视其将如何演变也。"我们看了日本这句狂言，当须予以更大的注视。

卡萨布兰卡会议决定的内容虽未公布，但从罗、邱二氏的演词和其他情况看来，盟国之已为世界大战全局成立通盘计划，已无疑义，而英美公开发表轴心国必须无条件投降的宣言，则使德日二国惊心动魄。在盟国积极准备反攻的今日，德日二国皆将作最后挣扎，自是意料中事。早些日子，英国蒙哥马利在其《政略与军略同时并进》一文中，指出希特勒最后挣扎的几条可能冒险路线。日本也将到最后挣扎的时期，她心目中也必有几条可能冒险的路线。本文姑就日本陆军发言人的狂言试作论述。

从一九三七年大胆侈言"三个月结束中国事件"起，日本老是一面发放狂妄言论，一面施展偷巧伎俩。她以偷巧伎俩到处掀动战祸，她也凭偷巧伎俩获得许多胜利。可是偷巧伎俩既不能结束战争,更不能永久保持胜利,而反使她一天一天的深陷于中国与南洋两大陷阱之中。正因为她是偷巧成性的国家,越深入陷阱,越要偷巧。作者回认日本有几种偷巧的方式:第一,在被迫从事长期战争条件之下,日本不得不采取"以攻为守"的战略,一则保持既得胜利,一则消化占领区域的资源,既然以"攻"为手段,以"守"为目的,那末何处易攻,她即向何处进攻,因为目的不大,只求"攻"的方面能够相当满足"守"的目的。第二,日本不会觉悟的,她决不肯轻易放弃其胜利的妄念,只要有机会,她还得要以偷巧伎俩来求胜利;在将来盟国发动全欧反攻紧张战争时候,她会重演偷袭的卑鄙战略。第三,日本偷巧的方式甚多,变化亦甚大,倘偷袭不可能,她未尝不作玩弄外交妥协惯技的企图。看看不能全局胜利,她或想保持局部胜利,既不敢冒险硬战,她或想以一部分实力来维持局部的胜利。一旦希特勒失败,她一面把握局部胜利,一面保持海军主力,运用奸巧外交,走入和会,希望站在"不胜亦未败"的地位,以求自卫。这三种可能的偷巧方式是相互关连的。战局方面倘予她以可乘之机,她运用军事偷巧的方式,否则企图施展外交偷巧的伎俩。这些当然皆是日本主观的妄念,但为彻底消减日本侵略势力计,我们和我们的盟邦皆须谨防日本随时利用局势的变化,以求偷巧。须谨防她在战时偷巧,也须谨防她为战后偷巧作准备。

现在盟国一面积极准备反攻欧陆,一面准备以海空军大举攻日。二月二十一日英国情报大臣布拉梅在牛津发表演说称:"余可代表政府向诸君保证,吾人拟尽最早之可能机会,猛烈向欧洲各部分进击。……美英政府之政策,乃确定在一九四三年期间内,使苏联不致仍在欧洲单独作战。"二十八日美国太平洋舰队总司令尼米兹发表广播演讲称:"太平洋美海军即可进攻数据点,即自此等据点可使日本之工业中心遭受直接及破坏性之攻击者也。"本月一日在纽约时报论尼米兹广播称:"向日本作较敏捷之进攻已迫在眉睫矣。此种进攻,将广泛运用海空军优势之袭击,并轰炸日军。联合国家在太平洋上业已建立优越之海空军力量,更进一步减轻中国所受之压力，非至打开通至中国道路不止。"布拉梅与尼米兹二氏演讲公开表明盟国将以短期间同时猛烈反攻德日两国，而纽约时报更具体说明盟国将以海空两军优势力量进击日本，彻底援华，以求盟国合力击溃日本。在盟国这样决定之下，德日两国皆将努力挣扎，而日本尤必妄念于盟国反攻欧陆紧张期间来挣扎。

先就日本军力方面来看她将如何挣扎。日本是以海洋国家的环境来实行大陆侵略政策的。前进时候，她以陆军为主，来进攻亚陆；退守时候，则必以海军为主，来保卫本土。盟国既然决定"轴心国必须无条件投降"，又决定"攻至日本本土"，则日本将一面尽量保存她保卫本土的海军实力，一面尽可能运用陆军，向亚陆施展其"以攻为守"的战略。果如所料，日本将在海洋方面对英美取守势，在亚陆方面对中苏取攻势。在最近美海长诺克斯发表"吾人停止战争前必将日本舰队完全毁灭"话语与美海空军在新不列颠海面大胜日军之后，日本海洋战略或更将倾向于防守方面。

再就日本对外政策来看她如何挣扎。日本最怕的当然是东京广播电台所谓"美国正计划对日本本土作致命的打击"的危险，那么她最须谨慎抵御的当然是美国，然日本是偷巧成性的国家，一旦认清得不着胜利时候，她可能企图玩弄外交妥协的伎俩，但这除有可乘之机外，她尚须以保存足以与美抗衡的海军实力为根本条件。明了这种情形，吾人便知日本在挣扎期间，不一定有以海军全力来向美国冒险进攻的勇气。再看日本对苏政策。苏联是大陆国家，倘日本进攻苏联，她并不须动用她保卫本土的海军主力，在我东北她尚有精锐部队可用，并不须抽调其他战区的陆军；况于欧战结束之前，进攻苏联，犹可收得德日夹攻之效。从这方面看，似乎日本在挣扎期间攻苏可能性相当的大。然从另一方面来看，情形又大不同。苏日间仍有中立条约存在，日本既不妨害苏联抵抗德国，苏联亦不妨害日本对中、英、美三国的战争行为。在这双方互不妨害的条件之下，日本毁约攻苏，似太不智。这并不是说日本重视条约的信义，而是说她躲在中立条约之下不必攻苏。再说经过两年德苏战争，日本始终未对苏联作何"乘人之危"的尝试,可见日本既无援德的忠诚,又无攻苏的决心,况就日本本性来看,尽管短期间苏日关系不致有何特殊变化,而苏联亦不致因苏日中立关系而有进一步不利于盟国的行为,日本却难免因对苏存着许多妄念,而不愿进攻苏联。根据这样推论,我们可以相信日本攻苏的可能性实较继续维持苏日中立条约的可能性为小,日本进攻澳洲等于进攻美国,新不列颠海空战大败之后,日本已失去攻澳的勇气。因德国着着失败,两国会师梦想没有实现可能,日本进攻印度的野心,也不得不收敛起来。

基于以上所论,作者认为日本在挣扎期间,进攻美、苏、澳,或印度的可能性皆较小,而进攻中国的可能性却似乎反而较大,因为:(一)日本之大陆侵略政策向以中国为主要目标,迄今依然未变;(二)日本向来轻视中国,经过几年战争,她对中国的轻视心理并未变更多少;(三)赶在盟国全面反攻与中国国际路线打通之前,进攻中国,自被日本视为惟一的良机;(四)在不宜向他方面冒险进攻的条件之下,日本自然以进攻中国为施展"以攻为守"战略中最合算的途径;(五)日本进攻中国,倘若失败,她的陆军虽有损失,海军主力未动,她仍可继续保存着保卫本土和与美抗衡的实力,日本向来很谨慎,也很小气。除一九四一年冒险偷袭英美外,她尽管屡发狂言,但向未敢用过攻坚战略,而志向抱着"以小本钱讨厚利"的打算来偷巧。"说大话用小钱"最足以形容日本的气量和行为。在这最后挣扎将临到的关头,日本的打算,只有较外人替他设想的为谨慎,决不会冒险或疏忽。观察战局演变的趋势,再认清日本的本质和打算,作者决不愿将"日本以一切可以想象之方式以击溃中国"仅仅视为狂言,把它轻轻放过,而正因为其在这将临最后挣扎关头,发此狂言,我们必须唤起各方面的注意,并作谨严的防备。

东京广播电台所谓"美国正计划对日本本土作致命的打击"的警告与日本陆军发言人所谓"日本将以一切可能想象之方式以击溃中国"的狂言是在上月一周之内发表的,这必有意义。第一,它们这样先后发表,不啻日本政府藉以警告人民,日本实有在"美国正计划对日本本土作致命的打击"实现之前"击溃中国"的必要;同时,利用这种理论,首先去除日本人民对中日战争的厌倦心理。第二,日本发出"击溃中国"的狂言,未尝不含有对美作用。过去她之所以进攻美国,是以美国援华抗日为口实;今后,她却不得不转向重视击溃中国,以免中国终为"美国正计划对日本作致命的打击"的广大根据地。第三,在不宜进攻美、苏或澳印的情况之下,日本只有以再攻中国,避免战争进入停滞状态,而维持全国军民的士气。就这三种意义来看,无论为去除人民厌战心理,或为保卫本土,或为维系士气,日本政府皆不能徒托空言,以求实效。两天前,东条又发狂言了,他向国会宣称:"世界大战必须于今年决定,日本政府将利用大东亚圈内之一切资源,以击溃英美。"这是鬼话,是梦呓,也是烟幕,同时是新不列颠海空大战败之后,予日本人民以精神安慰的"空头支票"。这可以欺骗日本人民,但威胁不了英美,更转移不了我们的注意。姑不问日本发放狂言的技巧如何变化,我们为国家策安全,总须具有军事家"以防万一"的态度与准备,时时注意防范。今日本既已发出"将以一切可以想象之方式以击溃中国"的狂言,我们就应该认真设想"一切可以想象之方式",以防日本一切可以想象之行动。

请就日本所谓"一切可以想象之方式"来设想。

(一)空军轰炸。几年来,中国各大城市皆曾遭受日本空军轰炸,即连若干县城都未能免;但结果除房舍被毁及少数人民伤亡外,民众抗战情绪反而高涨。就战略上言,日本轰炸中国,不独无所得,且有所失。所以纯粹以轰炸为目的的战略似不在日本所谓"一切可以想象之方式"范围中。

(二)进攻中国沿海区域。中国沿海区域足以建设空军根据地,自为对日之一大威胁。但沿海区域面积甚广,进攻一部分,无济于事,进攻全部,无此力量。退一步说,即或日本由沿海全部向西推进几十里或几百里,亦不过使中国与盟国空军将来增加一二小时的航程而已,而日军却必为此先消耗很大实力。今去两年浙赣境内战争经过就是日本失败。所以进攻中国沿海区域似不在日本所谓"一切可以想象之方式"范围中,即或将来为策应其他战区而进攻沿海区域,也不能视为"一切可以想象之方式"中的主要方式。

(三)企图消减中美空军力量。中美空军合作确对日本的威胁。为目前或为将来,日本料必有消减中美空军的企图。但中国后方面积广大,机场四散,日本空军袭击,亦无效果可言。况在全面反攻之前,美国在华空军数量不大,即或有所损失,亦易于补充,而日本空军因袭击而招致的损失,则必有不能一一补充之苦。倘如最近欧洲战场美军机关报所说,对华租借仍在执行,对中国及在华美军之空运接济,乃目下输往各盟邦物件清单中之第一款,那末中国空军力量加强,日空军来袭击,必将遭受更大损失。所以除为配合陆军作战外,纯粹企图消减中美空军力量的战略,似不应为日本所谓"一切可以想象之方式"中的主要方式。

日本进攻中国的可能方式,事实上不会甚多,很客观的说,进攻中国的方式,决不能像日本自己所谓"一切可以想像之方式"那样的多。但比较的看来,日本发动全面进攻中国的战略,恐仍不失为最可能方式之一;不过在推进全面进攻战略中,或将有"因地制宜"一类战略的分别运用。换句话说,在向中国诸多战场同时进攻战略上,日本将分别运用"佯攻""陪攻"和"主攻"战略。日本偷巧的习性将驱使他们这样做,而日本实力不够分配的困难也将逼着他们这样做。

倘以上所论相当确实,则日军很可能向我西南战区试用"主攻"战略,而向其他战区分别试用"佯攻"和"陪攻"战略。作者向认湘、鄂、赣、粤、皖、豫皆是久经战阵之区,日军来犯,我们皆有相当经验,分别抵御;或迎头痛击,使其不得前进,或诱其深入,多数被歼灭。长沙一城,日军已三攻三败。今去两年浙赣战区,日军皆由深入而终归于惨败。但我西南战区情形比较特殊:(一)西南尚是一个新战区,就作战经验说,我们尚不尽知日军将以何种方式和途径来进攻。(二)西南战区地形复杂,或攻或守,在准备上,皆较其他战区为繁难。(三)西南与泰、越、缅毗连,我们边胞和她们人民不无血统、语言、宗教或生活习惯上的混淆;我们须防范边胞之或将受人煽惑,又须抵御泰越缅之已受日本驱策的军民。由来泰国军队屡在滇边蠢动,就增添我们一些负累。这三者是中国其他战区所没有而为西南战区所独有的特殊情形。说实话,这些特殊情形,对我们是相当的困难,对日军则不无便利。我们为国家策安全,就应该虚心承认这些特殊情形之已有和或有的影响,对这战区作严密的准备和周详的防范。况且就战争全局和日本策略来观察,日本向我西南试用"主攻"战略可能性或将较大。切望西南军事当局,勿轻视泰军,而忽略泰军后面的日军,免得他们将来从扩大泰、越、缅蠢动的烟幕中突然跃出;同时,尽量充实军力,以防止日本一切可能偷袭或突击战略的运用。更切望中央与地方当局,多拨专款,并动员军政界及其他有关各界人才,赶速努力于边疆政治、教育,以及一般社会事业的改进与发展;尤须于最短期间,训练边地民众,灌输政治知识,提高民族精神,以铲除保卫边疆的困难,而加强保卫边疆的力量。

老实说:即或日军对我西南偷袭或突击而侥幸小胜,它决不能动摇我国抗战决心,也不能影响战争全局;但我们因此遭受的挫折,却可以影响我们国家的地位,尤其可以影响我们将来在和会中的地位。作者认为这是最值得注意的一点,我们必须大声疾呼的要求全国为这最值得注意的一点,而重视这西南战区。整个西南本就很重要,而今日西南边疆尤为重要。我们必须赶紧为西南边疆而努力,改善它一切,充实它一切。全国许多事业可以暂时搁置,西南边疆事业切不可有一日的停顿;全国许多事业经费或有不足,西南边疆事业经费切不可有一日的支绌;全国许多事业部分的人才或不敷分配,西南边疆事业部分的人才必须大量的延揽;全国许多事业工作效率或不太高,西南边疆一切事业工作效率皆须天天增高。须知西南很重要,今日之西南边疆尤为重要。

时至今日,我们必须严密注视"日本将以一切可以想象之方式以击溃中国",而为国家策安全计,我们大可假设敌人进攻我西南为其"一切可以想象之方式"中的主要方式;因为我们不独要保卫这块民族复兴根据地的完整,并且要从这根据地反攻敌人。

日本已将临到最后挣扎时期了!他的海洋挣扎越困难,越将向大陆挣扎,她向全中国挣扎越困难,越将向中国西南战区挣扎。政府有准备,人人有训练;日本向中国西南挣扎失败,即是向全中国挣扎失败,向全中国挣扎失败,即是日本整个挣扎失败,亦是日本整个侵略失败。

抗战以来,西南地位日趋重要,日本发出"日本将以一切可以想象之方式以击溃中国"狂言之后,西南边区地位尤为重要。

三十二年三月九日昆明

(《当代评论》1943 年 3 月第 3 卷第 14 期,5—8 页)

范静生讲，相羊记：日本对华之态度

日本自维新以来，其间出力老臣，至今犹有存焉者。故大正恒尊礼之，举凡元老所主张，无不遵从。元老亦自以其势力而干政事，军阀尤甚。是以国是一有变动，则元老群集东京矣。但各就厥职，各尽其力。如军阀亦不轻易发言。其所施行事件，及一切费用，悉由海陆军自定之，国民不能置喙也。

日本亦有所谓军阀文治各派，亦有所谓民党，皆屈服于武力之下，终难发展。武人亦非如吾国鲁莽灭裂者可比。凡作一事颇有毅力，颇有识见，颇镇静，要如何即如何。人民已怨声载道矣。

吾国外债已二十万万，平均以五厘利息计，则每年又一万万子金。积年累月，不得不以路矿盐税以及各种国有产业为质。自民国四年以来，日本借款犹多。盖日政府有预备金，与中国所订借款，只须吾国签字借债。今日成，明日即交款。美国借款甚少，虽彼政府承认借若干，必待自国内买此借票者多少为衡。时间既迟，终不若日本款速而救急。中外人恒以借款责日本，而日本辄以此炫于欧美。日微曰：本其谁能维持中国秩序耶！吁，诚然诚然。

日人为吾政府及各要人顾问者甚多。如奉天张作霖顾问，甚谂张之家庭、张之生活、张之性情。张一举动，必多方以迎合其心理，而探中国之隐。又如总统顾问可随时答问,亦可随地考察。即海陆军之表册,一切细情,彼则要看便看,终不能隐也。

关于蒙满问题。蒙满二字,本甚含胡。地域若何、面积若何、满究自何处至何处、蒙究自何处至何处,自缔交以来,迄未分析,实一大憾事。乃日本至今利用,一尽其侵略之野心。昔者蒙满交涉,尚尊重吾国。蒙分内外,满有南北。辽河以西,亦不强横干涉。今则一无忌惮,俨若已有矣。一切行动,任意施行。如西比利亚进兵,日兵最多。此其明证。

前次吾国国民运动,全国振动,而日本视若无闻。彼邦新闻报纸,固不甚谈及,即彼当道者与吾国人谈论,亦决不提一字。就此一端,益见日人视吾中国之无能为也。噫!可叹!

(《南开思潮》第 5 期"职教员时事讨论会演讲录",1920 年 2 月,12—13 页。)

梁启超：黄梨洲、朱舜水乞师日本辨

梨洲乞师日本说，首倡者为全谢山。其所撰梨洲先生神道碑文云：

> 己丑，……公副冯公京第乞师日本，抵长崎，不得请。公为赋式
> 微之章以感将士。（原注云：是冯公第二次乞师事。）

谢山更于碑文后自跋云：

> 公有日本乞师记，但载冯侍郎奉使始末，而于己无豫。诸家亦
> 未有言公曾东行者。乃避地赋则有曰："历长崎与萨斯玛兮，方粉饰
> 夫隆平。招商人以书舶兮，七昱缘于东京。（粤雅堂本南雷文定作
> '七录鞯东京'。鞯字当为晔字之讹。康熙后讳晔改为昱，又讹录为
> 缘，又错倒之，故此句不可读矣。）予既恶其汰侈兮，日者亦言帝杀夫
> 青龙。返旆而西行兮，胡为乎泥中。"则是公虽偕冯以行而后讳之。
> 顾略见其事于赋。予以问公孙千人，亦愕然不知也。事经百年，乃
> 始考得之。

谢山以考得此事自诧，其实误也。冯跻仲乞师是丁亥年事，避地赋
所叙是甲申年事。赋中上文云：

> 彼两京之颠覆兮，曾不偿孔壬之恩仇。我亦何罪何辜兮，窃独

罹此横流。榜朝堂而名捕兮,围门闾以戈矛。今无伏状之法兮,友鲜复壁之收。而乃避地于□□原兮,观日月之出没。……越长崎与萨斯玛兮,……

此文所纪为避仇亡命时情事甚明。盖福王立南都,马阮当国,制蝗蛹录以罗织东林复社,梨洲实其所必欲得而甘心者。谢山叙此事云:"公等惴惴不保。驾帖尚未出而大兵至,得免。"若梨洲彼时尚晏然在里闬,托清兵以免于难。读避地赋乃知以亡命海外获全,可补尔时一段史料也。谢山因日本乞师记言长崎萨斯玛,忽生联想的错觉,混为一谈。殊不知冯之东行,后于黄五年。冯仅至长崎,且未尝登岸。(梨洲海外恸哭记于丁亥六月下记云:"御史冯京第乞师日本。……日本新遭外国之侮,闻外国人至,一切不听登陆。京第遥望而哭。"日本乞师记云:"先是日本绝西洋人往来。……西洋人复仇,大舶载炮而来,与日本为难。日本请解始退。退一日而京第至。……京第即于舟中朝服拜哭不已。"据此知跻仲确未登陆。所以然者,实由日本新值外难。故五年前梨洲亡命时,尚得游行内地,而跻仲独见拒也。)黄则直到东京,且历其衢市睹其风俗。(避地赋:"七录晔于东京")下尚由四句云:"金石古奇器兮,比户能辨其赝真。华堂隔以绫幔兮,月夜而筝琶笙管之齐鸣。"(可见梨洲曾登陆且探访颇周。)两事决不相蒙。安得谓黄从冯游而自讳之乃别见其事于赋耶?且梨洲行朝录于己所历一无所讳,何为而独讳此事耶?

冯跻仲乞师日本有两次,亦谢山臆造也。据海外恸哭记及乞师记,则乞师前后凡三次。则第一次在乙酉冬,为周鹤芝所遣使。第二次即丁亥六月,冯京第及黄孝卿副安昌王恭榥行。第三次在己丑冬,则僧湛微招摇撞骗之举也。跻仲并无两次东行之事。谢山谓有两次,不知指乞师记所记为第二次耶?抑乞师记别后以有一第二次耶?玩碑文后跋语词意,似谓乞师记中情节实梨洲所亲历而自匿之,此与事实大谬。跻仲奉命当丁亥,其时鲁王在闽,梨洲在浙。己丑七月鲁王次健跳,梨洲始奔赴行在,不应两年前有奉使事而使还又不复命也。然谢山碑文叙此事于己丑而注云第二次，则又似谓乞师记后别有一次。此亦与事实谬也。梨洲在健跳，因见诸将之骄横无可为，且清廷方思劫质其母，于八月间陈情乞归。谢山既详述之矣。（碑文云："时诸帅之悍，甚于方王，文臣稍异同其间立致祸。……公之从亡也，太夫人尚居故里。而中朝诏下以胜国遗臣不顺命者录其家口以闻。公闻而叹曰，方寸乱矣，吾不能为姜伯约矣。乃陈情监国得请变姓名间行归家。吴公钟峦掉三板船送之二十里外。"启超案：钟峦以是年八月殉难。故知梨洲去健跳在八月前。）既以将母告归，仅一二月又起而奉使，梨洲何轻于去就乃尔耶？再者：冯跻仲戊子己丑庚寅三年间始终在四明山杜岙薛岙等地方与王翊相掎角，庚寅十一月殉难。其事迹具见梨洲之四明山寨记、思旧录、海外恸哭记。无缘于己丑冬更有二次奉使事。跻仲非不解事者，又岂有于长崎望哭之后更忍再辱耶？故知谢山第二次乞师说决无稽，而梨洲始终未与兹役也。

朱舜水国变后流寓日本。史家因又以与跻仲乞师事纠葛附会。海东逸史舜水先生别传云：

> 冯京第之自湖州军破也，间关入四明王职方翊军中，时内地单弱，欲藉海外之师为响应。京第劝斌卿乞师日本。斌卿因命弟孝卿副京第往，之瑜（舜水名）从之。撒斯玛王许发众人三千及洪武钱数十万。京第先归。之瑜留，而师不果出。

此文所记年月，完全颠乱。跻仲乞师之举，主持者为黄斌卿，固事实也。然事在跻仲入四明前之三年。跻仲在山寨与王翊共事时，斌卿已为张名振所杀。其年月可稽诸行朝录也。乞师之役，留而不归者为黄孝卿。孝卿悍泼之弟，不识国耻为何事，在长崎纵酒狎妓，为日人所侮。（见乞师记）乌得以此污舜水耶？

舜水遭国变后，最初十年来往于日本安南，而在安南之日为尤多。（其间常常归国，又不待言。）其安南供役纪事一书，为丁酉年所著。中云：

> 中国折柱缺维，天倾日丧，不甘薙发从虏。逃避贵邦，至今一十

二年。

又舜水文集，上长崎镇揭云：

来此七年，忧辱百端。……故敢昧死上书。惟阁下裁择而转达
之执政，或使瑜暂留长崎，编管何所，以取进止。或附船往东京交趾
以听后命。（揭中尚云："瑜之师友三人或阖室自焚或赋诗临刑，无
一存者矣。"案所谓师友三人者，指王翊吴钟峦朱永佑。三人皆死于
庚寅年。知此揭当作于辛酉，距甲申国变恰七年，故云来此七年。）

据此可知舜水当甲申后已往日本，然始终不克在彼居住，仍以在安
南之日为多。丁亥跻仲奉使时，虽未审舜水在何地，然其偕行之迹，则一
无可考也。至跻仲在王翊军中时，舜水则在舟山。其祭王侍郎（即翊）文
云："瑜去舟山未盈月而先生死矣。"然则其时安得有跻仲东行事更安得
舜水与偕耶？

乞师之是非，别一问题，其有无不足为梨洲舜水荣辱。惟兹事几成
历史上铁案，而远于事实乃如彼，故不可以无辨。海东逸史不知何许人，
日本人今井弘济安积觉者，舜水亲炙弟子也。其所撰舜水先生行实，即
不载此事，可谓传言。独惜以全谢山之淹博综核而有此失，吾用是益感
治史之不易易也。

（《东方杂志》1923 年第 20 卷第 6 期，62—64 页）

岑：日本各政党的对华政策

一、引言

手里捧着《解散诏书》的田中首相和怀里装着《不信任案》的滨口总裁相见于众院的一天，日本的议会就宣布解散了。解散以后全国就准备总选举；各党都把自己的政策尽力地宣传着，希望日本国民的同情和赞助，政策中最重要而且也是我们中国人所应注意的就是各党对华外交的主张。现在总选举虽不久就要有分晓，我们不妨拿来稍加研究。

二、日本各政党的对华政策

日本各政党都很鲜明地标榜着不同的对华政策，现在分述如左：

【政友会】

政友会的外交原则是列强协调与对华积极。其政策是：

一、承认山东出兵。

二、积极地保护在华侨民的生命财产。

三、保持日本在满蒙特殊的地位和经济的开发。

四、对华悬案未决诸问题以与列强协调为主眼（特别尊重英日协调）。

【民政党】

民政党的外交原则是确立自主的外交和采用对华的不干涉主义。

一、反对出兵山东。

二、对华各党派，以一视同仁主义讲中日亲善。

三、反对满蒙积极政策（反对满蒙交涉）。

四、对华悬案未决诸问题以自主的解决为主眼（关税问题，取消领事裁判权及改订通商条约等）。

五、外交的经济化。

【无产党】

无产各党都根本地反对既成政党的外交政策。他们排斥平面的国民外交；根据立体的阶级接触而主张民众的外交。现在把各无产政党的对华政策分述于后：

劳动农民党——

一、对华绝对不干涉。

二、为解放中国的无产阶级而帮助国民革命的实现。

三、排击不副右列目的的一切军国主义的、资本主义的外交政策。

四、反对现内阁军国主义的对华积极干涉政策的一切。

日本劳农党——

一、确立民众外交。

二、对华不干涉。

三、对华讲一视同仁主义。不问在南方政府的是南京派或武汉派，应一视同仁地援助国民革命运动。

四、破除帝国主义侵略的迷信。

五、打破与对华出兵相伴的产业开发的迷信。

社会民众党——

一、解放被压迫的民族；打破资本主义的侵略政策；反对对华的积极政策。

二、交还在华的租借地；获得内地杂居权。

日本农民党——

一、对华采不干涉主义。

二、反对对华出兵。

三、各党政策的批评

日本各政党的对华政策都很鲜明，政友和民政两党的主张更是针锋相对。现在我且各加短评如左：

一、政友会

政友会从去年取得政权以来就标榜满蒙积极政策并主张出兵山东。现在满蒙政策既未实现，山东出兵又归失败，而政友会仍然不知觉悟地继续标榜这两个题目，真是愚蠢之极了。这种政策是四面不讨好而又不能成功的。第一，我们反日的决心与努力是随着积极政策的继续性而增加的。第二，日本国民鉴于田中的失败也不能再和政友会的外交表同情。第三，积极政策可以作在野党攻击的好材料。第四，惹起列强的嫉视和讥笑。所以政友会的对华政策是不高妙的。他决不能靠外交政策来使选民援助，只好用其他卑劣的手段战胜，然而也不是我们所希望的。

二、民政党

民政党的对华外交正和政友会的相反。政友所标榜的，民政就反对。这比较是识时务的。但是他所主张的"外交经济化"，却也不可不注意。他这种政策可以博得我们的同情，至少也可以减少我们的反感。在华的商业或能更加发达。日本这次选举，如果政策是唯一的武器，民政党或者很有希望，可惜他还不到那程度。

三、无产党

各无产党的对华外交较民政党的更进一步了。他们不只主张绝对地不干涉中国，并且还要帮助国民革命运动，实能得我们充分的同情。

只是可惜他们的势力是新兴的,所以很薄弱。我们唯有希望他们将来的发展了。

四、我们应取何种对策?

一国政争的结果常常影响外交的局面。这次日本选举谁胜谁败与中国更有极密切的关系。所以在总选没有结果以前,我们不妨研究对策,将来应用。现就管见所及略述于后:

一、对政友会

如果政友会仍然继续掌握政权,我们只有一个消极政策可以应付。他热咱冷,彼急我缓。不过他实行满蒙积极政策的外交手段是四方面的:第一,对中国威逼利诱地与奉派交涉。只要奉派还有天良,这是不怕的,因为有民众作后盾。第二,利用美国对华投资热的心理,向摩根公司借款,作开发满蒙的资本。这事虽经我们的反对而中止,但是如果政友会仍继续积极政策,将来仍免不了旧事重提,因为美人的心也是不死的。所以我们应该欢迎美国以借款的形式在满蒙作间接的投资,以减少日本接济的来源。第三,对俄国讲亲善,原敬和后藤先后使俄都有用意。日本希望俄国把中东路权的俄国部分转让日本。我们对于这层应特别注重。第四,用恶意的宣传使各国承认日本在满蒙有特殊的地位。关于这层,我们应对世界宣布满蒙绝对的门户开放机会均等政策。政友会如果得胜,我们只好讲这种消极的政策。

二、对民政党

民政党的对华政策既是稍应时势的,他们如果得胜,我们不妨和他表示亲善。但是"暗箭"也是要常防的。

三、对无产党

无产党这次选举绝没有得胜的希望,所以我们也不必讲什么对策。但是互相的提携是必需的。希望将来他们能得到政权。

五、结论

日本对于中国只有两种政策可以选择:援助或侵略。用前者可以真能共存共荣,因为现在日本可以援助中国,不受欧美帝国主义者的压迫,将来中国可以帮助日本解决人口粮食两大问题。用后者,日本现在可以非理性地侵权得利,将来中日的大战却是不可免的。为东亚的和平,为中日的共存,自然以前法为当。可惜两大政党都是采取第二法,虽然急缓不同。所以,这次日本选举,无论谁胜谁败,我们不可不图预防方法的。

(《南开大学周刊》1928 年第 52 期,8—11 页)

《南开大学周刊》言论：日本田中内阁对华政策的预测（清）

我想大家都承认现在最足惹人注意的外交问题，总算是日本新内阁对华政策的决定了。因为新内阁田中大将是攻击前若槻内阁的"对华不干涉"政策最力的在野党领袖，当宁案发生时，他攻击若槻内阁的言论非常激烈，甚至说在华日侨生命财产所处的危险地位，完全是现内阁对华取消极政策所酿成的结果。单从这一种论调上面看，也就可以想见他主张积极对华的心理。因此田中一旦受命组阁，我国一般人士以为将根据其在野时的主张，必变更前内阁"对华不干涉"政策，而采取积极的强硬的手段，况且自他上台以后，英国乃乘机向他极力联络共同维持"五国协调"的国际阴谋，故田中武力对华的行动，似乎都预测有实现的可能了。

上面的推论，既然是根据一部分事实而来，也认为有相当可信的地方，不过我们若从日本现在国内国外的环境上而来预测田中内阁的对华外交政策，恐怕他非采和平的稳健的精神，不能保维他自己政治生命和日本在华的优越的经济地位吧。现在让我从日本国内情形说一说。若槻前内阁的"对华不干涉"的主张，尤其是不步英国对华炮舰政策的后尘，可以说是已经与了中国民众一个较好的印象，提高了日本在国际上经济上的地位，换言之，就是日本对华外交获着了相当的成功。故日本舆论对于若槻内阁的对华政策，除政友会一派的报纸仍然不断的攻击外,大概是表示满意。现在政友会既利用台湾银行的事件,推到了若槻,拥出他们的总裁田中组阁,照表面上看起来,恐怕新内阁定要一本在野时的主张而对华采取积极的手段,或许到必要时追随英国取武力上的行动呢! 但是我们要晓得一个政党的主张,尤其是在多党政治国家里面的政党的主张,在野时和执政时往往因为地位和环境的不同,责任的大小而有改变,有时甚至矛盾,也是常有的事,所以我们不能预测政友会组织内阁以后,还是本在野的政策呢! 因为我们要知道田中登台未及数日,而国内因银行全体罢业,引起绝大的金融恐慌,政府就于无意中受一重大打击,此时新政府为整理国内财政设想,也未便对我国出以积极行动,况日本舆论界对于前内阁对华政策,也曾表示过相当同情和拥护,故一旦反对党出掌政权,也就很注意田中对华的政策,东京报上面曾严重地警告新内阁说:"对华积极政策是很危险的,因为要实行积极政策,不啻是使日本陷于进退维谷的地位。"又一报纸说:"日本对华内政应取不干涉主义……"田中内阁既受舆论的督责,财政的牵制,也未必不承继前内阁"对华不干涉"的政策吧。

现在我们再从国际情形来说:日本不但没有对华取积极行动的必要,更没有和英国协调的可能。我们知道列强在我国商业的权利,首推英日,而两国更在有形无形中互相竞争,欧洲以来,英国无暇东顾,日本在我国的商务发达,就超过于英人,自五卅惨案发生,我国单独对英经济绝交之口号一出,日本就乘机设法见好于华人,于是长江一带之英国商场,就完全被日人占领,革命军势力达于汉沪后,反英运动,愈见热烈,英商损失大约在数百万镑以上,而日人此时又得偷间渔利,况中国南北对日空气,亦甚缓和,故日人商业大有竞争日上的趋势,田中见此机会,千载一时,为发展日人商业计,他恐怕不会采取对华积极的手段吧。至于"五国协调"自华盛顿政府拒绝后,早已废止,宁案二次通牒不能提出,是一个显明的证据,况日本自英日同盛终止以来,联美的政策,很为露骨,缩减海军竟首先赞成是一个例。

田中为维持远东和平计,我相信他也不会背美再去联英吧。所以日英协调武力对华的风说,是不足信的。

从日本内政外交上和经济利益上观察,田中内阁的对华政策,一定依然承继若槻内阁的"不干涉"主义,至少也不会似在野时所主张的积极政策,他在四月二十二所发表的外交声明书,已经表示对华缓和的态度,现在芳泽被召回国,不久必有一个比较更具体的和平的对华最后方策发表出来,这是我国人士的希望也是日本朝野应具的方针。

(《南开大学周刊》1927 年第 37 期,2—4 页)

《南开大学周刊》时评:田中之外交（清）

日本自实施大陆政策以来,在满蒙之经营,与俄人发生了冲突;在长江的商业,与英人发生了竞争。日人乃采取远交近攻的外交政策,于一九○二年缔结了英日同盟,实为战胜强俄之基础。但是华盛顿会议以后,英日同盟遭美国之反对因而中止,此时日本之外交地位,已成孤立之势,加以若槻内阁标榜不干涉主义为对华的政策,故日人在大陆之发展,不若前此之积极;而在满蒙之经营,亦不若前此之露骨了。然自去年田中大将以反对党而登舞台,对华外交就大反若槻内阁消极政策,而采取积极之行动,山东出兵乃侵略的先声,华人莫不知之。近数月来更借口解决满蒙中日悬案,作进一步之侵略,如临江设领、东方会议,及其他种种提议和措施,莫非表示并吞满蒙的野心。田中知满蒙问题,第一关系中国主权,若过于急进,势必引起全体华人之反对,第二关系国际利害,若不得列强谅解,亦势必惹起国际纠纷,关于第一层的困难固可利用中国内乱之时机,以图暂时之避免,然关于列强之干涉之阻碍,实为田中近来外交之背景了。

满蒙问题之解决,日人前此因外交的胜利,优先权之取得,固已得列强之承认,然列强因势力平衡之关系,实不愿日人单独操纵把持,英美俄三国鉴于远东利益,若田中此时与北京当局谋彻底之解决,势不得不起而作直接或间接之干涉,故田中早料及此,当满蒙问题未正式解决以前,就特别注意外交策略之运用,为将来胜利之初步,近来报道田中之外交政策为亲俄联英,大有注意之价值,从此亦可想见日人外交之毒辣呢。

联英即所以抗美,实有充分的理由,美人自欧战以来,抛弃了门罗主义,举凡国际事件,莫不欲加以干涉和处理,对于远东之发展,尤不愿日人独占上风,反对英日同盟,召集缩军会议,都是以防止日人在华势力扩大的明证。美人在满蒙虽无特殊权利,然对日人之侵略,实怀仇视之心,故田中为防止美人反对本国大陆发展起见,联英为唯一的外交政策了。

亲俄政策固不在抵抗任何国家,而和缓俄人反日之宣传,实为根本的目标。俄人自政治革命以后,侵略北满的野心,固不若帝政时代之积进,然满蒙之经营,实不愿让日人独自操纵,中东路的不完全退还中国,防日人的攘夺为原因之一,若田中一旦并吞满蒙,直接影响于俄人远东势力者甚大,势必起而反对,故田中在解决满蒙的时候,采亲俄的政策,为必经之途径了。

总之,田中的外交,无论如何合纵连横,皆以经营满蒙为政策的背景,吾人处此内乱频仍的时候,固谈不得若何高明的外交,以资抵抗,然当局宜采宣传政策,以离间敌人,一面更宜鼓励排日运动,以为外交后盾,田中虽倔强狡猾,未始不能补救外交于万一呢。(清)

（《南开大学周刊》1927 年第 41 期,2—3 页）

《南开大学周刊》时评：日本与溥仪（K）

日人山田武吉在他所著的满蒙政策更新论里，日本应当把满蒙与中国本部全然分开，使成为一个名实相符的特殊地域；实现这种根本大策最妙的方法是由日本拥立宣统废帝为满蒙主权者，而自己则掌握政治、经济、军事及其他一切的大权。这种论调，虽然狂妄到万分，但至少代表一部分日人的心理。

久抱侵略野心的日人作这种狂妄的论调，从我们看来是不足怪的。但是一部为虎作伥的美人也替日人作同样的宣传，实在不能不令我们惊异。上海美国商会要人瑞氏（George Bronson Rea）就是这些人的代表。在他最近发表的言论竟鼓吹日本将来处置满蒙的计划。大致说：

> 如果中国人坚持不承认日本在满州已得的权利，日本将实行鼓动满州人与北京脱离关系，设立新的政府。并宣布满州为日本的保护国。

像这样无理的宣传，除去引起我们的气愤以外，不但没有实现的可能，并且也缺少批评的价值。不过，这种论调既然代表很多日人狂妄的心理，为虎作伥的美人又在尽力地宣传，所以我们至少有几点值得注意：第一，日人常故意地以"满州是满州人的满州"为前提，作取得东三省张本,真是阴险——愚蠢地阴险到十分了,他们这种宣传,似乎可以引起其他国家的人民误解。真有"满州人"在那里需要日人的帮助而谋独立的运动,其实,只要有点常识的外人,决不会受欺骗的;这种鼓吹,似乎可以使日人所谓的"满州人"——我们东三省的同胞——发生反"汉"的思想,而实际上也不过增加些他们仇日的决心与努力。满汉的分别早已不存,而日本还拿灭亡朝鲜的手段想取得东三省的领土,真是作梦。然而,他们这种宣传的方法,如果不是愚蠢,却也很阴险的。第二,日人这种计划令我们可气又可笑,不意头脑较清的美人也替他们作同样的宣传,真是出乎我们意料之外。近来美人对华,特别是对东三省投资的希望,非常之大。不过,因为我们自己政局的不定和信用的不好,所以他们想假手于日人而投资。后来经过我们的反对和世界舆论的监督,他才暂时地放弃了这项计划。但是,美人——尤其是 Rea 及 Lamont 者流,投资的愿望与主张一点也不减少。满铁借款既因我们的反对而失败,恨我们的心自然也会发生。所以瑞氏代日本作非常识的宣传,实在有很大的冲动。世人虽未必能受他的愚弄,我们却不可不设法利用美国对华的投资的心理以减少日美的接近。第三,至于日人想拥立溥仪为关外王而以"满州"为"保护国",更是一个可笑的妄念。但是,我们看了日本对宣统废帝的用心可以知道他确有这种愚蠢的计划。溥仪自入日租界以来已经有了三四年,天天受着日人的保护与优待,自己却不知道日本怀着野心,真是昏庸万分。我们希望他能觉悟,快快离开日人的范围作一个平民。如果再存复辟的思想或甘受日人的利用,一定不会得着好结果的。(K)

(《南开大学周刊》1928 年第 52 期,2—3 页)

嘉子：济南事件的意义以及我们的自觉

追悼在济南被凶暴的帝国主义者们挖去眼睛，割去鼻孔，斫下耳朵，死难的弟兄们！！！

在这复杂的二十世纪内，万事都有复杂的物质背景在后面，这是不容否认的。我们因此相信济南事件的发生，必有他物质的条件，换句话说，必有他必然的原因，决不是简单地中日军士的冲突，决不会凭空就发生这严重的冲突的，关于事前田中内阁的不愿国外反抗和国内抨击，事后日本通信社日本公使馆一致的放恶毒空气、造谣言的举动，我们更加坚信这事实必有他的来因。

在这地方，我们不得不把"帝国主义"这不幸的名词抬出来。帝国主义是，浅薄地来讲，殖民地主义，就是用强权夺取殖民地，这"殖民地"三字，并非狭义的土地的占领，包含着铁路、矿产、行政、工厂，以及种种对于帝国主义者的资本家有利的组织的占有。日本工商业发达，自然产生资本家，但是她的国土小得可怜，因此她必须找寻两种东西！第一就是原料的供给，好使国内的工商业永远不虞原料的缺乏；第二就是货物的市场，期使他卖不出去的货物，能在他国得到利益，吸收他国的金钱。在这两条物质的要求之下，日本需要殖民地。朝鲜和台湾等实在不能满足她的要求，因此她不免觊觎着中国的土地。但是她又得顾忌着别的强国的干涉,所以过去这几年,总算还平静,没有积极的动作。

最近日本的政争很纷扰的,最使我们注目的便是政友会同民政党的竞争。大家都以为民政党反对积极对华政策,以为民政党一得胜,中国或许比较好些,其实那是梦想。因为日本的两大政党,代表着日本两大资本家,既是一样的都代表资本家,决不会放弃殖民地主义的。不过民政党想要博得民众的同情,使自己党的地位巩固起来,所以采取反积极的政策,以与积极政党的政友会标榜而已。政友会同民政党的竞争,眼前是政友会胜了,政友会是主张用积极政策的,所以他得了胜,必须想方法使他的人民看积极政策是真正比反积极政策强,如果他能证明积极政策的合用,他党的地位才巩固,才牢靠。

山东出兵便是他积极政策的一端,所以他必须贯彻他出兵的主张,要不然,政友会便毛脸了,至于中国国权如何被蹂躏,那当然不在他们计量之下了。

所以他出兵了。

不幸得很,鲁军退出济南的时候,很有秩序很守纪律;党军进济南时,更格外小心,挑选最有纪律的军队进去,这是日本通信社自己也说过的,不是吹嘘的。这样平平安安,竟过了两天。日本一看,若是就此退兵,势必引起各方的讥笑与抨击,认为出兵是件不必须而且徒伤两国感情的事,于是,为巩固政友会田中内阁的运命起见,为掠夺山东主权的张本起见,驻济日军有下列的动作:

大公报五日专电:军队进济南往街市,会被日兵拦阻,经交涉后,始放行,一二两日,复时有挑衅行动,上午十时半,日兵至商埠四马路一路口,禁止徒手兵通过,一兵向之责问,日兵即开枪射击,死伤十余人。……在防线附近,绝对禁止华人往来,时时开枪,击伤甚众,附近军队,乃开枪还击,蒋下令禁开枪,黄郛向日方交涉停火,但日兵射击仍厉。……又讯,三日日兵曾捕数华兵,一名立时枪决,又捕宣传队十余人,旋放还四名。……

上海五月四日路透电:华人之死伤者,皆由日军发射机关枪之结果。

从上面两段,我们知道第一枪是日本放的,中国军队(自卫地)回枪,蒋介石立刻禁止开枪。(我们不欲根据东方社和电通社的电报来断定,因为我们决不能相信有造谣可能的电报。)

后来又有惨杀蔡公时等十六人,拆毁南军无线电台,种种蛮横不法的行为。而且各处都调日兵去济,要用武力恫吓外交当局。

于是各日本通信社,如东方电通,各报纸如日日新闻、顺天时报,都大大鼓吹,无中生有,说是南军预定计划。岂知我们若把眼光看远些,我们可以极明显地看出这件事是谁挑的衅。

我们反过来问,倘若是南军预定的仇日计划,何不在刚占领时人心混乱时候举行,而在事过二三日始冲突?第二,何以"冲突之始,华方当局立即下禁令"?何以"黄郛且致电田中,要求制止"?何以"四号即将华兵撤出商埠"?而且,南军北进的心很盛,岂有反而同日兵闹些纠葛、自己同自己为难之理?从这几面看来,日本通信社和报纸的谣言,实在不值一看,其目的不过是在淆乱黑白、颠倒是非而已,换句话说,在用谣言的方式来证明南军的横暴,间接是说田中出兵的不错,再间接是拥护政友会的积极政策。所以我们轻信日本通信社的谣言,便是中了他们的诡计。

从上面看来,济南此次案件可以说是:

(一)日本帝国主义者必要的动作。

(二)政友会替日本资本家争殖民地的举动。

(三)田中内阁巩固自己地位的行为。

而把中国的主权、财产、土地——性命置之不顾。

这就是济南事件的意义!

至于我们自己呢,被轻视,被侮辱,那么,我们悲观么?消极么?不!我们必须有相当的自觉,我们要明白两点:

第一,我们眼前能做的是积极地援助外交当局,作正义的后盾,我们要把我们的主权恢复过来。而且我们要在可能的范围内自己或劝别人抵制日货。因为抵制日货是一个极妙的方法:上面说过,帝国主义者需要原料和市场,前者我们还无力过问,那么,后者,就是用不用他们的货物的权柄,总还把握在我们自己的手里,是人人能行的。我们,没有国防军队替我们雪耻的我们,只有这唯一的路走了!

第二,我们必须反问,为什么日本敢这样蔑视我们的主权呢?很简单,就是因为我们没有表示过反抗的能力,我们自问也实在缺少这种能力。我们必须在读教科书之外,作下列最低限度的努力:

(一)努力练习团体生活,练习遇事产生团体的意见,那么,做随便什么事都有力量。

(二)努力注意国内国外政治及其社会情形,加以思考,以作将来入社会作正式公民时有一个健全的世界观。

(三)训练自己的意志和思想。使意志坚强,同时思想深刻而有条理,有了这两种,能够应付一切事件。

这是我们学生时代做得到的努力,我希望同学们能冷下脑子,默默地做最基础最下层的铁工作,那么,第二次济南事件发生时,我们将使日本或任何轻视我们的外国看看,我们新中国的青年究竟能做出什么事来!

(《南开双周》1928 年第 5 期,1—4 页)

曹汉奇：日本究竟希望国民政府抱何态度

日本究竟希望国民政府抱何态度？研究这个问题应该从二方面下手：（一）研究国民政府现在对日本的态度；（二）研究日本现在对中国的态度。把这二点认清才能找出中国与日本真正的争执所在，才可看穿日本究竟希望国民政府抱何态度的真象。

一、国民政府现在对日本的态度

国民政府对内对外均有极鲜明的主张。对内力求建国方略、建国大纲、三民主义之贯彻；对外在主张废除不平等条约。对废约事国民政府外交部，在本年七月七日发布之重订修约宣言曾作正式的表示。其言曰：

......

一　中华民国与各国间条约之已届满期者，当然废除，另订新约。

二　其尚未满期者，国府即应以正当之手续解除而重订之......

同时又宣布旧约期满，新约未订期间内之临时办法七条。（详见七月九日各报纸）

于此宣言中颇可看出国府在废约前之真正态度。七月二十日,国府正式通告日本,废止光绪二十二年张荫桓与林董等签字之中日通商行船条约。此通告发出后,日本政府极为反对。彼时国民政府外交部长王正廷,在不同的时间内,曾作如下的三次谈话:

(一)二十二日上海专电王外长对记者言:"……日本虽声言反对废约,但我方于废约二字决不有所通融。……若如日人所取之态度尽可无期延长,决难放任。……"

(二)上海八月十一日路透电王外长云:"国民政府对于修约政策不能退让,倘日本方面有合理由的(提议?),国民政府愿与日本直接谈判诸悬案,否则不得已只有向国际联盟投诉。"

(三)八月十二日王外长在沪宴客演说:"……废除不平等条约工夫,应该从满期的条约作起。满期以后再不能有不平等条约继续下去……因为条约在满期以后自然失其效力。如果两方有一国援国际公法,因时势之变迁而提出废约,这不得谓鲁莽与草率。如已满期条约像前北京伪政府展期再展期,不但于公法上说不过去,于事理上说不过去,即于国民的希望上也说不过去。所以我们现在提出废约,并不是对于那一国是如此,对任何国家都是实现我们这种主张……"

由以上的谈话看来,国民政府对日政策在宣布废约的前后都是一贯的,都是极肯定极坚决。

二、日本对国民政府的态度

七月二十三日大公报载日政府给芳泽公使之训令,其言曰:

……中国方面,不顾条约之规定,依一方之意思,宣告废除,是显然漠视国际信任……前年以来,既依改订条约之商议,日本对改订之好意毫未改变。然国民政府若始终不顾条约之规定,而主张废除,抑或出于所谓适用临时办法之态度,则日本政府而为保护其权利利益及自己之立脚点计,不得不讲适当之手段。特此明确宣言。

日政府接到中国废约通告后,不但训令芳泽公使不承认废约,并且由奉天林总事劝阻张学良不许三省服从国民政府,以示其积极而坚决的态度。

八月二日报载芳泽公使的谈话很可代表日本的主张。

> 废除条约事在法理解释上及顾及从来外交之经过,绝对不能同意……

> ……国民政府如撤回废除修约论,则于入手改正商议一事毫无异议……

在日本给中国之修约复牒中,日政府也反复说明,要求国府将临时办法撤回,确认现行条约之有效,则日政府愿应改订之商议。然此尚不及田中谈话所表示的显露,他说:

> ……日本正当之权利利益始终主张而拥护之,为现政府向来一贯之主张,此后仍以继续此方针为正当……是以国民政府不改其废约之态度,于开始订立新条约之商约,决无考虑之余地。

以上是日本对国府的态度。

三、日本究竟希望国民政府抱何态度

国府不改态度则日本不与之商订新约,这是日本对废约事的唯一旨论。但是国府抱何态度才能使日本满意而同意于废约呢——停止排斥日货乎?努力经济合作乎?勿取消领事裁判权乎?抑由国府保证不援例而行关税自主乎?——明日本国情及外交者,知日本必不作如是之希望。请申论之:

(一)排斥日货是中国人民对于济南惨案自动的反应,国民政府对此不但不有丝毫的挑播与鼓励,并且曾劝告国民,不必排货,以求日本国民有所反省,而矫正其政府之错误。国府既不抱以排货为外交武器之态度,日本当然无须希望其改变。

(二)日本果真怕中国废约后,与日本以经济上的压迫,而希望国府保证中日间之经济合作乎? 余曰不然。盖国民政府的中心人物如戴季陶、胡汉民、蒋介石等深谅解日本之经济状况,并且也曾表示过中日间于经济上有可通融之余地。果尔,日本又何必心惊胆怕的要求国府改变态度呢?

(三)或者日本怕国府援废约先例而废除领事裁判权,故日政府不但否认废约,并且希望国府改变态度。这个揣测是可能的。不过我们一看在华府会议时日本之态度便知日本也不会作这种希望的。因为在那个会议里面,日本对于领事裁判权一项比英美两国的态度放任的多,并且今年她曾声明愿首从东三省放弃这项权利。既主放任而又要求,那是不会有的。

(四)中日商业关系最为密切,或者日本怕中国继废约之例而宣布关税自主,故日本望国府改变其废约态度。日本是有这个意思的,并且也真想在关税上找点便宜。不过在华府会议时,关于中国关税自主问题,在日本方面亦曾表示赞同。在十四年北京关税会议时,日本方面也曾首先提出列强应赞同中国关税自主之议见。由此可知日本所注意的并不在中国关税自主。

日本既不作如上四点的要求,那么她究竟希望什么呢? 兹伸论如下:

日本之外交行动凡与中国有关系者莫不以东三省为前提。其阻止郭松龄倒奉也,其济南出兵也,其资助张宗昌扰乱津东也,其威迫东三省不许服从国府也;在在均想作文章,预为图谋东三省之地步。这是日本对中国唯一的传统政策,也是田中之所以采用积极手段的主要动机。这次关于废约事,她要求国府改变态度,仍不离此初旨。其唯一的希望是国府肯以东省权利作废约的交换品;或国府能承认日本在东三省的权利利益,并且能给以相当而有效力的保证。国府如肯以这种态度来交涉,则日本可于废约上让步，否则便拥旧约为珍宝，居奇货而待售。

日本对国府作如是的希望，我们不难以下列几点看得出来：

（一）东方社东京二十一日电　田中谈话："……日本对中国的合理的改新，自表同情，而且愿以好意与之协力，所考虑者即系此点。然如此次以一方意思而废除条约之鲁莽办法若施之于满洲，因满洲与他地不同，殊为不便。"

（二）不仅田中的话是如此，既日本民政党虽不满于田中，然其对东三省的野心与田中也是一致的。其对华之第二次声明书曰：

"……日本在东三省的权利，固极为紧切重大，不许任何人侵犯之。吾人所置重者则确保我之权利利益……"

其对华之第三次声明书更作显明的表示，云：

"……吾人对东三省依国民政府组织而统一，并无何等异议。顾国府以一纸通告而废除条约之暴状，此于中国不能容忍，于有密切联系之东三省更不能容忍，不待言也……"

（三）八月七日报载田中首相之意向，对于国府之希望更为露骨：

"……关于南方之关系条约废弃问题，因有撤废治外法权及租界等问题，故今后若中国出以不侵害日本既得权之态度时，日本有应其商议改订条约之意向……"紧接着这话的便是：

"对于满蒙之日本权利利益始终保护之。"

不特此也。日本又怕国府嫌日政府对废约所要的代价太高，不肯搭拢，于是她乃敢冒世界的舆论：一方警告张学良不许服从国府，使中央权限达不到三省；一方半用威吓半用诡计，与东省当局解决诸悬案，积极的攘夺路权。目的在使国府陷于进退两难之境，不得已而改变其态度。——这是日本年来行动之真义意。

设如上所述，一定有人要问，为何日本口口声声反对废约，而不直接向国府作露骨的交涉？日本此举有两种义意：

（一）日本在东省所得的特权多是鬼鬼蜮蜮得来的，没有条约上的根据。所以她不敢堂皇的与国府谈判，只好在废约上张大其辞，而暗中以之要挟国府。

（二）日本明知国府在废约上是不能让步的，所以她也故意作积极的争持，及到相当时候，她乃表示退步。那时中国在废约上得了便宜，她便要求以承认东省特权作承认关税自主与放弃治外法权之代价。表面上中国得了好多利益，在国家面子上很能过得去，实际上日本立定了百年大计之基础。

以上诸点是很值得我们注意的，因为不明此阴谋，则不足以语中日交涉，更不足以批评中日外交之得失。我们平常所看见的只是国民政府之坚持废约与日本之积极反对，所听见的只有日本骂我们违犯国际公法，不顾条约规定，及行为鲁莽草率的官话。却不知日本骨子里满怀着一片鬼胎，不过以不承认废约作掩饰之手段，而其根本目的实获得东三省特权的法律保障，此种诡计我们应该特别注意，因为日本之拒绝我国废约也，其目的在此；希望我国改变态度也，其目的亦在此；设吾人如不看穿此点，而高谈废约，能不为日人所窃笑乎！

（《南开大学周刊》1928 年第 64 期，3—8 页）

李涛：评何醉帘先生之"抵制日货观"

　　本校教授何醉帘先生,屡应各方之请,讲演"从经济上观察抵制洋货之影响"一题。十二月二十六日下午,何先生应本校商科学会之请,复讲此题。何教授虽以抵制洋货为题,实则以抵制日货为立论之基础。抵制日货一问题,关系我国前途至大,国民不容忽视。实行之前,固应有详审之计划;既实行之后,亦应时时加以研究;视其进行步骤是否与原定之计划一一相符,更须考查其结果是否达到预定之目的,以便随时纠正,免入绝途。故于何教授在本校演讲之日,余亦忻然往听,所得实多。然余个人意见亦有与何先生不同之处,今分书如下,以就正于何先生与读者。

　　总何先生演词之全体论之,其可批评之点有三:一曰研究方法之欠周详,二曰仅注意及影响之害的一面,三曰研究抵货问题所从之方面殊嫌偏狭。兹分节详论于后。

一、研究方法之欠周详：

　　(一)欲于抵货一问题,加以彻底之研究,徒恃纯的统计方法不足供研究之用。必需兼用研究历史时所用之方法,以求已往抵货失败之前因后果,与现在抵货运动各方面之事实一一详加比较,求得其异同;经过如此之研究,而后其所得之结论,庶几可望较切近于事实。

何先生以已往每次抵货后,海关报告书上中日贸易之额数,作为证明此次抵货亦必失败之论据;而于已往抵货所以失败之原因,及贸易额数所以不因抵货而减少而反增长之原因,均无丝毫阐发。竟贸然断定此次抵货,亦必一如曩时,必遭失败。谓其非出臆断,不可也。不分析已往之事实与现在之事实之同异,竟谓现在事实之结果必一如已往事实之结果,鲜见其有当于事理也。

已往抵货之失败,其原因不一。今略举二一,以与现在抵货运动之事实相比较,以明何先生所推论之不确。

(一)政府之阻碍。在昔日北京政府时代,每有抵货运动,其国驻京之使臣必提出严重抗议。政府官吏慑于其威,无法应付,唯有压制民众之救国运动,以求媚于帝国主义者,苟且度其官瘾。何先生视今之国民政府对抵货之态度,一如北京政府乎?此点固无须余再多为赘辞也。

(二)昔日之抵货为部分的。昔日之抵货运动,因国民之爱国观念弱,对国家前途危险之认识程度低,不能普及全国,仅能在一二通商口岸,作时辍时行之运动,故其成效不著。今则天津、上海、广州、九江、汉口,凡在民党治下之口岸,莫不一致行动,此已往抵货所未曾有之现象也。

(三)已往抵货之未能实行。每次抵货之中心运动者,为一般在学之青年。彼等既不得一般社会上之赞许,又无政府之暗助;己身既无商业经验,全国亦无健全统一之组织为之指导;故每次运动,仅限于用演讲及传单向国民灌输抵货之理论而已。既偶尔实行入商店检察日货,又一方因身为学生,不能长久废学,一方因官厅禁止,进行不能自如。故即检察一事亦未曾能彻底实行。此已往抵货运动失败之主因也。今则不然。此次抵货运动之中心人物,非一般在校读书之学生,而为真正爱党爱国而具相当智识经验之各界青年。一方既有全国统一而健全之组织在上为之领导,一方又得直接间接政府之助力,而谓其结果亦必遭失败,一如曩时,其谁信之欤!

以上仅举三事为例,其余异点在此短文之中不容尽书。此三事者吾人于统计数字中不能得之也。故吾人欲谈抵货运动唯以历史家之眼光,仔细分析观察已往及现在之事实之各方面,而研究其异同,而后始可得一比较切近事实之结论也。

历史明示吾人,事业之屡为屡败,而终底于成功者,不遑枚举。取例无须过远。中山之从事北伐也,前后失败凡五六次,而现在统一终底于成功。以已往之失败,而断定今后之必不能成功,可乎?盖环境之变迁,方法之更易,领袖之得人与否,在在均足以左右一事业之成败。往往同一之事业,一人为之而败,易人为之而成。此时为之而败,他日为之而成。以此法为之而败,以他法为之而成。其间错综影响之奥妙,统计数字不能直接告吾人也。以何先生之善用统计方法其见何不及此哉?

假定与事实相背。何先生固未曾将其假定明告吾人,然由其以已往抵货之失败,而推定此次抵货之亦必遭失败之结论推之,不难寻得其心目中之假定。其假定当为:

> 中日二国间之贸易数量,为经济学上之供求律所支配。中国人民需要制成货品以满足其欲望,且具有购买此等货品之能力,日人有供给此制成货品之欲望与能力,故中日间之贸易数量,视中国人之需要与日人之供给而定其大小。二国人民不能以人为之力量左右其额数。

以上之假定,非何先注所明告吾人者,乃由其结论中所推出,或非其原意。然不由此假定,断乎不能得到其所得之结论。盖抵货运动者,即以吾国民人为的力量左右中日间供求律之作用之运动也。若供求律不能以人力左右之也,则吾人所见亦当与何先生同。然此说与事实不能相容,试举例以明之:

(一)保护贸易:保护贸易者,国际间以人力左右供求律之一例也。就一般经济现象言,供求有自然相应之势。且供求之量,苟能彼此相应,则货物对人类即生最高之效用。然则何以有的国家,以人为之力量,提高其关税,故意使其国与外国间之供求数量不相应耶? 盖因唯保护政策始可以培养其国内已成之工商业。其国之最大利益,不在国内外贸易之自由竞争,而在限制外货之入口,以培养其国内幼稚之生产能力。此人为之力可以左右国与国间供求律之运行之铁证也。

(二)自由贸易:保护贸易固是以人力左右供求律之自然运行,自由贸易亦然。在保护贸易是以人力使供求不相应,在自由贸易则以人力使供求相应。扫除天然及人为之障碍,以便供求律之自然运行。此亦人力可以左只国与国间供求律运行之一铁证也。

(三)已往抵制英货之功效:国民政府在广州时,实行对英抵货运动。行之不满一载,已使繁华不可一世之香港,几回复其数十年前之荒凉情况。英人与吾人之商业关系,不亚于日本。对英既行之有效,而谓对日行之将为徒劳,不近情理之论也。

保护贸易也,自由贸易也,以人力左右国际间供求律之普通现象。抵制英货之成绩,是抵货有效之先例。中日间之贸易,为国际贸易之一,人为之力必可以左右之,无容疑也。

或曰:"以保护贸易,自由贸易,及已往抵制英货之成绩为证,固足证明人力之可以左右国际间之供求律矣,然行之者均为一国或一地方之政府。今以人民所组织之团体而行之,恐其效果不著也。"言者概不明团体之功用也。政府者亦人民组成团体之一,使其有力也,固可行之而有效。使其无力也,亦鲜克奏其功。今之中国政府,政府则政府矣,奈其不能行施其权力何? 使人民组成之团体,本身组织坚固,有计划,有步骤,有方法,则其势力之大,亦莫之能御。各国之政党、工会、商会,均人民组成之团体,其功效之著,固尽人皆知。今我国已觉悟之青年,抱定救国之宏愿,组织坚固反日之团结,得政府及人民之助力,以从事于抵货运动,其成效必能一如其他有组织有计划团体之功效。若谓国人能力不配组织此等团体,则事实俱在,无须我为之辩护也。

以上仅就何先生研究抵货问题之方法,略加粗疏之评论,亦见何先生之研究有不周详之处。今当进一步,以研究何先生引用经济原理以推论抵货对我国民经济上之影响一问题。

二、仅注意影响之害的一面

何先生固自知其以已往抵货失败之事实不足以证明今次抵货之必然失败也,故曰:"再进一步讲,设使此次抵货能达目的,吾人再以经济原理,推论其成功后,于我国民之经济影响若何。"何先生演词之前半,既由已往之失败证明此次之必然失败,而至此乃以"进一步讲"一语,将已讲之论证与结论完全推翻。前既曰"抵货必失败",今又曰"能达目的",一语之意适相矛盾,同时不能并存。若云失败,则必须说明其失败之因安在。若云可以成功,则必须证明其可以成功之兆为何。经过此一步之研究,则失败、成功二语不能同时并存之意自显。何先生所以成此矛盾之说者,或因忽略此步研究之所致。余不欲在此等论理上之错误多费时讨论。以下进一步,当就何先生之推论加以研究,以视其是否有当。

(甲)何先生所论抵货后对于我国之经济影响

(A)抵制任何国货品所生之影响

(一)抵货破坏贸易双方有益之经济原则。

(二)抵货强迫民众购用高价之货物,甚至使民众无货可买。

(三)抵货双方受损。

(四)抵货有致本国商业恐慌之可能。

(B)因抵制日货所特生之影响

(一)民生困苦,特别是贫民。因日货之输入,以质低价廉之棉织品为大宗,此等货品为一般贫民所必需。今抵制日货,一般贫民必有无衣之苦。

(二)恐怕有工商失业之不幸事件发生,因我国所用之纱,多半来自大阪。因抵货而大阪之纱厂倒闭,我国所用之纱既感缺乏,棉织工商必有失业之虞。

(三)对于本国商人不公平,租界之商人仍可卖日货。大商人固可暂行停业,小商人立即发生生活问题。

(四)若完全达目的,恐怕贸易额减少。国内贸易额减少,国外贸易额亦必减少,出口之额数亦必减少。

(五)日货既不能失销路于中国,必设法推销于他国,增加吾国商人国外贸易上一有力竞争者。

何先生以上所举抵货于我国之经济影响,非全无可研究讨论之余地。今为节时计,不再一一加以评论,姑且假设其所推论均有实现之可能。然就以上何先生所列举之经济影响言,似乎抵货结果于我国经济上只有害的影响,而无丝毫利的影响。奈事实之示吾人者之不尽然何,今试举例以明吾说。

(乙)何先生所忽视抵货后对于我国经济上之利的影响

(一)抵制日货,人民有无货可购之苦,势须以高价购买他国之洋货以代之。诚如何先生所推论。然洋货价高,固增加人民一时之担负,然同时予提倡国货运动一最有利发达之机运。吾人所以力争关税自主者,意在提高入口税率,使洋货之价增,不能与国内之制造品相争,以培养自己之工商业。今因抵制日货,一般洋货之价高,是与提高关税有同一培养国内工商业之功用,此点不容忽视。

(二)因抵货运动,国内一部处人感觉货短之苦,应此急求不外二途:(一)其他各国洋货之输入增加,(二)国货之可以代替日货者起而代之。当欧战正酣之时,西货之来源断绝,日货之进口大增。国人所创设之棉纱等工厂,亦如雨后春笋,应时而兴。一时机器之入口大盛。既因西货短缺,发生国货振兴之事实,今之日货短缺,亦必有同样之影响发生,无容置疑。

(三)因抵制日货,日人所取于吾国原料之量数必减少。结果原料之价必降,出售原料之商人,及生产原料之农工固不免受一时跌价之窘,然国人见原料之价低,制造之成本小,必奋起创设工厂,以经营制造,间接予国内工业一振兴之机会。

以上仅举三事为例,已足证明抵货运动于中国之经济影响并非只有害而无利。且其为害也,为一时的,为部分的;其为利也,为永久的,为全国的。何先生推论抵货之经济影响,不知何故,仅及其部分的、一时的、有害一面;而忽略其永久的、全国的、有利一面。研究此问题,似乎不应如此之有所偏重也。

(丙)何为"经济势力":何先生固知抵货运动不徒于中国有损,故曰"于日本亦有损处"。又紧接之曰:"抵货之最大损失,究竟归抵者担负,抑归被抵者担负,视双方经济势力之大小而定。美国之经济势力,大于日本。故美国抵制日货,负担其最大损失者,为日本。中国之经济势力远小日本,故中国人民抵制日货,其最大损失之负担者为中国,而非日本"。然究竟"经济势力"一词之意义系指何物而言,何先生未明告吾人。指一国人工之多寡乎?日人之七千万人固不足以与中国之四万万比也。指一国大产富源之数量乎?则日本又非中国之比不待言矣。指一国资本之数量乎?中国固有资本缺乏之苦,然非不可由外借而得之。指人民业工商者之组织能力乎?则吾人之经验识见,诚远不如日人。然非不可以努力求之也。指四者之总合之势力乎?则余以为在事实未曾详加比较之前,二国经济势力之敦大敦小未易言也。

吾人既退一步不问何先生所用"经济势力"一词何所指,何先生在下抵货之最大损失终归吾人一结论之前,亦应将"中国经济势力小至如何程度","日本经济势力大至如何程度"及"经济势力之大小与抵货利害之谁负有何等密切之关系"三问题详加解释,而后始可使听者有以了解其结论之含意。今将此等问题均略而不谈,一跃而下抵货运动之最大损失终归中国担负之结论,吾人听后不免发生"何所据而云然"之感想。不知何先生于此点将何以启吾人。

三、研究抵货问题所从之方面殊嫌偏窄

何先生专研究抵货运动于中国经济上所发生之影响,且只及其影响之损害的一面,则其结论自然为否定此运动之价值。吾人为研究整个社

会现象之方便起见,不得不将社会现象分为经济的、政治的等等方面缩小研究之范围,以使研究时易于集中精力,待引用各方面所得之原理,以解决一实际社会问题时,须自各方面斟酌推论之。仅自一方面推究之,结论必偏。抵货运动乃一实际社会问题,吾人研究此问题时,应从经济、政治、社会、外交、民族精神各方面研究之。视此运动与我民族解放一问题上究竟有何影响,而后再下一肯定或否定之结论,其结论方可望圆满而有补时用。何先生乃一经济学而兼统计学之专门家,其职责在研究此问题之经济方面,其他方面待其他专门家研究可也,当然不能求其全于何先生。然即就经济方面言,何先生研究此问题时所及之范围,亦殊嫌过于窄狭。今试论之于后:

从经济方面研究此问题,余以为应用以下之五步骤:

(1)认清此次抵货之目的安在

(2)研究因抵货运动于中国经济上所发生之现在影响及将来影响兼及利害两方面

(3)研究因抵货运动于日本经济上所发生之现在影响及将来影响亦兼及利害两方面

(4)用由第二步研究与第三步研究所得之结果推论以抵货为手段是否能达吾人所预抱之目的

(5)用由第四步研究所得之结果求一肯定或否定之结论

何先生演讲时对于此次吾人抵货运动之目的,完全未讲及为其演讲之一最大缺点。或曰:"其目的乃政治的、外交的,而非经济的,故在此题中无论及之必要。"孰知研究抵货运动,而不明了其运动之目的,则必不能了解此运动之重大意义,而且必视之为盲目之自杀举动。吾人评论一行为之价值,首应以其目的为准。研究抵货运动之是否有价值,必须先明了其目的为如何,任从何方面研究,其目的均不容忽视。吾人所以断然牺牲目前少数人之经济利益,而从事抵货运动者,其目的非为自杀,而在以抵货为手段,期以此法从日本之强暴掌握中,解脱吾民族之生命。日人迭来加诸吾国之耻辱,虽以全国之力疆场肉搏,不足以言雪;而吾国承数十年来内乱分崩之余，不敢言战。山东任日军之非法蹂躏，关税自主听日人之从中作梗，东三省之侵略日甚一日。吾国既不能以兵力与日人拼生死于疆场，唯有以经济绝交之手段，图致日人于死命耳。此抵货运之目的也。若研究此问题之人，而忽略其目的为何，必不能得适当之结论。何先生其一也。

何先生对抵货之目的，既全置之不问，其研究之出发点已经失当，然若仅就抵货于我国之经济影响之利害两面予吾人以详细之说明，亦不失为一篇有价值之演讲。而何先生仅论及其害的方面，而忽略其利的方面（理由已见前文），使听者不能得其影响之全体，致无从评判其得失，殊不应然。

何先生于第三步研究仅以含意不清之"经济势力"一词轻轻放过之。抵货运动于日本究竟发生何等经济影响，为吾人之所急欲知；而何先生竟于此点未注意研究，不能不引为遗憾，或曰："何先生之讲题仅限于对中国发生之经济影响。于日本之经济影响，不在讲题范围之内，故不必论及。"此言辩矣。然吾此处指明其研究此问题时所及之范围过于狭窄，不能得一可以指导国民行动之结论，非欲以讲题为限与何先生辨是非也。

何先生对第二、第三两步之研究既或全缺或偏及，于第四步之研究必无从作起，而此层研究为讨论抵货运动有无效果之最要关键。盖经过此层研究，抵货运动对中国日本二者之经济利害始能分明。吾人现在既假定以抵货之手段可以使日本之经济发生恶劣之影响，间接可以使其政府更变其对华政策而从事抵货运矣；然究竟于日本经济所发生之恶劣影响，是否其厉害能至吾人所期望之程度则极待研究。若其厉害之程度不能达吾人之所预期，则吾人之抵货运动为徒劳，莫若速止。若可以达吾人所预期之程度，则虽牺牲本国之一部分经济利益，吾人亦必坚持到底。盖将来所得之代价，远大于今日之牺牲也。若研究之结果仅能证明将来之成败各半，吾人亦必决然行之，盖处现在中国之经济地位抵货之利，常能抵销抵货之害而有余也。然何先生于此未曾丝毫注意，不能不引为遗憾。

何先生研究抵货问题所用之步骤既未周全,所讨论之范围亦殊觉广延不足,在理决不能得到可以切进事实真相之结论。而何先生竟冒然下否定之说,其说不当,固应然也。吾国青年之从事抵货运动者,非不知抵货运动于我国一部分商人及一部分消费者有经济上一时之损害也,彼等所以不顾一切而为之者,以为今日之牺牲,可得其代价于将来也。若今日之牺牲为无代价之牺牲,则其为牺牲也毫无意义。若其牺牲可得相当之代价于将来也,则吾人评论一牺牲之价值应从其将来有无相当之代价论之,不应不论牺牲之有无代价而概然谓任何牺牲均不当为也。何先生明乎此,则必改易其结论矣。

余自聆何教授之演讲后,心中即觉有许多意思有发表之必要。每于同学谈论之时,则必述及之。是我者固有,非我者亦有,不加理会者亦有,催我用文字发表之者亦有。然余个人自知经济智识、历史智识均极薄弱,以故胸中虽有跃跃欲试之念,而久不敢动笔,经出版部屡次催稿,始勉力为此以应。余写此文之意,不在津津与何教授作是非之辩;而在与一般关心抵货问题及从事抵货运动之救国同志作较深较详之讨论,以坚其勇往直前之奋斗精神,勿为何教授不健全之结论所蒙蔽。巩固自己之阵线,勿为其说而摇动自己之心志。抵制日货的确是解放中国之一条有效出路,毫无可置疑。

(《南开大学周刊》1929 年第 70 期,1—10 页)

李涛：中日重订商约之暗礁（未完）

中国与日本同为东亚之古国，相隔不过带海，然因二国均属农业国家，经济上各能自给，故距离虽近，历史上彼此之经济关系，并不十分密切。自西人势力浸至东方，中日二国同受其压迫。日本首先觉醒，模仿西方资本主义之文化，向外发展之欲日炽。于西历一八七一年（同治十年）日本派伊达宗成为特命全权大使来北京，与中国缔结中日修好通商条约十八款，彼此平等，规定日本得到置领事于中国各商港。于一八七三年（同治十二年）二月，日本又派副岛种臣为特命全权大使来中国，交换中日修好商约。日本自明治维新起（一八六七年），渐脱列强之束缚，国势日进千里，而中国犹大梦沉沉，一再败北，日本见有可以进取之机，故虽袖手得琉球，犹以为未足，复欲北侵高丽及辽东半岛，南取台湾，与西欧诸国在中国享同等之通商利益，结果乃有甲午之战，时为一八九五年，中国败北，缔结马关条约。凡日本之所欲，均如愿以偿，唯辽东半岛因俄、法、德三国之威胁，吞而复吐，马关条约第六款明言中日以前之约章完全废绝，是则一八七三年之中日修好通商条约宣告废弃。又规定中日应从速另定通商航行条约，与陆路通商章程，凡新订各约章均应以中国与西欧各国之现行约章为本，至是凡西欧各国在中国所享受之片面特殊利益，如关税、领事裁判权、内河航行、租界地等日本均得之，在马关条约中所规定者，不过为通商条约之大纲，中日通商行船条约于一八九六年始成立，此约成立凡三十载，未曾修改，又于一九〇三年（光绪二十九年）订立中日通商行船续约，去岁七月二十日国民政府宣布废弃之中日通商条约即指此正约与续约也。

近百年来我国主权之丧失，不胜枚举，自五四运动以后，恢复主权运动之呼声，始渐为国民所注意。夫主权乃国家之生命，主权丧失之不已，即等于国家生命之渐就衰亡。中国国民已觉悟及此，故主权恢复运动，一起而不可复遏。在巴黎和会曾有消极之坚绝表示，在华政府会议亦努力奋斗，自求解放之呼声，渐为各国所注意，民意所趋，政府亦唯有顺之而行，中比条约于一九二六年满期，中国要求修改，比国故意延宕，北京政府遂毅然宣布废弃；中日通商条约亦于一九二六年满期，北京政府以该约第二十六条之规定，要求修改，乃照会驻京日使，照会中有言曰："假使修约期满，而新约尚未成立，则届时中国政府不得不决定对旧约之态度而宣示之。"以示态度之坚决。日本亦明知不平等条约之修改，为中国全体国民之一致要求，故亦不敢明显拒绝，遂应中国政府之要求，于一九二七年一月二十一日在北京举行修约会议开幕典礼。中国首先提出关税自主案，日本旋亦提出关税互惠协定及最惠国待遇等案，双方意见相去甚远，会议遂告停顿。未久六月期满，毫无成议，后虽屡次展期，因日本蓄意延宕，绝无诚意之故，依然无所进展，国民政府于去年七月七日发表对外宣言，主张中外现存之不平等条约，已满期者废弃，未满期者提前修改，同时宣布对待无约国之办法七条。中日商约早已满期，至去年七月二十日，修约会议第六次延期届满，国民政府遂于是日照会日本上海领事，宣布旧约废弃，日本于八月一日答复，对修约赞成，对废弃则坚决反对，因济案之故，中日外交关系僵之又僵。至今年四月二十六日，日本始照会外交部，一面否认废约，一面赞成二国迅派员改订新约，外交部于二十七日答复，谓法理争执，存而不论，望日本派员速订新约，为顾全体而计，修废问题置诸不论，日本虽不承认废约，然中国政府已不承认日本为有约国，故不废亦废。然日本臣民在中国所享之特殊利益，与昔无异，废亦等于不废，月前日本新任公使佐分利来中国（不幸已自杀）对中国政府之意见，当有相当刺探，然商约重订之前途，障碍重重，终难乐观也。

日本对中国主权，向抱侵略野心，因此造成中国国民之反日空气。日本国民以为满洲特权之存在与否，关乎其国前途之生存，故对中国之外交不主让步，恐中国得陇望蜀；然其所谓特权，在中国国民之眼光中，全由非法掠夺而来，绝难承认。故中国国民深恨日本之强暴无理，日本臣民则深惧中国之一旦或强，至影响日本之地位。恐惧之结果，到处表示其强有力，以明其绝不可以气服，故山东之二次出兵，以及在东省日本军民对中国之种种无理举动，皆可谓由于故意示强之心理出之，然此等蛮横之示强，愈使中国国民恨入骨髓。恨之结果为发愤图强，借机报复，凡日本臣民之幸福，皆成中国国民恼恨之对象。在因恐惧而故意示强之空气下，日本政府对华即欲有所让步，必为其臣民议为示弱而不见容，在因愤恨而日图报复之空气下，中国政府若有所让步，必难逃国民辱国丧权之攻击，况实际上中国已无步可让乎？无论日本政府当局尚未有对华外交应示让步之觉悟，即使有之，内受舆论之牵制，亦必难见诸实行。二国之国民心理，一恨一惧，为物虽属为无形，然其足以阻止中日商约重订之顺利进行，却无可忽视。

日本表面上，在中国所享受之利益与其他各国无所轩轾，实则此种利益与日本之关系，较其他各国远为密切，不平等条约之废除，虽为蒙其利益之各国所无不反对，然究无如日本反对之甚且坚者。故各国之商约易修，而中日商约独难，不徒二国人民心理上彼此有特殊之印象，即条约本身问题亦有特殊难决之点。兹分述之如次。

一、内河航行权问题

内河航行权之丧失，肇自一八五八年（咸丰八年）之中英续约，该约第十条谓："长江一带各口，英商船只俱可通商。"一八九六年之中日通商行船条约，畀日人以苏杭沪三线之航权。英国遂亦援例要求，总理衙门乃饬税务司,妥议专章,其后航线日广,外轮之势力,遂无孔不入。然航行章程,皆订自税务司,颁自总理衙门,只为国内法令之一种。故门户虽开,权乃我操,于一九〇二年(光绪二十八年)与英国订马凯条约。彼此订明航行章程,重新修改,附载此约。自该约成立后,内河航行权之规定遂由国内法令,易为条约形式,日本于次年订立中日通商续约,亦效法英人。在条约中遂亦取得此种权利,其他各国莫不援例,然其势力,终无有如英日之大者也。

各国与中国之贸易额数各异,其航业发达之程度,亦彼此不齐。故各国名义上在中国虽皆可平等的不受内河航行权,然实际上,其中能充分利用之而足为中国航业前途发展之害者,只有英日二国,故足为收回内河航行权之阻碍者,亦以英日为最,其余各国均比较易办。英国为航业最发达之国家,其航路之广,几遍五洋,日本虽亦后起之航业国家,然与英国比权量力,绝难同日而语。英国在中国之航业,不过居其全航业之一小部;而日本在中国之航业,则居其全航业之重要部,故中国收回内河航权,英国航业虽受相当之打击,然绝不如日本航业所受打击之严重,故日本较英国更不愿放弃此权。换言之,英日二国中,日本为中国收回内河航权之阻碍较英国为尤甚,然中国国民既觉悟为自国之生存及发展计,航权势必收回,列国在中国之航权便绝无长久存在之余地;各国亦均见及,英国所受之影响小,故或可无条件放弃,日本则思另寻别途,欲以互惠之方式,以图保留。然日本之航业较诸中国远为发达,其本国之航业,绝无容外船插足之余地,而其在中国之航业,已根深蒂固,中国若许其互惠要求,其结果便与现在情形无异,日本仍继续享受中国内河航权之利益,中国所受之损失,仍与旧商约同。中国对日本互惠要求之必不能允许,不言自明,不特此也,中国之航业尚在极幼稚时代,若遽许日本之互惠要求,日本内河中国商轮绝无插足之可能,无论矣;即在中国内河,在平等条件之下,中国商轮亦绝难与日本竞争,若允许日本此种要求,等于从列国收回之航权,又完全转授之于日本,与未收回时何以异?换言之,中国昔日受列强均等压迫者,今乃独受日本之压迫。且日本侵略中国之野心,较诸任何国为独酷,中国主权之恢复运动,志在图国家之生存与国民生活之发展。若允许日本之互惠要求,是置国家生存于更危险之境地,使国民生活愈受帝国主义者之压迫,中国人民虽愚,其肯出此乎?然则内河航权问题除日本无条件交换中国外尚有他途乎?日本若终于不肯应中国之合理要求而放弃,则中日商约之成必无期矣。

二、关税问题

中国关税主权之丧失,始自中英南京条约,当时官吏惜慵,不知关税于一国工商业关系之重大,竟在条约上应允,英人从价值百抽五之要求,协定关税制于是造端,税率之规定,遂失自主之权,各国援例,均得享受,日本于一八九六年之中日通商行船条约亦明文规定之。一八五三年(咸丰三年)洪杨军陷上海,海关道吴建章堕城潜逃,海关一时落英法美三国领事之手,翌年吴回任,然海关秩序纷乱,无法征收,吴乃从英领之建议,用英法美三国各一人,为上海税务司。所谓上海新关者遂告成立,又中英天津条约明定其他各口岸之海关,均仿照上海新关办理,至是关税行政权遂亦落外人手矣。总理衙门于一八六一年(咸丰十一年)派英人李国泰为总税务司,相治成例,自李氏以后均属英人,俄法后曾要求此职,总理衙门于一八九六年(光绪二十二年)答以英国贸易比他国占优越地位时,此席应属英人,各国之要求遂寝,总税务司为中政府所任命之官吏,因受各国之委托,有监督以海关收入抵还外债之责,故实际上竟兼有监督中国关税支配之权。日本于欧战时贸易额数超过英国,曾有要求日人为海关总税务司之酝酿,无结果而终。

海关既成协定,修改异常困难,自一八四二年至一九二七年,七十余年,仅有二次改订,即此二次改订,亦不过改订货价,而值百抽五之率,则仍旧贯。在巴黎和会,我国代表曾提出关税自主之要求,为各国所拒绝,于华府会议,又行提出,议定招集关税会议,然各国以裁厘相要挟,因国内政局变动无结果而终。自主权之恢复,仍是遥遥无期,待国民政府成立于南京,于去年冬季,始与各国订立平等关税条约,除日本一国之外,均已完成矣。

以征收关税之目的论,关税可分为两类,一曰征收关税,一曰保护关税。征收关税者,以满足一国财政上之需求为目的而征收者也;保护关税者,以保护国内之工商业为目的而征收者也。二者无绝对之区别,可并行而不背。语乎中国之财政,内地杂税苛捐,无不足以减杀国民之生产能力,若图减少国民苛税之负担,以解放其生产能力,唯有免除苛税,加增关税以为弥补之一道,是则就中国之财政言,关税自主权有急待恢复之必要也。中国工商之极属幼稚,不足以与外来者相竞争,为无可争辩之事实,其必待关税之保护培植,不待言矣。是则就国内工商业之急待保护言,亦必须恢复关税自主权,各国均见及此,故莫不相偕承认中国之要求,与中国订平等关税条约,放弃其特权焉,独日本一国观望犹豫,迄今未决。

日本与中国之贸易总额,约计占其全年国外贸易总额三分之一,为量不为不巨,中国关税税率,若骤行提高,与日本对中国之贸易诚不能无相当之打击。然中国提高税率,结果国内之苛税可以减少,中国国民之生产能力,必因之而受相当之解放,生产能力既得相当解放,其生产量必增加,中国人民之生产量增,而后有以易日本之货物。由是而言,中国关税自主权之恢复,与税率之提高,于短时期内或于日本之中国贸易有不利之影响,然自长远计之,与其谓之有害,反不若谓之有利,日本政府对于此点,何以数载不决?况各国已与中国订立平等关税条约,日本独可以使中国对日本货另定一特殊税率乎?其事之为不可能,不待明达而知矣。

或谓日本政府以为其本国之工商业尚未发展至无须保护之时期,欲藉中国为市场,以为培养之用,然中国关税自主权既已恢复,若亦采保护贸易政策,与日本工商业之发达,不无相当阻碍,故欲以互惠之原理,彼此优待,使日本之工商业得以有成熟发展之机运,日本政府为谋其本国工商之发达,此计可谓尽善尽美,然其如中国之不能应允何?日本工商业之发达,较诸中国相去不可以道里计,日本尚采用保护贸易政策以培植其工商业,则受尽外国资本主义之压迫,不得生机之中国工商业,不更需要政府之保护乎?中国即应采保护政策,有何理由独对日本取自由政策,以自阻国内工商业之发达耶?且中国输入日本之货物,泰半系原料,条约上即无互惠之规定,日本为保护其本国工业计,亦必对之采免税或减税之政策,反之日本输入中国之货物,均系制成品,或半制成品,如布糖等,中国政府若欲对此种国内工业加以相当保护,使之有可以与外来货品竞争之能力,提高外物输入之税率,为最有效率之方法,故中国不允许日本之互惠要求,中国输入日本之泰半货品,仍能享免税或减税之利益,允之则等于加桎梏于未来之国内工商业,中国政府之必不能允其互惠要求也尚待言乎?日本欲图其国内工商业之发展,应另寻别道,居今日而独思以中国工商业为其本国工商业发达之牺牲,不可得矣。(未完)

《南开大学周刊》1929 年第 75 期,10—15 页)

张忠绂讲，徐高阮记：海会与中日之关系

正月二十一日伦敦开海军会议，四月二十二日三国协定（英、美、日）签了字。今天我所要讲的，就是海军会议对于中日国交的前途有什么影响。

我们知道海军会议有英、美、日、法、意五国，没有中国。可是为什么提到与中日国交的关系呢？要知道海会与中日之关系，要以历史的分析的方法来看：（一）中日国交在历史上的事实，（二）日本和美国国交在历史上的事实，和（三）从华会到现在的情形。

第一我们要讲中日国交的历史。中日国交的历史，可分几个时期：

第一期，甲午（一八九四）中日战争以前，中国是东方第一位的国家，日本只要保持其国际地位，谈不到侵略。

第二期，一八九四中国在平壤，鸭绿为日本战得大败涂地，所以一八九五的马关条约，要中国割让辽东半岛，这是日本侵略中国之始。可是当时受俄、德、法三国的强迫，日本不得不退还辽东，而同意中国门户开放。所以从中日战后直到一九〇四日俄之战，是日本想侵略而不敢的时期。

第三期，从日俄战后，俄国战败，到一九二一华盛顿会议，日本对华积极侵略。这是有事实可以证明的。如同在一九〇五年得到南满的利

益，一九一五提出二十一条。可是从一九二一华会以后，形势又变，日本虽欲侵略而有所未能。

凡事，利于甲者，未必利于乙，所以日本侵略中国，而妨碍美国利益，因为碍于美国，必得英国的帮助才敢侵略。一九一四日本以攻德要求英法承认他将来承继德国在山东利益，英国和法国只好允许他。英美联合日本便不敢侵略，有实证的，就是——华会以后，英日同盟取消，英美日法有四国协定，也就表示英国与美国合作，而放弃日本友谊，所以才许中国赎回了胶济路。

我们要知道海会与中日的关系，要讲到日本和美国国交的历史。

日本和美国是仇敌，有几个原因：

第一，日本向美国移民，而美国限制黄种人（自然包括中国）；

第二，日本人在加利福尼亚（California）上学，美国人禁止黄种人同学，中国弱国没有话说，日本是强国，有强国的尊严，便不能忍受；

第三，日本对中国侵略与美国的门户开放主张冲突。

究竟海会与中日有什么关系呢？须要知道从华会以后的情形。

华会在一九二一年招集，会前日美几乎开战。当时英日是同盟，美国觉得与日本开战不妙，所以召开华会，同时英国也不愿帮助日本，所以华会时英日同盟取消。这等于英国放弃对日的友谊而采取对美的友谊，所以日本不敢动手。这个也有事实证明——九国协定承认中国将来关税自主，取消领判权，许中国收回青岛和胶济路。

英美和好日本不敢侵略，英美不和日本便敢于侵略，这也有事实的——一九二七年日内瓦（Geneva）的海会英美未能协调，正当蒋介石打到北方，日本人炸张作霖，还出兵到山东。英美如合作，日本绝不敢出兵。

中国自己没有力量，日本一定要侵略的。而美国为自己利益主张中国门户开放，英国若是与美国合作，日本就不敢侮略（然而不是完全不敢），英美不能合作，日本就敢于积极来做。——这是我们的结论。

试看现在的海会，英美若能协调，几年内日本一定不敢侵略，不然日本一定要侵略的。

英国首相麦克唐纳去年到美见胡佛会商到海会的事,现在英、美、日三国协定的成功,其实只是英美的成功,日本不敢不加入。

这个协定从一九三〇年四月二十二起到一九三六年四月二十二一直有效(在失效前一年开会重议),我们推测六年以内英美能合作到底,没有其他的变故,日本不致再有二十一条和出兵的事。我们要看英美是否能合作到底。

此次中日税约签字在海会成功的时候,日本驻美大使说希望中国统一,以得大的商场。然而这不像日本的口气,乃是替英美说话。这是什么用意呢?因为英美能合作。

我们可以大体说:海会影响到中日的就是英美能协调,日本侵略缓和;英美不合作,日本一定要积极侵略的。

十九年五月二十二日

(《南开双周》1930 年第 5 卷第 7 期,14—17 页)

张伯苓：日本何以强，中国何以弱①

　　此次赴日参加远东运动会，所受刺激极深。诸君均知我国运动员计男女一百三十余人，北至哈尔滨，南至广东，皆有选手，可谓代表全国。然结果大败而归，田径赛是一无所得，球类只得一排球，足球不分胜负。至失败之原因，裁判员裁判不公成分甚少，我方运动员及职员精神非不奋发，各种运动亦非不进步，不过日本进步极速，我方进步较缓，此为失败之惟一原因。日本人事事肯认真研究，肯实地去干。即如足球一类，要诀自在踢准、跑快、合作三事，日本人则用科学方法分开研究，结果进步异常神速，又曾派队至美国与强球队比赛，且不时请德、法名队到其国内比赛，总期精益求精。

　　至我国内战运动方酣，自无暇顾及学校体育，个人又只靠天才，听其自然，不求深造，以少数与其全国多数比，焉有不败之理？故讲求运动须从小学起。此次在南京与教育当局讨论治本、治标两种办法：治本则从小学注重体育，各学校必须有运动场，并须有好教员训导；治标则由体育协进会提倡，请各省运动员到上海与外国队比赛，以资练习。

　　至余此次因受刺激，常私自研究日本何以强，我国何以弱。以学校

---

① 本文是张伯苓在天津基督教青年会联青社的演讲。

作譬喻,日本似已大学毕业,而我犹以小学降级,其原故何在? 按日本未维新以前,德川握有政权,天皇无力过问,人民受内忧外患之激迫,当然先将握有政权者推倒,组织新政府,对天皇负责,但天皇并无权力。由小范围做起,如一部小机器,其初亦有困难,及一战胜中国,遂将机器换大,并求坚固;再战又胜俄国,遂更加坚固;最后又参加世界大战,益以四十余年之普及教育,遂成今日之真正国会内阁,为世界组织最良之国家。

返观吾国,当辛亥革命之时,适君主握有政权,因政治腐败,外患日亟,遂不得不将君主推倒,不幸又有种族观念,不能发生替代方法,只得根本推翻,改为共和政体。我国这样大,人民程度这样不齐,十余年来,总走不通。前年国民党北伐成功,统一全国,前途极有希望,乃曾几何时,又呈分裂之局。急思不得出路,言之至可痛心。

盖国人最大毛病在于自私,缺乏合作性。所以,个人天资体格,均不弱于日本,至于体团工作,则凡事不如日本。吾人应彻底觉悟,改变自己心理,灭除遗传劣性。

余于此二十余年内,前后赴日凡十三次,每次无不惊讶其进步之速! 如一部大机器,昼夜转运不息,且牵引各种机器一齐动作,以致全国无旷士、无游民。吾国所缺少者,只此一部机器,所以全国陷于停顿。举凡工商业均谈不到,教育救国亦等空谈,武力统一,势必演成循环战争之公例。国家如何方有出路,此实中国最大之问题也。

余感觉建筑运用政治之机器,为吾人共有之责任,不能放任亦不能坐享其成,应自行答复下列三问题,一、中国病在何处;二、治法如何;三、我应怎么样。余饱受刺激,言语未免感情用事,尚请诸君原谅。

1930 年 6 月 19 日讲演

(《益世报》,1930 年 6 月 20 日。收入《张伯苓全集》第二卷)

黄宪昭：在华之日本报纸及其活动

日本阀之横行东省，而能使其国内在野重臣，知识分子，慷慨奔走，而不自觉其强暴者，报社宣传之力也，欧美各国往往误会东亚局势之真相者，亦蒙于日本报社之片面报告也，国亡无日之中国人民，对于东省事情茫然不能了解，固由于平昔之不留心国家安危，而缺乏大规模之通信机关，未能广事传播，实亦咎无可辞。日本之所谓代表报纸，如大阪每日新闻、大阪朝日新闻，与东京日日新闻、东京朝日新闻等报纸，于此两月来，其记载皆尽量煽动国民之感动，鼓惑军人之作战，其尤甚者，则在军队中所散布之画报与标语，如在满蒙地图中插以日本旗，而在左方，画以隐约之手，作欲拔取之势，其上注以"国人猛醒，保障我满蒙既得之权益"，其旁复注以投资与日侨等字样，其用心与寓意，可谓极宣传之能矣。

中国人之对于日本人，只存一种轻视鄙屑之心理，殊不知日本自明治维新以来，仅数十年间，朝野一心，力图猛进，兴实业，利交通，定宪法，普及教育，扩张军备，战胜中俄两大国，一跃而为世界一等强国，近则居然以亚洲霸主自命矣。夫日本之所以有今日之强盛，皆因人民之肯牺牲奋发，百折不回之故，而其进步发展之最大原因，端赖新闻报纸提倡宣传之功。盖一国文明程度之高低，须视其报纸之种类多寡为比例，欧美各国，几无人不识字，即无一人不阅报纸，计其销数，如英之泰晤士报、美国纽约新闻等，每日总在一二百万份之多,以各国人口平均计之约每三人阅报一份,无怪彼国之文明,远非吾人所能企及也,兹将最近欧美报业调查统计如左:

最近欧美报业调查:

德国报纸　　　有一一四二六种

美国报纸　　　有二四一八六种

英国报纸　　　有二三五一六种

法国报纸　　　有二二八四三种

其他如俄、奥、比、荷诸国,多在一万余种以上,此外周刊月刊以及其他各项杂志,不在此例,其突飞猛进之状,时势使然,亦教育普及之所致也。

查日本全国,大规模之报馆共有十八家,中等者共有三十二家,此外三日周刊等物,总数逾五百之多,据内务省新闻管理课统计,谓全国报纸每日销数达一千万余,即大阪一地,每日销报亦达一百五十万份之巨,以全国七千万人口言之,平均每七人阅报一份,较之我国四万万以上人民之国家,报纸统计总数仅为二千一百四十四种,而以鼎负盛名之沪上各大报,每日销数,总不能超过十五万份,仅为日本千分之一,其相去曷可以道里计耶。致其消息之灵通与广远,亦实足惊人,以东京一地,通讯社亦有四十二家,而其国际宣传之大规模通信社,亦复不少,即在华日本通信社已有五处之多,总社设立上海,通信员则密布我国各大都市,其本国消息既能传达远方,而国外新闻,亦可悉数罗置。反视我国,国际既一无所有宣传机关,而宏大规模之通信社亦不多观,不能传诸外国,使外人明了我国本来真消息,不致误信日人之巧弄是非,即国内报业界,尚须仰赖外国通信社,以采集本国各地消息,犹有痛心者,即中国报业界之仰赖日本通信机关而登录日本供予之自己本国新闻,听其讹造,扰乱内争,我国报业之落后,盖深可叹息也。

日本人于中国各地遍设报馆,及通信机关,均具有一种侵略之野心,不仅指示日本人在华经营商业之关键,并且做其政府侵略之耳目,此种新闻机关,在中国境内重要都市,皆有相当势力,影响我国之政治社会,

使国人受其麻醉,是我国人民所当注意者。兹将日本在华重要报纸与通信机关,摘录于后:

一、在华之日本报纸

地点	名称		
北平	新支那	支那问题	极东新闻
	北京新闻		
天津	天津新闻	天津日日新闻	天津经济新报
辽宁	奉天日日新闻	盛京时报	奉天新闻
	商业通讯	奉天电报通讯	日本电报
	满洲通讯	满洲日报	泰东日报
	大连新闻	日满通讯	满洲日刊
	满洲报	联合通讯	帝国通讯
	满洲重要物产商况日报	满洲商业新闻	
	安东新闻	安东中日经济通讯	
	商业通讯	安东时事报	
小冈子	关东报		
营口	满洲新闻		
抚顺	抚顺新闻		
大连	满洲兴信公所日报	埠头日报	
	大连珠市商品日报	泰东兴信公所日报	
	中日实业兴信日报	大连取引所日报	
	卖买残玉日报	满洲入扎通讯	钱钞日报
	山田现珠日报	钱钞相场日报	
	永顺钱钞日报	泰信日报	大连现珠中值日报
	中日经济通讯		
	秦记相场日报	大连海事日报	和盛泰相场日报

长江永乐街	长春实业新闻	北满日报	内外经济日报
四平街	四洮新闻		
本溪湖	安奉每日新闻		
开原	开原实业时报	商业通讯	
铁岭	铁岭时报		
吉林	吉林时报	松江新闻	
哈尔滨	哈尔滨日日新闻	哈尔滨时报	
公主岭	公主岭日报		
辽阳	辽阳每日新闻		
间岛	间岛新闻		
济南	山东新报	山东商报	胶济时事新闻
青岛	青岛时报		
上海	上海日报	上海每日新闻	上海日日新闻
	上海周刊　上海时论		
汉口	汉口日报	汉口日日新闻	汉口公论报
福州	福州时论		
厦门	南安那周刊		
广州	广州日报		

二、日本通讯社

上海　　东方通讯社(已停)　电报通讯社　联合通信社　亚细亚通讯社　中外通讯社

以上所述皆日人在华所经营之新闻事业,无不具侵略之意味。并其侵略手段已昭然若揭,在中国无论政治、教育、社会诸方面,都受其文化侵略之鼓动与欺诈之影响,此我国民众所当注意,而努力解决之一事也。

燕京大学教职员抗日会出版抗日丛刊之一。

(《南开大学周刊》1932 年第 127—128 期 36—38 页)

张伯苓：中日两国民应有真正的认识和了解①

　　今年六月间，工政会主事海口守三先生经驻日本领事岸伟一先生的介绍，到敝校来接洽一件事，说是日本工政会及其他各工业团体代表，如果到天津来的时候，打算与敝校的同事作学术上之讨论，问问我们的意见如何。彼时我认为这件事情很有他的意义，所以我就答应了，说是我们很愿意日本的学者和敝校的同事来谈谈。后来日本领事永井洵一先生又来接洽过，天津市政府亦曾委托敝校办理招待的一切事情。我们与永井领事作了几番的商量，又征求了些中国人士的意见，才酌定了现在一个办法，除了敝校的同事之外，还邀请天津学界以及工商界的领袖和工政会诸位作一日的联欢、一日的讨论。

　　在天津开会的日子，前后改了好几次，最初本来订妥了十月十四，彼时我正在上海，参与中国全国运动会，天津这会可就来不及参加，颇为惆怅。后来听说改在二十三日，于是我就打算十九日从上海坐飞机，特为赶回来开会。准备起身的时候，上海市长吴铁城先生告诉我，说是会期

① 是日上午，日本工政会及工业学术团体代表等一行24人赴南开大学招待会。中国方面到有王揖唐、曹汝霖、卞白眉、王文典、纪华及各类专家。日方代表中有工学博士7人，文学博士1人，其他亦皆为科学技术界之权威。会上由南开大学秘书长、文学院院长黄钰生代表校长张伯苓致欢迎辞，由傅恩龄译述。题目为编者所拟。

又改了，故此我才改坐火车回来的。这件事情的经过，永井领事很知道的。十一月三日，也就是这个会的第二天，早晨八点钟，南京女子金陵大学举行二十周年纪念会，差不多一个月以前，他们就约我到那里去讲演，而且我已经答应了他们，所以十月三十一日晚上，就得离开天津到南京去，这样一来，十一月二日这个会我就不能参加，并且亦不能招待，很觉着抱歉。我虽然不在天津，我已托付敝校同事及其他天津的学者及工商业家，共同招待日本来宾。我想这些位定能竭力来欢迎各位，我也就放心了。

日本国家的富强，可以说完全是由于功业之发达，日本工政会的信条"邦家发达之基础在于工业"这句话实在含有至理。贵国工业利用现代化的科学方法。最新的工作技术，在东方各国之中，真是首屈一指。敝国工业的现状，无论在组织上或技术上，自愧不如贵国远甚。日本工政会及其他各工业团体代表这一次到敝国来，我想对于敝国工业一定给一个很大很好的影响。敝国工业界趁这种好机会，时间虽然很短，受了诸位的启迪，我想一定很有感动，得着诸位工业上的经验和技术，此后敝国工业界所获的益处，一定很大，所以盼望诸位多多指教。

东亚的和平，理应由中日两国来担负这个责任。不过如果打算达到日华共同维持东亚和平的这个目的，除了两国政府之外，两国国民之间，非有真正的认识和了解不可。这是诸位都很知道的。当然这种真正的认识和了解，应该是双方的。中日两国之间，近来曾经发生过不少令人不快的事，这是不可讳言的。不过，倘若是中日两国国民有了真正的认识和了解，而且这种真正的认识和了解普遍于中日两国的国民，不幸的事件当然可就无再发生之余地了。要打算真正的认识和了解，像这种的会合时常开会，对于东亚和平与两国国民的福利一定很有好处。像诸位这样的贵宾来到敝校来，我们很觉得荣幸，就怕我们的筹备不善，招待不周。如有缺礼的地方，还请诸位原谅。我敬祝这个会的成功和来会诸位的健康。

1935 年 11 月 2 日讲演

（《大公报》，1935 年 11 月 3 日。收入《张伯苓全集》第二卷）

张伯苓：新国势与新希望[①]

诸位同事：

（一）

今天的聚餐会，比过去八年中任何一次的聚餐会，都来得有些不同，原因是胜利已经到来，复员亟待展开，因此格外显得出这次聚餐会意义的特别重大。

（二）

我国对日发动全面抗战，到今天已经八年多了。这一战，决定着中华国家的生死存亡；这一战，支配了中华民族的主奴荣辱。战而胜，则国存族兴，从此翻身；战而败，则国亡族灭，万世沉沦。中间绝对没有侥幸偷巧，妥协回旋的余地。这一战的关系，太重大了。真正是称得起国家的神圣抗战，民族的生死关头！这次抗战，如何才能把握着光荣胜利这一关头，如何才能顺利的安全渡过，诚然不是一件容易的事。但我们只要从整个的世界大局看来，今日同盟国家的胜利，和轴心国家的惨败，在

---

① 本文系张伯苓校长在 1945 年 8 月 27 日教师节南开同仁聚餐会上的演讲。

大战开始之时吾人实在可以想像得到。因为"和平不可分","世界是整个",实以现在交通工具发展迅速,把地球的面积缩小了,把世界的距离缩短了,从此国与国间的关系,格外显得联系密切。古人说"天涯咫尺","天下一家",到今天已经证明绝非夸诞虚矫之词了!可是轴心国家偏偏野心勃勃,得意忘形,梦想称霸世界,奴役人群,毁灭文明,真是太不量力,自招耻辱,那如何不遭受当前无情的惨败!

(三)

中日抗战以来,我就断定日本必败,中国必胜。因为古人说得好:"国家将兴,必有祯祥,国家将亡,必有妖孽。"我们拿这两句名言,把中日两国在抗战开始时的大势比较一下,就足证明我国的判断是正确无误的。

先说日本必败吧。

日本国家,自从明治维新(按明治维新始于 1868 年,清同治七年)以来,民智开通,文化进步,国运日益兴盛,国格日益提高,俨然为我东亚新兴的强国。光绪二十九年(公元 1903 年)我初次到日本东京去,会见了它们国里许多有名的大教育家,他们那种刻苦的生活,实干的精神,以及奋斗的成就,真令人衷心佩服。接着我前后一共到日本去了十三次,在我每次踏上它们的国土的时候,总是感觉到日本国家在物质方面,不断的日新月异,长足进步。尤其是在民国十二年(公元 1923 年)大地震以后,在短期内恢复了当年的繁荣,种种实干苦干的精神,值得吾人效法。不过日本的物质文明,诚然是在进步,可是它的精神文化,反而是江河日下,崩溃堕落。尤其是最近五十年来,日本军阀夜郎自大,跋扈专横,招摇生事,到处闯祸,不守国法军纪,不顾信义责任,实在是国家的妖孽。我们看"五一五"事件发生之时,而犬养毅首相丧命,"二二六"事件踵继于后,而重臣多人,受伤的受伤,丧命的丧命(按铃木首相当时亦曾被乱兵……①)

---

① 原文缺漏——编者。

沈阳事变,不顾国际条约,强占东北地方。接着有淞沪之役,长城血战,燃起了卢沟桥的烽火,逼起了全中国的抗战,破坏东亚和平,搅乱远东秩序,真是罪大恶极！记得有一位眼光远大的日本外相,名币原喜重郎者,说过："日本占领满州,有如吞下一颗炸弹！"这是一句多么惊心动魄、发人深省的警告。可是日本军阀,不但不肯悔祸,反而变本加厉,在欧洲战局紧张之时,竟敢大胆的偷袭珍珠港,掀起太平洋大战,注定日本国的败亡。我们可以说,今天日本的失败,不失败于同盟军的压力,不败于本身外交之孤立,而失败于其内部国无纪纲、军无风纪,以至于国家陷于无政府状态,民族步入自杀的惨境,这叫做"国家将亡,必有妖孽"。所以我断定日本必败。

(四)

略

(五)

……①者昌,惟是中国今日之兴盛昌隆,尚在开始起头的阶段,假使中国从此埋头苦干,努力建国,深信未来的新中国,必能大大的兴盛起来。

现在世界各国,彼此来往频繁,关系密切。美国的世界主张,在推行四强政策,希望世界和平的建立,人类安全的保障,由四大强国多负责任,多尽义务。其目的在世界强国为弱小民族服务,而非统治弱小国家。中国为四强之一,负有重大责任。当前世界局势好转,侵略主义消灭,中国得能赶得上这个大时代,新时代,真是万分荣幸。

中国抗战,分三阶段:第一期,为独力抗战。在此时期,以我疲敝之躯,当彼顽强之敌,作战艰苦,牺牲惨重,但是对于世界的贡献为最大。因为四年半的中国独力苦战,把敌人的主力,牵制在中国大陆之上,使他动弹不得,给世界民主国家,以充分认识"和平不可分","世界是整个的","侵略火

---

① 原文缺漏——编者。

焰必须扑灭","世界和平必须建立"的意义。并且还给民主国家,以改变观念,决定态度,准备力量,积极反攻的充分时间。这一贡献,真是太伟大了!假使当年中国对于日本之侵略,始终屈服,或是中途妥协,那么世界局面成何状态,真是不堪想象!所以我说,中国独力抗战时期,对于世界的贡献最大最多。第二期,为联合作战。此期因我作战时期太长,实力消耗太大,加以沿海被敌封锁,外援无法内运,中国对于世界的贡献,反而不多。第三期,为共同建设世界和平。因为中国地大人多,天产物相当丰富,加之民族爱好和平,有此种种立国之优点,深信战后的新中国,对于世界和平,人类幸福,定能更多更大、更光荣、更辉煌之贡献。这是毫无疑问的。

(六)

抗战胜利的结束了,国势步入新阶段,实为我国家民族五千年来空前盛世!吾人为着配合国家的需要,适应世界的潮流,提出五点新希望,作为今后吾人共同努力之目标。

(1)培养教育乐趣——青年为国家的灵魂,教育乃是百年之大政。教育工作,诚然清苦,但其乐趣亦至丰厚。古人说:"得天下之英才,而教育之,一乐也。"我从事教育工作,已经四十多年,自觉越做越有兴趣,越干越有精神。实以从事教育工作者,只要随时体验,到处观察,心中自然感到无限的快乐和高兴。今后训练学生,要能多做积极的领导,少做消极的干涉,因为学生乐意接受的训练,其效果,比较学生被动的敷衍,来得切实丰满的多。教育者能有"不厌不倦""循循善诱"的风度,才能发挥教育的效能,才能增加教育的乐趣。

(2)重视现代科学——二十世纪为科学时代,无科学无国防,无国防,无国家。易言之,无科学即无国家。现代科学之重要,自经此次大战以后,益加为人所重视。今后吾人训练学生,应当特别重视现代科学,务使全体学生,人人明了物质,利用物质,并进而能创造物质。藉以奠立建国之基础,改善国民之生活,使战后的中国,成为一个真正现代化的新中国。

（3）发扬固有文化——中国固有文化，以儒家为正宗，而儒家思想，以孔子为大师。孔子生当君主专制时代，力主维持君统，推崇古往，实乃时代使然，未可加以厚非！我觉得孔子精神的宽大深厚处，在于指示吾人以修身做人之大道。有如"克己复礼""忠（克己之谓忠）恕（推……①）"。今后务使青年学生，对于中国固有文化，孔子特殊精神，深切认识，真诚信奉，并能终身力行之。

（4）讲求做事效率——国人平时做事，大半不讲效率，以致时间精力，浪费至多！抗战以还，国人从美国盟友处，学得经验不少，知道做事要有计划，有组织，有步骤，有方法，时间不可浪费，精力不应虚耗，做一事要求一事之效率，费一钱要得一钱的代价。诚能事事讲效率，时时求长进，然后训练之学生，方可担负建设的责任。

（5）力行"公能"校训——"公能"二字，为南开之校训，而"公"字训练，尤为南开校训中最重要之部分。"公"字训练，过去非常需要，今后尤为适合。能"公"，然后才能爱护团体，祛除私心，主持公理，服从公意。南开学生，今后不独要能认识"公"字，信奉"公"字，并且还要切实力行这个"公"字，然后"公"字训练，才有实效。"能"字的范围广大，包有体力、智力、组织力，以及团结力等各种能力，今后起要多方培养，随时训练。务使我南开学生，人人既有丰富的能力，又有服务的热忱，做一个国家真正有用的好公民。

总而言之，吾人在此新国势新时代之中，希望我全体同仁，认清时代责任，完成教育使命。负责训导工作的，固然要积极训练学生，就是专任教学工作的，也希望在教课之外，再能多多的担负领导青年的责任，使我南开学生，人人成为中国的好公民，世界的好公民，来一致担负起建设新中国，建设新世界的新责任。这是我在新国势、新时代中，对各位同仁的一点新要求和新希望！

（本文收入《张伯苓全集》第三卷，第 178—182 页。）

---

① 原文缺漏——编者。

日本对中国东北的侵略

满蒙生译：满蒙是第二朝鲜

请看日人山田武吉之《满蒙更新论》之一篇。

满蒙生君，与日本有特殊关系。此篇译文，揭穿日人图我满蒙之一斑，以示我中华国民；吾人捧读之余，不尽对满蒙生君表示谢意。（编者）

一

吾国对于满蒙，今日已更进一步。吾人对此一万五千一百五十方里之南满洲，与四万九千一百〇二方里之北满洲，即奉天、吉林、黑龙江所成的东三省，及小库伦、喇嘛游牧旗、察哈尔东四旗、承德县所成的东部内蒙古，应造成凝固之势力，殆无疑义。且对于热河、察哈尔、绥远等中国之特别行政地域，亦不可不从事扩充势力。日俄战争以前，朝鲜半岛，为我国生死兴亡与东洋治乱安危之分水岭；今日之满蒙，亦犹是也。若非筑成牢固之势力，日本不能占优势，而对东亚之使命，亦因之不能完成。且满蒙为中日俄三国之国际交叉地点，其国际地位，甚为复杂，又为我国新领土朝鲜之屏藩。介海参崴罗津元山而系于里部日本，所以即从地理上言，满蒙对日本为重要区域，不待智者而后知也。

然而满蒙现状,果何如乎? 既往二十年间所筑之我国势力,除满铁以外,他无可观者。经济势力之大部分,前坏湮灭,应伸张之势力,亦不能伸张。吾人对于此第二朝鲜,尽此放任,此诚大惑不解者也。时至今日,断非解决枝叶问题所能奏切。吾人应从事树立根本的大策,根本的更新满蒙之经营。

二

日本对于满蒙进一步之开端,为明治二十七八年之战役以后,由波士马斯条约及承认此约之中日满洲善后条约、中日满洲协定、中日满洲协约等,得树一根基。再由大正二年之中日协定,为进一步之开展。再由大正四年之中日条约,即世人共和之二十一条约,完其大成。但因我国屡次让步,外交权力,消失不少。此中之政治、财政、军事及警察诸顾问之招聘优先权,及关于铁路借款之优先权,已在华府会议放弃。中日协定满蒙五铁路中之洮南热河线入于亚美利加财团所企图之新借款团之范围内。然而其余各项,仍然存在,兹概示其内容如下:

(1)旅大租界期限之延长。

(2)南满洲铁路及安奉铁路敷设期限之延长。

(3)在南满洲各种工业用之建筑及对农业经营必要之土地商租之权利。

(4)东部内蒙古农业及附随工业之合办经营。

(5)关于吉会铁路的诸协约并协定之根本的改订。

(6)矿山采掘之权利。

(7)四平街、洮南路、长春洮南路、开原海龙路及海龙吉林路等之铁路敷设权等。

(8)满蒙。

然而此条约特殊利权中之可以有用者,仅第八项之一部分,当然有用者,为(一)(二)二项全部。其余全无用处。即土地租借问题,亦未解决。波澜重叠之条约,殆等于空文。对于中国交通部预付一千万金圆,由间岛协助第六条所得之吉会铁路敷设,亦已二十余年,而仍无声无臭。吉敦铁路,已经敷设,即将由敦化延长至朝鲜会宁。吉会路可以全通,然因中国方面之铁路热,铁路问题,又成满蒙麻烦之问题。究其原因,(一)为我国对中国外交之消极化,(二)为对中国反帝国主义及排日热之杞忧,(三)为从事谬误的中日亲善及军阀援助。一言以蔽之,我国对满蒙大方针之不确定,为破坏全局之致命伤。而政府对满蒙之特殊性及重大性,尚属茫然是实足惊异者矣。

三

初日本因满蒙铁路问题,备受艰苦:(一)因《波士马斯和约》成立时所生之满铁日美共同管理。(二)当时美国国务卿 Knox 氏所提议之满蒙全铁路,列国共同管理。(三)中国政府蔑视中日满洲善后协定,而与英国 Bollinz 商会所共谋之新库铁路,《由新民屯到法库门之铁路》敷设计划。(四)美国奉天领事 Stroit 奔走之美国资本团实现之锦爱铁路敷设计划。(五)英国一资本家取得之锦州热河间之铁道敷设权。以上皆为扰乱日本之问题,我国应将此种铁路敷设计划,及铁路敷设权,认为对在满蒙日本势力之一种威胁。所以单独或与俄国提携,悉为排击此等事实。注意满蒙问题者,当可注意及之也。

其后外来的势力渐减,惟中国方面之铁路热及东三省当局及人民之一部,为对抗在满蒙之日本势力起见又产出铁路问题。大正十五年成为问题者,为吉海路、打通路,及从石头城子至榆树之铁路,从石头城子到扶余之铁路,从海林至宁古塔之线路。从一面坡至佑兰县的铁路,以及其他铁路敷设之计划风闻极多。其中打通路敷设计划远在光绪十四年。当时东三省总督徐世昌雇英人工程师 Hughes 在渤海方面求一可与大连港匹敌之不冻港,以与胡卢岛连山湾连路为目的。一面有大石桥到打虎山铁路之计划。如吉海路计划,为我满铁路之并行路,此等亦为满铁之并行路竞争路,由于一九〇二年十二月我政府与中国政府所订中日满洲善后条约的秘密协定第三条载有:"中国政府在南满铁路收回以前,不敷设南满路邻接或并行路,并且阻害南满洲铁路利益的支路。"

实际上,则中国方面对此协定熟视无睹,并计划敷设吉海路,及打通路,此乃轻视日本之行动。其轻视之原因,则又不外我国对中外交的消极化及我满蒙政策之不彻底也。

四

吉海路计划,应立即取消打通路目的应与南连山湾联络;因为从打通路自身,连山湾筑港不完全,连山湾自身之吞吐能力方面观察不足忧虑。然而今中国政府,任意作此种轻视条约及协定之铁路敷设计划,可为我国在满蒙势力衰颓之一证。且其他在北满锐意伸张经济势力之劳农政府,已有三数铁路敷设之计划。所以满蒙为中日俄三国之国际接触地点,满蒙问题之所以重大,实非无故也。中国据有连山湾,俄国据有海参崴,日本则拥有大连湾;且吉会路完成,更以罗津、雄基清津等港湾,各为目标,互成三角之形势。此种铁路竞争,不久则将产生不良之现象,是诚吾人所应注意者也。中东铁路虽为中俄间之竞争物,亦为吾国满洲铁路之竞争路。我国处此种地位,常被侵扰,除以张作霖为首脑之东三省的中国当局,轻视协约或协定之铁路敷设计划外,当有奉票问题、专照章问题、朝鲜农民迫害问题。

奉票为中国军阀滥发之纸币,中国当局,常以奉票低落,归罪于钱庄。更进而有金票交易禁止,公定行市之制定,种种不自然之人为努力,以维持奉票之价格。因此我国经济界大被打击,结果引起满日贸易之不振。彼华当局敢如此妄为者,实因轻视日本之故,日本常希望中日亲善,且常以共存共荣以自勉,而结果反使中国当局如此背信,盖由吾人对中外交之消极化,与吾人满蒙政策之不彻底也。

至于金融机关之不统一,亦颇显著。朝鲜银行、东洋拓殖公司、横滨正金银行之各支行对立,而无一有完备之中央金融机关的实力与资格。因此发生种种问题。重要物产交易所之计算单位,或为金本位,或为银本位,或金银两单位并行,此亦由于金融机关不统一而起之现象。满洲中央银行并满洲不动产银行之设立,乃东三省日人多年之宿望,而最近全满商业会议所联合会,亦决议满洲中央金融机关之创设。然而情实缠绵,拘泥现状,则成立颇感困难,如是政治上经济上种种之不统一,及混杂参错之满蒙现状,凡此前由满蒙政策之不彻底,及根本政策之不树立而起。予在中国政教社,曾刊发《满蒙更新之根本大策》,颇受世人之误解,要之不树根本政策而专事局部解决,当然不免徒劳矣。

五

吾已列举满蒙之事实而概论之,倘此种现象,从此延长,则将来纠纷将愈甚。日本对于此第二朝鲜,为求永久和平计,应采取最后之手段。劳农政府之东方政策,对中国已愈加辛辣,既任华南伸张其势力,又思在华北进展⋯⋯今之俄国虽异于帝政时代之俄国,然中国亦非清朝时代可比,然而吾人与中俄两国之关系,仍不因时代变迁而有所改变。吾人呼满蒙为第二朝鲜,决非失当之言。吾人对满蒙若不勇往迈进,则不但满蒙之问题愈复杂,且因之而扰乱日本本部与朝鲜之安全。故吾人对于满蒙,非施以积极的大经纶不可。

至于日人中竟有对中国之反帝国主义,引为同调者,是盖昧于满蒙之重大性与特殊性者也。中国反帝国主义之起,实由欧战之后,乘列国精疲力竭之时,乘机而起之一种运动也。辛亥革命后之中国,动乱相继,国家之实力与资格,早已丧失。中国倘果有求国际水平及国权恢复之决心,则亦不失为稍带一点理性之行动。今徒高唱反帝国主义,思以此空虚之口号,为取消条约之工具,在中国固为常套之手段,但吾人能认其为正鹄之论耶?所以日人中竟有与中国之反帝国主义者表同情者,实为遗憾之事也。日本人对满蒙之所以必须伸张势力者,实有自卫及东洋和平起见,决非霸道的帝国主义。吾人若曾念及日本兴亡安危之问题,当赞同斯言也。

六

我外交文书之中,关于对外新借款问题,颇为重要。外务省宣言中,有云:"满蒙是日本国家与国民经济生存上最重要的地域。"予所发表之《满蒙更新之根本大策》论中,所用"国家的及民族的生存权"之文句,乃根据外交文书。当从事实上言,满蒙实为吾人食粮及人口问题应重视之处。但满蒙之特殊性及重大性,不限于经济。第二朝鲜之满蒙,不但是经济的,而且是政治的及军事的。一九一七年十一月,石井蓝兴协约,假使无效;则日本应不顾世界大局之变化,而坚持满蒙为特殊地域也。

所以满蒙不应如此放任者,吾人应树立一根本政策,不应专注意于枝节问题。现奉天军阀,编成安国军,长驰入主中原,将与共产主义及三民主义激进,所演成若何之问题?国民军之行动如何?直奉军之提携,能坚固否?皆为现在可注意之问题。奉天军阀进入中央之后,将满蒙投入于动乱之涡中。劳农东方政策,且通过西伯利亚从外蒙古向内蒙古及我满洲企图之势力发展。对于日本之影响如何,皆不可不注意者。吾人今日若不更进一步,异日后悔,则已无及。望朝野人士,深虑而熟思之。

大正十五年十二月稿

(《南开大学周刊》1927 年第 49 期,5—10 页)

傅恩龄讲，马步英记：东北的外交与交通

一、外交

很少的国家没有发生过外交问题，就如同人与人之间总免不了彼此的接触一样，不过人与人之接触不名之曰外交问题罢了，其实关系是相同的。我国自近百年门户开放以来，外交问题层出不穷。大概凡是一件外交的事件，有善因才能有善果；没有好原因的一定没有什么好结果。现在我暂不论那得到好结果的外交事件，只谈一谈关于那些有危险性的外交问题。我们如果用地理的观点去论中国的外交，东北的外交要算最多了；因为他东临朝鲜，北接西伯利亚，而他们的背后都有强大的武力，所以中国不能与他们相争，不能与他们鼎立。但是我们无论如何也是应该要想应付的法子的，况且中国现在已经到了训政时期，在这谋建设的时候，我们更应该积极的研究，以期得到具体的办法，而解脱一切外交上的束缚。

东北各省分的外交问题，国家的对象就是日本和俄国；因为与日本的外交是比较复杂的，所以先来说一说俄国，然后再去论日本。俄国自革命成功以后，已经变成一个变相的帝国主义者。帝国主义有两种：一

种是横的,一种是纵的,现在的英日是纵的,因为他们是以政治的侵略为目的,而受了历史的传统的影响。俄国则不然,他是属于横的,他用了亲善的态度去暗中潜施毒手,我们无论如何也不能不承认他也是一个帝国主义者,不然,为什么到现在还不还我们的中东路?还积极经营我们的外蒙?再看加拉汗在北京时说话是如何的正大光明?但做事却正相反。他似乎不注重在土地的占领,如同中东铁路的收入,半归中国,半为本国在华宣传之经费,谋思想与文化的侵略。在东省的俄国人很多,有一部分入了中国籍,有一部分虽未入籍,而他们无论如何也不回国了。在东省的有危险性的俄人也有一部分,在政治上他们虽时常宣传,但是绝没重大关系;最重要的就是那黑龙江对岸的赤军,他们不息的工作着,他们是有思想,有组织,有远大眼光的;中国因了连年的内乱,大有望尘莫及之势,不过对东省的经营上俄国没有什么可藉口的地方。俄国在东省的权利决不会增加,因为他的经营并不超出华人。但是我们仍应积极努力,使俄国势力逐日减少。

现在我们更进而研究最可怕的日本,他所以与东省发生那么多的问题的缘故,是因了他的人口问题与食粮问题的不能解决。现在就日本的人口问题而论,他已经是一个重大难决的问题了,日本的面积相等于我国的四川一省,而人口则高出若干倍之上。论理说来国家的人口问题有可原谅,因为是一种生殖的自然关系,不过日本的人口过剩是不能令人饶恕的,他们的人口所以那样的多,是由于政府的提倡;奖励生殖,借作对外侵略的藉口。就食粮问题则日本产稻甚少,而人民离稻不能生活,占我台湾以后仍有不足,现在日本常年在江浙一带购稻;他们感觉了食粮有些不足,所以才到东省来发展。日本人又观察出了他们不能与中国的民族相抵抗,因为他们的生活程度较高;最近他们已经决定了驱逐朝鲜人来华发展,日本人便可乘机经营朝鲜。朝鲜人的生活程度与中国人差不了许多。日本人既然令朝鲜人作先驱到中国来,而一般朝鲜人便忘了亡国之恨,甘心为日本人之奴隶,更借日人的势力时常压迫中国人,一与中国发生关系便声称为中国人,可是若发生了问题,他们就可以立刻变成日本人，他们这样的狐假虎威实在令人痛恨；固然其中一部分的原因，也是中国官吏压迫的他们太苛。

日本在东三省的最大势力就是铁路、土地等。如铁路建筑、土地商租、人民杂居等特殊权利，都是日本在东省所独创。按土地商租本规定在廿一条中，俟后经中国官厅之处治，终未实现，不过人民杂居，只停于南满铁路沿线罢了。虽然这样，日本还在努力于人民杂居与土地商租的实现。日本所以愿退还领事裁判权以作条件者，正是因此，如果人民可杂居，土地可商租，领事裁判权的效力就丧失了，还有什么用处？况且现在东三省的经济状况，几乎百分之七十到八十被日本人摘取去了。所以我们更要努力，日本人对东省的经营既然毫不停止，那么我们也应该时时刻刻的不能放松。

二、交通

现在再谈到东北各省的交通。平常论到交通二字，似乎对我们没有什么深刻的印象，一旦我们发生了急务，如火车不通，不能定期旅行，邮电不便不能来往通音信，那时便可以晓得交通与人生的关系了。研究交通必先明地理，因为有时地理影响交通，交通影响地理，二者很有密切关系。北美洲地大物博，宝藏丰富，而开化很晚，其故安在？据纽约博物馆中所陈列的土人生活状态模型上说明"可以利用之力的缺位"。有野兽而无家畜，西班牙人带去了许多骡马以后才有运输，才有可利用之力，社会才得进化到现在的美洲了。可见中山先生把人生三大要素衣食住以外又添了"行"的重要了。所以中山先生在实业计划里有十万里铁路的设计。

现在概论东三省交通上三角竞争的关系。

日本若失却了东省交通的权利，日本国内就可以发生重大的变化；因为日本维持他国内的经济状况，大半依赖在东三省的经济富源上。俄国目的则在于维持经过东省铁路而出太平洋的捷径，不使北满铁路脱离其支配范围,更特别注意到海参威的出口。中国则积极方面建筑铁路,以资开发,更便于牵制一切。消极方面便是不容日俄在东省的交通权利上更较增大势力。

日本以前在东省的铁路是一线一港主义,以南满作主干,集中于大连一港。现在因中国交通事业的发展,日本已经变更为两线两港主义:南满线更增营口为补助港,第二线为吉会铁路,以雄基为主要港,清津为辅助港,现在正积极进行;如营口的增筑码头、减收运费等事即可作证。俄国始终维持一线一港政策,中东一线以海参威为港。中国以前可谓无线无港,因为彼此不能联络;到现在也形成一线一港政策:平奉铁路以葫芦岛为港,筑路至奉天,至连山,至海龙,至吉林,庶可与日俄相抗,日后成功还俟我等之努力。中东铁路由绥芬河至满洲里,更南到长春,目的在求海参威之出口,俄国为经营此路,曾损失八千万卢布。俄国人的计划,不仅是片段的问题,乃是注意到全部的利害;现在中东路名义上是中俄合办,而多数的重要职员还是俄人。我国筑路自洮南至昂昂溪,穿过中东铁路,到齐齐哈尔以迄于克山,现在也是在计画中,将来促其实现。日本亦拟筑路由长春到大赉,主要目的在于经济的侵略;更伸其势力到北满,筑延吉敦化线,总称曰吉敦铁路,实在是日本人积极的促成其二线二港计划。更拟由延吉到会宁必与吉敦路相连,藉谋经济的发展。由安东到大连也正在建筑辅助线,尚未实现。东省我国方面的铁路如由通辽到打虎山的打通路,很占重要的形势,颇为内外人士所注意,现在更计议延长。

东省陆路交通中大车颇占重要位置。东省即因土地广阔肥沃,农产又特富丰,所以养畜很多。牲畜夏秋间耕种田地,冬季多闲,江河封冻以后,大车运输乃大繁盛。每车载物约二吨半,合四千余华斤,不但运费低廉,且为一般商人信用。大车运输占东省运粮总数的四分之一强,因此大车多为铁路所忌恨;铁路虽时有抵制,但大车运输依然继续存在,并未感受极大影响。

东省水路交通,大概有输船与民船两种,能行轮船的河如黑龙江,松花江和辽河的一部分,能行民船的区域很广。且民船航运非常发达,普及东三省各河流。现组织有"东北联合航务局",专为维持航务的前途,现有轮船四十七只,民船六十八只,办理的成绩很好。根据十五年的海关统计,民船对外运输在大连港与轮船运货物价之比为百分之三,营口为百分之十八,可见民船势力之盛。日后官厅如能对民船以相当的保护,将来一定能大发展。总观民船发达的原因有四点:(一)运费及各种杂费低廉,没一定的标准,较铁路约减少百分之廿。(二)手续上的省略,不用买票,货物装卸,船主负责。(三)商业上的关系:运输多系大豆,用大豆榨油宜湿。豆湿就可以增加重量榨油量丰,船运可自然使豆湿,颇宜于出售。(四)币制的不同。民船运费,可以随地方之使用而付,不像中东路用卢布,南满路用日金那样的严格。因此种种原因,所以民船非常发达,民船运输虽多费时日,亦颇称便利。松花江的水深浅不等,有碍民船的运输,三姓附近,有地名三块石,夏深五尺,春深二尺,因之每年于航运损失约在十二万元,现在计划开挖此处,聘请专门人才,预算四年可工竣,费用需五百万元,成功之后,北满航业定有大发展。

另外还有一种法子可以发展民船前途,就是运河的开凿。建筑铁路多受条约上的束缚,开挖运河大可有助于交通。东省现在有一段人工运河计划开凿,长约五十华里,系接连辽河与松花江之间。如果这个运河告成,就可以有助于营口的繁荣,并吉黑两省皆可与中国内部有水路相接,实在与中国全国政治上、经济上以相当的帮助。现在总结起来,重要的约有两点:

(一)铁路干线的完成,把铁道网的总支配和管理权,宜放在中国人手里。

(二)开凿运河,以利民船运输。

至于东省的电政事业容后再谈。

(《南开双周》1928年第2卷第3期,1—5页)

第：日本对满蒙的金融资本政策

一、金融资本政策的日本帝国主义

标榜了七八个月的满蒙积极政策,现在只作了政友会在日本选举战争中的空口武器。虽然日人方面屡次疯狗一般地宣传,事实上到底一些也没有实现。这固然是由于抱军国主义思想的田中内阁观察的错误,不能引起一般日本人的同情,实在也是我们中国一致再接再厉反对的结果。不过,我们这种反对虽能一时地破坏满蒙积极政策的实现,恐怕不能永久地阻止日人对于满蒙侵略的成功。我们要想永久地阻止日人对于满蒙侵略的成功,必须明瞭日本帝国主义的根本政策并研究应付日本人的彻底方略,如果不这样,积极政策虽然可以使成泡影,日本在东三省的恶势力依旧是不能铲除的。

日本帝国主义的根本政策有三个要点:

一、鼓励日人移韩,驱逐韩民入满;实现交替的渐移的殖民政策。

二、完成满铁路网;贯彻南北满主义。

三、设立金融机关。作资本的投资,和促进开拓事业的发达。

第一和第二两点自然是非常地重要,但是如果缺少了第三点,日本侵略满蒙是很难成功的。金融资本政策实在是日本帝国主义的焦点，所以我们要特别提出他来讨论。

日本金融资本政策的要点是：有日本政府作背景的银行向满蒙的工厂、矿山以及铁路作资本的投资，藉以达到侵略目的。我们一看满蒙地图，就可以知道有很多条铁路是与日本有关系的。旅行过东三省的人可以看见许多重要工厂和矿山是日人经营的，这些铁路工厂和矿山都是日本金融资本政策部分的实现。未来的成功，足以支配东三省经济的一切，这真可畏呢！

日本在东三省投资的总额，据各处的调查，已经在十三万万圆日金左右，自从田中内阁把投资事业统一于满铁会社后，又有左列投资预算的分配：

事业	拟投资本额数（日金单位圆）
铁路	一三五〇三九〇〇〇
工厂	一一九八四〇〇〇
港埠	四九七八三〇〇〇
矿产	一二九一二七〇〇〇
铁厂	四五九四二〇〇〇
旅馆	二七六六〇〇〇
地方企业	七五三六〇〇〇
总计	四五〇〇〇一〇〇〇

日本如果按照这个计划向满蒙继续投资，她的金融资本政策的成功，恐怕不远了，这我们不可不注意的。

二、在东三省的日本银行

日本侵略满蒙的根本政策是金融资本政策，上面已经说过——她要想实行这种政策，金融机关是不可少的。所以日本人在东三省所设立银行真是星罗棋布，没有一处城镇没有日本银行。银行是拓殖的第一个要素,有了银行,就可以兴办各种事业,意大利经营杜尼斯,法兰西侵略摩洛哥,都是用这种方法的。日本人明白这个道理,也依样画一个葫芦。咳!日本人的居心真恶毒!现在且把日本人在东三省的银行列在左面:

银行	资本金（日金,单位圆）	地点
吉林银行	三〇〇〇〇〇	吉林
平和银行	一〇〇〇〇〇〇	吉林
铁岭实业银行	五〇〇〇〇〇	铁岭
安东储蓄银行	一〇〇〇〇〇	安东
大连银行	三〇〇〇〇〇	大连
松花银行	一五〇〇〇〇	松花
北满银行	一五〇〇〇〇	
公主岭银行	一五〇〇〇〇	公主岭
南满银行	二〇〇〇〇〇	鞍山
安东实业银行	五〇〇〇〇〇	安东
奉天殖产银行	五〇〇〇〇〇	奉天
协成银行	一〇〇〇〇〇	安东
正隆银行	二〇〇〇〇〇〇	大连
满洲银行	一〇〇〇〇〇〇	大连
辽阳银行	五〇〇〇〇〇	辽阳
商工银行	五〇〇〇〇〇	辽阳
日华银行	一〇〇〇〇〇	铁岭
营口银行	三〇〇〇〇〇	营口
教育银行	五〇〇〇〇〇	
开原银行	一〇〇〇〇〇	开原
大连商业银行	二〇〇〇〇〇	大连
满洲殖产银行	五〇〇〇〇〇	奉天
四平街银行	五〇〇〇〇〇	四平街
振兴银行	一一七五〇〇〇	营口

银行	资本金（日金，单位圆）	地点
长春实业银行	一〇〇〇〇〇〇	长春
铁岭银行	五〇〇〇〇〇	铁岭
大连兴业银行	五〇〇〇〇〇	大连
朝鲜银行	五〇〇〇〇〇〇	总行汉城
正金银行	一〇〇〇〇〇〇〇	总行横滨

除了这些具有"银行"名目的日本金融机关以外，还有专为经营不动产投资事业的东洋拓殖会社，辅助商工业的金融公会和辅助市街购买地产公司的信用公会。这些金融组织都是为投资的，和银行有同样的效用。

这些银行和公会不只作资本的投资，并且还能操纵各地方的金融；我们的钱庄和银号也常因他们的竞争而受损失。所以，日本在东三省的银行，合起来是我们中国的巨祸，分开来也是地方的大害，但是日本仍嫌不足，还有进一步的计划，去年六月十三日，日本大藏省次官黑田发表谈话说要设立满蒙特殊银行。这个银行成立以后，就作为日本在满蒙的中央银行，也就是日本在满蒙作投资的总机关。将来日本在东三省的开拓事业必定会愈加发展，锦绣河山的满蒙免不了做日本人的第二个朝鲜罢。阅者诸君，有何感想？

（《南开大学周刊》1928 年第 52 期，5—8 页）

斋藤贤道著，满蒙研究会译：满洲的化学工业

满洲有长白兴安二大山脉，横亘着他的中央，把它分成二部分，就是北满和南满。北半属于黑龙江流域，南半属于辽河流域。南北比较起来，南满很少高险的山岭，同时受着辽河灌溉所及的平原也非常的广阔，而且地土肥沃农产品也较丰富。此外满洲有石炭（即煤炭）铁的大矿脉而于工业发达上的必要原素，也都应有尽有的齐备着。

原料

满洲于化学工业方面出产的原料可分三类：

矿物界：煤炭，无烟煤，油母页岩，食盐，苦汁，珪石，长石，粘土，滑石，萤石，重晶石，白云石，菱苦土铉，石灰石，方铅铉，闪钸铅铉，硫化铁，砂金各种酸化铁琥珀等。

植物界：大豆，苏子，落花生，蓖麻类等。

动物界：兽骨，兽皮，兽毛等。

上述的原料，从古满洲人就知道利用的，要算大豆和高粱。大豆是用于榨油，高粱则是制造烧酒。至于满洲工业的兴盛，是在日俄战争以后，以我日本人的力量造成的其间有关东厅和满铁会社的投资，和种种

的策划,所以至今有相当的成就,此后尚有大发展的希望。现在只就化学工业方面说说。

油房

满洲用大豆来榨油的作业,非常的多,这种的厂地就叫做油房,南北合起来,约有四百四十余处——单说南满就有二百五十处。

这大豆是满洲的特产品,年额出产约有二千万石,其中在满洲自用的可有五百万石,除输出六百万石外,九百万石做制油制粕的用。

大豆的成分,看种类的各别而不同,大概主成分的油总有一七％——一九％的光景(蛋白质有三五％—四〇％),在油房内的制油制粕法,古代是用楔式的,今已渐进而用水压式;其他尚有浸出法,但是总以水压式为最普通。而其糟粕有制成丸形的,也有板形的,所以有丸粕及板粕之称。

丸粕为日本普通肥料之一,其中余下的油分很多,只因含有多量的水分,易于腐败,不能输送远地。至如板粕优点较多,不但可以当肥料,而且可以做家畜的饲料。近来因为窒素(即氮气)肥料的硫安,价格很低廉,所以当肥消场的丸粕,就受莫大的影响。这是满洲晚近发生的一个大问题。因此如果这方面不谋改善,将来的结果,必定是很危险的。现在也就一部分经营油房者起来研究,如用德国的波儿玛氏奥托威儿海姆式(译音)等的溶剂浸出法,油量可以多采出许多,而且糟粕也极清洁,就是当人的食料也很可以。这种方法的研究和实行,在满洲已渐次变成必要的急务了。

油脂工业

用金属镍(Nickel)做接触媒(Catatizer),大豆油可以加上轻气(Hydrogen)而使硬化,现在大连油脂工业株式会社所制造的,就是这种。

硬化油是纯白固体，无干燥性，融点极高，用以代理牛脂而为石碱（即肥皂）及各种食料品之原料，都可以。若是分解了还可采出 Glyeerine Starine，据所知的满洲大都市的石碱蜡烛工厂，用牛脂之外（在本地产的）已有用大豆油做原料的。

就是涂料上，大豆油也有多采用的，也还可以用做干性油。此外于其他涂料，由豆粕中的蛋白质可以制名叫苏拉伊脱的漆。由大豆油也可以制一种防水剂，此种防水剂，是以脂肪酸镁作主要成分的，很容易于涂布，而且价格也便宜。

煤炭为抚顺所产，其中所混的琥珀也可以制假漆。

酿造业

满洲的酿造业，其重要的要算烧锅，就是高粱酒制造业，——这和房在满洲惯称为二大工业——制造多用中国特有的固形发酵法。至于作业者是普遍全满，而其中最著名者要首推辽阳地方所出产的，其组织大概都是私人的小规模工厂，而供给也不过在本地而已。其他如黄酒——以粟为原料——是中国人当做普遍饮料的，也有极小规模的制造。

日本人经营的清酒制造，虽然有几处，只是产额很小。至如酱油，中国固有的，和日本的，其制法和风味，各有不同，而两种都还没有大规模的制作。

但是满洲不但大豆、盐、小麦等的原产品，都很丰富，而且于豆粕的供给也很是富足；所以将来利用来制日本酱油，那时还可呼起中国人的嗜好呢。

皮革工业

满洲的制革方法很是幼稚，其制造法不过能将生皮做到可以不腐败而已，如能用西式方法制造，那定能发达。因为：虽然皮质不十分的好，而产量很多像牛皮马皮羊皮都有。尤加以职工的雇费很贱和中国人的惯于用皮革等的几点上看起来，于满洲的皮革工业都是有利的。

以前日本人也会办着一二工厂，可以因为技术的缺陷，和组织的不充分，所以就陷于中止的状态，实在可惜。

制纸业

满洲有木材和高粱秆的丰富，很可以由此种原料制造 pulp（纸浆），而制纸业也自然可以兴盛了，可惜都没有应用新方法来制造。只有鸭绿江制纸株式会社的工厂，制造 pulp（纸浆）以供日本制纸会社的制纸。此外高粱秆还可以利用以制造粗恶些的尘纸类，这种作业日本人经营的也有两三处。

制糖业

在地质气温上，和雨量等等的天然要素上说起来，满洲很合于栽培甜菜，所以如果我们（日本人）给相当的种子与中国农民，使栽培甜菜，然后将甜菜收买来制糖，这定可以十分发达。现在在奉天省的南满制糖株式会社，就在实行这种方法。满洲还有一种废蜜，这也很可以利用来制酒精。

煤炭化学工业

在抚顺所埋藏的煤炭约有十亿吨左右，照计划上每年出产要在八百万吨以上，其采掘方法，坑内发掘之外，还有大规模的露天发掘，也同时进行。满洲的大都市已经有瓦斯（即煤气）工厂之设立，和有骸骨炭及 tar 的出产。在鞍山制铁所的骸炭炉中也同样可以得到 tar，照这样同时还可采得 benstol，taluyl，naphtalfue 等。那种 tar 就这样用来撒布街道上也好，用来防木材的腐败也极可以。不但如此，将来 tar 的出产量如果再增加当作染料及医药的原料都也可以。现在大连的大和染料株式会

社所制造的硫化染料,其原料从来都购自欧美。最近用鞍山铁厂的
bensol 及用在地产盐来制绿气(chlorine),因此硫化染料的制造,从第一
步工程起始,已可以完全在自己的工厂制造。这染料在中国是极有希望
的工业,将来 tar 工业再加发达还可以利用来制种种的染料。

在抚顺已经有石炭低温干馏的工作,半 Cokes 及低温 tar,同时都可
以得到,还有在发电用门多瓦斯工厂,有一种副产品名叫硫安,产量很
大,现在当作肥料用着,前面记写过了。

抚顺的煤炭及本溪湖的无烟煤,在满工业上是最重要,尤其需要燃
料和动力的化学工业还要紧要,而这种工业,同时可以由炭中得到重要
原料的 tar,所以这样的相互为用,工业的渐次发达起来,也是必然的结
果了。

油母页岩工业

油母页岩是抚顺煤炭层上的一种石,由这石的干馏可以得一种属石
油系统的油,这种石在抚顺约有五十亿吨,如现在用露天式的掘采煤炭,
自然要先除去这层石的,所以也就不另再费手续去开掘了。将这石干馏
的时候,可以得到油,和一种可燃性的瓦斯(gas),还有亚摩尼亚气
(Ammonia)也同时出来的时候,那就可以变为硫安,这岩石平均有五—
六％的油可以采得,如果少加选择那还可以得到七—八％的。至如干馏
的炉,那种色很多,最近在抚顺炭矿所研究的一种,最为适宜。而且将要
有大规模的进行。目下每日这岩石的处理量,约有二千吨的样子,日后
再营进步自然可以得到大量的液体燃料。其出产的油,大概分轻油重油
(Peraphin),其他还有硫安的出产。这在我国(日本)液体燃料供给上是
个重要的大泉源。

窑业

硅石是玻璃的原料,这在大连已经有窑业株式会社的制造很美丽的

玻璃器,以及晶光硝石(玻璃)株式会社的制造玻璃板。其制造耐火炼瓦(造屋瓦砖)的原料,如硅石、粘土、菱苦土矿等都有出产。陶器的制造有大华窑业公司,制品也极精良,水门汀(红灰)在大连附近周水子的地方,有小野田会社的分厂制造着。

此外由菱苦土矿而制○○○水门汀有南满矿业株式会社,养化铁是鞍山铁厂的原料,更如盐呢,在关东计有天日制造的盐,现在年额总有四万万斤,将来再开招盐田,预料可以有九万万斤以上。因此如当局者开放其原来方针,而允许投资的时候,今后于日本朝鲜大有辅助自不用说,就是化学工业上也就可以开个新纪元,因其基础原料的曹达是以盐为原料的。而盐田的副产物苦汁,我们还可以从中采取芒硝,来作玻璃的原料。

以上所述是现在满洲化学工业的大要,其他比较小些的工作,也十分的多,以满洲原料的丰富、劳银的低微,与动力和燃料关系的东西,都可以很便宜的得到。而交通运输,也已有相当的开拓着,所以关于化学工业地前途上,很是有希望的。如能一方求实行原料的调查和探究,一方于农产物及畜产物的种,加以改良;同时也改善栽培饲育的方法,以及实行种种的改革,则工业原料自然增加而化学工业之益将发达,也是自然的事情了。如更进而求于科学上使其工业处于极经济的地位,则吾人于学术上自当加上不断的研究。——如满铁所设立的中央试验所,那专在科学方面研究的,迄今亦已很有成绩可观。——于此更投以事业经营上必要的资力,和运用我人脑力,而经营更有组织的事业,则满洲化学工业更可毫无疑义的大发达了。今日本处于食粮和工业原料缺乏的状态,本不用记述,而一方面劳银也渐高涨。所以以满洲来救济我们日本,这句话是含有重大的意义着呢。——终——

附录——满洲大豆

满洲大豆的输出年额约有十万吨。这笔金额可有二千万万许其销路虽说都是去英国的,可是据英伦来信云满洲大豆都是伦敦某公司经手而转售荷兰,荷兰本是畜牧国为牛油及 Cheese 的名产地,同时也是人造牛油之大量出产地 Noper Bergh ＆Co. Yurges Co 二公司为最著名,满洲大豆就供他们做原料的,其制成品(人造牛油)再去销给全世界的各市场上——如西食等都要用这牛油的。

我国的任何地方不必单说满洲,都是极饱藏着高贵的东西,但不知道开采罢了。所以门外人看我们家里都是傻子似的,那也就怪不得他们要越俎代庖了。这一来调查、探究投资、开拓、经营一切都由门外人来办了,这篇《满洲的化学工业》就是日本人替我们调查、探究、投资、开拓、经营的一种记录。难道我们自己还不该明白么? 那末快来自己来下手吧! 免得别人将用大刀加上身的时候,才说"啊呀"! 那可真的没法了。

译者一七,三·一〇于神户

《南开大学周刊》1928 年第 59 期,6—12 页)

南大学生会为日本侵略满蒙宣言

　　日本帝国主义者挟其数十年来传统的满蒙政策,侵略我完整之金瓯,榨取我丰富之宝庄,鹰眈虎视,高掌远跖,利用外交,凭恃强力,不惜冒天下之大不韪,采极卑鄙之方法,以达其目的,非至尽沦满蒙两属为殖民地,其心不甘,其欺凌亦不止,不幸国内过去政府之腐败,军阀之互杀,更迭不替,循致授人以隙,日本帝国主义者始得遂其阴谋,或以利诱,或以威胁,连偷带抢,国权之损失者大半! 方北伐将告成功全国将告统一之时,日本帝国主义者鉴于满蒙利益之根本动摇,侵略计划已濒于绝望,乃急转直下,加紧工作,田中军阀之强硬论益得拥护,五路建筑权要求于前,济南出兵于后,无处不以满蒙利益为中心,其计未售,遂有近顷吉会长大两路建筑之交涉。查吉会路长亘四百余里,其经过地有松花牡丹图们江三流域,其附近财源有极丰富之农矿水产等物,四洮路之筑成,辽河流域与北满西部之生产已尽归其掌握,长大吉会两路如再令其完成,则松花牡丹图们江三流域与北满中东部之生产,将尽由吉会路输出海外,必无幸免! 吾人深知南满路之丧失,南满之利益已尽断送,吉会五路如再断送,则北满之利益亦将同样断送,南北满之利益全断送,满洲全部亦非我有! 不特此也,吉会长大两路之完成,日本帝国主义者之势力将能由满洲而速达于东蒙,患在肘腋,不堪设想! 更有进者:吉会路与以清津港为终点之朝鲜会清路相衔接,清津港为最良之商军港,是则吉会路之完成,即为二港二路政策之完成,亦即藉武力之掩护,实行经济侵略的百年大计之完成,是可忽视,孰不可忽视! 本会于此,一方固主张政府速令将交涉,移归中央,俾日本帝国主义者受国际舆论之监视,在公开谈判下得一根本之解决;一方并希望全国同胞认清敌人之地位,努力团结,建设一强固之新中国,共雪斯耻! 须知日本帝国主义者之于满蒙,其侵略之骨干,实为全国生命之所系,决不轻易双手奉还,我中国欲图再全我完整之领土,亦非以全国之生命为抵押,难见实效,因是本会誓竭全力以为外交后盾,并愿自勉以勉同胞,谨此宣言。

（《南开大学周刊》1928 年第 68 期,1—2 页）

长弓：关于东北问题的几句话

我向来没曾在报上，或杂志上，或小刊物上，发表过作品的。这次破题儿来说几句关于东北问题的话。

东北问题现在是很重要的问题，是一个急待解决而不易解决的问题；其中含有国防的、历史的、重大的意义。但东北是我中华民国的国土，必须我们大家——全国的人民——群策群力来彻底地研究，谋根本的解决。我们学校早经注意及此，在二年前就有所谓东北研究会——起初名满蒙研究会——的课外组织；打算唤起同学们，能在课外抽暇来研究这富有国防性的东北问题。本学期又在双周底狭小的园地上，特开了东北问题栏，给同学们一机会来发表东北问题研究的结晶，以引起全校同学之注意。尤其是多事的今年，东北简直是全世界人注视的焦点，时时都不容我们忽视的；但结果太令人失望了！本学期几乎已过了三分之二了，并没曾接到任何同学，关于东北问题的大作！这不能说不是大家忽视东北问题的表现！东北问题栏，成了双周的虚设品了！说起来真可痛！也真可怜！难道大家深居内地而把东北忘了吗？太平洋国交讨论会，舌敝唇焦所力争的满洲问题，惊骇世人耳鼓的声浪，大家没有听见吗？还是大家怕苏俄的大炮，而不敢问东北呢？抑或是以东北问题为边陲琐事，我们大家可以不闻不问呢？……总之，太令我莫名其妙了?! 大家怎好意思袖手旁观?

现在我就把东北问题的重要性,谨就管见略陈如下:

(一)东北被侵略的历史——俄国僻处欧洲的东北隅,土地荒寒,稍有地理常识的人都知道的,不待我来赘述。俄国久欲找良港,以为出海之路,不幸起初就碰了两下钉子:西阻于瑞典不得越波罗的海;南阻于土耳其又不得出黑海;不得已只好经营远东,以出太平洋了。于是东来,由西伯利亚渐侵我黑龙江流域。瑷珲、北京两条约,我黑龙江以北乌苏里江以东的广袤的地土,都被他们攫夺去了!当清咸丰年间,俄人乘我们国内多事之秋——内有太平天国之乱,外有英法联军之役——乃侵入黑龙江,前后复建西伯利亚大铁路,以经营海参崴为军港。此为俄国之东政策之具体的表现。

甲午战后,缔结了马关条约,把辽东半岛割让与日本。俄国假仁义之名,联德法两国强迫日本,将辽东半岛交还中国。其后李鸿章为实现其"联俄防日政策"与俄缔结所谓的中俄密约。俄国根据此约,订有华俄道胜银行契约及东清铁路——即今之中东路——公司。并强索了旅、大的租借权,以作其迫日本还我辽东半岛之报酬。当时气坏了日本,故日后日俄战争发生。战后依据朴资毛司条约,俄国让与日本南满的一切特权。一九〇五年,日本又复与我国订立满洲善后协约,确定日本承继俄国在南满洲的各种权利。一九一三年的中日协定又承认了:日本有建筑满蒙五条铁路之特权。一九一五年,中日条约——二十一条其中含有各种非法条约的要求,这就是东北在两大帝国侵略下过去的历史。

(二)东北的现状

(甲)关于日本方面——日本既以武力驱除了俄国在南满之势力,而取得一切的权利;又以武力屈服中国,订立不平等条约,此后即是施行他们的新满蒙政策时期。

A 建筑铁路——南满铁路及其支线,贯穿附近各地,开发利源;并在该地设立银行——正金、横滨、朝鲜等银行——以操纵满蒙之金融,而达其经济侵略之目的!

B 在旅顺大连广设公学堂,收容中国的贫民子弟,施行日本文化之教育,以麻醉中国的青年,使他们只知道有日本而忘记了祖国;只知道感恩于日人,而不晓得日人的毒恶;这就是日本帝国主义者的文化侵略政策的成功。现在假使关于旅、大的管理权采投票的方式,表决一下,我敢断定日本必然是胜利的;大家必定一致拥护日本,愿旅、大之管理归日本而不愿中国立即收回。

C 移民政策——现在东省侨居的朝鲜人非常的多;虽然不能说遍居各地,但是稍为繁华及交通便利的所在,就有许多朝鲜人杂居其中。我家虽寓居呼海路近旁,本黑龙江的东南隅,陋塞异常;然而这次暑假回家,会见了许多新移来的朝鲜人,并沿路各乡村都有他们混居其中。据说这是日本人的"以移代移"的政策。意思是说:日本人打算把本国人移居于我东北,但国人多半习居故土,不愿远离,故先移国人于朝鲜,再移朝鲜人于我东北;赶到朝鲜人在东省住年限稍久,人数增多的时候,所居的地土势必也广阔起来,然后再移日人,而驱逐朝鲜人,他们势必在东省另开新的地方来维持生活,然后再移日人而驱朝鲜人,这样的循环下去,日本移民的政策,可以渐告成功。这种说法,固然是一种无稽之谈,未必像一般传说的那样简单,但是其中确有值得我们研究的价值。

我们试看看日本人以往夺得满蒙特权的努力,和最近经营的方法与手段是如何的毒辣。假设我们现在——在学生时代——还不脚踏实地来彻底地研究这个问题与策划我们的应付方法,将来的满蒙还堪设想吗?换句话说,我们如果打算收回旅、大,非从事彻底研究东北问题不可。我们若不是同日本拼个你死我活,他们势必不肯拱手交回来的,不信的话,请看日本人这次在太平洋国交讨论会上对满洲问题的极尽舌辩,不放弃其侵略政策,便是一最好的铁证。同时我们要认清楚侵略南满是日本人祖授的政策、传统的思想;假设我们不自己想法抵抗的话,他们是不会让步的。什么世界大势的左右,与新思想的趋势,他们是不会顾及的。至于日本的所谓开明派,那都是骗人的话,或者是他们的眼光稍远,看得较深,侵略的方法稍缓罢了,究其为侵略也则一。不然为何在太平洋国交讨论会上,中国代表提出交还旅、大,他们还乱辞地反对呢?

(乙)关于俄国方面——俄国自从大革命组织新政体以后,对内是主张无产阶级专政,对外是倡言东方弱小民族联合起来,向帝国主义进攻的。于是他们对外有放弃一切的特权与取消不平等条约的壮举。因之而有中俄新条约的协定。改中东路为中俄合办,两国友好的邦交便从此确立了。不料前年宁汉合作,全国高倡清共,断绝国交,于是两国人民之感情遂之而恶化,由友谊一变而成仇敌。

这次中东路事件之发生,可以说两年来酝酿之结果。在这两年来中俄虽断绝国交,中国排共,但苏俄有中东路作根据地,仍可以在中国暗暗地进行宣传,因之而有中国政府收回中东路,驱逐俄人出境之事件发生。两国人民所怀仇恨,久已跃跃欲动,这次藉端而起兵戎相见,乃当然之结果,并没什么可稀异的;最后结局,我们固然不得而知,但其中所含的各项的问题,是不容我们忽视的。假设俄国占了哈埠,日本出兵保护侨民,藉端开衅驱逐俄国,那是有几分可能的事实,东省还堪设想吗?总之,我们应当知道东北问题,其中含有国际性的,决不限中东路的局部问题。要想解决这个重大的问题,我们不能旁贷的,我们人人都有责任的,同时不能依赖用某国的势力来解决的,更万不能依赖中国东北一部分的军队,须得我们全国同胞一致起来作战。那么我们现在对东北,不闻不问的态度对么?

(丙)中国方面——东三省因为处在日俄两大帝国铁蹄之下,自然他的一切都受影响,并且值得注意的。

A 政治——以往东三省的政治,可以说是军阀独裁政治,事事只有唯大帅命是听。自从去年北伐完成、南北统一后,东北易旗听命中央。在表面上看来,似乎东北的政治可焕然一新了,其实也不过止于易旗而已!政治仍然是东北的政治。不但没有县党部、市党部,就连省党部也没有,仍然是以往老而且旧的人来办理。他们懂得什么叫党?看都没有看过三民主义,还能实行三民主义么?由此可以想见东省政治的大概了。

B 外交——前二年东北的外交,完全是自己来主持——其实不但东北——因为是处近日俄,所以有奉俄协定等的条约的规定。统一后,外交自然要听命外交部来负责,现在中东路事件反令东北当局听命中央进行交涉,这我以为有背乎统一的原则。对方如无诚意,我仅可置之不理,否则以后任何国家皆有借口,而与任何地方进行外交,那还配为统一的外交么?

其他关于东北的军事、教育、人民生活的情形,开垦的进行,经济、交通、宗教……等方面,哪一点不值我们研究? 这不都是我们的责任么? 诸位请一同鼓起兴来! 一致来研究这个重大的问题! 打开这种沉默的局面,找出我们今后的出路!

总而言之,我们看一看东北以往的悲惨的历史,和现在危急的情形,样样都值得我们研究的。在此我们可以得个结论:"东北问题是一个现在的重大问题,尤其是中国的存亡的问题;其中含有国际性,与历史的因果。如果我们打算使这个民族生存,在这个世界上,我们必须研究东北问题,解决东北问题。研究东北问题,更不能不注意以往的历史,和国防的情形。"

现在国内各方面的事情,固足以使我们青年人失意,以至于缄默无声。但缄默无声,我并不反对,如果大家不是麻醉,不是悲观,而缄默无声,乃是兴愤的、积极的、脚踏实地来干的,要求得认识我们的环境,整个社会的缺陷,和全民族今后的出路的,不是像以往小孩一般的感情的热,空口片子上的喊,乃是彻底地规划我们的将来,同时也研究国际间的趋势,整个人类思想的转变,这种缄默无声的态度,我是非常赞同的。大家现在固然是在培养能力的时期,谈不到涉及或干涉社会的各方面的事,但研究社会问题,是我们唯一的天职。大家固然每天有各种课程的忙迫,无暇来问社会上的事;但是我们要冷静的想一下,这种说法,是不是通? 至少是在中国在现在内忧外患交迫之中国,大家应须把国家的地位、个人的责任看清! 要百忙中求生存! 找出路! 好了,我们大家要本着这种精神来研究危急的东北问题。

最后我以十二分的诚意,把上面的话简括起向大家恳告下番:

(A) 我是不会写文字,上面已经提过,这次因为职责所在,不得不胡乱洞写几句,藉以抛砖引玉而已;

(B) 不要以为东北问题是边陲的琐事,它是与我们全民族的生存,有密切的关系的。大家应当争先恐后、群策群力,来彻底的找解决的方法。

(C) 研究东北问题要注意它的国际间的关系,与历史上的因果,同现实的趋势。坐在家里研究东北问题,只于读几本书的研究东北问题,我是不敢苟同的!

(D) 大家一致来维护东北一栏的生命,使之"发荣滋长"、"开花结实"是我唯一的希望!

十一,二十六。

(《南开双周》1929 年第 4 卷第 6 期,1—6 页)

李春晖：日本侵略满洲之概况

　　东三省（日人谓之满洲）位于全国之东北隅，北邻俄属西比利亚。东界日属朝鲜。为日俄两国在华势力发展之冲突点。俄国在彼得大帝后，力谋向我国侵略。幸彼时为清朝盛时，俄国未敢公然犯界，但无形中将我黑龙江以北之地，虎吞蚕食不下数十万方里，而我国当局竟未之知。清末我国多事之秋，俄国以有机可乘。故以其狡猾之外交，向我威迫强索，致使肥沃无匹、物产丰富之东三省几脱中国而为俄有，其野心勃勃，令人不寒而栗。后日本崛起与之抗衡，虽免于俄人吞并之祸，而变为日本侵略之矢的矣。

　　方俄国雄踞东三省，日本因久垂涎东省出产富厚，故借事插足其中。自是东省乃为日、俄逐鹿之场。喧宾夺主，我国无过问之权。痛哉！光绪三十年（西历一九〇四）日俄因势力竞争结果而开战，两国调兵遣将，以我之土地为彼之战场，残杀我无数同胞，击毁我无数房屋用具，噫！东省同胞何辜遭此惨劫。

　　结果俄败于日，不得已放弃东三省利权之一部而与日本。日本在未开战前，曾向中国宣称彼为中国驱逐俄国，代中国收回已失权利，我国受俄人欺压已极，正如久缚之望解放，岂有不欢迎之理。故上下相庆，咸颂日本之功德。夫日本以重大之牺牲，冒极大之危险，与俄开战，岂真为我国之利益,不过藉辞逐俄以便取而代之耳。

日胜俄,故于一九〇五年九月五日与俄所订扑斯末条约(Treaty of Portsmoutn)内第五条云:

"俄国以中国之承认,将旅顺、大连及附近领地领海之租借权,与关联租借权及组成一部之一切权利及特权让与,又租借权力所能及地之一切公共房屋,财产均让日本……"

第六条:

"俄国以中国政府之承认,将长春及旅顺间之铁路,及其一切支线,并同地方附属之一切权利、特权及财产,与其所经营之一切煤矿,无条件让与日本。"

日本与俄定扑斯末条约后同年又与中国订南满善后条约,要求中国承认日俄间所定之日俄媾和条约中,关于中国之部分。该约第一条:

"中国政府承认日俄媾和条约第五条,第六条俄国让与日本之权。"

第二条:

"日本承认遵行中俄两国缔结之租借地,及建造铁路诸条约,将来发生何等案件时,随时与中国政府妥商厘定。"

又附约第六条:"中国政府允将安东奉天间军用铁路,仍由日本政府接续经营,改为专运各国工商货物。自此路改良竣工之日起(除运兵归国,耽延十二个月不计外,以二年为改良竣工之期),以十五年为限,即至光绪四十九(一九二三)止届期双方选请他国评价人一名,妥定该路各物件价格,售与中国。至该铁路改良办法,由日本承办人与中国特派员,妥实商议,所有办理该路事务,中国政府援照东清铁路条约派员查察经理。"

日本依以上二条约欲改筑中东路长春以南之铁路,及经营军用铁路之安奉线,乃设南满洲铁道股份公司,是为日本以后在满洲铁路上雄飞之基础。

日本既在南满得特殊权利,其侵略满洲之野心更如烈火燎原,不可遏息,先以铁路为根基,次实行经济侵略,及文化侵略,兹将其后侵略概况分述于下:

一、路铁政策——在满洲主要干线：

甲，南满铁路由长春至大连。全线长计四百三十八英里。全线双轨。依一九〇五日俄扑斯末条约，由俄国让与日本。并依中日南满善后条约，及该附属协定，由中国承认其经营权。此线为日本在满洲经营一切事业之基础，亦即侵略我东省唯一利器。我国一日不收回此路，则东省一日不稳。望国人勿忽视之！

乙，安奉路——安奉线系当日俄战时，日本军队手筑之轨宽二尺六寸之军用轻便铁路。后依中日善后条约，得中国之承认，乃改为宽轨运输铁路。此路既系日人在战时兵士手筑之铁路，则其在军事上之价值可想而知。日人在满洲虽未驻兵（铁路沿线有日兵驻扎护路，为数尚不多），但朝鲜为其属地，现驻重兵防守，（一）可防朝鲜变乱，（二）一旦满洲有事运输捷便。奉安路我国若不设法早日收回，则东省之危机日增无已。日人可于二十四小时吞并全满。

丙，吉会铁路——系由吉林省城（吉林）至朝鲜会宁，全路只有敦化天宝山中间六十余里地，尚未建筑。民国七年六月十八日（日本寺内阁时代）订立吉会铁路借款合同，约定由日本借入建筑本铁路所需全部经费。关于建筑时期定由该草合同成立后六个月内订立正式合同，立即开工。垫付为一〇〇，〇〇〇，〇〇元，由日本特殊银行团承办（兴业银行、朝鲜银行、台湾银行），日银行团之代表为直川孝彦，衔寺内内阁之命与段政府协定，为西原借款之一部。后因段内阁失败，而至正式合同未能成立，迄今尚未解决。自田中内阁成立后，以积极政策为标榜，以解决吉会路为第一着。故遣山梨大将至中国与张作霖秘计，助张氏为海陆军大元帅，期解决满蒙悬案。后张虽为陆海军大元帅，然对日本之要求均未允许，是以田中恨张入骨，故有辽宁皇姑屯之炸弹案。当张作霖退出北京时乘纷扰之际，复以利诱代理交通部长赵镇签定吉会路条约。此约经我国之否认，加以东省人民激烈之反抗，与日本一重大打击，遂不得不暂取缓进政策。吉会路可分两段：

（一）由吉林至敦化

（二）由敦化至会宁

第一段已建筑完毕，前岁即通车。全段修筑为日人包工，其建筑之粗草，与夫费用之浩大，国内诸路无与伦比。吉会路一旦全线告成，日本在满洲不啻如虎生翼，则我沃壤千里，物产丰富之东三省恐不能复为有矣。望国人当日本尚未得手之时群起力争以收桑榆之效，否则不堪设想矣。

二、日本在满洲之经济侵略

甲，日本在满洲之经济发展，以南满铁道株式会社为大本营。沿南满铁路各地之矿产，皆操诸日人之手，如鞍山之铁、抚顺之煤等是。兹分述如下：

（一）鞍山铁矿——鞍山铁矿始自民国四年，中日二十一条新约，我国政府无条件允许日本满铁会社开采鞍山一带铁矿。股本均系日人，共三千八百万日金，名曰中日合办鞍山铁矿公司，其首开采者为鞍山对面山、大孤山、关门山、樱桃园、王家堡子六处矿区，面积一万一千四百二十三亩。除有牧场八百亩外，余均系官山。按中日合办合同第七条，民产按公议价，官产给相当租价。又按第六十条，矿业废止，或使用完竣时。将土地交还中国。兹将该六处矿区列表如下：

山名	亩数	面积
鞍山	二，三四五	四方里一八五亩
樱桃山	一，九六六	三方里二四六亩
大孤山	一，七九二	三方里一七二亩
对面山	二，六七四	四方里五一四亩
关门山	七〇〇	一方里一六〇亩
王家堡山	二〇四六	三方里四二六亩

鞍山附近占用民地(民国五年冬起)共计一万九千二百一十三亩二分,继续占用民地一万九千八百三十八亩。鞍山以东山脉至本溪湖几均产铁,此大好富源,悉操诸日人之手。据日人之调查,鞍山铁矿至少亦有数亿吨之含量,现日本尽力经营,每日出铁数千吨。

(二)抚顺煤矿——抚顺煤山含量极富,约有六千万平方尺。含量为十亿吨。煤层浅处有一百二十尺,厚处约二百尺。煤层之广大实为东西洋所罕见。日俄战前俄国即从事开采,但规模甚小,设备不完,日俄战后遂落于日本之手。极力改良,设备渐趋完善。最初每日出煤三百六十吨,迄一九一一年、一九一二年以二〇〇,〇〇〇元之投资,开垦大山坑、东乡坑及二大竖坑。每日出煤五〇〇〇吨,一九一八年每日能出七〇〇〇吨。真迄至今日每日可出一七,〇〇〇余吨。由是可见日本经营之不遗余力,尽量吸取我国之富源,而国民尚多昧然,殆哉!

乙,此外尚有日本在满洲设立之银行,日本在东省银行发展之情形,可分为三个时期:

(一)自一九〇六至一九一九年为开始时期,日本在日俄战时,在东省出许多军用票。战后借口收回军用票,故在东三省设立银行。此其起始也。

(二)自一九一八至一九二一年为膨涨时期。日本银行在此时期虽正膨涨,但资本不充足。

(三)自一九二二至现在为整理时期。自一九一九年后,日本银行遂渐增多,盖因一九一八年欧战后,欧美各国无暇东顾,故日本乘机增加其金融机关,以为将来操纵东省金融之预备。

日本在满洲之银行,分特殊银行与普通银行。特殊银行有三:

1. 横滨正金银行——于一九〇七年设立于牛庄,执满洲金融之牛耳。其先正金银行在满洲除发行银券外,有时或发行金券。大正六年。正金金券发行权为朝鲜银行所有。但正金银行最大之任务,为扶植日本在满洲金融之势力。

2. 朝鲜银行——一九〇九年设于安东,因自安东线改建后,沿线经济势力渐渐发展,故必有金融机关助理之。朝鲜银行与横滨正金银行在满洲成对峙形势,而立于指导满洲金融之地位。该行有金券发行权,现流行于满洲不下三千四百余万元。在东省中国之纸币,不能流行各地(如奉票,吉林官帖到黑龙江即不通用),而日本金票(即老头票)竟能通行东三省各地。此实令吾人最可痛心之事也。

3. 东洋拓殖会社(或东洋拓殖股份公司)——一九一七年设立于大连,奉天专供给在满洲拓殖之资金,现不动产长期之放款额为四千七百余万元。

普通银行,共十七个(此外尚有十余个小银行不很重要),遍设东省各大城市,满洲金融全为日人所操纵,金融为国家之命脉,今我东省之命脉乃操诸日人之手。此时若仍不急起设法挽救,东省未来之运命,不难言矣。

三、文化侵略

日本铁道政策与经济侵略,全为有形的。此外尚有精神上之侵略,即所谓文化侵略是也。日本为同化东三省人民起见,实行其文化侵略政策,遍设学校,经营不遗余力。盖不如是则不足以死中国人之心,而遂其素愿也。考其在东省所施设之教育,以行政区域别之可分为二部:(一)为日本关东洲所管辖之教育。(二)为日本领事馆所管辖之教育。关东洲所管辖之教育又可分为二:(一)在关东洲,(二)在南满铁路沿线附属地,其中、小学二段,则取中日分离主义。其专门、大门、大学则采中日共学主义,盖其同化工作俱在其中、小二段,专门式大学不易受其染化,今将日人同化东三省中国子弟之学校述之于下:

日本对中国子弟所施之初等教育,共有三种:

(一)公学堂。分初、高二段。初级四年,高级二年。

(二)普通学校。系一简易初级教育,修业年限为四年,内有附设一年制之补习科。

（三）私立书坊及学校。日本因中国旧式之私塾而制定规则操纵之，或为私人设立之学校，而受日本之监督列表如下：

公学堂一览表（民国十六年调查）

1. 关东洲

学校名称	级数	教员数	初等科		高等科		补习科	
			男	女	男	女	男	女
旅顺公学堂	一九	二七	四六二	一九六	一四七	三〇	四六	一六
水师营公学堂	九	一四			二八五	一二八	四一	三
大连伏见台公学堂	一六	二一	三三九	三一七		五九		八
大连领前分教场	四	五	一四五	四四				
大连西岗子公学堂	二〇	三二	六四二	五〇九				
大连士佑町公学堂	二一	一五	三七八	一七六				
大连士佑町分教场	三	二	七三	二一				
沙口公学堂	二四	三二	八〇六	二九一	二九四	三六		
公学堂南金书院	二五	三九	五〇六	二一七	三〇二	三九	二七	六
普兰店公学堂	九	一五			三四八	三〇	三六	四
貔子窝	八	一五			二一二	二五	六一	
旅顺师范附属	八	一五	三八一	七〇	九〇	八		
计一十二校	一五五	二三〇	三七三三	一三三二	二〇七八	二四三	二一一	三七

学生共七千六百三十四人。

2. 关东洲以外之公学校：

学校名称	级数	教员数	初等科		高等科		补习科	
			男	女	男	女	男	女
瓦房店公学堂	五	六	二〇一	一四	五八			
松树	四	六	一三四	五	三一			
熊岳	五	七	一七五	三五				

学校名称	级数	教员数	初等科		高等科		补习科	
			男	女	男	女	男	女
盖平	六	八	一九四	六	五一			
辽阳	九	一〇	二三二	六五	一〇八	一八		
开原	八	一一	一九九	六〇	五二	二		
四平街	六	八	一九七	五五	五四	三		
公主岭	五	七	一五九	四六	四〇	四		
长春	八	一一	二四〇	四九	一二四	二		
抚顺	八	一三	二七一	五一	七一	四		
共计十校	六四	九〇	一九八〇	三六七	六二四	三三		

学生三千〇四人。

3. 关东洲普通公校一览表

校址	学校数	级数	教员数	学生数	
				男	女
旅顺	二五	二〇	一一四	三五七八	八八六
大连	一六	七四	七六	二五一九	六三二
金州	一五	六四	六六	三五一五	四〇〇
普兰店	三七	一一六	一二一	四三〇四	一二〇六
貔子窝	二六	九一	九二	三三八九	九一五
共计	一一九	四五五	四六九	一六三〇五	四〇七九
				男女学生共二〇三八四人	

4. 关东洲内私立坊

校址	书坊数	教员数	学生数	
			男	女
旅顺	三一	三一	三八九	二〇
大连	一七	二三	五四六	八五

校址	书坊数	教员数	学生数	
			男	女
貔子窝	五四	五四	八四三	三三
普兰店	五七	五七	七四四	三二
金州	五三	五三	八四五	三二
总计	二一二	二一九	三三六三	一九四

以上皆为日人为中国子弟所设立之初级教育,其对中国子弟所设立之中等教育可分为二:一为中学,共有两处,在旅顺者为旅顺第二中学,共有七级,学生一百五十六人,在辽宁者,为南满中学,有十级,学生三百四十三人,此外尚有实业学校,列表如下。

5.各种实业学校一览表

校名	级数	教员数	学生数	设立者
旅顺矿山学校	七	一二	七五	满铁会社
营口商业学校	四	一一	一三九	同
辽阳商业学校	四	一一	一五五	同
大连商业学校	三	九	七七	关东厅
金洲农业学校	三	一三	七九	同
熊岳农业学校	四	九	一三七	满铁会社
公主岭	四	一〇	七九	同
总计	三三	七五	七五二	

6.日本领事馆专为中国人设立之补习学校一览表

名称	级数	学生数	设立者
海城东语学校	二	八〇	满铁补助
海阳日语学校	三	八二	同
辽宁日语商业学校	八	一六三	同
吉林同文商业学校	二	五七	同

名称	级数	学生数	设立者
安东日语恳亲学校	四	一九	同
总计五校	十九	四九	

由以上诸表可见日人在东省为中国子弟所设立初级及中等学校之概况,此外尚有专门学校与大学校。专门学校如大连南满洲工业专门学校,大学有旅顺工科大学、南满医科大学等。

总观以上,日人在满洲之经营可谓不遗余力,先以铁路为根基,继之以经济侵略,操纵东三省之金融,犹恐东三省人心不死,复加以文化之侵略。其用心之险毒精细,可谓无微不至。我国人民除东省之同胞,直受日人之欺压稍有觉悟外,内地各省之人民恐尚不知东省地位之危险。日本自胜俄后,其内阁以传统之大陆政策,尽力向满洲发展,田中内阁时又以满蒙积极政策,加紧并吞工作。其对满洲之野心大有非达目的不止之势,现民政党组阁,但对满洲政策并未稍变。东省之危机有增无已。呜呼! 我国际此千钧一发之时倘不上下急起力争,仍分畛域,谓东三省事应由东三省人负责者,则我东省之将来不堪设想矣! 夫日本以其全国之力量侵略满洲,即使我国举全力与之抵抗尚恐不及,区区东三省之民众,岂能御此狠毒蛇猛兽日本耶? 唇亡齿寒,东三省失则内地危矣,望国人速止内乱,共御外悔!

唤起全国民众,

打破畛域观念!

联合起来铲除日本在东三省之势力!

(《南开大学周刊》1930 年第 88 期,1—8 页)

傅恩龄：东北中日铁路交涉与国际条约

　　日本铁路要求，不特违反日本代表在华府会议之声明，并且破坏九国公约及九国关于中国铁路之决议案。

一、东北铁路与国际条约

　　东北之铁路，即东北之命脉；握东北之路权者，即东北政治经济上之主人，此中外所共知，不待烦言。前于民国十七年五月，日本乘济南事变北军撤退之机会，曾经要求（一）吉会（吉林至会宁）、（二）吉五（吉林至五常）、（三）延海（延吉至海林）、（四）长大（长春至大赉）等铁路之建筑权。

　　当经吉林省议会驰电当局："查吉会吉五等路，关系国计民生，至为重要，倘被一网打尽，吉民何以生存，路权不失，即国权不亡，全省人民，免作奴隶牛马。对日本此次铁路建筑权之要求，誓死拒绝到底，头可断，此志不可易等语"，事遂被拒中止。

　　当是时也，吉省民心鼎沸，天津南开大学东北研究会，曾请蒋廷黻先生专拟《东三省铁路与国际条约》一文，印送各方，以促注意，兹值中日铁路交涉行将吃紧之际，爰再将该文披露，以便当局及关心人士之参考。

　　"东三省之铁路问题，除本身之经济政治意义外，尚有重大之国际关系。照现行国际公约,日本无要求建筑任何铁路之权力,而中国有拒绝任何类此要求之权利与责任。在日本方面,此种要求之提出;在中国方面此种要求之承认皆为违犯国际公约。请伸论之。

一千九百二十二年(民国十一年)二月二日在华盛顿会议太平洋与远东委员会第三十次会议,日本代表币原男爵曾宣读声明书,内有一段关于满蒙铁路者。

……日本代表团因鉴于一九一五年中日条约订立以来,情势业已变迁,爰于此次会议所予机会声明如下:

(一)关于建筑在南满及内蒙古东部之铁路借款,及以此二处收税为担保之借款,前由中国允先问日本资本家商借,兹日本愿将此优先权利,交与新组之国际银团协同承办……

日本政府所以决定以上办法,经本席声明者,无非具公平忠正之意,而常以中国主权及机会均等之原则为念耳。

是项声明后于二月四日由会议主席许士氏报告,于第六次大会且登载于大会之记录以照郑重,是则日本已放弃在南满与东蒙之铁路借款优先权利矣。且日本之所以出此者,因日本愿念中国之主权及机会平等之原则,可见日本在满蒙之优先权与中国之主权及机会均等之原则,有势不可并立者也。

不特此也。一千九百二十二年二月六日美比英中法义日荷葡九国代表在华盛顿签订《九国间关于中国事件应适用各原则及政策之条约》。该约第一条第三节第四节申明:

除中国外缔约各国协定:

(三)施用各国之权势以期切实设立并维持各国在中国全境之商务实业机会均等之原则。

（四）不得因中国状况乘机营谋特别权利而减少友邦人民之权利，并不得奖许有害友邦安全之举动。

该约第二条又云：

> 缔约各国协定，不得彼此间及单独或联合与任何一国或多国订立条约或协定或协议或谅解足以侵犯或妨害第一条所称原则者。

细察条文，即知日本不得要求中国单独向日本借款修路。倘中国必须借款，则各缔约国应有均等投资之机会。借款修路如是，全路建筑权之转让更如是矣。按第二条中日二国无订此项条约之权力，倘秘密行之中日不啻违犯公约之明文。

或谓九国条约第一条所载之原则不过一笼统含糊之理论。日人纵得四路之建筑权，不能遽谓特别权利，与机会均等之原则不符。吾人于此不得不更求机会均等之释解。

九国条约之第三条即云：

> 为适用在中国之门户开放，或各国商务实业机会均等之原则更为有效起见缔约各国除中国外，不得谋取或赞助其本国人民谋取。
>
> （一）任何办法为自己利益起见，欲在中国任何指定区域内获有关于商务或经济发展之一般优越权利。
>
> （二）任何专利或优越权可剥夺他国人民在华从事正当商务实业之权利，或他国人民与中国政府或任何地方官共同从事于任何公共企业之规定，或因其范围之扩张，期限之久长，地域之广阔，致有破坏均等原则之实行者。

依此条文，日人不得谓日本虽在南满建筑铁路，英美可在中国其他区域建筑铁路，则机会即均等矣。倘列强各在其指定区域内建筑铁路，中国将重分为若干势力范围。各国之所以引用机会均等之原则者,正欲藉以避免势力范围之划分。此第三条第一节之所以有(中国任何指定区域)字样也。按本条第二节,倘日本有在三省筑路或借款筑路之权他国亦有之;倘日本得与三省当局或吉林一省当局合办任何铁路,他国亦得加入。非如此,即为背约。

且本条第二节末段又云:

> 中国政府担任对于外国及人民之请求经济上权利或特权,无论其是否属于缔结本约各国,悉秉本条上列规定之原则办理。

是则中国不但有拒绝日本要求之权利且有拒绝之责任。纵日本不守公约而提出要求,中国必须遵守公约而拒绝之。纵中国之国家利益与国际公约之法律双方着想,中国惟有拒绝日本要求之一途。

中国借外债与否以修路乃中国主权所能自行决定者。外国之须尊重中国主权乃国际公法及历次国际公约之所明定。倘须借款,中外均应遵守机会均等之原则。此九国条约之根本意义,吾人已于上文言之矣。但中国铁路政策尚有一国际公认之大纲。一千九百二十二年二月一日华盛顿会议第五次大会通过一决议案云:

> 参与本会议之各国记录其希望,中国铁路将来之发展,与存在之合法权利极相符合,应使中国能极端实行铁路统一,或为一种由中国管理之铁路系统。于此项系统之利益有必要时可以外国经济,专门技术辅助之。

中国代表团关于中国铁路政策亦有同意之宣言:

> 中国代表团对于各国所表示之希望将中国现在与将来之铁路,俾能统一由中国政府管理行使于须要时辅以外国经济及专门技术,业已领悉,殊为欣慰。中国之意本欲从速得有如此结果。并欲按照能合于中国经济工业商务所需要之总计画,以发展现在与将来之铁路。至按照开放门户及机会均等之原则,于需要时得有外国经济及技术之辅

助,亦为中国将来之政策。并请各该国对于中国政府竭力使中国现成与待筑之各铁路归其切实统一管理行使,予以友谊之援助。

在华府会议,日本偕其他各国均希望中国能发展一统一的,由中国管理的铁路系统。倘吉会、吉五、延海、长大四路由日本建筑,中国铁路之统一尚能存在乎?中国铁路之由中国管理尚能实现乎?

日本此次之四路要求,不特违反日本代表在华府会议之声明,且破坏九国公约及九国关于中国铁路之议决案。吾人有理可据,有约可援,反自行割送权利与外人,其能不为世界所鄙笑乎?

二、华盛顿会议关于远东问题之条约及议决案

九国间关于中国事件应适用各原则及政策之条约

美利坚合众国,比利时国,不列颠帝国,中华民国,法兰西国,意大利国,日本国,荷兰国,及葡萄牙国,兹因志愿采定一种政策,以巩固远东之状况,维护中国权利利益并以机会均等为原则,增进中国与各国之往来,议决订立条约。因是简派全权,各全权将所奉全权证书互相校阅,均属妥协,议定条款如左:

第一条 除中国外,缔约各国协定:

(一)尊重中国之主权与独立,暨领土与行政之完整。

(二)给予中国完全无碍之机会,以发展并维持一有力巩固之政府。

(三)施用各国之权势,以期切实设立,并维持各国在中国全境之商务实业机会均等之原则。

(四)不得因中国状况,乘机营谋特别权利,而减少友邦人民之权利,并不得奖许有害友邦安全之举动。

第二条 缔约各国协定,不得彼此间,及单独或联合,与任何一国或多国,订立条约,或协定,或协议,或谅解,足以侵犯或妨害,第一条所称之各项原则者。

第三条 为适用在中国之门户开放,或各国商务实业机会均等之原

则,更为有效起见,缔约各国除中国外,协定不得谋取,或赞助其本国人民谋取。

（一）任何办法为自己利益起见,欲在中国任何指定区域内,获取有关于商务或经济发展之一般优越权利。

（二）任何专利,或优越权,可剥夺他国人民在华从事正当商务实业之权利。或他国人民与中国政府,或任何地方官,共同从事于任何公共企业之权利。抑或因其范围之扩张,期限之久长,地域之广阔,致有破坏机会均等原则之实行者。

本条上列之规定,并不解释为禁止获取,为办理某种工商,或财政企业,或为奖励技术上之发明与研究所必要之财产及权利。

中国政府担任对于外国政府及人民之请求,经济上权利及特权,无论其是否属于缔结本约各国,悉秉本条上列规定之原则办理。

第四条 缔约各国协定对于各该国彼此人民间之任何协定,意在中国指定区域内,设立势力范围,或设有相互独享之机会者,均不予以赞助。

第五条 中国政府约定中国全国铁路不施行,或许可何种待遇不公之区别,例如运费,及各种便利概无直接间接之区别。不论搭客隶何国籍,自何国来,向何国去;不论货物,出自何国,属诸何人,自何国来,向何国去;不论船舶,或他种载运搭客及货物之方法,在未上中国铁路之先,或已上中国铁路之后,隶何国籍,属诸何人。

缔约各国,除中国外,对于上称之中国铁路,基于任何让与,或特别协约,或他项手续;各该国,或各该国人民得行其任何管理权者,负有同样之义务。

第六条 缔约各国,除中国外,协定于发生战事时,中国如不加入战团,应完全尊重中国中立之权利。中国声明中国于中立时,愿遵守各项中立之义务。

第七条 缔约各国,协定无论何时遇有某种情形发生,缔约国中之任何一国,认为牵涉本条约规定之适用问题,而该项适用宜付诸讨论者,有关系之缔约各国,应完全坦白互相通知。

第八条 本条约未签字之各国,如其政府经缔约的签字各国又承认,且与中国有条约关系者,应请其加入本约。因此,美利坚合众国政府,对于未签字各国,任何国家之加入,自美政府接到该国通知时起,发生效力。

第九条 本条约经各缔约国,依各该国宪法上之手续批准后,从速将批准文件交存华盛顿。并自全部交到华盛顿之日起,发生效力,该项批准文件笔录,由美国政府将正式证明之誊本,送交其他缔约各国。

本条约英文法文一律作准。其正本保存于美利坚合众国政府之档库,由该政府将正式证明之誊本,送交其他缔约各国。兹将议定条约,由上列各全权代表签字,以昭信守。

一千九百二十二年二月六日,订于华盛顿。

三、关于统一中国铁路议决案并附中国声明书

一九二二年二月一日限制军备会议第五次大会通过

参与本会议之各国,记录其希望中国铁路将来之发展。一面与存在之合法权利,极相符合,应使中国政府,实行将铁路统一,成为一种由中国管理之铁路制度。于此项制度之利益有必要时,可以外国经济及专门技术辅助之。

一九二二年一月十九日中国代表团关于中国铁路之宣言

中国代表团,对于各国所表示之希望,将中国现在与将来之铁路,俾能统一由中国政府管理行使,于需要时,辅以外国经济及专门技术,业已领悉,殊为欣慰。中国之意,本欲从速得有如此结果,并欲按照能合于中国经济工业商务所需要之总计画,以发展现在与将来之铁路。至按照开放门户,及机会均等之原则,于需要时,得有外国经济,及技术之辅助,亦为中国将来之政策。并将请各该国,对于中国政府,竭力使中国现成与待筑之各铁路,归其切实统一管理行使,予以友谊之援助。

（《东三省官银号经济月刊》1931年第3卷第7期,1—6页）

冯厚生：东北的经济价值与日本
——所谓满铁三大计画的内容

一、绪论

　　东北问题，在国际地位上，在中日俄三角的关系，在北，有中俄共管的中东铁路，在南，有南满铁路结系着中国与朝鲜作三角形，恰成大战以前巴尔干半岛的形势；在前年发生的中俄问题，由国际的关系上看来亦颇属复杂，尝有人以东北为东洋和平之关键。这种国际上的关系，若以外交的关系来讨论东北确实不是一天可以完事的；不过据我个人所听闻的关于东北言论，大多又都立足在抽象的地位。而已往日本之于东北的种种计划，亦多偏向于这种抽象的政治方针。然而现在他们觉悟了，他们鉴于已往的失败，更注意到东北经济的价值和以经济为基础的他们国家的关系，而实行了他们经济侵略的手腕。

二、东北之最近沿革与产业

　　如同我们所知道的东北已然有了很大的改变。从经济方面来讲三十年前的东北就连一英里的铁路都没有，然而现在却有了四千多英里的铁路。再看东北最近的富况，在贸易上，只讲南部的大连、安东和营口三处已达到十亿元的贸易额数,恰好为过去十年间的二倍,再有北部的哈尔滨、齐齐哈尔等处的贸易,据前年的统计约在三亿元以上,其进步之速较比过去的七年间增加了三倍。尤为可惊的,就是在这十亿元的贸易量中输出额超输入额约两亿余元,这实在是值得我们注意的一件事。至于这些贸易的全部,几乎完全都是农产物,里面虽然也有二十万吨左右的铁或煤炭,而大概总有一二亿元的农产物的输出。从此我们更可以见出现今东三省产业的幼稚——工业、矿山和森林的不发展;所以东北的贸易,也可以说仅只是农产物和居民需用的商品的输入而已,这更是我们应当注重的一点。

讲起东北的面积约为三十八万四千方里,辽宁的一省大体上虽是开启了,而吉林和黑龙江两省却始终未曾发展。尤其在面积有十八万方里的黑龙江一省,未开启的土地竟有十万方里之多,由此看来所谓东北的资源不但还未有具体的调查,可说是连开启也还未有呢。

从人口方面来看,每年总有百万以上往东北去的移民。据说四十年前在东北只有五百万的人口,而现在已有三千万的住民了。从这几点我们可以知东三省发达的迅速,和将来希望的远大了。

三、所谓满铁三大计划

(一) 铁的问题

铁和炭,可说是东三省的两个极大的富源,不幸开采这些天产的机关和权利大半落在日人手里,我们国家的财源眼看着被人家取去,实在是一件思之痛心的事!

在鞍山有一个制铁厂,每年能有十八九万吨至二十万吨的出产。据最近调查结果,仅只和满铁有关系的矿区在水平面上已然有十二亿吨的铁矿了。从此推算得该有十八亿吨的矿石埋藏在满铁路线的近旁。而这种的矿石,从近几年来技术的经济的研究的结果,已然提高到含有百分之六十左右的铁。最近,满铁又在鞍山建设好五百万吨的镕铁炉,只消日金二十元上下便可产出一吨的铣铁。世界最低的铁价是印度的铁价约合日金十九元三毛,以必其巴陆哥为中心的美国铁价约为日金二十八元乃至三十元,以艾生为中心的德国铁价也要在日金三十元钱上下;那末为什么东北的铁就能这样的低贱呢? 就是因为在东北有多量的、贱的而为制铁业最重要的煤炭。

抚顺的煤,足有六百四尺的煤层。并且是用露天掘的方法采掘,现在已把一吨的生产费降低到日金一元六七毛钱的价格了,所谓拿日金一元六七毛钱便可掘得一吨煤炭,真是要惹起一切工业之伟大的根本的革命的。

造一吨铣铁要用两吨的煤炭,既使每吨算作日金两元五毛钱,再加上日金三四元钱的矿石便可得到一吨的铣铁了。这样看来铣铁的原价也不过才八九元,真是世界中稀有的代价!

最近满铁社长山本条太郎更想出一种便利的计划:他想日本每年总要向外国购买四亿元的铁和一亿元的铁具,假若能投资到东北来制造这四亿元的铁,岂不是每年可以防止四亿元的输入。第一步他计划扩大鞍山的制铁工厂,第二步他更想从东北把矿石和煤炭运到朝鲜的新义州做五十万吨制铁的大计划,因为这样以减少很大的输出税给中国,同时又可振兴日本属地的工业,雇佣日本人使用日本的一切用品,一方面可以救济日本工人的失业,又可以减少现金的流入中国。

更有便利于满铁的就是从沈阳到安东铺设着二百英里有一千万吨输送的力量的安奉铁路,一直可以通联到朝鲜的内部。同时在鸭江下流有个多狮岛,只要从新义州延长十六英里的铁路便可直入这不冻港里,于是他们贸易口岸也有定了。

(二) 肥料计划

用最近在德国获得专卖权的设备和方法来计算,单在鞍山和新义州计划的数量里,若利用从焦炭炉放出的瓦斯里的窒素,便可以得到大约三十万吨的副产物的硫酸阿末尼亚。

　　所谓解决日本粮食问题，只有两种办法，一种是开垦和灌溉已垦地及未垦地的农业，即所谓朝鲜米的计划。第二是以化学的方法来解决，就是以化学的方法求得最低廉的肥料用以充分的供给农业，希图集约的增加收获。不过第一种的方法仅能适宜于面积较大的国家，例如最近在埃及奈尔河的古木至印度伊拉哇底河的灌溉事业之实现，而在国土狭隘日本是不适当的，并且从日本现在经济的状态来讲也难以施行那种需要长时间的缓慢的办法。

　　现今日本每年硫酸阿木尼亚的输入约自三十万吨至四十万吨，自然以后每年是要增加的，不过假如他们能在这二三年内完成了他们东北肥料的计划，对于今日日本经济的状态上，总算是很不急的了。

　　在这三四十万吨的硫安之外，日本每年还有百六七十万吨的是豆粕、硝石、鸟粪等及其他种种化学肥料的输入，假若他们的肥料计划一旦实现，不但可以抵制这一切的输入，若更从生产费的低廉上讲起更可以输送到别处。

　　现今硫安的价值大约自日金百十五元至百二十左右，若依满铁的计划仅用日金四十五元，便可以有很优美的出品。这于日本之农业日本之粮食问题上，真是大有关系的。

(三) 制油计划

　　抚顺的煤矿是以三十度的倾斜，二百日尺左近的深度埋藏在地下。在这上面，更覆盖着大约有二百日尺深度的含有百分之四至百分之八的石层。这就是我们所说的油层，据测量的结果这油层的数量是五十二亿吨。若按五十亿吨计算采取百分之五的油，就有两亿五千万吨的油了。

　　满铁第一期的计划是建设起七万五千吨的采油计划，在去年的十月间便已完成了，然后再扩大做三倍的设施。这种的矿石并不十分坚硬，容易击碎为适宜的大小然后放到大瓦斯炉里而利用从其自身所发出的瓦斯蒸馏得油，这种采油的方法实在是既简而便的。同时在第一期计划的七万五千吨油里,更含有大约八千炖的蜡质(Paraffin),每吨也值日金五六百元。

抚顺煤的素质如何现下虽然还难以决定,据说那普遍是从虾夷松或椴松等寒带植物变化而成的。据从前专门显微学者精密的调查,发现了抚顺煤层的最下面有一百日尺左右是苏铁的化石。不过这是一点的疑问。这种矿石我们称之为卡巴里煤,据部分的分析结果,最多里面含有百分之二十五六的石油。从来我们知道世界含油最多的是百分之二十一,现在无意打破了世界的纪录,从此满铁乃产生了它第二的计划。就是所谓低温干馏,这也是极简单的方法,只要用瓦斯蒸发石炭便可得油,同时剩余的克来得更可以替代煤炭的使用。于是有十吨的煤炭便可以产生二顿的石油,也就是有日金二十五元便可采得两顿的油了。何况那剩余的克来得还有相当的价值,较比已经要日金三十五元至四十元一吨的石油真是便宜得多了。

再有第三的计划就是在现今各报纸上和专门杂志上常见的煤炭的液体化,也就是把煤炭变为萨克里油。从这种实验的结果,可以使百分之四十为油。在德国,抽出煤里的百分之十的天然水之后,可以使其一半液化,在前年确实有了大约二万七千吨的实验,在去年更建设了年产八万吨的大规模实验工厂。假如这种的方法果能实现,只要再增掘已往抚顺的七百五十万吨产额的一半,每年便可以得到五十万吨的油了。

四、这些新的计划与日本国家的经济

如前所述日本每年铁的输入约四亿数千余元,肥料的输入约两亿元,总共约六亿元,如若能在东北实行了他们的计划,便用不着再向外国购买这些而使现金流入他国。

此外在东北更有多量的镁的发现,最近知道它可以代替铅的使用;几乎在东三省的每个山都有镁的发现,可见它数量的多了。

其外更有我们所不曾发现的种种的资源埋藏在东北的地下,如果一件一件的仔细讲起来,真不是一时所能谈得完的,以上所述说的也不过只包含着与满铁有密切关系的与我们的损失最大的一部而已。希望大家注目吧!

五、结论

从上面,我们可以看得东北的富有,并且那还是和满铁有直接的关系的,接近于满铁的一小部分。假若统观起来如其他种种的矿山、森林等尚未发觉的材源真都不知更有多少,他好比是我国的娇子,正等待我们的培养使他发展,同时更有许多的恶人向他引诱,想把他欺夺了去,这不是很危险的吗?

我们知道日本之对于东北的用心,可说是已达到了极点,同时他们的计划和实行又火一般的转动起来,这是多么危险的呢!唯一的抵抗的方法就是以后我们要注重东北,研究东北,对他们对症下药,使他们无从下手而施使其阴谋,所怕的就是我们自己不动而一任其布量的呀!

此篇系依据前满铁社长山本条太郎氏之论文而成,不敢掠美特志之。 作者

(《南开双周》1931 年第 7 卷第 1 期,12—16 页)

陈彬和：我们要从日人底铁蹄下争回我们东三省底自由

　　无论是在火车上或是在轮船上，每一个旅客的心里无不为"当心扒手"而时存着戒意。当一只偷窃的或强暴的手在一件满盛着珠宝的箱箧里发现的时候，总没有这样一个颠顸的主人，他袖着双手站在自己的箱箧旁边眼睁睁地看着这只巨大的手来复地攫取自己的财物，或且将连箱箧一并带去，而仍然无息无声。即使这位主人是一个十分怯弱的小孩或者是一个十分衰颓的老叟，他也得伸出他的怯弱的手臂，或发出求援的喊声来为维护自己底权利而抗争。"算了罢"，自己这样想，"你要什么便拿什么罢"。对这只偷窃的或强暴的手慷慨似的说。我想，世间决不会有这样的傻人。

　　可是，一种在个人底行为决不会有的现象，偏是在我们底国家我们的民族里发现了，这不只是可怪，而且更令我们感到的是不可抑止的悲伤！

　　这种现象便是目前举世瞩目东三省的问题。

　　东三省，即是日人所认为大家可以插进一只脚的满洲或是满蒙，我们须得严正地认定：满洲是历史上过去了的名词，日人故意采用旧名，很显然的是别有用心，可是世界各国有许多学者，尤其是我国有许多谈到东三省问题的人们，眼睁睁地跳上日人的圈套，也跟着日人喊"满洲问题""满蒙问题得",这实在是一个很大的错误！（关于纠正日人袭用"满洲""满蒙"名称,此刻限于时间,当另作讨论。）

就形势而言,东三省是我们北方的屏藩,就物产言,更是我国一座宝库,在国际竞争中之满洲中,对于东三省的大好河山,辛克莱曾有这样一段描写：

"这是一块具有伟大自然美的地方,高山和森林,大河与沃野,都足引起人们的赞扬。……但是具有绵延千里的河流,与一望无际的稻田,表现出伟大的庄严。又看两条伟大的山脉,横穿而过,兴安岭越其西北,长白山跨其东北,时见高峰突出,直入云霄八千丈。这些山脉的横岭,降入南满的中部平原,蔚为沃壤,成为这块地方最富之区,这些山的两旁,多数丛生着枞、槲、胡桃、桦木、松、杉的森林,形成一种图画。……金子和其他贵重金属,当由河道中产出,北方尤其丰富。抚顺的煤矿,供给无限的富源,几乎成为取之不尽,用之不竭。"

又汤尔和先生在他移译东刮目论的绪言里说：

"行径北满之际,日大与自然相接触,往往百里不见村落。平原泱莽,藉远镜之力,无能辨其边际。时在初秋,一望数十里,赤者知为高粱,绿的知为大豆,驼马羊牛之群,动辄绵延数十里,即此表面之资源,已足动心骇目,不必观安达开原之露积,南满中东之输送,营口大连,安东海参威之吞吐,固已舌拃不下。……故此尤其显然呈露者耳,至其他地下之埋藏,其富源更不可阐述,以金属矿物论,金银铜铁铅,无一不具,若论非金属矿物,除煤斤尤为丰富外,余如硅石黏土萤石滑石曹达石绵等,又无一不具,铁之蕴藏量,据已知者,不下七亿吨。……至于煤,则埋藏至二十余亿吨,仅抚顺一区已在十亿吨以上。尤可惊者为重油,……自抚顺发见油岩,每年可得原油三十万吨,足供三百年之采取。……此外若森林,若渔业,若盐,若蚕,若药材,若里宝,无一不足以雄视东亚者。……"

观此,我们可以想见东三省富庶。正如同一只满藏金珠的箱箧一样。我们底箱箧不能容许他人侵占,我们底大好山河更怎能容许强暴的铁蹄踏入呢？然而,摆在我们眼前的事实是怎样的?

满清政府的颟顸,历次外交的失败,由几次不平等条约之订立,便一手铸成了桎梏我东三省自由的枷锁,造成了三省严重的危机。自从一八九四年我国第一次和日本交手失败即所谓"清日战争"(或称"甲午战役"似乎不能概称"中日之战")——割让辽东半岛以后,我们底东三省便开始被卷入了一个很不安定的波涛:自从一八九五年德法俄三国干涉日本退还辽东半岛以后,我们底东三省更极其迅迷地成为国际间剧烈而持久的争端之着目点,在外交的剧台上成为一个重要的角色。甚且有人说:远东的东三省,正如同西方的巴尔干,它足以在世界上激起第二次恐怖的黑浪,也恰与巴尔干无二样。

俄国因为地域毗连,不用说,自然是这一群赳赳豪客中的最有力的一个。她希望在远东找寻一个海军根据地,她希望在永久控制东三省,她希望扩张其势力于辽东,当然,她决不肯丝毫放松她对我们威胁的拳头。咸丰十年十月二日续订北京条约,俄使伊格那提福欺侮满清政府,强割乌苏里江九十余万方里,海参威之门户便亦随之而去。我们只要一听到中东路上的汽笛声不间日夜的自赤塔方面呜呜而南来,便不难想见这一位"角色"对待我们是怎样的凶暴强悍,而引起我们无限的怆痛!

法国、英国、德国,以至于远在地球的那一面的美国,都是这座宝库的觊觎者,而且都不断的想插一只贪婪的手来:在他们底明争暗斗之下,时常发出一些"满蒙开放"、"满蒙共营"的怪调。东三省是我国底东三省,而曰开放,而曰共营,公理正义到哪里去了啊!

在他们一群中,我们所要特别提出是日本——与我们这处咫尺的近邻。与我们同文同种手足,而又是欺侮我们最厉害给予我们创痛最多的一个恶霸。她自从清日一战识破了满清政府的虚实以后,便无时无刻不是向我们板着面孔,扬起拳头作无厌止的要挟,特别是对于东三省,经之营之,不遗余力,铁蹄踏处,山河易色,其势力之澎大,正如泻地水银,无孔不入。积二十余年来之经营,便造成了我东三省今日严重的危机。

在说到日本怎样侵害我们东三省之先,我们得抽出一点时间一谈日本民族性的特点和他们吞并朝鲜的方法。因为由前者我们可以知道日本民族之所以凶残，由后者我们可以知道日本灭亡朝鲜的手段，促起我们当前的觉悟。日本民族性的优点固多，但是最使我们寒心的就是对他民族。然而他们还自恐其不冷酷，更施以特别严厉的训练，他们用着一种比斯巴达教训还要严厉的方法训练自己的子弟使其成为冷酷，或者还可以说是残暴。最爱日本的美国人小泉八云在日本与日本人中一个守旧者一文里曾经这样说：

"他叫人在少年时，除了家庭里面为人看不见的亲密以外，务必保持着冷酷的态度，永不可放松。教儿童们看惯流血之事。带他们去看杀人，叫他们不要动什么情感；回来之后，为着要驱逐他们秘密的恐怖，又给他们吃许多用酸梅汁和着的血色的米饭。还有许多格外困难的事情，也要叫一个极年轻儿童干，例如半夜里独自到杀人场去将人头带回来，作为勇敢的明证。"

又说：

"……冬天早晨读书的时候，倘使他的手冷得不能握笔写字了，就有人命令他将手放入冰水中，以恢复血液循环；倘使他的脚被霜冻得麻木了，就有人叫他到雪中去奔跑取暖。"

像这样严厉的训练，养成日人武士道的精神，养成了日人底冷酷性情。可是，他们的冷酷，只是对待他国他民族的，对于自己的国家和民族，却是异常的热烈。一九二七年五月三日他在我国济南所造成的古今罕见的惨剧，所做的割鼻子、挖眼睛、破腹取肝的残酷勾当，恰是他们习见的寻常事，尤其是对待他国他民族的寻常事。趁着一九二三年东京大地震混乱中，还要拿着各种不同的武器去寻杀挣扎逃生的中国侨民和朝鲜人的举动，充分地暴露了日本底凶残与冷酷，"五三"不过是偶然的一幕罢了。如果我们不能急起自救，在目前任何地方，尤其是在东三省，也许将来还有更多的"五三"在我们眼前出现呵！

至于他们吞并朝鲜的方法是怎样的呢？

吞并朝鲜是他们底大陆政策的开端。他们对外侵略的手续是非常完备的:第一步,先定下进攻的方向;第二步派遣国内的学者分头将进取的目的地作详细精确的调查统计,分析解剖,山形地势出产,民情物俗,纤细不漏研究既明,再酌定进取的手段——软或硬,经济的或政治的;第三步,政府参照决定的方案,实际地去做。他们在吞并朝鲜之先,早已定下了南进与北进——即海洋政策与大陆政策两个进取的方向,决定着以北进为主,南进为辅。在他们举起铁蹄向北开步走时候,首撄其锋的就是朝鲜,当然朝鲜便成为他们的试剑石。历史的篇幅里至今分明地记着:

光绪廿年,清日战争,清败,朝鲜独立;

光绪卅年,日俄战争,俄败,日韩协定书成;

宣统二年,日并朝鲜为县,朝鲜亡。

朝鲜是在上述的日人对外侵略之大陆政策的三个步骤之下灭亡了,虽然是暂时的。几千万人朝鲜人民从此便堕入了国亡家破的悲剧之境,而日人却正狂鼓其庆功之掌,欢奏其胜利之歌曲。

朝鲜亡了,在日人的大陆政策之下亡了,然而我们试一略加思索:野心勃勃冷酷凶残的日人是不是已经满足了呢? 是不是从此便将停止他们进取步武呢? 没有! 决没有! 他们底野心,正如一只脱缰迈逝的奔马,他们贪婪的两目,正虎视着我们底大好河山,虎视着我们东三省,无疑的,我们将沦为朝鲜之续,将可以听见日人第二次庆祝歌唱与掌鸣,假如我们不很快的觉悟急起自救的话。

在此,我并不是故意危言耸听,我们只要一检阅日人在东三省的行动及其对侵略东三省之言论,即可知东三省目前所处地位之危殆,而我们对此严重之边防问题,实在不容忽视。

日人对于东三省问题,为着要避免国际的干涉,其对外宣传,非常之狡怪圆滑,他们月以数元津贴,奖励沿南满铁路一带之乡民农女,使其保存发辫及小足,摄影以示国际,指为"满洲之支那人";其他新式筑物,整洁之街道,美丽之公园,则又摄成影片,以炫示自国开发东三省之劳绩,此种玩弄狡怪,掩蔽事实的宣传,在日人也许正自命为得计,然而质之于公理与正义，日人能够靦然无愧吗？日人对外宣传，特别注重美国，收买记者，造谣诬蔑，凡足以隐蔽其侵略东三省之真相，引起国际对我国轻视者，无所不用其极。他们对外宣传所持的最大理由，一则谓东三省为非我国领土，再则谓开发东三省为日人之功绩，三则谓日人对于东三省之特别权利纳过血税取自俄人，非夺自中国人。所以日本半泽玉成在外交时报上曾著论说："征之史实，满蒙并非今日汉民族之国土，满洲于军事上、政治上、外交上，成为一种分立的单位，与本部各省悬殊，且日满关系极古，近世划期的事实，即为日俄之战。日本睹国运民命，驱逐俄人，当然与满蒙发生合法的关系。基于此种关系，为一切之施设经营，满蒙有今日之发展与隆昌者，实为廿余年之长岁月，二十数亿万之投资，日鲜人百数十万之努力所生之结晶品也。"又说："日本之决意与俄战争，专为自卫，与东洋之和平，对于满蒙之行动，不外欲确保日本之生存耳，不仅未抱丝毫之侵略意思，且率先投下巨资，以供开发满蒙之用，并努力开放其门户也。"又说："是非为日本自身之主观的欲望所鼓舞，乃由其世界观的出发者也。是即为增进满蒙人之福祉计，又为丰富中国人之利益计，同时更为列国地全世界人类而服务故也。"综上所说，日本与东三省发生合法的关系，即是说，日人之侵略东三省为合乎公理的行动，而且开发东三省纯为日人的劳绩，甚至说侵略东三省非由于其身主观的欲望，而实为增进满蒙人中国人以至全世界人类之福祉。这话是何等的冠冕堂皇！又是何等颠倒事实！

他们又说："日本于日俄战役为中国之牺牲者，又为保护满蒙之和平者，如排斥之而怀疑于此者，非正义之罪人而何耶。"细野繁胜在满蒙管理论中更进一步地说："日本对于满蒙之特殊关系，除满蒙其物移转至大西洋上，或从地球上消灭下去，不与日本继续共存，即神起而夺之，亦不可能也。"东三省到底是谁的？中国人反对日人的无理侵略，便为正义的罪人，这是何等蛮横无理！这是什么话！

以上所述，为日人对外宣传之一斑，就此我们已可窥其用心之险毒。至于其在东北之行动，其恣睢暴戾，目无我国，更足令我们发指皆裂，深感暴邻威胁之痛!

在此,我们只能举其荦荦大者。南满铁道网系之敷设,在版土上,东北大好河山被其横贯碾破;在经济上,三省之精髓被其吸吮无遗;在军事上,更给予三省以莫大之威胁与迫害! 而且,凭藉种种不平等条约之特权,每于我国铁道网系以阻滞与障碍,南满铁道株式会社之在东三省,即无异侵略三省之专门机关,一切足以危害我三省之阴谋毒计,概在其中一一制出,使我东北三省旦夕在其暗算中而不知危;日人殖民政策之实施,压迫韩人转徙入我三省,从而占据韩人之土地,又借贷韩人以金钱,嗾促使其购买三省土地,辗转仍入于日人之手。现在侨居东省的韩人,据统计有一百万上下,实为东三省莫大之隐患。日人工商业之投资经营,使东三省实业与经济实权,都在其垄断之下,东三省对外贸易之兴替与纸币之起跌,都为彼所操纵;日人军队之驻留与警察之设立,枪杀我居民,包围我警署,越界操演,缴械捕人,简直是极寻常的事。凡属此种事件悬案至今未决的,共一百余件,其横暴无理,直视我国民如草芥;日人在所谓南满路附属地学校之设立,侵略我教育权,实施其文化侵略政策。他们以我东省之农业富源,来救济己国煤铁荒之国难。他们保护己国之森林,来解决己国的人口与食粮问题,他们以我东省矿产富源,夺取我东省之森林,其他畜牧与水产等,无不如此,直认我东省之富源,为天赐予日人者。此外设立典当,强占土地,贩卖毒物军火,包庇罪犯,凡所以危害东北,扰乱东北治安者,更是无微不至。

今年二月廿三日,日侨在我东省举行一全满地方委员会,议决呈递日本政府之陈情书中有云:"吾等过去之廿六年间,以此地为墓地夺门而来者,吾等之子弟亦以此地为乡土,继承我等之志意继续奋斗。……"是则日人竟以三省为其墓地乡土了,国人听此,感想如何?!

日军演习之隆隆炮声,南满道上之呜呜汽笛声,我们乍听之下,真不仅给予我们以强国暴之盛胁与悲哀,更携予我们以朝鲜亡国之惨痛与态度,我们衣于是,食于是,家于是,又为宗祖坟墓之所在。旦夕听此威胁恐怖之巨声,何能忍受? 我履此土,听此声,更声声刺人心曲,使人怆痛无已!

东北确实危险极了！无论从军事政治经济毒药（原文如此——编者）任何一方面说。日人去年来我东北观察的，有十六万余人之多，其考察东北民情物俗之详尽，即大豆之种类，牧人驱使牛羊之唤叱，下至星相占卜，人情交往，无不綦精綦详，纤细不漏，至于关于东三省问题之专门著作，更不知有若干种。国人知道东北有这样详细么？孙武子曾说，"知己知彼，百战百胜"，我们不仅是不能知彼，而且不能知己。清室颠顶，大好河山，任人窥伺，任人掠夺，举国上下，有若司空见惯，视若等闲，一种在个人行动上决不会有的现象，乃于我国家，我民族间发现，世间最可痛心之事必更逾此？我国民族最危之机，又宁更逾此？前数年，本党在广东曾以一致之奋斗，摧除英帝国主义者之势力，现在我党统一全国，不更应该一致驱逐日人势力于东三省之外吗？况且目前三省法团，极其活跃，青年都已觉醒，我们自信只要奋斗，终可收回我们的自由！

我们东三省在日人桎梏下，无日不处于危殆的境地，桎梏一天不打破，东三省的一日不得自由。从日人铁蹄下争回我们东三省的自由，是我们中国人每个人的责任，东三省之不自由，不是局部问题，是中国整个问题，挽救东北，即所以挽救中国，即所以挽救我民族，更扩大言之，即所以消弭东亚以至世界之战机，重任当前，岂容旁贷？

国人对于东三省问题，常有两种错误观念，一为悲观，一则乐观。悲观者以为日人在东三省势力根深蒂固，极难抗制，不如任其自然，以免去未来太平洋之风波；乐观者则以为我们人多，又因国际关系，简直不自谓危。后者固失之疏忽，前者亦失之怯懦，因为问题当前，乐观悲观，都属无用，只有一心一德埋头苦斗，才能得到解决。

在日人口中，亦无日不高唱"中日亲善""共存共荣"高调，但其口如蜜，其腹如剑，此种甜言蜜语，正如哄骗小孩方法。惟有争回日人在东北所掠取之一切乐利，我们决不能对此糖果存若何希望，为其所欺骗。我以为要解决东北问题，要挽救东北，除无条件的废除中日间一切不平等条约，彻底的废除日人势力于东三省以外，其他讲价还在一般零碎谈判，正如同头痛医头脚痛医脚，而症结所在，终于未曾搔着！

要废除中日间一切不平等条约,当然也不是空口呐喊所能实现。第一我们要提高民族精神。杜威曾说过:"大凡人类之文野强弱,皆可以乐群与不乐群为其标准,苟富有群性,聚千百万如一人,则文明程度必高,国必强,断不至受天然淘汰,苟割裂好争,文明程度必低,国必弱。"此言实足以为国家强弱之准绳!第二要提高民族文化,我国素称文明古国,就是日本之兴起,也得力于我国文化之输入,但目前的民族文化之低落,实是不可掩蔽之事实,以低落的民族文化程度激进的列强于角逐,自然难逃"优胜劣败"的公例。以上两解,关乎国家百年大计,当然非一夕一朝所能生效,然而集全国人之精神才智,努力向新的道路上迈进,例之以日本明治维新,又有何难?此外如派遣专家,积极调查东三省,亦极有必要。譬如有旅客遗其箱箧,为人所拾,拾者与此旅客争执甚剧,另一人从旁询问失主箱内储有何物,答"不知",问拾者,应声数出,开视恰同,则众人评断,箱箧自归拾者。又如一纨绔子费重金购一新书,置之案头,从不寓目,另一贫家子极其好学,无钱购书,窃取熟读,积之日久,此书自始至末,皆能背诵如流,则书之应为何人固有,殆无须明言。东三省问题亦恰如此书此箱,日人知之甚明,我们对我大好河山,则知之不详,欲与人争,宁不甚难?所以调查三省,开发三省,也同为我国目前刻不容缓之急务。

最后,我们的郑重正告日人,自明治维新以来,努力为其国家与民族谋进步,我们固深加爱敬,但日人侵略我东三省之毒辣手段及其他不行法行为,则亦令我国人痛心疾首,一日不能忘。我们深爱日人,但我们深望日人不做太平洋上之炸弹而为太平洋上和平之神,不为摧残世界文化之祸魁,而为推进文化之功者,中国人在目前都已觉醒,再不能束手待人宰割,日人如再不觉悟,根本改变其对华侵略政策,则中日国民情感之日趋恶化,宁为日人之福利?假如更因此而引起太平洋上之风波重陷世界及全人类于浩劫,蕞尔岛国,又岂能业受其利?

我仅以无限之热忱祝望日人觉悟,我更以无限之热忱祝望国人奋起!(转录日本研究)

《南开双周》1931 年第 8 卷第 2 期,1—8 页)

刘克夷：为什么日本出兵东北

　　九月十九日晨，日兵突然占领沈阳，以及于辽吉各要埠，消息传来，真使人痛心已极！东北为我国之东北，东北之财富，为我国之财富，日人竟采取超乎国际常规之手段，实行其最不人道的蹂躏，我国在东北的权威，已扫地无余了！凡是中国的人民，莫不感到国家的危急，民族生存的危殆！于是，救国的呼声传遍了全国。但是，我们正要趁此机会下大决心，作彻底的觉悟，研究一有实际效能的方法，树国民努力的百年大计。但是在探讨应付日本侵略方策之前，吾人必需痛晓日人出兵东北之动机，方可收实际的效果。故不揣谫陋，将研究所得，缕数如下，以供参考。

一

　　日本国内的人口问题现在很难解决，所以他们对于东北所抱的政策除了经营南满以外，就是移民。

　　日本人口每年约增加百万，因为食粮及土地的不敷分配，所以在国内很难容纳每年增加的人口，国内失业的人数约有一百五十万左右，况且现在的日本人已达八千五百六十七万二千人。据昭和四年的调查日本人口分布如下：

地域	人口总数(单位千人)	人口密度(一平方基罗)
内地	六二,一二二	一六三人
殖民地		
朝鲜	一九,一〇四	八七
台湾	四,二四二	一一八
桦太	〇,二〇四	六
总计	八五,六七二	一二六
南洋委任统治区域	〇,〇五七	二七

日本每年产米仅六千万石,其一部分酿酒,还须仰给外国粮食的输入,每年入口量,略等于它本国所产的量数,食料的缺乏,实显而易见。

于是他们想到移民政策,第一,移民于南美,但因为南美洲的巴西及其他的国家,近来有限制移民的条例,并且,南美亦非日本势力所达到的地方,所以日本在那里并没有多大的财富势力。倘若移民到这地方,日本就要供给大宗款项来维持他们的生活,故移民南美,终于不能成功。

其次移民于南洋。南洋近来更有不能容纳日本移民的趋势,而日本在南美与南洋所处之情况相差不多,故其移民计划亦难实现。

现在日本国内多有人主张向东海滨省面积约一万方英里的地带移民,因为那里渔业很盛,但是,苏俄能否容纳日本的主张,尚成问题,且日本国,也恐怕人民受了赤化,故移民苏俄又不能成为事实。

南美、南洋、苏俄都阻住了日本移民的出路,于是中国的东北部便成为日本唯一的移民的地域了。但在民国十八年以前,日本在东北的侨民为数很少。等到民国十八年秋季,大连农事会社便办理移民的事务,积极进行,现在有日本侨民廿四万。他们的职业,大概可分为两种:一为商业,一为农业。

日本人在东三省干商业不容易讨好,难与中国人竞争。中国人经营小本贸易本是特长;况且吾国人能吃事耐劳,生活程度较日人低下,所卖的物品也比较日本人的便宜。日人生活很高,则东北更不易受种种的苦处,举一个工匠的生活来作例,在东北的日本工匠,做一件工作需二十元的工资,若是中国人来做,十二元的工资就可担任同样的工作。在这廿四万的日本人中,除服务满铁者外,独立营业者占一少部分,南满铁路曾有消费合作社的组织,服务南满铁路者多用合作社的货物,所以独立营业商日本商人受了最大打击,日商的顾客仅为其本国人,而我国顾客反到极少。

日本人的商业受了这样的打击,但他们想经营农业也决不会成功,因日本在吾国的土地商租权未得到要领,则日本农人当然不能有所活动。

据满铁调查,满洲境内现有人口的总数,约在二千八百万人左右,其中就有二千七百余万是中国人民。内中只有二十二万的日本人(据东北年鉴),日本人,仅抵中国人之九分之一。日本移民在这种情形之下,不能得到相当的成功,是一种很明显的事实。

二

除日本人自己的人口而外,便是移朝鲜的民人于东北。

朝鲜人民在东省者有六五一,〇九六人,而以间岛为最多(间岛实为现在之最大问题,民国十五年末已达三十五万六千人,现在朝鲜人在间岛已有牢不可破的势力,不仅人口上占多数,即土地已大半归朝鲜人之手中)。朝鲜移民实与日本之粮食与贸易最大关系。例如间岛地方,因朝鲜人移住而产业开发,农业物的剩余,可多输入日本内地,数量渐渐地增加起来,朝鲜移民于东北,对于日本人口问题,也有很大的影响,朝鲜人如不能在东北得了相当的势力,则朝鲜人势必流入日本,压迫其劳动市场。朝鲜离开东北,在经济上就不能自活,所以日本使朝鲜得自由发展于东北,乃解决日本人口问题及朝鲜人口食粮问题的重要方策。但在东北的朝鲜人,渐渐有不能发展的趋势,主要的原因,约有下列数个:

一、朝鲜人与吾国人同时发展,于是发生了冲突。最近中国内祸连年，天灾频兴，如山东、陕西、甘肃之旱灾，时时皆有移往东北之机会，分布在广阔荒地，我国官吏更给我国农民以最大之方便，并且每年我国移于东北数倍于朝鲜。于是，朝鲜人在东北得不到相当的地位。兹列最近数年之东北移民表如次：（据东北年鉴）

年度	入东人数		离东人数		留东人数	
	实数	百分数	实数	百分数	实数	百分数
民国十六年	一，〇五〇，八二八	一〇〇，〇	三四一，五九九	三二，五一	七〇九，二二九	六七，四九
民国十七年	一，〇八九，〇〇〇	一〇〇，〇	五七八，〇〇〇	五三，一〇	五一一，〇〇〇	四六，九五
民国十八年	一，〇四六，二九一	一〇〇，〇	六二一，八九七	五九，四四	四二四，三九四	四〇，五〇

由上表看来就可知道吾国移民之锐增！现在我国农民之移往东北者，每年大都在百万左右，二十年前五六百万之人口，今已增加到三千万人了。

二、朝鲜人经营水田是他们的特殊技能。水田的收获也较旱田多二三倍，于是，中国人亦渐得其技能；我国人民得官方的援助，自行开发水田；哈尔滨的富豪，见于水田之获利，也组织起种稻公司，来作大规模之经营。

三、地主与朝鲜佃农以民族之隔阂，地主当大加地租以获厚利。

四、我国移去的农民替代了朝鲜人。据南满铁路、中东铁路及各公共团体的调查，我国移往东北者百分之八十五，是有志于农业的，为苦力者仅占百分之十。据辽宁省署的调查，十分之六为被雇而开垦，十分之三是自垦，十分之一是无资本尚从事于劳力的。在吉林省者十分之五为是领照开荒，十分之四是佃作农，十分之一为苦力。由此可见，移往东北者大部分是从事开垦一多半是作佃农的。

朝鲜在中国无有土地商租权，故不得不为佃农。佃农则无问题的要受地主之支配。例如营口附近从事水田之朝鲜农民，收成的七成，作为佃租,自身所得仅有三成;如卖粮必须经过地主之手,于是地主又收其三成的手续费,其实,朝鲜人佃农,所得已几希矣。再从中鲜两民族之经济能力比较一下:

一、中国人体力强健、勤勉;朝鲜人委靡不振、懒惰,不能与中国劳力相竞争。

二、朝鲜人在中国经营商业,不能有发展之余地。朝鲜人之开设杂货铺、旅馆、饭店等,甚属廖廖;大半经营水田。

三、朝鲜人之特殊技能固为水田,但他们没有土地商租权,他们的水田农业,也决不会发展的。

由以上看来,在东北的朝鲜人,很明显的是没有相当的地位。

三

日本人金丸精哉说:"我们币原全权曾这样的主张'日本在中国所有的特殊利益,也就是日本在中国所有的现状,此外则别无什么',以此而和满蒙的现实对照来看,所谓满蒙的特殊利益,实质也就是'投资'和'移民'两样,前者的核心是满铁,后者的中枢则是百万的朝鲜人。"

移民问题虽然是日本侵略中国的最大动机,但是这种侵略如无满铁作工具,其计划也断不会完成,所以对满铁不能不加以研究。

日本自同俄国订了朴茨茅斯条约(The Treaty of Portsmonth)以后,它便得到了旅顺长春间的干线以及财产、炭坑和其他的权利。现在南满铁路株式会社的资本,已拥有总投资额六亿四千四百七十万圆之多,修成的铁路已有六九八哩之长度;水面广三千四百廿平方尺之大连巨港;投资类有四六,〇九〇,七二三圆之制铁事业;其余的地方经营、工业事业、产业设施,所在皆是经济侵略之恶鬼;南满铁路株式会社便是侵略东北之唯一机关!南满铁路据一九二六年度的调查,总计收入有一亿〇七百五十二万七千九百五十四圆之多。其对于东北之经济吸收可谓极矣!

但是,自一九二五年始,中国铁道渐渐修起,则现在,已完成了约一亿万元的一千六百公里的自办铁路。中国的铁路计划,使日本受了很大的打击,也是南满铁路的致命伤!

中国铁路之已通行者有北宁、打通、四洮、洮昂、齐克、沈海、吉海、吉敦、呼海九线。日本所最怕者即此九线之包围满铁,因为吉林之货物可由吉敦吉长二线先集于中吉林,再由吉海、沈海、北宁而出港。黑龙江的货物亦可由齐克、洮昂、四洮、打通、北宁而出港,此亦无经过南满铁路之必要。

以上为运输之方便,吾国所得最大之利益;再从运价费上说,货物在中国路运输,也比较在满铁便宜,请看下表:

南满铁路运费	中国铁路运费	差额(金圆单位)
由长春至大连三七,五九〇	由长春经四洮营口至大连三六,二九〇	一,三〇〇
由长春经大连至神户四五,一四〇	由长春经营口至神户四四,一三九	一,〇一〇
由长春经大连至上海四五,一四〇	由长春经营口至上海四四,〇八〇	一,〇六〇

况且吾国以银为本位,当此金贵银贱之际,满铁当然要受相当之损失。兹将满铁最近数年之营业概况列下:

年别	平均收入	纯益金	纯益率	社内保留率
元年	三三七,一五六	三四,一五八	一〇,一	三六,〇七
二年	三四七,一五六	三六,五七四	一〇,五	三七,三一
三年	三五八,六六二	四二,五五二	一一,九	三四,八五
四年	三七二,九〇九	四五,五〇六	一二,二	三二,二〇
五年	三八七,一五六	一五,〇〇〇	〇,四	〇

由上表看来,南满路所得的利益至五年度已锐减了。社内保留率已无一滴。五年度较前年减收了三千万元,实为满铁之最大不利。此种营

业上之损失,固受经济界不景气的影响,但另一原因,也可以说,南满铁路在东北之独占性已根本动摇。

这已竟够使日人骇怕的了,然而中国之最伟大之铁路计划,尚未见其全豹,而惟此计划,已使日本心神不安了。如中国之铁路计划实现则所谓满蒙之特殊权利,将如已死之灰而随风飘散矣!

最重要的便是所谓三大干线的计划:

一、东大干线——由葫芦岛经北宁至吉林,由吉林更经五常、依兰、同江,达黑龙江之省境绥远。

二、西大干线——由葫芦岛起经打通线,连接通辽洮南(未成),既成洮昂线,再经齐齐哈尔,渡嫩江连于黑龙岸黑河而与俄领乌苏里铁道支线终点相接。

三、南大干线——由葫芦岛起,经沈阳、赤峰、热河、多伦而横断热河全省。

这三大干线便是满铁惟一的劲敌!

所以金丸精哉说:"然注视一九三一年的满蒙情势,素以独占的优势自夸的日俄的 T 字形线,而今竟被 Q 形的中国铁道所包围,所截断,经济的所绞杀的现状,不是在眼前摆着么?"

满铁的现状,也可说是侵略东北之发动机,已不能再有更速的运转了。

四

因为南满铁路之受控制,移民之受中国移民的侵占,再加上日本国内经济之不景气,如物价之崩落,生产之减退,外国贸易之减退,农业恐慌,金融危机,人民之失业等等(注一),在在可使日本之野心家而施其强硬之经济开发之侵略手段,以日本之最大救济。日本之智识阶级更对于东北有强横之主张。

日人金丸精哉说:"对此若再隐忍自重,形同旁观,日本势必陷于失去在满蒙存在的价值的境遇,固无待言。一旦日本退却了满蒙,想到这后来的事,真要使我们不寒而栗了。……然而,有如印度是英国的心脏一样,满蒙正是日本的心脏,所以日本死守满蒙,是严肃的生存权的问题,所以中国的收回国权运动,无论如何炽烈,日本在满蒙,既不像赤俄施行多欲的、威吓的侵略,则对于这事应断然排击,乃是当然之理。"

日人中林义雄说:"满蒙舞台,除日华而外,尚有欧美资本,此等资本,与满铁以及其他公司为中心之日本的满洲输去资本,并且以满洲之制造贩卖市场与日本内地资本相竞争。将来中国资本抬头,后有苏俄制造品之进出,是日本惟有努力于争夺满蒙市场!"

他又说:"'二大干线主义'(注二)与'满鲜一元论'(注三)同时并起,日本满蒙政策行将转向,当然可以意想的。"

佐藤善雄说:"在满日人之发展,与其谓为停顿;毋宁谓为屡缩,若放任推移,将来只有遗弃满铁两条铁轨襟被归还日本之一策也。"

近来更有最显明之对华开战著作出现于日本,那本书有了一百六十七万余册的销路,开战的宣传,可谓达入日人之脑骨;该书主张占满蒙为日本对人类的天职,应恢复明治时代战争的精神,和平只是阻止了新兴国家的发展等等的刺人的论断!

那本书最后说日本如一再退步,其结果只有引起中国一再进逼,日本不久将被锁东海一小群岛中,日本若继续为其只知取悦中美两国之外交家所引导,必陷于……厄运,欲免此危机,非速恢复明治时代之远大政策,勇猛迈进不可。

日本国内受了这种思想言论之诱惑,人民更加鼓舞,日本之大军阀,得利用此机,而实行其最残忍、最不人道之政策!将币原之外交抛在脑后。吾人稍将眼光放大,日本今日对华的无礼举动,实属短见之至,因为一则东北问题不能因此而解决,再则徒增大中国人民的恨心,而失却西洋各国的同情,中国虽一时受辱,而日本的损失将数百倍于中国,恐将永无恢复之日!作者行文至此,念及日本国内的困难,及军阀的短视误国,不禁为日本国民惋惜不置!

东北行政区划上正确之名称,事虽微末,关系至大,凡我国人均望注意!外人对吾东北统名之曰"满洲"。国人不察,亦从而呼之曰"满洲",此实大误,不可不辨。考满洲二字,在历史上之意义原系国名,本名"满住",因明中叶有建洲卫酋长李满住者,由朝鲜咸竞道移居兴京。其后清太祖统其部落以"满住"为尊号,是为满洲汗。至清太宗始以"满洲"为部族之名。是"满洲"在当时不过一部落之名,充其量仅能代表现在辽宁之兴京一县,或其附近各地,决不能将东北,概称为"满洲"。

(注一)新社会杂说第一卷第四号。

(注二)内因满铁总裁所抱之主张,即希期敷设吉会路而成东北之二大干线。

(注三)宇垣朝鲜总部之政策,即朝鲜与东北应采同一态度。

（《南开双周》1931 年第 8 卷第 2 期,19—26 页）

马溥荫：日本出兵后

一、被占领各地受难的经过

沈阳　一九三一年九月十八日夜十一时，日军向我东北大营及兵工厂方面，开始轰击！炮用开花弹，隔五分钟一发；同时陆军也由着便衣队做内应，因我方军警取不抵抗主义，得占领商埠地，随之入城。1. 占用各官署，捣毁警察署，焚烧卷宗和文件。2. 监视各要人，有的加以掳去，安危不知，还搜抄了各高级官吏私宅。3. 枪杀东北大学的校警，大部分的学生均行逃亡；冯庸同泽等学校，也用人把守着。4. 因市民的四散窜逃，被枪杀刺毙焚者万余名，警察死八九十名，迫击炮厂内死三百余人。5. 焚毁北大营粮秣厂。6. 运走兵工厂足敷十师之用的枪械子弹，和新式的机器，涂改了航空处二百余架的飞机符号，开始使用着。（两项损失约在一万万元以上）7. 抢掠东省官银号，边业银行、交通银行货币一空。8. 占辽宁总站和沈海站……以上所列事实，便是日军行动的结果。至于市民在布满惨酷和恐怖的情形之下，枪林弹雨中，感着进退维谷，有愤而自杀的；幸而苟安者，还有潜避至皇姑屯欲乘车以逃出虎口的，又往往为把守该屯附近之三洞桥的日军所阻挠，不得通过。其妇人孺子之麇集该处,因候车而车无,致以哭声震耳。

安东　九月十九日晨五时被占,军警被解除武装;在鸭绿江泊的中国炮舰缜海号被日方缴械,并把军械子弹和十二架的机关枪搜去。

长春　九月十九日晨八时被占。当日军攻击时,每十五分钟,即发数炮,至五小时之久,城内火光四起,衙署民房被毁者,占十分的六七;居民乱窜,互相践踏,死逾千。华军死张营长一人、兵百余名。又长春附近的南陵营房被炮火荡扫无遗,死华兵半营之多,人民死十四人,伤十三人。而市政筹备处长周玉柄,竟身中七枪,受刀伤五十余,惨死之下,全家十四口,男女仆五名,也莫不肢体残伤,还有活埋之说。

营口　九月十九日晨八时半,被日军五十名占领车站,把站长和警务长掳去,在附近埋上了地雷,鸣枪示威。

抚顺　九月二十日陷,细军官兵死七十余久,携去百多名。

吉林　九月二十一日午后三时被占,死伤颇多。

新民　九月二十一日午后五时,日军除来飞机三架窥侦以外,还由领事而告我国的魏县长,限驻军在三小时内,退出县境。驻军一营撤退后,日军二万,占该地。

延吉　朝鲜驻军一部已开入,连长春等县,计万余人。

龙井村　续到日军三千,并在该地建筑大营房。

敦化　由第六师团开进,保护天图路工。

昌图　九月二十二日晨被陷。

辽源　九月二十二日上午十一时半,为日军一联队所占。二十三日由多门中将,完全占领四洮路。

大虎山　九月二十二日晨七时,日飞机投下炸弹,属兵房炸毁,死数十人。

二、日本出兵后的准备

设沈阳市组织维持会　日关东司令部已移在沈阳大和旅馆侧东拓

公司内,并任命土肥原大佐为奉天市市长,聘中国人为顾问,准中国编警察六百名,分驻原有六警区,由现任沈阳县长李义主持,同时在吉林也成立了一个维持会,由华七人、日八人组合的。这都是预备时间较久的占领的表现。

把守沈阳四周和电讯机关　在沈阳周围近郊十五里以内,完全由日兵把守,鼓楼旧址置有炮台,无论中外人员,许进不许进,各电讯机关均被监视,由日人向外传布各种的消息。这是免去将沈阳破坏的情形泄露外方的办法。

武装日兵梭巡秦皇岛以东各站　自秦皇岛至沈阳各站,均有少数武装的日兵梭巡,秦皇岛且悬着日本的国旗。

在长春设飞机场　该场拟备调来的汉城飞机队使用。

在延吉建大营房　用军事联络班的名义,曾建筑楼房于延吉的商埠,事变发生,兵早已迁入,成为无形中的大营房。

日舰满布沿海沿江各地　日舰布在沿海的数目如下:旅顺原属第二遣外舰队警备区域,第二遣外舰队的舰艇,是常川驻泊在港内的。现在当然有所调遣,所余数目不详。葫芦岛似有二艘,但退去。秦皇岛二,烟台一,龙口一,青岛一,上海一,厦门三,广州一。至于布在长江各埠的日舰名称,和侨民数目也写了出来:重庆八九,比良号,云阳号;万县四十,宜昌二五,二见号;沙市一三,隅田号、坚田号;长沙七三,势田、小鹰;汉口二一二九,安宅、热海、宇治、浦风、伏见;大冶一六;武穴一三;九江八五,鸟翠;芜湖六四;南京一九一,平户号,另有五艘,名不详;镇江一八;上海二六五七,保津。

调朝鲜军来东省　日南陆相在阁议中建议,调朝鲜军来东省,同时汉城电讯,朝鲜军司令部已宣布,派军来东省,约以沈阳为目的地。又讯,驻罗南旅部,已调到会宁,以便渡过图们江,来到延吉。同时新义州也驻有混成师团。

协议战事波及长江一带时的对策方针　二十一日上午十一时半,日二宫参谋次长到海军军令部访问六野军令部次长,对于万一战事波及长江一带时的对策问题方针加以协议。

东省现驻日军和平时兵力的观察　日俄战后，日本平时在东省驻军，常备军不过万三千人，守备队六千人。这次的事变，由第二师团开始向我攻击，继由朝鲜进援的，有十九、二十两师团，第六师团也开向敦化；此外加上几个旅团、守备队和在乡军人等，数目自不下十万。同时驻在朝鲜边境待发的，也不在少数。

三、日人出兵的主因的所在

"九月十八日下午十时三十分，东北陆军破坏北大营西北附近的南满铁道，且开枪向日军守备队攻击……"此为日关东司令官所布告的事变的原因。然其诡计，又何能瞒我民众的耳目？原来"九月十八日下午十时零五分，日军四十余名，炸毁去北大营的桥梁，并毁南满线的单轨"。

用此事实，证彼布告，和日人在各地所演之惨酷痛心的情景，被难范围的广大，出兵后诸般的准备，势必另有主因所在，才不惜诡计多端，妄为藉口，而遂其以政治的力量，助其经济的力量，侵吞我东省，灭亡我民族，实现了雄飞大陆的计划。

日本国土的狭小，生产的停滞，人口的激增，又须与世界列强谋所以抗衡，所需要的军备的增加和设备，若靠本国的力量，现在不足以支持，唯一的希望，就是得到庞大的领土、丰富的生产区域，而来解决人口问题和经济问题。解决的方针，自是藉着政治力和经济力，去侵略弱小的民族，如果政治的海陆军力所不及，便用经济力去压迫；如果经济力有时而穷，便用政治的海陆军力来吞并，朝鲜早亡，日本对华的侵略也早已一贯，像五四、五卅、五三、万案，一直到万宝山案和现在正蹂躏东省的情形，虽然怎样的惊心动魄、惨酷、无人道、禽兽的行为，在他们也是有组织的预定的计划！

就日本的外交政策上看，也是联英，拒俄，和美，对中国以大陆政策为中心，利用积极的手段来侵略的。

a.联英 一九〇二,一九一〇,一九一一,三次的英日同盟,莫不以互相尊重特殊利益为依归。

b.拒俄 一九〇四至一九〇五的日俄战争,所结条约,均为俄之丧失利权处。

c.和美 日本在东省,不主张拒绝第三国投资,还曾经高唱过日美对华经济提携的论调。

d.大陆政策 可参看田中义一所奏日皇之奏章,其中对我东省最要的策略,为:1.向国际宣传解释"满蒙"非我国领土的谬论。2.使退伍的军人,潜伏到内外蒙去,从事垦植和畜牧,好操纵王公。3.向我国要求强迫的承认廿一条。4.向我国要求土地商租权和筑路权(拓吉会等)。5.⋯⋯

就日本首相若槻的言论上观之,也是对于在我国已得之权利,一刻不肯放松的。本年六月十九日午后一时,他在秋田市民政党所开的东北海道大会席上说:"我国(自称)对华外交之方针,政府及民政党,亦曾数次发表意见,全国于满蒙问题,以政府应速确定根本方针之声,亦时有所闻;然所谓根本方针者,早已决定,并已声明,我国在满蒙地方,人民之享有权利⋯⋯有数十年之历史,在我国全体人民,向有坚固之信念,因此,无论从何方面,及何方法有所要求,我国不能抛弃含有此种性质之权利利益⋯⋯且为我国家生存之因为计决敢奋起,不顾牺牲一切,假使他国有挑拨的行为,国家受其威胁之时,国内人心应一致团结,保持吾辈之立场,勇迈前进,不惧何国及何物。"又于万宝山案谈话云:"日本现于满蒙地方,享有与国民生存有紧切关系之权益,不能放弃。⋯⋯"

就日本侵略东省的方策上观之,尚不能运用自如,遑论侵略的目的达到。本来吉会路不完成,土地商租权不获得,实无以实现其目的。以两港两路为前锋,同时再用金蝉脱壳的方法,移韩人到满蒙,移日人到朝鲜,于不知不觉中将朝鲜变做日本腹地,将东三省东蒙,变做以往的朝鲜。这是日本预定的步骤,日本狠心毒行为之辣,可见一般。

但是吉会铁路,因我国人民的抗制,迄未筑成,是两港两路尚不能实现。而已成的南满路,又迭受中东北宁等路运输的抗衡,营业不佳,日本虽想尽方法（如优待华人乘车、减轻运费额数）也不见起色。乃采取强硬的政策，曾提出所谓中日铁道交涉，希望恢复了南满路的繁荣。

据统计，十年以来，韩人移住到东三省的，已在二百万人以上，住在铁道附近的日人也有三四十万。日人多住南满，鲜人多住北满；日人职业，除在铁路、银行、官署服务外，余多经商，自然专以贩卖军火，接济匪人，或贩卖毒品（如鸦片、海洛英、吗啡……）的浪人，也在内了；鲜人多种水稻或务农，如万宝山案，即因种水稻的鲜人，商租我土地，不遵照条约而起。至于中韩毗连日，人因捕韩匪而引起地方交涉者，更历历可数，不过日人之攫得土地商租权，又无时不在乘机要挟中。

日本的不能畅行侵略东省的步骤，既如所述，再欲回顾到日本的国内，却正闹着经济的恐慌。世界经济是闹着恐慌的，日本受世界的影响，更因为实行金解政策的加深，资本主义合理化，生产过剩，国外市场的狭隘化，愈行恐慌了。我们要知道，日货的销售，是在中国、美国和印度的，美国有纽约股票的暴落，经济更见恐慌；印度虽经过了甘地与英政府方面的妥协，而情形仍属不稳定，销路不畅；最大的市场的中国，银块市价的跌落，社会民生的不安，购买力减少，自在意中，所以一九三〇年日本的外国贸易，入超为一亿六千一百万元，本年上半期的总额，与前年同期几减少一半，与去年同期更减少百分之二十一。若对中国说来，一九二五年为四六八〇〇〇〇〇元，一九二六年为二二一〇〇〇〇〇元，相差减半；一九二七年为三七三〇〇〇〇〇元。一九二九年为三四一〇〇〇〇〇元，实际上仍比一九二五年相差一二七〇〇万元。以这样的入超，在一个工业资本主义的国家里，当然生产品要过剩的，工业生产品过剩，不但足以妨资本主义的发展，且引起更使社会紊乱的问题，如劳动者的失业和罢工是。日本在制丝方面，因二成的作业缩短，全国三十余万人的二成七万人，前后就解雇了。民间造船劳动者，由四万人的减半而为二万人，此不过略举一二例罢了。

中国有内忧外患，日本似乎也有内忧外患的。内忧者，忧经济的恐慌，外患者，患中国的努力前进（如各路的联运，和东省人士的日渐的爱国热等）。所谓无事生非，藉端启衅，心怀叵测，行为奸诡，图一逞大欲者，实早有绝心。日人所绘的东省地图，染色已同朝鲜，教育子弟，谓"满蒙"实为所有，印象深刻，积习使然。那末，这次日本出兵的主因，诚不外以政治的力量，辅助经济侵略之不逮，而使一种强硬的手段，来解决一切呢。然则沈阳日侨庆祝此次占领各地，以为已属永远，将直至所有悬案解决，债务清偿为止的妄想，在他们也正以为是意中事，理所当然？

又英文京津泰晤士报载该报主笔潘讷尔氏曾经评论炸毁铁道为进行举事的信号说："……以为日人此次事件之解释，殊有重大之疑义，在一方面表示军事上有准备，有效率有显著之结果，而另一方面则显然表示无准备，无效率与无力的屈服，吾人可适当的作负责之陈述，全城遍闻之铁道爆炸，其地点在日军警备范围内，较皇姑屯事件中之情形，尤为显然，吾人不能不怀疑其非抱敌视意见之军队特著的挑衅事件，而为一按照极有系统之计划，并用迅速明快手段而进行之举事信号也……"可见外人观点，也正在怀疑日军之藉为自卫的口实的不足恃呢。

四、国联的威信和非战公约

中日同为国联的会员，也同是开洛格非战公约的签字国，将今日人在我国忧患方深的当儿，竟趁火打劫，显系破坏国际条约和蔑视公法。早由政府令驻日内瓦代表施肇基等三代表，将日军暴行的经过，提出国联理事会，请根据盟约第十一条所授给的权限，采取最有效力的方法，来阻止情势的扩大，而免危及国际间的和平；同时要恢复原来的状况，决定中国因此次事变所受损失应得赔偿的性质和数目。国联行政院特开会议，一致通过，对中日两国发出紧急通知，限立即撤兵，并防止事件的扩大。同时也把关于本事的会议记录和其他文件通知美国，美虽为非战公约的发起者，却没有正式的表示呢。

国联行政院对日人强暴的行为，既表明相当的态度，拟有办法，我国似宜静待解决了；唯应注意之点有三：1.日本是否接受国联的警告和处理？2.日不遵命时，国联的威信能否维持？3.日倘长此蛮横下去，签字非战公约的各国的态度，又该如何？均为吾人所该观察而讨论的。换句话说，也就是国联和非战公约，全不可靠时，吾人也应当采取一种下决心的步骤，以应付横逆之来！！！

（一）日本是否接受国联的警告和处理

按东京二十三日电称，日当局声言不承认第三国有干涉权。日本军的行动，在日人看来，若载于条约上，依据国际法，系行使自卫权，并不和非战条约及联盟的规条相抵触。同时国联日代表又建议，须由中日两国直接谈判。

日外务省也有令重光北上谈判的消息。日关东军司令官本庄也声明对主持公理者宣战的说法。根据上列传闻或事实，和以往日当局负责者的言论，外交上阴狠的方针，足证明日本此次决不肯轻易接受国联的警告和处理的。

"日本乘西方眼光，为其他事件所纷扰时，推进其己身政策，此并非第一次。"这是伦敦泰晤士报星期刊的评论。可知日人正在乘着世界经济的恐慌，各国均忙于应付本身的困难，中国又天灾奇重、内乱不已的时候，有此一举，怎能轻轻放过呢。

至于国际公法上，倒有一种报仇行为的说法，即不宣战而出以一种军事的行动，唯不许占领，不许出肇事地点的区域以外。今日人占我吉辽两省，驱逐我官吏，惨杀我同胞，更将扩大范围，有永久占领的情势，是不合此种说法已属至明；日人也要藉此图赖吗？

（二）日不遵命时，国联的威信能否维持？

当沈阳事件的消息，传布欧陆时，柏林指导报曾谓："……不易使此项事件，视作局部问题，此事将令全世界忧虑，并将使国联遇一严重工作。"德意志时报的意见，以为将"照例"使一般之期待失望，而屈于既成事实之下。同时英、法、德、意等国出席国联的首席代表，也在国联发出中日两国立即撤兵的电文以后,晚间在日内瓦秘密聚议,讨论满洲问题,对远东形势有审慎的研究,所讨论者,很可以有使国际情势更趋复杂的可能。那末,国联虽表明相当的态度,如日本不顾虑、不接受时,其变化正未可逆料吧？国联固曾调停处理过波兰和立陶宛,委内瑞拉和列维亚,希腊和保加利亚的种种争端。但始终没有表示如某国不服从时,当由其他缔约国群起而攻之的建白,所谓处理的结果,也有令人失望处。中俄因中东路所起的争端,同为国联会员,而国联连句公道话也没有响。所以此国联的威信,能否维持下去,或仍将"照例使一般之期待失望,而屈服于既成事实之下"？就要看对处理此事的努力如何了。

(三) 非战公约的效力？

开洛格非战公约是甚么新奇的出产吗？在过去的各种关于国际的条约上,差不多都离不开这种明文的规定,如凡尔赛和约的开始便载着:"缔约各国为增进国际合作与达到国际和平及安全起见,特行明白规定,以后决不从战争,并愿遵守国际联盟草约。"同时在国际联盟草约的第八条上又说:"加入国际联盟各国承认,如欲维持和平,必须缩减军备,至于最低限度。"这不都是明摆着的非战公约吗？所谓华盛顿会议、罗加诺会议、军缩会议,又哪一次不是为非战的海陆军的问题而召集的。但是每一次的结果,都几乎等于零而散。

波兰以一个非战公约签字的国家,在签字墨汁还不曾干的时候,却和立陶宛以兵戎相见了。

非战公约的绪言上,也明载着:"若缔约国中,有以藉武力增进其本国利益者,即不得享受本条约之利益。"如今日本真的藉着武力,来增进其本国的利益了。国际条约已被其踏在足下,什么利益、义务,自然更非所虑呢。

倘非战公约,其他的各签字国,为证明该公约的效力起见,当不容缓的有所表白。否则该公约还算得甚么稀奇的东西吗？

五、所望于国人的几点

日人占领我东省的消息，传遍全国后，民气激昂，政局媾和，各界人士，均在严肃沉痛的空气之下，谋应付国难的方法。在人民，誓不买日货，对日经济绝交，组织救国会；在政府，一面持镇静，对外严正的态度，一面诉日人的暴行于国联，以待公理的处判。可见我国尚不致为人所亡。唯国人必须有几点，应行注意的，谨就鄙见，陈述如左：

1. 国联对中日两国，既有通告，请立即撤兵，听候解决。望国人持积极工作不遗口实的态度，直至公理不能处理为止。

2. 国联虽有表示，而效力如何，已有问题。我国无论怎样地武备不强，亦应加以整饬，政府人民，要具有牺牲的决心，作最后奋斗的准备。

3. 以九月十八日做一切刷新的起点，来全国振作的勇敢的前进，即人人要加紧工作，减低消费量。

4. 知识分子，要随时随地利用机会，向乡民宣布国难的由来、经过，和共同所抱的目的。

5. 对日经济绝交后，宜力谋本国经济的发展。于绝交方面的组织与计划，也要完密。

6. 反日运动，最初是二辰丸事件，继之五四、五卅、五三、万案……直到这次所受的民国时代未有的大辱，正在开始着，扩大着运动反日。不过以往的，类多是演应节的佳剧，好像和日本玩一回便算完。我誓望国人这次，千万不要为一时的热烈感情所驱使的运动，要长久地坚持下去。尤其是我们学生，不要遗五分钟之诮之羞之可耻！！！

7. 世界第一次的大战，是已经过去有十几年的工夫，各列强在这十几年中的努力，使在大战中所受的损失，快要恢复到原有的状态，同时他们之间的冲突，也日益随着恢复的程度而进展。恢复的程度进展一寸，他们的冲突将要增长一尺；就在这种冲突中，隐藏着莫大危机。日军的行动，能否作成者莫大危机的导火线，固有待于事实的证明。国人为自

卫自救,和将来永久的自卫自救上看来,当另有一番严重的感觉,伟大的
责任存在。

……

最后的话,望国人生生世世、子子孙孙勿忘国耻!

(《南开双周》1931 年第 8 卷第 2 期,27—35 页)

望涤译述：日人对东北问题之论调
——如何处置其特殊之权利

过去的政策

日人对于田中外交之"积极的"方针，渐次失其信心，复活当年之币原外交政策；而对外间传说之"容易的币原外交"，发生其是否将成事实之怀疑。如南京案件等之勃发，日人认为至大污辱；他们且望当局者以十分的反省与警戒，勿使再蹈前辙。

日人对于改订通商条约亦认为不急之务。彼等以为此种改订是为我国所切望，对于税权法权之交还，更无骤然承诺之可能。盖彼等对于税权之交还，始终认为中日贸易上之重大问题，而在彼此完全不可分离的关系上。对于法权之归还，亦以治外法权及司法制度调查委员所报告之（一）中国政治情形不安定、（二）法律不完备、（三）法庭及监狱不完全为理由，表示不可能态度。其他如租界、内河航行权、沿岸贸易权之收回等，则更无须待言也。

排斥日货

对于排斥日货，实为日本最急于解决之难关。颇有一般日人，欲使

"中日亲善",恢复我国人对日好感之故,极望通商条约早日改订,而得我国人民之欢心。反是,亦有一部分不肯牺牲自己之权利、利益、威信、体面而行笼络政策者,故于改订通商条约上,此亦有关影响之一也。而大多数人以为排斥日货为绝对的国际罪恶。如此罪恶,对无条约国人之货物乃所不许。且于通商之自由、平等条约的保证之下,被害国家乃有施用任何种手段以压制、削除此种罪恶之权利。彼等认为此种手段,为被害国民之义务。在关于排斥日货最重抗议之背后,应具有特殊之压力之必要。……复有人以为我国之排斥日货,有如怀之以刀,随时出而胁迫日人。诸如此类之论调不一而足,但日人之痛恨排斥日货则一也。总之日人之如此决心,纯系迫于经济的一途。近观东北日本居留民生活之辛苦,实有其不得已之苦衷,但吾人何思以御之乎!!!

权利问题

最主要之问题,为关于满洲之铁路与商租权等。彼日本之各政党,虽皆以满蒙政策为势力的号召物;但至此时,已有一部分日人对之稍露冷淡的倾向,而大多数人民对于满洲之印象极深。由回顾其过去奋斗之历史,观察现在之经济的关系,预想将来其国民发展之希望,而增加其对于满洲之野心的坚决。如今,他们已然实行其侵占满洲之计划,以强力占我东北。但因我兵力之薄弱、民族之滞后,我等乃取无抵抗态度;希望国际间以后理的评断与我国以最后胜利。如果一切无效之时,只有全国一致抵抗、拼命。我等宁可牺牲国家,而不可牺牲个人乎?……诸君其热思之。

扩张经济活动范围

已往日人在满洲经济活动之地域,只限于关东洲(旅顺、大连、金州一带)与满铁沿线。在此以外之进展,则为资本与移所限。且最近我东省铁路交通之发达,示足以阻制其经济活动范围之扩大,此即关于日本要求土地商租权与铁路投资权之获得也。关于商租权,日本存有大正四年条约之文面,但迄未实行;铁路投资问题亦未能如约而行,每每停顿,至于最有关系之吉会路亦无结果。以上种种均足以奋发其侨民之爱国热忱与关内人民之激怒,酝酿而成此次重大事变之主因。

不得已之严酷的手段

日人视我国民为无理解之民族。虽有理解,亦伪为不理解之民族,看透我民族之不求长进。不必亲善,无须停止排斥日货,但以直往迈进之方针维护其在满洲之特殊权利。无须以国际的常识继续交际,惟得以无理之强压之方法,实行其侵略政策。果然,他们已然实践此路,摧残惨杀吾民众于无辜,炮火声中之呼号,弹雨响处之肉块,火花迸散在东方惨淡之天空!!!

东北行政区划上正确之名称

1.“满洲”应称“东北”或“东省”

2.“南满”应称“东省南部”

3.“北满”应称“东省北部”

4.“关东洲”应称“金县”或“辽东半岛日本租界地”

(《南开双周》1931 年第 8 卷第 2 期,36—37 页)

惠新：所谓“大日本帝国第一线”

　　这次整个暑假中，使我脑中到现在还没消灭的一件事，便是日本人那种调查的生活和实习。我每次同朋友去游山，或到海去，总见有许多日本人，自专家以至学生，差不多都背着标本采集盒、测量器，东奔西跑；甚至于初等小学生，也学着爬削壁，攀尖山。当时我们不禁替他捏把冷汗，然而他们却怡然自得。这时，我才觉得从实际研究而来的学问，比学了地理，不知有多少行省，住了一年天津，还不知有几个租界，有价值多了。

　　下文便是日本小学教师们所主编的一种刊物——爱儿和家庭——中的一段乡土地理学习。试问他们为什么在小学的学生，便如此注意我们的东北？尤其是辽东半岛。无他，就是他们想达到所谓初步计划的“帝国第一线”。这个名词，或者诸位同学要怀疑，而我在此也不多废话，如果你看了田中义一的奏章便可晓得。至于日本为什么费了一天的工夫，攻破了“难攻不陷”的旅顺，为什么只用了六小时，占领了沈阳城，如果你留心，这也没有什么奥妙处，就是人家既“知己”，更“知彼”。惠新不文，更不会翻译；热血所冲，一时勉强凑出，至于内容，是完全原书所呈，自己半点没加没减，希望我同学费点时间，在脑中交流几次，并想想今后应该如何做去？便是我焚香祈祷的了。惠新志。

文如下：

曾经中日、日俄两次大战争，国民流血埋骨的关东州，而今比混乱的中国，可称第一和平之乡。在这面积不过三三六一平方公里的地方，除了产盐以外，不是还有其他大批物产吗？满蒙，实为一工业、商业优区。虽然北方铁道交通起了许多变化，而大连的繁荣，仍不减于当年！诚为我帝国发展一根据地。所以设关东军在旅大警备，同时成立关东厅以图发展，为谋此第一线，现在我们大家应担些任务，从守正义、共存共荣的历史上、地理上观察，关东州的将来是非兴旺不可的，进一步的话，到内地——中国——去！

演习：

一、关东州今日虽是一和平的极乐乡，但过去也是日本和支那，日本和俄国的战场啊。古时唐征高丽，据说也在现在的大和尚上。

日本和俄国战争的南山，旅顺背面炮台，二〇三高地（尔灵山）港口（闭塞队）等。当攻击南山时，日军死伤四千八百名，在旅顺战死二万六百九十六名。可贵的关东州，原是渗透我帝国军人的鲜血，集骨如山、英灵永眠的地方啊。

二、日本和清国交战，现已有多年，今年是昭和六年，发生于明治二十七年，参照以后，便可知道。那时主要战场，是金州和旅顺，三崎山便从那时起的名。旅顺占领日是明治二十七年十一月廿一日，仅需一天工夫，便把"难攻不陷"的旅顺克服了，统计日俄战时间，共有三百三十天。

三、我帝国军人是如此拼命换来的关东州（其实是租的，期限九十九年）（按原租期二十五早已于民国十二年三月满期，后以二十一条故未能按期收回，九十九年系二十一条中日人自定的期限）。现在是什么样子？我们日本人的脑中，应当如何想想？

四、州内土匪横行，但在关东州内，决不许他。这是因为什么？关东州是受谁的庇荫（保全生命财产）？内地逃来的支那人，统统住在大连，现在南方又起了战争，而此地却异常安全，市上物价不增（关东州是自由区，外货像酒、芋草等，进口免税），多和平啊。

五、第三十图是日清战争的结果,清国让给我们(让而不还的叫割让地)和借给我们的土地(借的叫租借地)表,租借地的面积有多少啊? 割让地的面积是租借地的几倍?

六、偌大的割让地,居然成了窄狭租借地,何等可惜! 这是因为罗西亚诸国的关系;当时日本国民很愤怒,但卒以实力不抵以上诸国,饮气吞声还于清国,结果租于俄,日俄战后,日本又继租来。

七、因为这个租借地名词关系,所以支那常喊着退还,诸君,你做何感想?(大正十二年三月二十六日是俄租期满二十五年,日本在期前——大正四年五月七日,又延借九十九年,支那曾提出要交还,哼,决不还他,虽各地起排日运动,然排日尽排日,条约还是条约。)

八、关东州为什么叫"满洲特殊的关东州是帝国第一线"? 是因为土地宽阔吗? 不是,满洲蒙古怎样! 是产业吗? 也不是,北部物产,富庶已极,比关东州怎样? 是位置上的关系吗? ——下图便指示到满蒙去的力量,关东州之于满蒙,是当在什么情形? 关东州既操之于手,在满蒙可生出什么力量? 且这力量是恃何趋至满蒙? ——在实业立场上叫做:商工业、交通!

九、支那突破条约,铺设与满铁并行之铁道(奉海、吉海、打通),大连的繁荣,将陷于如何状态? 现在大体还不至怎样,但二三十年后,支那到哪一步尚不可测,不过破约这事,在日本是不能不注意的!

十、三十二图是关东州的要塞地,为什么这样呢? ⋯⋯为它险要,所以警备。要塞外满蒙布陆军,为是紧守日本后防。

十一、在设警备的同时,和平的关东厅也产生了,拨出大笔经费,去谋种种幸福,像警官派出所、普通学堂、公学堂(支那人的小学校)并修路,以图便利。

十二、"日本是满洲的肥料",一个支那人这样说过,究竟满洲是谁开拓的? 我们都要这样更正,"日本是满洲的肥料"同时即变为"满洲是日本的肥料"! 这得靠谁啊? 在尽职时是不讲情面的,并且我们也无须如此,反正我们踏着公平的、正当的大道走去。

诸君肩上是担了如此重大的责任,只有拼命为祖国尽力效劳,并且我们无论何时,口中也不要忘掉下面一首歌和学业!

满洲先锋歌

野口雨情

西接欧西大陆,

红日落处,

广漠无际的南满洲——

辽东半岛是发展祖国第一条路!

泊泊大连岸头水。

一目东去祖国远。

怒涛扑天玄海滩,

月升空间。

罚恶讨逆,理真义正,

祖国光荣,我等为先锋!

胸中暴发大地鸣,

天马振翩于凌空。

(《南开双周》1931 年第 8 卷第 4 期,28—31 页)

《南开大学周刊》第114期"对日问题专号"节选

弁言

对日本的侵占和劫略东北事件,愤慨惊恐的时期已经应该过去了。目前的问题是怎样去阻止事件之扩张和怎样去和日本交涉。而当国联和美国起来干涉之后,该事件扩张的形势,似乎已经逐渐弛缓下去的时候,全国上下应完全集中注意于对日交涉和东省善后问题是毋庸怀疑的。

自国际联盟的宣告闭幕,以该方面发展为中心的政府外交暂时沉静下去,而当政府尚未决定采取任何方针的时候,江南民气,真如钱塘的八月高潮,在汹涌澎湃,而有上海大学生不辞劳步赴南京请愿出兵,联合首都学生冒雨呼喊口号游行示威,殴打外交当局的事。同时旧都的学生也有类似的举动、同样的声势。各地义勇军的组织直如雨后春笋,通电传单恍似腊月雪片:各种悲壮激烈的状况,实在令我们一方面觉得兴奋,一方面感到自己在这里安闲地读书的境况为可以惭愧。而在奔走呼号的也一定要视我们为麻木无耻的,然而"请注意那不说话的人吧!"我们不敢说我们的态度是对的,我们也不敢说我们的缄默能有多大的暗示力量与效果,我们却有我们自己的苦衷、我们自己的见解的。我们觉得现在中国实在不能和日本作战,这在事实上是很可明了的,甲午之耻大家当尚未健忘,而现在彼我的状况之较,更劣似甲午。我们也觉得国土被占人民被劫是全国上下一体的耻辱,是历史的丧权失职。罪不完全在现政府,罪尤不全在现任外交当局,赤手空拳、徒凭口实终究不能办外交,就是把现当局撤职,继任者还是没有办法的。至于临时募集的义勇军,纵然是义勇的骨肉,也难敌犀利的枪炮!拳乱正是我们的殷鉴。我们不忍再以历史的名辞"抵货"来自欺欺人,我们也不要作以"民气"救国的迷梦。我们因此对在这千钧一发稍纵即逝的机会多数青年尚没有明了国家的真实状况与症结所在,而犹执迷于二十年来惯用的浮嚣手段,从事于不务实际的轻妄举动,致最深的惋惜。

从国际联盟的匆促闭幕,和国际间的平静无事,毫未受远东的波澜所震动的状况下,我们可以知道世界上已没有正义的存在,人类间的帮助和同情是不可靠的,我们唯有依傍自己,我们唯有此后自求挣扎。

我们出版专号,并不是为的应景,假如是这样的话,我们宁愿永远沉默下去。日本是中国无法逃避的仇敌,中国要自求生存,唯有首先战胜日本。当日本提出二十一条要求的时候,朱尔典公使曾告国人以"十年的预备复仇"的话,而今已十七年过去了。我们认这次事件是中国最大的耻辱,我们认为欲救中国,唯有中国人在最近的将来自己起来自救,请以这时起,以十年可期,五年复兴中国,五年克复日本!旁人的帮助不足依恃,自己现在不足与战,我们只有隐忍受辱,请政府不急于求事件之解决,以免受城下结盟之辱!请国人从这痛下决心,作实际有效的预备工作!本专号的出版是在帮助同学对这事件作准确的观察,与说明该事件之真相与性质,以作此后准备的规范与努力的指针。本刊敢代表全校同学,用此来表志我们的实际工作的起点。

九月二十九日

张伯苓:东北事件与吾人应持之态度

> 九月二十日(星期一)为东北事件发生后之第三日,而关于该事件之消息正式传出之第二日也。校长伯苓先生特召集本师全体同学训话,说明该事件之真相及晓示同学以应持之态度。校长致力国事三十年如一日,经验之谈,肺腑之言,同学固闻之屡屡,而此次演辞,发自国难方殷、民族危急之时,尤慨切逾恒,深望同学其注意之! 演词由洪长倬君及编者合记,曾经校长校阅,并此附志。编者

东北问题发生以后,余曾以冷静态度观察各方情形,而发现有人对此忽然发生之事有不知何所适从之慨,适如当地雷暴发之后,烟雾中迷漫,往往不能辨认其中之景物,而常希望能有人指示迷途于此烟雾中代为辨别方物者。

凡南开学生无论其人已未毕业,对此事件,似尤为注意。二日之间,就余询问者接踵而至。然吾人一观外间情况,则迩来方届华商赛马,余住宅旁每日皆车马往来甚盛,络绎于途,其盛况令人不信国家之有事变。外间商人,亦各仍其业,熙攘如故,令人不感丝毫异样。当今晨余过冀北会时,有日人在内跑马,国人约有十数正围而观之,有持鸟笼之逸士,有抱婴孩购蔬果之妇女。总余所观,今日之对此事加以深切注意者,唯学校中之教师同学耳,社会一般固在不知不觉之中,而更有醉生梦死者在也。

自此事发生以后,余个人实无何难堪之感,但觉无心追求娱乐而已。实上此事不但使余忧闷,更使余甚感快慰。诸君聆此,或甚诧异,然决非余之故意自炫也。东北事件发生乃一极可能之事实,盖门户洞开外人随时可入,日本邻我,相处最近,彼强我弱,侵入之事,自在意料之中,一旦发生,岂有惊异之必要? 国家之弱,民族之懦,内政之腐,人民之庸,种种使余烦闷忧愁之事甚多,余亦无时不在与此种忧愁烦闷作战斗也,故此事之发生,于余并不增加忧戚之感。而人之惊异忧戚者,未认清情形与

平日未尝知国难故也。吾国既无能在今之世界建国,则南京之被掠取,亦亟理之当然。而吾人犹以为日人之不取南京,令国人一尝真正亡国趣味为可恨耳。

余之忧国疾世之心,当为君所共谅。十七日曾对诸君演说,勉以努力振作,求知国疾之所在,以图挽救之方。为时不久,诸君当复能忆及。十八日晚更对中小学教职员百余人言及此后吾人之责任与自救之道;然在平日余总深感单调之痛苦,而以不能引起诸君热烈同情自疚。今国人既一致奋起,余之同志陡然增多,愉快可知,但望今后不再如六月暴雨,一扫而过,为时稍久,热情即减也。

中国之前途较日本有为,吾人不应畏日人。而中国人之所以畏之者,自私自怯之心所以致也。今此种事件之发生,一方面为奇耻大辱,一方面则"若药不瞑眩,厥疾不瘳",设中国之沉痛因此种刺激而疗,反为好事。日本此事,据个人推测,乃出自军阀,而与内阁无涉,往年之五三济案及皇姑屯炸张案亦莫不如是。然此种事件皆直接间接与中国有相当利益,如五三案后北军即自动撤退,从进我国南北之联合。而皇姑屯一案,实予张汉卿以内附中央之机会及促进东北与南京之结合。故此次之事,虽死人不少,损失其大,较之国人在内战中之死伤损失,实其微小,设国人从此自奋,能利用此种机会,则此次日人之侵入东北,实不但于中国无害,且有利也。个人自中日甲午战争败在威海卫目击英军之升旗及恣肆跋扈之状,认为奇耻,未尝或忘,而一生以来,所竞竞努力者为雪此次受炸之耻辱也。余非自请,设国人皆能如是,中国即能有为。所可危者,上下大小,无不自私,武人政客,眼光如豆,知识阶级,骛于虚玄,言救国者,每每轻举妄动,意气嚣张,例如排货运动,由来十年,几乎无年无之;而当今国难再起,又依然以排货相号召,是诚可噱亦可痛者矣。故吾敢曰:设因此次事件,刺激特深,武人能因之彻底团结,青年能因之抱为国奋斗至死不腐之志,诚堪为中国前途庆幸,而吾人应铭感彼日人矣。余不以此指望全国青年,但望我南开同学其奋勉之!

此次之事日本过于强暴,想不特列国能主张正义,即彼邦人民,亦能制止军人之妄动。然余望国人万事求己,切忌倚人为助。天下之强者,自重自强之民族也。

兹再为我同学一述此后应处之态度,以指示诸君烟雾中之迷径。一,将问题观察透澈认识清楚,沉着精进,从事准备工作。不为扩大暴嚣之举,以授人口实。二,不贴标语发传单及作其他无谓之举。三,将此事件之印象与对此事件之感想铭诸心坎,以为一生言行之本,抱永矢不忘至死不腐之志;"失之东隅,收之桑榆","亡羊而补牢,未为迟也",我南开其勉诸!

何淬廉:日本在东三省经济势力之概况

日本之经济势力,深入于东三省,自朴资茅斯条约取得俄人在东三省南部之一切权利始,而其经济势力之扩张,则以铁路政策为主干,逐渐推及于矿业林业及工商业,以成今日之现象。在今日之东北,日本经济势力之澎湃震荡,已为有目者所共见,铁路之纵横,金融之操纵,贸易之发达,工商业之经营,无以不足以揭示日人染指之野心。而十余年来,日本对于东北南部宝藏之攫取,尤不遗余力,有不便于直接官营者,乃假私法人资格,以与中国合资经营。外避中外人之猜忌,内实在其官府指挥监督援助保护之下。以资本言则日人以金钱智力,吾国以土地原料。就权力言,则吾国人徒拥虚名,日人实司操纵。控驭之权日失,客主之势悬殊,此诚关心东北者所痛心也。

日人在东北之经济势力,其范围为铁路、林业、工商业及移民四者。兹分别逐一言之,以明其现况之所至。

(一) 铁路

日本对于东北之侵略,积极进行,而进行之法,以发展铁路政策为第一要着。自南满铁路取得之后,更欲于东北之南半部各处,大肆伸张,造成制我死命之铁路网,以遂其蚕食之野心。最初有所谓满蒙五路权之问题,即四洮、开海、长洮、洮热、海吉是也。民国二年时,虽迫得袁氏之承认,然终未能实行。继又有满蒙四路之说,与五路稍有不同。所谓四路者,即将昔日五路中之四洮一线除外,一方加入由洮热线之某一点至某海港之一线,一方又将五路中之开海与吉海两线合而为一是也。惟时至今日除四海业已完成外,其余各线,形势均有变迁,因地方当局严重交涉之故,日人对于上述各线之建筑权,业已放弃。嗣后民国十七年,日本又向东北当局,提出新五路权之要求。所谓新五路,据当日报载,即吉会、长大、延海、洮索、吉五五线,又经当局拒绝,未成事实。综观上述日人迭次要求之满蒙铁路建筑权,其欲完成一纵横辽吉黑三省之铁路网,以发展其殖民经济政策,殆已昭然若揭。

就东三省已成之铁路计之,共三,五三八·五哩。其为日本所独有者,为南满线,沿此线之支线有七,共长六九八·五哩,资本为三五五,一五六,〇〇〇日金。其为中日合办者,有锦辽天图等线,共一三六·六哩,合计资本九,〇〇〇,〇〇〇日金。其为中国国有而借日款者,为吉林、吉敦、四洮、三路,共四六七,八哩,计资本六五,八〇〇,〇〇〇日金。根据上述数字观之,东省铁路三分之一,或为日人所有,或系借日资而成。(其余三分之二,中东路约占其半)即为中国所自有者,其多因资本不敷,有自南满路借用车辆者。日人在东北南部之经济势力,即此可见一端。

南满路干线,自长春直达大连,经过东省东南部肥沃之地,故货物之运输甚盛。运输货物之主要品,为农产林产矿产水产窑业制品加工饮食品以及其他各项。就民国十六、十七、十八三年观之,年有增加,且为数甚巨。兹举数字以为证印,计十六年共一七,二六四,七二八吨,十七年共一八,一二四,九三二吨,十八年共一八,八七六,七六九吨。自金潮发生后,日人在东北各地所有事业多受影响,而运输一项尤为特著。尝昔大半由南满运输者,近渐移转于北宁路矣。南满当局为挽救之计,闻有将运输费改用银本位者,其极力挣扎之状可以概见。此因铁路而发达之经济势力也。

不第运输已也,尚有甚于此。南满干线所经过之地,日人对于沿线矿产,多方染指,惨淡经营,不遗余力。昔时乘清室之丧乱,向我国政府要求开采抚顺烟台煤矿,清室无之何,遂许日本以开采两处煤矿之权。嗣后又获得与中国合办本溪湖煤矿、锦西煤矿等。现在日本在东省自办之煤矿及中日合办之煤矿,每年产额约八百余万吨,占东省煤产总额百分之八十六以上。此又因铁路而发达之经济势力也。

(二) 林业

东三省为中国森林最茂盛之区,林业之经营,亦较发达。最堪令吾人注意者,为中东铁路东线日人所有之林场。查日人获得林场之原因,系当民国九年后,俄国林商之权利地位未定,日人为巩固其北满事业起见,遂乘机攫得。现日人所有之林场,第一为"中东采木公司林场",位于中东路山市站西南,面积为二千平方公里。据日人调查,该林场共有最好之森林,约四百一十五平方公里,木材蕴量,计为四万六千二百万立方英尺。第二为"中东海林采木公司林场",位于山市站至牡丹江站之间铁路线北,面积为一千四百九十平方公里,每年运出之木料,在一万至一万一千吨左右。第三为"中东海林公司林场",位于大海林河上游葛瓦里斯基之二道海林河林场之南,面积为一千五百平方公里。此外尚有"山井公司林场",位于牡丹江左岸,其林场之面积,及蕴藏之木材,尚无记载可稽。据约略计之者,谓亦不下一千平方公里。"鸭绿江公司林场"亦为日人林场之一,位于葛瓦里斯基第一第二牙不力林场之北,关于林场材料,亦无记载。此日人在北满东部林区之林场也。至西线林区,尚有与中日俄合办之扎免林场,面积共五,七〇〇公里。此就林场而言也,请再就制材业言之。东省因森林丰富之地,制造木材之事业亦甚发达,而日本之经营为尤力。就日人与中国合办之木材业计之共有公司十一。其资本最多者为哈尔滨之札免采木公司、长春之丰林公司、吉林之兴林黄泉等公司,合计此十一公司之资本,共有日金二六,〇〇〇,〇〇〇,国币七,五〇〇,〇〇〇。然此不过揭其主要者言之耳,其他较小者,尚不能一一罄举。日本经济势力之见于林业者略如此。

(三) 工商业

东北工业原料之丰富,为全国冠;加以铁路之运输便利,故对工商业之发展,便利甚多。然稍加细察,即可洞悉利权之操纵,多在人而不在我。兹就工业贸易及金融三者,加以概括之抒述。

第一,就工业言。据十八年度之统计,日本在东北设立之工厂,合用原动力及不用原动力者计之,共七八九(内用原动力者五二三),共有资本三〇二,〇八〇,〇六一日金。工厂之种类,以纺织、金属、机械及器具、化学、食品各项为最多。其他中日合营之工业,如关于矿业木材等,上已附及。惟尚有为调查所不及或次要不胜举者,只得从略。

第二,就金融言。日本在东北之金融组织,有银行、信托公司、金融组合、信用组合、取引所、东洋拓殖株式会社及当铺等。其中除东洋拓殖会社投资于不动产事业,及取引所为货物交易之重要金融机关外,握金融之实权者,厥维银行。最主要者,有正金银行、朝鲜银行、东洋拓殖会社等。而正金银行专事汇兑业务。朝鲜银行,为一般金融之中枢机关。东洋拓殖会社,为偏重于不动产之金融机关。各有其特殊地位,发挥其机能,于是以此等银行为背景,相继设立之地方银行,及信托公司等于东北者,俨为雨后春笋。二十余年间,总分行大小共计之,已达数十处矣,就其现在金融上之势力言,凡东省之对外汇兑,多由正金银行操纵。故经营进出口贸易者,必经其手。朝鲜银行之纸票,可通行东省各地而无折扣。至拓殖会社,发达尤速,近年放款额已达五十万金元之多。此日本金融势力在东省之情形也。

第三,就贸易言。据民十六年统计,东三省之贸易,日本居一位,约占出入总值百分之五十六,俄国占第二位,占百分之十八。其他为美国荷兰英国香港,则为数较微,最多者亦不过百分之六耳。出口贸易中,以农产为主要,矿产林产次之。农产以豆及豆产物为主要,黍及高粱等次之,矿物以煤为主要,铁及铁制品次之。豆与豆饼大部份输往日本,其他谷种,如小麦玉蜀黍等亦然。东省所产之煤,百分之四十输入日本,铁之运往者,约占百分之八十五,为数尤巨。进口货物中,以棉纱棉布为大宗,占进口总值百分之二十五强。棉布百分之六十,由日本输入,铁及机器车辆等项,占进口货之第二位,自日本输入者,约百分之五十。其他如毛线物等,百分之二十八来自日本。自上进出口货观之,输往日本者,多为基本原料之煤铁,而其输入中国者,则多为日用之消费品,大利外溢,显而易见。此日本与东省贸易之关系也。其在商务上之势力,可见一斑。

(四) 移民

东北北部,地广人稀,为关内人口过剩之尾闾,已成显著之事实。日本自取得南满后,即已蕴蓄移民东北之计划,自民国十八年日本拓殖省成立,此项计划,愈形显著。韩人之在东北者,已逾百万。近年移民之增加率较民初年,加速一倍。其所以然者,盖有两故:一为拓殖省之资助移民,以示鼓励。一为日本警察之尾随而去,予以保护。据田中义一满蒙积极政策之上奏文,谓今日在三省之朝鲜人,几至百万有奇,且谓若扩张至二百五十万以上,则有事之秋,即可以朝鲜人为原子而活动。观此则其侵略之野心,业已毕露无遗。驱朝鲜之人民,以垦我东北可耕之地,无论其尚有土地侵略之心随其后;即使无之,其经济势力所及,亦不容忽也。

以上所述各点,挂漏甚多。兹题甚大,详而论之,非累篇不能罄,限于篇幅,未能备及,第就其甚显著之概况加以论次耳。

抑吾尚有感者,近世纪来,国际之竞争,以发展经济势力为要务。不第以之为自足之谋,抵御之计,且多欲举经济澎涨之余力,以为侵略他人之工具。验之往事,彰彰甚明。吾国东省土地甚广,宝藏甚富,北俄而南日,争相攫取,致成今日外人经济势力弥漫之现象。居今日而图自救之计,首在立定一根本之政策。知铁路为经济侵略之媒,则筑路之权,不可轻以予人。知富源为发达工业之要素，则采办之权，不可举以让人。然后竭力谋工商业之发达，以为抵制之策；徙关内过剩之民，垦殖荒余，以为实边之计。庶十年之后，可以收效。否则水银泻地，惟孔是入，东省欲求不为外人经济势力之尾闾，其可得乎？

李春晖：东三省地理形势及铁路概况

东三省僻居全国东北隅，以其地势险要，出产富厚，又界日俄两强之间，为我边防重地，亦国家生存之保障也。清末俄人以其狡猾手段，威胁利诱，我政府允其于东省，享有特殊权利，修铁路，筑港湾，以谋永久之计。一九○四年，日俄因利害冲突，血战经年，日胜，攫俄在东省特权之一部（即南满），是为日人插足东省之开端。垂今二十余载，经之营之不遗余力，概以东省为己有，举凡东省一村一镇，悉有书表备载，重要出产、珍贵宝藏，亦有详细调查，其用心之微，注意之周，实足骇人！

日人积其二十余年之野心，今竟呈于吾辈之前，悲惨之"九一八"，铸成国人永久泣血指发之纪念日！夫中日孰存孰亡，即视东省之孰得孰失，以区区三省之地，而影响国家之存亡，其重要可想见也。兹当日本下最后决心，悍然不顾一切，于一周内继陷我辽吉二省之时，大厦将倾，国人尚有不明东省之重要及地理情形者，殊属憾事！作者仅以能力所及，将东省之地理及交通，敬呈爱国志士之前，虽不能观东三省之全豹，亦可稍知一二。

（一）位置及面积——东三省位于我国东北隅，南自三十八度四十分之辽东半岛老铁山起，北至五十三度三十分之黑龙江左岸止，西自东经一百十七度五十分之呼伦池西北起，东至一百三十五度二十分之黑龙江与乌苏里江会合处止，东西和南北之距离，各约三千余里，面积约为三百四十余万方里。

（二）名称及疆界——东三省名称甚多，日人称曰满洲，以其为满人发祥地。我国内地人多称曰东三省,或关东及关东三者,曰东三省者,以其地分辽宁吉林黑龙江三省。曰关东或关东三省者,以其地位于山海关之东部,其疆界东以乌苏里江口松阿察河及兴凯湖,界俄属东海滨省;南以图们及鸭绿二江,界日属朝鲜;北以黑龙江,界俄属阿穆尔省;西以额尔古纳河,界俄属后贝加尔省;西南则濒黄海及渤海,隐握东西洋交通之枢纽,为当世列强竞争之场所。

(三)地势——境内高山峻岭,起伏绵亘不决,大川巨水,纵横流荡,兹分述其大要于下:

A.山脉——东北幅员广大,丛山绵亘不断,寻其脉源,殆为昆仑山脉之一支,即阴山山脉。此脉自新疆分出后,由青海甘肃北越长城迤逦而东,横贯察绥二省,直至热河之西部。循热察边界而趋东北,入黑龙江省,名曰内兴安岭,此脉再南渡松花江,蟠结于辽宁吉林两省之间,为长白山脉,更南趋构成辽东半岛,此东北山脉梗概也,兹更分兴安岭及长白山两脉述之:

① 兴安岭——此山脉发源于内蒙古,由西南而东北,山脉蜿蜒,岗岭起伏至黑龙江岸而止,复与伊勒呼里山及小兴安岭相衔接,为东省与俄之阿穆尔省分界也。其脉至额尔古纳河畔,山势渐低,岭平而幅广,山地富有森林,茂草地层多矿产,尤以金矿称慕于世。

② 长白山脉——沿乌苏里江折入黑龙江处,曲折而下,主要山峰为张广材岭、老爷岭及太平岭等,为东三省最高之山地;亦辽吉两省群山之主,故辽吉之山,总称曰长白山。

B.河流——东省位当蒙古高原之东,其南北有长白山及兴安岭,两山蜿蜒盘绕,故大川巨流,纵横交错,兹就其著者述之:

① 黑龙江——满人称萨哈连乌拉(乌拉即水意),俄称阿穆尔河,上源有二:一为鄂嫩河;一为克鲁伦河。鄂嫩河发源于外蒙肯特山东麓,东北流入俄之西伯利亚,再东流至黑龙江。西北与额尔古纳河相会。克鲁伦河源出小肯特山之南麓,注于呼伦池,复北流即额尔古纳河,是额尔古纳河复下流,始称为黑龙江,入鄂霍次光海。全长二千七百四十哩。

② 松花江——长白山之最高峰名白头山,山高八百丈,山巅有一湖,名曰天池,松花江即发源于此,自池北部下流,数百里中水势险峻。及至平原,始通舟楫,而江身亦渐广,散漫平等,饶于水利。抵北满,呼兰河、牡丹江先后流入,滚滚东北流,至同江入黑龙江,自源至尾,长二千七百余哩。

③ 乌苏里江——源曰刀毕河,出俄境北流与兴凯湖流出之松阿察河汇,始名乌苏里江,又北流至绥远转来注入黑龙江,

④ 图们江——即豆满江或称高丽河。源出长白山,东北流为中韩分界,折而东南流,注于日本海。沿岸土地肥沃,和龙一带,日人称为间岛,常思据为己有。

⑤ 辽河——古称曰句骊水。有东西两源,西源曰西辽河,又名潢水;东源曰东辽河,出隆哈亮山。两源相合,始称辽河。注入辽河湾。

⑥ 鸭绿江——源出长白山,西南流为中韩界水。注入黄海。

(四)东省之本来面目

A.古代之东三省——昔时此地为禹贡冀青二州之地,其后为肃慎辽金元女真相继兴衰占领。明末满人崛兴,征服各部,统一全部,称曰满洲。

B.清朝之东三省——清朝崛兴于满洲,尚武力、广征伐,当时版图扩大,凡黑龙江以东之地,及俄领西伯利亚全部,悉为满清所有,惜时人未知注意,至将大好江山,渐为东侵之俄罗斯所占有,计前后失地,不下三百四十余万方里(西伯利亚失地不在内),思之痛心,兹分述各项失地于下:

(1)库页岛之丧失——库页岛日称华太岛,俄称萨哈连岛,此岛为清初领土,惟未加以注意及统治。一七六五年(清乾隆三十年),俄远征队抵该岛即占领之。一七八九年(光绪八年),日本探险队亦抵该岛,故两国订约,日得千岛,俄得库页岛。日俄战后,日又分库页岛北纬五十度以南之部,全岛约长三十万方里。

(2)兴安岭以北额尔古纳河以西诸地之丧失——我国史称对外最光

荣条约,以尼布楚为第一。而不知此条约失地之大,远逊其他各约。溯自一四九九年,俄举兵东侵,据乌拉岭地方,是俄人侵入西伯利亚之始。一五八三年,俄人势力渐及贝加尔湖,再进遂至黑龙江,溯江而上至鄂霍次克海,沿途建筑城镇,至一六八九年(康熙二八年),中俄缔结尼布楚条约。尼布楚条约既定,俄于西伯利亚之势力,遂罕不可拔矣!兴安岭以北之地,及额尔古纳河以西之地,尽为俄占。统计失地约七十余万方里(西伯利亚不在内)。

(3)黑龙江以北诸地之丧失——

恰克图条约——一七二五年,清雍正三年又与俄缔恰克图条约,此约定后,俄人在鄂霍次克海之地位遂确定,是为俄人东出太平洋之开端。

瑷珲条约——一八五八年俄人逞英法联军犯我,忽调重兵,驻于黑龙江口,威胁黑龙江将军奕山订瑷珲条约,凡黑龙江以北诸地,凡数千里之地,系归俄有。

(4)乌苏里江以东诸地之丧失——清咸丰十年(一八六〇)之中英法合约破裂,英法陷北京,俄见机可乘,遂出而调停,结果索中国报酬,而定北京条约。北京条约成,而乌苏里江以东九十万三千方里之地,乃全入俄人之手,俄改称为东海滨省。

(五)东三省行政区域——辽宁、吉林、黑龙江

(1)辽宁省——辽宁现为日本所占,地图颜色,是否永久改变,尚难测知。仅就其于"九一八"以前之行政区述之,辽宁省于满清崛起之时定都沈阳,号称盛京,设奉天府尹,而受统治于将军,始称盛京省。民国改称奉天,民十八年一月二十九日改成辽宁省。省垣为沈阳。东西广一千三百余里,南北长一千八百余里,全省昔分三道:一曰辽沈道,一曰东边道,一曰洮昌道。统辖五十七县。

(2)吉林省——本省名称因省城曰吉林而得名也。吉林为满洲语,吉林乌拉之略即沿江之义。清初设将军。末季始改称吉林省,省垣吉林(现仍称吉林)。东西广约一千八百余里,南北长约八百余里,全省昔分四道,一曰吉长道,一曰滨江道,一曰延吉道,一曰依兰道。统辖三十九县。

（3）黑龙江——本省因黑龙江潆洄于边境而得名，清初置将军，末季始改黑龙江省，省垣亦名黑龙江；或称齐齐哈尔及卜奎。东西广约二千八百余里，南北长约二千七百余里。全省昔分四道，一曰龙江道，一曰绥兰道，一曰黑河道，一曰海满道。辖三十三县，设治局六。

（4）东省特别区——东省特别区，系中东路沿县附属地，西起于满洲里，东至绥芬河，北起哈尔滨，南至长春。昔铁路附属地之行政，系由中东铁路公司代俄国远东太守指挥监督。民国六年三月俄国革命，中东路沿线之政权陆续由我国收回。民国九年四月我国停止中东路会办霍尔瓦特职权。同年十二月，乃由中央政府颁发东省特别区警察编制大纲，十年一月设立东省特别区警察总管理处，是为特区之发端。同年二月设立东省特别区市政管理局，四月设立路警处，民十二年三月同设立东省特别区长官公署，统辖特别区警察总管理处、路警处及市政管理局。同年八月别设地亩局，十五年八月设立教育局，后改为所，此东省特别区沿革之梗概，附东特行政一览表。

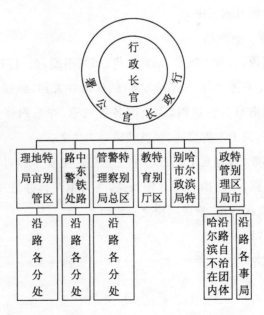

（5）日属关东洲——关东洲位于辽东半岛之南部及附近之岛屿，占

北纬三十八度四十分老铁山南端起,北至三十九度三十分之碧流河止,西自东经一百二十一度五十分鸠湾起,东至一百二十二度三十三分碧流河止。辽东半岛本系辽宁之金洲,清光绪二十四年俄租旅大,将金洲一带划为租借地。日俄战后,日得中东路南满支线,及关东洲租借地,日得关东洲后,极力经营,以巩固其在东北永久基础。日本统治关东洲,共分三时期:

A.军政时期:一九○四——一九○六。

B.都督府时期:一九○六——一九一九。

C.关东洲时期:一九一九——现在。

关东洲之地方自治制度,分为市制及会制,洲内行政区,分二市六十九会,大连、旅顺归市制,其他各村归会制。据民十八年之调查,旅顺民政署有一市六会四街一五二屯。大连民政署,有一市一一会七四屯。金洲民政支署,有一四会二○街一○二屯。普兰店民政支署,有一八会七街一三五屯。貔子窝民政支署,有二○会四街一○○屯,共计金洲三二市六九会三五街五六三屯。

(六) 交通——铁路

东三省境内,多高山峻岭,岗峦起伏,相继不断,虽道路崎岖,而无蜀道难行之叹,更有黑龙江、松花江、嫩江、辽河各大川,纵横内部,航运尚称便利。陆路则布有铁道网,为全国各省之冠,亦东西洋交通之枢纽。兹以篇幅所限,关于东省交通,仅就铁路一项述之。

铁路总里数,约为五千九百七十三公里。主要干线有三,一为日人独办之南满铁路,一为国有之北宁铁路,一为中俄合办之中东路。以三大干线为主,支线四出,形成严密之铁路网。

甲、已成铁路:

a.国有铁路

铁路名称	始终点	全线公里数	轨宽	通车年月	备考
北宁铁路	北平—沈阳	八四三·一二	四尺八寸半	宣统三年全线通车	此路修筑前后之十余年有英股
沈海铁路	沈阳—朝阳镇	三二〇	四尺八寸半	一九二八·八	官商合办
吉海铁路	吉林—朝阳镇	一八三	四尺八寸半	一九二九·八	同上
呼海铁路	马船口—海伦	二二一	同上	一九二九·十二	同上
齐克铁路	齐齐哈尔—克山	一二七	同上		现已通车者约一二七里全线二〇五
鹤立铁路	莲花口—兴山镇	五六	五尺	一九二六·十一	官商合办
开丰轻便铁路	开原—西丰	六四	一公尺	一九二六·五	商办
齐昂轻便铁路	昂昂溪—齐齐哈尔	二九	一公尺	一九〇九·十	商办
共计		一五二三·一二			

b.与外人有关系者

铁路名称	始终点	全线公里数	轨宽	通车年月	备考
吉长铁路	吉林—长春	一二七	四尺八寸半	一九一三·十	借日款
四洮铁路	四平街—洮南	四二六	同上	一九二三·十	借日款
吉敦铁路	吉林—敦化	二一〇	同上	一九二八·十	官办日本承修
洮昂铁路	洮南—昂昂溪	二二四	同上	一九二六·七	同上
溪城轻便路	本溪湖—牛心台	二四	二尺六寸	一九一四·二	中日合办
天图轻便路	㟆坊—老头沟 朝阳川—延吉	一一一	二尺三寸	一九二二·十	中日合办

续表

铁路名称	始终点	全线公里数	轨宽	通车年月	备考
中东铁路	满洲里—绥芬 哈尔滨—长春	一,七二七	五尺	一九〇三·七	中俄合办
穆陵铁路	小城子—梨树沟	六三	五尺	一九二五·三	中俄合办
共计		二,九一二			

c.外人承办铁路

铁路名称	始终点	全线公里数	轨宽	通车年月	备考
南满铁路	大连—长春	四三八·四	四尺八寸半	一九〇三·七	日本经营
金福铁路	金州—城子疃	一〇二	同上	一九二九·十	同上
旅顺支线	臭水子—旅顺	二八·九	同上		同上
营口支线	大石桥—营口	一三·九	同上		同上
烟台支线	烟台—烟台炭坑	九·七	同上		同上
柳树屯支线	大房身—柳树屯	三·五	同上		同上
抚顺支线	苏家屯—抚顺	三〇·九	同上		同上
安奉铁路	沈阳—安东	一六一·七	同上		同上

附东北已成铁路图

乙、未成及计划铁路

a.中国计划线

（1）孙中山先生东北铁路系统计划线

假定之铁路中心名曰东镇,位置约在哈尔滨之西南一百英里。

1. 东镇至葫芦岛线

2. 东镇至北方大港线

3. 东镇多伦线

4. 东镇克鲁线

5. 东镇漠河线

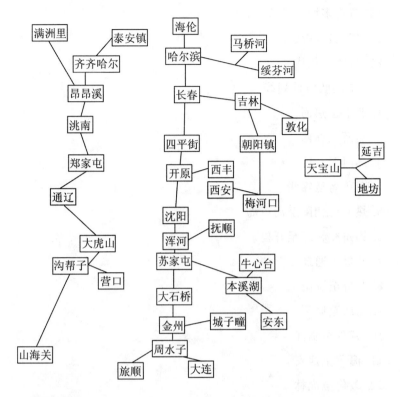

6. 东镇科芬线

7. 东镇饶河线

8. 东镇延吉线

9. 东镇长白线

10. 葫芦岛克鲁线

11. 葫芦岛热河北平线

12. 葫芦岛呼伦线

13. 葫芦岛安东线

14. 漠河绥辽线

15. 呼玛石苇线

16. 乌苏里图们鸭绿江沿海线

17. 临江多伦线

18. 节克多博依兰线

19. 依兰吉林线

20. 吉林多伦线

(2) 中国政府计划线

1. 北平至热河

2. 热河至林西

3. 热河至开鲁

4. 葫芦岛至锦州

5. 热河至朝阳至葫芦岛

6. 锦州经新邱至开鲁

7. 开鲁至通辽

8. 开鲁至洮南

9. 新邱至城厂

10. 营盘至临江

11. 海龙至西安

12. 敦化至虎林

13. 吉林至榆树

14. 榆树至五常

15. 敦化经海林至绥东

16. 扶余至哈尔滨

17. 扶余至开通

18. 扶余经大赉至洮南

19. 洮南经索伦至满洲里

20. 齐齐哈尔至瑷珲

21. 辽宁经法库门至郑家屯

b.外人计划线

1. 城子疃安东恒仁通化朝阳镇线

2. 赤峰朝阳新邱辽阳城厂线

3. 开原西安朝阳镇磨盘山吉林线

4. 吉林榆树五常一面坡线

5. 榆树至陶赖昭线

6. 敦化至会宣线

7. 长春扶余安达线

8. 延吉至海林线

9. 扶余至哈尔滨线

10. 通达至开鲁

11. 洮南至突泉

12. 洮南至满洲里

13. 齐齐哈尔至瑷珲

14. 安东至貔子窝

15. 海拉尔至索伦

16. 依兰至一面坡

17. 穆陵至依兰

18. 一面坡至依兰

19. 瑷珲线—由锦州至瑷珲

20. 北满横断铁路—由海兰泡至哈尔滨为干线至齐齐哈尔为南线

21. 滨黑线—由哈尔滨至黑河

上为东省已成及未成路线,则已成铁路里数仅五千余英里,以现在面积及人口而论,尚需筑铁路一万七千余英里,平均百方英里有铁路〇·六英里,较之日本每百方英里,有铁路六·八英里,相差甚远!故东省目前要务,应速实现所有计划路线,真实构成一绵密之铁路网,进而开发东省之宝藏,而济内地之缺乏!

(七) 东三省之重要

A.对日本之关系——欧战以还,各国政治家,咸以三省为战前之巴尔干半岛,为将来世界第二次大战之导火线,此言逐渐证实,尤以最近之"九一八"日军暴行,足证此言之不谬也。日自维新后,国势渐强,人民日多,以其区区之岛,出产缺乏,自不足用,势必向外发展,以谋生存。太平洋西岸之美洲,自不容其插足南洋群岛,以生活所限,日人亦难立身,是时惟于西邻暮气沉沉之中国,尚可栖身。中国内部富饶之区,首推东三省,且与日本接近,故日本自明治维新以降,即定侵占东三省之计划。日本得至东三省,则其制造原料之缺乏,及人民过剩问题,立即解决,因此日本之对东北寝食不忘,着着攫取,实以东北之得失,而定其国家之兴亡。

B.对俄国之关系——俄自彼得大帝时起,日思东侵,当清朝最盛时期,俄人不得逞,曾先后与我结尼布楚、恰克图、瑷珲、北京等条约,得东省以北之地,但其野心勃勃,常欲将东省攫为己有。一九〇三年中东路通车后,又借口法占胶州湾,遂亦进占旅顺,卒迫我政府缔结旅大租借条约,遂又继建中东路南满支线,由哈尔滨至长春再至大连,将东三省囊括一起,以便操纵,并达东出太平洋之宿志。一九〇五年日俄战,俄败,日遂得涉足东省。欧战后俄国革命,俄在东方数十年之经营,完全瓦解,而日本遂此时确定在东三省之根基。

俄国因数年国内混乱,政府无暇顾及,但对东省之利权,未曾稍忘。苏维埃新政府成立后,内乱日平,复又注其双目于东省。民十八之中俄战,即实证也,苏俄五年计划,拟于四年完成,其意即在早下手于东省,以免全为日本所吞。夫俄以百年来之垂涎,东省岂易将为外为所得?是以日俄因东省问题,不免有第二次之大冲突,敢断言也。

C.对美国之关系——美国固未在东省分得一席之地,亦无重资投入,惟自欧战以来,美在太平洋势力之发展,与日本常有利害冲突,日人常以美为假想敌,盖美处处监视日人行动。日人虽深恨美国,而以国内出产不足,与美设有战事,美即以军舰潜水艇,锁日本三岛,则日不战自败。日人为存亡计,自不能不找一安全根据地,如得东三省,足与强美大战十年,亦无原料及食料缺乏之虞(见田中奏章)。而美则因日本之得东省,其太平洋之已得权随之动摇。故事实上,美决不欲日本毫不费力而获得东三省。

　　谚云：唇亡齿寒，国亡人危。东三省之与中国，实有莫大之关系也。东省亡则中国不保，中国亡则亚洲难存。日本征服世界之雄心，或有完成之可能，是以东三省为中国之保障，亦世界之保障，望世人勿忽视之！

春晖作于南大
一九三一·九·二九。
（《南开大学周刊》1931 年 9 月 29 日第 114 期）

傅锡永讲，高仲元记：日人强占东北之由来，及吾人应有之认识

　　东北变起，国难日急，东北同学会，为使同学明瞭日本占据东北之真象起见，曾于十月六日，请傅锡永先生讲:《日本占领东北之由来》。于国庆日，傅先生复应国难急救会之请，讲:《东北问题之因果》。两题稍有出入，然大体相同，因合而记之，付登周刊。本文虽蒙傅先生校阅并承乐永庆、李文伯二君帮忙，并此致谢。（仲元）。

国难猝临，举国共愤，人无不抱牺牲之志，存决死之心，以与暴日抗也。然感情热烈之际，态度应镇定，头脑应冷静，明察事变之因果，静观将来之变化，方可应付周到也。

兹为论日本占领东北之因。

（一）日本占领东北之远因

　　此次东北事件之发生，其缘因极复杂，吾人可分析为远因近因二者研究之。远因更可由二方面观察：

　　（A）在日本方面——（1）为人口过剩问题——日人往往藉本国人口过剩之说以为向外力图侵略之遁词，然考当年美国生儿制限之首倡者桑格夫人过日时，日政府即禁止其入境，后虽经日学术界之疏通，允其登

陆,然仍有不准其讲演之附件。由此足见日本不过藉人口过剩为口实,而预作侵略之准备也。

(2)食粮问题——日人只能食米,而本国产米不足所需,因之不能不作其他计划,以谋求食粮问题之解决。

(B)在中国方面——(1)人口稀薄——东北地处边陲、地广人稀、土质肥沃、物产丰富,实与日人以侵略之动机。

(2)对日本之吸引力——日本以工业立国,而东北煤铁蕴藏极富,适应其需,因此丰富之工业基本原料而引起日本之野心,而促成占据东北之事件也。

(二)日本占领东北之近因

日本之占领东北,由中国之目光看来,固为横暴,然在日人方面,不无所持,其所持者,即日人所谓:《作诱因的满蒙的诸悬案》。此悬案计括九条,缕述于后:

1. 收回旅大租借地问题——此为日本出兵之一大原因:按一九一五年,(即民国四年)之《关于南满洲及东部内蒙古之条约》,旅大租借期限应延长至一九九七年,此即中国所称之《二十一条》,向未予以承认,故每遇机会,即唱旅大之收回。二十一条为袁世凯所签字,而在条约后,章宗祥并大书"欣然承诺"四字。故日人以此为凭藉,作有力之宣传。然条约之发生及消灭,除少许通商互惠条约外,皆为战败国与战胜国间之不平等条约。条约皆须履行,在能忍辱负重。一旦时期至,或诉诸武力或以外交方式,方能获到条约之消灭。德国在欧战后,忍辱含垢履行条约,而其人民皆知奋发图强,每人每日多作一小时工作,为国家减少一点担负,以故现在德国情形迥非昔比矣。试回顾国人,令人心痛。十余年来虽大声疾呼收回旅大,而自私自利之辈,漠然无闻。近年来国人能实际研究,躬亲视察者能有几人?而日人每年前往者有万余之谱,相形之下,亦只觉悚惶。国人之不务实际徒事呼号,不仅劳而无功,反足以引起日本之恶感。

2.驻屯军撤退之要求——按照扑兹茅斯条约(Treaty of Portzmouth)，日俄私相授受，取得南满驻兵权，每公里可驻兵十五人。中国自华府会议以来，常提出驻屯军撤退之要求。在日本南陆相之声明谓："在南满之日兵，尚不足条约所规定之人数。昔日俄战时，虽有俄国退兵，日本即退兵之规定；然日本为保护在满之特殊权利，及生命财产起见，势不能退兵。因东北之自成局面，及胡匪之祸，东北兵力，不敷维持，如有日本兵，更可保社会之安全。"实则东北三省，早皆直隶于政府，后孟恩远被徐树铮及张作霖驱除；继至奉直战时，东北竟自成一政治单位。至于胡匪鸦片等，扰害中国，皆系出于日本之赐。

3.土地商租权——日本向满洲移民，分农工商三种：商业移民，因无雇主，故多失败。工业移民，必需有广大范围、相当地点，然后可从事于大规模之生产事业；但日本现仅能就南满铁道沿线小有范围，不能更事发展。虽旅大有三数工厂，而其每年二十万之移民计划，终归失败。现在东北有日本移民廿万，半皆直接或间接依赖南满铁路，故改其方针，从事于农业移民。农业移民，无需原料，是绝大便利，惜无地可耕耳。按所谓二十一条中有"日本居民在南满，为建筑各种商工业上之建筑物，或经营农业，与以商租必要的土地之权利"。中国本未承认，故在积极方面并无办法，在消极方面实有限制：（一）租地须知，（二）惩办国贼条例——租卖国土与日本人者，认为盗卖国土，处以死刑。在二十一条中，对于土地商租有大纲而无细目。故日人认为自要求廿一条以来，除引起世界之注意，中国之恶感外，别无所获。"中国官之继续取实际否认此种权利之态度，日本虽经屡次要求，乃成为有名无实之常物。大纲虽有，细目则无，是以未便行使权利。"日人此次之取此断然手段此亦一因也。

4.铁路权利之冲突——（甲）在《满蒙五铁路条文》中，有"四个月内开工鸠建，先交两千万元"。此条文中国亦否认，同时自筑沈海吉海两路。（乙）《日清善后条约秘密附约》中有"政府为保护南满铁路利益起见，在中政府未收回该路以前，不于该路附近，或与平行建筑任何干线，或损害南满铁路之支线"。我国筑大通支线，日人谓为威胁满铁，藐视铁路权利，但在此条约中，关于不得筑平行线之距离若干里，毫未规定。且按诸欧美各国铁路法，大通支线碍难谓为平行线。即以事实论之，东北之出产极丰，即以南满路竭力运输，货物永感屯积迟滞，而商人损失太多，交通又感不便，修筑大通，乃事实上之需要，何能谓之胁威满铁？转而试观洮昂铁路，亦系满铁平行线，且为锦瑷铁路，或法库门铁路之延长线，何以日人欣然承包，而于大通则持异议？盖因：(A) 洋人在南满之势力可达北满。(B) 经长春至威海卫之北满货物，日本可以威迫，使由大连出口。(C) 可吸收东北省北部黑龙江等地出产，使直达东省南部。由此可见日人所谓："铁路权利的藐视"，毫无理由。

5. 铁路借款问题——洮昂四洮吉长诸路之借款，日人谓我向未履行债务，形似抵赖，其金额多至数十万元。然吾人试观日人对我之情形：(A) 洮昂全路预算，计一千二百九十二万元，但提出决算时，满铁忽添列杂费、交际费、运动费二百万元，此项杂费之用途，当然不能列入垫款之内，虽经交涉，满铁不惟不允取消，尤无减少之表示。(B) 吉敦全线借款包修，共为二千四百万元。但据各路工程司联合组织之收工委员会，调查报告：谓全路之工款，至多不过一千三百万元，而该路报账，则为二千六百万元。其他浪费之处不胜枚举，如各站站长室之建筑，竟所费甚多。施其狡计，使铁路多在损失，意在使我国永远不能偿还债务，而入彼掌中，抵赖也耶？无赖也耶？

6. 用铁路网包围南满——我国以卧榻之旁岂容他人鼾睡？故筑九条路线，约长一千三百公里，包围满铁，取步进攻之势——先将东省铁路总里数表列后：

(一) 国有铁路			
铁路种类	与外人之关系	铁路共计公里数	百分数
甲	无	一〇〇一	一六·五〇
乙	俄人	一七八一	二九·三七

续表

丙	日人	一一三八	一八·七六
丁	英人	九三一	一五·三五
(二)外国人承办铁路			
	日人承办	一二一四	二〇·〇二
两项铁路总里数计六〇六五公里			

总由上表观之,日本在东北之铁路,在二千余里以上,居东北铁路百分之四十左右。其势力蜿蜒东北各处,盘据稳固,以中国些须之铁路实无包围而攻击之能力。然日观我具有大计划,实胆寒也。

7.铁路交涉之困难——关于以上种种铁路问题,满铁当局,于共存共荣旨趣之下,与东省官吏起始交涉,时经半载,毫无成绩。在吾国方面,交涉自多棘手,然总宜以开诚相见。(A)首宜知其交涉目的为何?条件为何?(B)本此目标,吾人再谋应付之方,或预加抵抗,决不一味畏缩,讵料此为致祸之由。

8.东北韩人问题——鲜人在东北问题中,其重要性不减土地商租权。在延吉各县左右,几尽为鲜人,在东北全数约有一百万人。田中曾谓:"如与中国有事,可用此韩人为日本军事行动之原动力。"可见其日人之阴谋。至我国方面,对边境韩人问题,向极漠视。是以良善韩人欲归化者,中国不能予以抚慰,予以奖励,予以生命财产之保障。而一部分劣性韩人,更用其两重国际法,扰乱破坏,无恶不作,为中国之边患久矣。吉林之延吉珲春一带——即日所称间岛,有三十八万三千余韩人,居百分之八十以上。日人谓:"韩人问题,间接为日本之吃饭问题。"在日本国内既感食粮之不足,乃不得不向外寻出路,若就食于东北,又不适于东北之气候,于是利赖韩人之种稻东北,而供其民食,因而中日韩间之问题亦愈多。兹将现在东北人口表及延边一带人口比较表列后:

国别	人口	调查年度
中华民国	二七八二五〇〇〇 内计： 一　辽宁　　　一三四七二〇〇〇 二　吉林　　　六四二九〇〇〇 三　黑龙江　　三五五八〇〇〇 四　蒙古东部　四三六六〇〇〇	
朝鲜	一〇〇〇〇〇〇以上	民国十七年调查
日本	二〇三一六九	民国十七年调查
俄国	一一九六四六	民国十五年调查
其他	三七一四	民国十五年调查

国别	人口	百分比数
韩人	三八三〇〇〇	七八·九〇
华人	一〇〇〇〇〇	二〇·六〇
日人	二〇〇〇	·四五
其他	七五	·〇五

日本方面反谓："七十万人，华人极力压迫之，日本与中国之间，拟缔结暂行办法，开始交涉，但以中国之无诚意而搁浅。"此亦据为此次事件之重要理由。

9.课税问题——日人谓根据条约，日本在中国有特殊利益，而无纳税与中国政府之义务。故中国强迫纳税，又被认为违反条约，故此次事变理由，此其一也。

统上九项论之：日本人之观点，皆认为此次东北事变发生之重大近因，更加以批评研究；吾人可以得深刻之概念矣。

（三）日本所谓之"特殊权益"

日本向来对世界各国，时时谓其与东北有特殊之关系，日人于东北

有特殊之权益。究竟其特殊权益为何？多不清楚,兹析为三项论列于后:

(甲)属于条约上之权利,完全或大体完全已行使者,或正在行使者:

1. 关东州租界地行政权。

2. 关于关东州以北中立地带之规约。

3. 港湾及岛屿不割让之约束。

4. 南满洲铁过之经营权。

5. 满铁干线附属地之行政权。

6. 满铁干线附属地之通信机关。

7. 满铁铁道守备队驻屯权。

8. 吉长铁路之受托经营权。

9. 抚顺烟台煤炭矿采掘权。

10. 鞍山及本溪湖之铁矿采掘权。

11. 鸭绿江之森林采伐权。

12. 关于东北治安保持之要求权。

13. 吉黑两省林矿借款先议权。

14. 在东北审判上之会审及出庭权(观审)。

15. 东北内地之居住往来及营业权。

16. 内蒙东部农业及附属工业之合办经营权。

17. 由于中日电信协约电报之联络。

(乙)条约上之根据薄弱,或毫无根据,但事实上正在行使者:

1. 安东线附属地之维持,及因之行政警察并驻屯守备队。

2. 东北各处领事馆警察。

3. 朝鲜正金银行,发行金券之流通。

4. 无线电报之施设。

(丙)条约上之权利,事实的"空文"化,或将"空文"化者:

1. 营口安东及奉天日本居留民地之设置(铁道附属地之市街经营已不必要)。

2.特定官吏之佣聘(华府会议,日本全权虽不主张,但不能作此次权利全然消解)。

3.满铁平行线不建筑之约定。

4.吉会铁路建筑之约定。

5.南满之土地商租。

6.大正四年中日条约所认矿山采掘权之大部分。

7.中国警察法令及对于课税之征收。

8.内蒙东部诸都市开放之约定。

9.在东北韩人不动产及其他之保护。

(四)日本对于国际之说词

1.非战条约

2.国际联盟

3.九国公约

日本之进兵东北,并非战争,乃自卫权之发动,为维护日本在东北之幸福权利起见,不得不采取此种手段,故不乖于非战公约。日政府之行动,既以自卫权之发动为基础,故若无威胁两国国民生命财产之安全,当然对于撤兵毫无异议。而现在日本人民处于危险之中,故暂不能退兵。九国公约(华盛顿会议),其协定中有:尊重中国之主权与独立暨领土及行政之完整。日人谓:东北之紊乱,或远东事态之不安定,其责任皆在中国,日本不过仅系自卫之处置,且对于中国之主权独立并无侵夺,而更毫无扰乱中国领土内行政完整之思想。反之中国应尊重日本条约上享有之利益。且一国为保护在他国所有之权益,于必要时,实际行使武力,或武力的示威,亦常有之。如美国之与墨西哥及委内瑞拉是也。日本同一之行为,此条又何能专限制日本一国耶?

(五)日本占领东北之结果

前者泰半就日人之立场,将日人占领东北之远因、近因,及其所认为之特殊利益,及其对于国际之说词,均详细述过。吾人对此事件缘委已得极清晰之概念,兹再就日本国内空气,可作简单之推测:在一九一九年巴黎和会时,会有日人主张——中国只以内地十八省为限,东北应在中国领土以外。幸吾国代表及世界史地学者力驳,日人主张未成。而最近日本又有"东北特殊性"之论调发生,谓:"中日满之关系,外人过问,致起纠纷"。中国在现代国家组织中根本特性,为世界之谜,国界,国法,政府力量,对外交涉之对象……均难使人了解。更加以国际都市,如上海、天津,及外蒙、西藏之受制于外人,外人均莫明其所以。满蒙在中国更有其特殊地位,日俄及中日战后,日在东北又有特殊关系,至今其关系已不能分离,此日人之所主张者也。

日人自谓,在东北无土地欲。实则只不愿得其名,而欲得其实耳。如最近之"东北时局方策讨论会",在日本淫威之下,大发宣言,然识者一见即知,为日人一手所成。此证明日人,虽云无土地欲,而实欲得政治权也。关于日人干涉中国政治,虽云日内务大臣曾有令禁止,而日军阀不听命奈何?

近日报载:日华实业协会、关西十二经济协会,及日本工业俱乐部,共发宣言,要求政府保护其权利,及日侨在华之生命财产。东北日本居留民大会,亦有宣言,其宣言中概括以后五点:

1.满洲权利之维护。

2.中国侮日态度,应设法除去,而谋共存共荣。

3.于满洲作保障之占领。

4.剿匪及残兵。

5.根据条约之权利,保障而伸张之。

有日人主张变东北为"共存共荣"的乐土。本庄司令官曾有此表示,可于其告民众书中见之。日人之野心,亦可洞见。更证以日本飞机袭击锦州,日本妄称之为"自卫权",可以知其谬误矣。

吾人既处于日人铁蹄之下,将来巨大之牺牲自所不免。故就现在情形,可预测将来之损失。(A)目前在辽东半岛境内,日人已可随时收买民地,上等之地,多已入日人之手。将来若再实行土地商租权,则辽南佳地,更将尽入日人之手。如安奉线附属地,日渐增加,多由日人展转购来,此尚为无条约之根据也。举一反三,若商界权允许,东北将非我有矣。(B)铁路为地方之动脉,亦即用以为各种侵略之利器。东北之吉会、长大、洮索诸路,为日人垂涎已久,故日人之开工筑路势所必然。

i 吉会路——此路由吉林直达朝鲜会宁,现只有由敦化至天宝山之六六哩尚未衔接。据闻日人计划三个月期竣工通车。如此路车通之后,完成其两线两港政策,则东北恐难名实两俱恢复矣。

ii 长大路——为由长春至大赉之路线,由此东省南部势力可直达东省,而吸收北满之生产。

iii 洮索路——由洮南至索伦,由此路可进窥东蒙及内蒙。

此两项皆其荦荦大者,苟失之于日人之手,则东三省永非我有矣!

(六) 将来之预测

弱国在外交上,难得胜利。以东北现势观之,即保存原状,恐非所能。就管见所及,吉会路转瞬即成,与南满接联一气,则其范围内之东省南部,势必难保。故吾人应努力恢复我东北河山也——可参照拙著《中国东北地理》(南开中学课本)。

关于日本出兵占据东三省之惨痛事件,其因果及将来简略之预测,大概如斯。最末愿为同学进一言:即"不到东北,不知中国之博大,不到东北,不知中国之危险"!望同学切记而实行之。

(《南开大学周刊》1931 年第 116 期,1—9 页)

胡立家、朱先栽合译：日人对东北事件之饰词矫辩

本篇为东京出版之十月十三日 The Japan Times and Mail 中满洲特页之宣言，原题作《无可攻击之吾人在满洲地位》(Our Status in Manchuria Unassaible)，虽不惭大言，毫无根据，绍介之于国人，要可作知己知彼之故，而亦可藉以明瞭我国今日所处之地位也。本文系用直译，未加修染，力求其真面目之存在耳。译者识

"我们在满洲之地位是无可争辩的。"

"以日本之地位而言，出兵满洲是一无可争辩之事。近年来我们对待中国已显出最大之容忍，当我们唤起中国人对于我们在中国人手中所受之冤苦的注意时，我们所得的报酬只是被讥笑被辱骂。我们为减少怨恨起见，迫不得已而有此行。中国在外交上用种种巧技以避免或延误交涉，而一般民众又作不良之宣传。同情虽佳，但令人盲服于强蛮无涉于事实则不可。日本使满洲成为如今日繁荣之省市，日本使山东中国移民在满洲享有和平及善良发展之机会，日本投资于满洲使满洲之事业发展到如此，中国何曾付有一文之利息。

"他方面而言，中国反竭力在各方面阻止日本之发展。阻止日本连通满洲与朝鲜之路线；筑路以剥夺南满路在条约上应得之利益；开发葫芦岛与大连相抗。种种无处可申之冤苦皆被强力压迫而成。凡我等要

求于中国者皆为共同互助以求利益之发展，为共存共荣而计。中国非但拒而不受，且竭力促成日本之财政及经济上之破产之毒计，并欲以外压恐吓。故凡无关之第三者当摒除成见，必须彻底明瞭我们地位为非常之正确，而无可争辩者也。

"兹将铸成满洲事件之中日二方之事件及关系搜集如左：

一、中村中尉之被杀，并非完全使日本有此次对满洲之举动，此乃三百多次反日事件所促成之愤恨结果。

二、中国学校课本中关于反日之课程之详载，令中国青年有不良之印象，乃为最刻毒之行为。

三、中国之反日运动乃最违反国交友谊之行动。

四、中国欲以财政的及经济的置日本于死地，此乃形成无形之战争。

五、若干次之中日事件之冲突，皆不得好意之解决，并与日本代表故意延迟。

六、负责之中国政治官吏皆恨怨咒骂日人，影响中国民众对日本之恶感。

七、孙科声言蒋介石欲领兵击碎日本，凡自尊之国家皆不应有此类之吹嘘。

八、中国青年唆使排日之热潮，以经济绝交置死日本。并鼓动以至于极点，如煽动热头热脑之中国兵士炸毁南满铁路之一段。

九、在日本方面完全无军事之行动。反之，日本乃竭力愿与中国维护双方之友谊，以日人之援助中国之水灾而言，即其显例。官吏减薪助赈，即可见出其对中国人民乃极友谊。

十、满洲事件不过一地方之纷扰，为日本维护条约之利益，及合法保护应有权利之应有行动而已。此并不违背日本在日内瓦以及其他各地所定之国际条约。

十一、日本虽急速出兵占领满洲要地，解除中国兵队武装，微有侵略土地之嫌疑，其实理由极正当，不然则确有战争发生之可能。此次出兵占领满洲，虽使中国人民有不快之感，然为使敌对区域不再扩大之绝对必要。

十二、日本之撤兵只须中国完全遵守其已签定之条约,此点日政府早已声明,并能于最近期间由占领地点退回铁道地带。

十三、中国的军纪及国际间的道德法则,决不可与日本相混比。

十四、日本决慎重其原有之尊贵及国际间之礼貌,但不愿容忍中国之屡次三番之暴乱行为。

十五、世界皆充满中国方面之宣传,而使西方各报纸以及国联皆陷于误解。

十六、中国不统一,无论那位青年外交官在日内瓦如何高论,事实上中国未能完全如彼。

十七、使中国与欧洲各国在同等权利之下,此乃矛盾之至。对于中国将根本改变其观点。

十八、凡在中国境内,或近于中国境界者,以及对于中国事件注目者,皆能洞悉中国之实在情况,而同情于日本。此乃因彼辈完全知其事实之真相,不为从中国青年外交界之口吻所发表之荒谬绝伦之文字所蒙蔽。

十九、国联起初所持之态度,对于中国现状以及中国领袖之态度皆不明晓;彼所知者乃皆虚无之推测。

二十、按其最近动作,国联表现出对于中国现状完全属于不明瞭。彼以为中国乃一负有责权之文明国家。的确,中国人对言语方面而非常能感人,但其结构殊非基于实事。

廿一、日本还向未对于所定之各种条约失去信用。当中国能够可以负起其所应负之责任时,日本已曾宣布撤兵所占领之地,彼自定可如约。

廿二、国联对日本行动之批评皆出于误解,此种错误观点全由于中国青年外交官未立于事实之立点上所发之谬论。

廿三、无一中国领袖可将其所发之言证实。其不负责之发言,非但无用,且甚有害。

廿四、设只以虚无为观念,而毫不顾及事实之真象,中国将永如现在之情形——富于暴动之行为,并为世界之大害。

廿五、由日本代表之声明之后,国联当有使两当事国间直接解决此番事件之宣布。"

附:初稿议就后曾请张赓虞教授加以斧正,特此鸣谢。译者再注。

(《南开大学周刊》1931 年第 118 期,1—4 页)

Lowell,A.L.著，律鸿起译：国联与美国之满洲问题观

一

去年远东满洲事变之真象吾人未能清楚，原因乃系中日两方之报告，未能一致。虽然，即以彼之大概陈述，亦足使吾知此次纷争之性质及其重要也。

一八九四年中日战争之结果，乃有一八九五年四月十七日马关条约之缔结，中国正式承认朝鲜脱离中国独立，直接受保护于日本；十五年后朝鲜又为日本所并吞；且以此条约中国更割让辽东半岛及台湾澎湖于日本，权利丧失，难以缕举。日人方庆其得志，而俄德法已伺其后，逼日本交还辽东。是时中国外患日迫，更以战事新到，故在一八九六年，与俄缔结密约是即所谓"以俄制日"之外交政策也。因此俄租旅大而中国承认其满蒙势力范围，并承认其筑路权。同时法租广州湾，德租胶州湾，英租威海九龙，皆藉细故而获得重要之势力范围。

一九〇〇年拳乱（即共和团起义——编者）之后，日本相信俄国已自认有全满洲之占有权，而日俄在远东政策遂积不相容，后因满洲撤兵问题，引起战争，俄告失败。依一九〇五年朴茨茅斯条约，俄让辽东半岛之

租借权及南满筑路权于日本。按此条约并许日本在中国有航行之自由并可建筑海港及开采矿产等,惟须尊重中国领土完整及发展满洲一切事宜自主之权利,依一九〇五年之北京条约,俄国承认日本在南满有筑路权。

一九一五年日本复向中国提出最严重之二十一条,当时虽有美国抗议,力请修改,但在五月中中国即被迫接收。由此观之,日本在满洲之地位已较优先。迨后延长辽东半岛租借期至一九九七年,延长南满铁路租借期至二〇〇二年;且延长安奉铁路租借期至二〇〇七年;此外复修订并扩大关于债务、地租及矿权等。惟此类条约,中国始终未承认,因其究属暴戾苛苦,不合公理也。北京条约中,日本曾坚阻中国此后建造与南满铁路平行之路线。故当作者提笔时,关于此项草约并无正式公文发表,而中国方面且在竭力否认,故于此颇难论断。

自日本于满洲获享优先权以来,立时发生许多传说;满洲一地此后可容日本自由移民,且可补救其过剩之人口。然此项传说总未能实现,其故恐系满洲气候过寒,日本人不惯居住,故日本人居满洲者仅百万人,而中国人口数目已达三千万矣。由种族观之,中国人口当为该地之主人,而日本为外国人。但在其他方面论断,满洲日本投资最多,以是日本得满洲煤铁及食物之供给亦属最大,苟以此丰富之供给,与任何一国交战其必操左券,乃属至为明显之事。故日本目满洲为彼之重要生命线,而不惜与俄国决一生死,其权利更形扩大,其来亦有自。同时在中国一方面,自认满洲为中国国土之一部,况该地人口尤较繁多,于是决心利用天然之财富与日本抗衡;开始经济发展之政策,唤起全满洲居民之努力,为达此目的计,中国曾建筑铁路,正与南满铁路平行,希以此作商业上之角逐场而冀挽回利权。由是观之,设北京秘密草约果为事实,则中国已违犯条约。反之,日本前所要求条约上之权利,系属不确,则日本此种无理强暴之行动当难狡辩。总之无论权利方面为何,两方面之目的之为全部最大之冲突,至为瞭然,必有轧轹现象之发生,其结局难免于一战。

苟中日两国因纷争在满洲发生战争,则日本之机会极为良好,因彼之军队训练实有近代战争之效率;而其海军,霸横太平洋上,其实力无可与匹者也。反之中国之军队如何?既无强劲之军旅,又乏雄厚之海军,以其繁多而无训练之军队同日本相抗,岂非滑稽异常乎?现在关于满洲中国政府之管理实令人有注意之必要。中国政府管理满洲之态度,处处不定,时时取不理办法,结果乃有今日。吾人须切记中日两国皆为国际联盟会员及行政院之代表;日本更为九国公约和巴黎非战公约之一份子,而此不幸事竟发生于去年九月各国皆在经济紧压之挣扎中。

二

去年六月二十七日,南满发生中村大尉被刺之事件。惟此非为两民族交战之一有力因子,充其量不过为九月十八日事件之导火线耳。关于"九一八"事件,据日方报告,该晚十点半钟后,中国土匪曾将南满铁路一段拆毁,并枪击保卫铁路之军队。嗣查此次事端之结果,损失并不剧烈,因为火车停顿不久,即照常通行。虽然,日本已竟有敏捷之军事动作,终于第二日晨六时占据沈阳。且在二十四小时内,日本军队曾占据南满各要冲地带;推倒中国地方政府,代之以日本监视下由中国人组织之行政机关,行动之神速,计划之周至,诚令人惊叹无已矣。

时值国联大会开幕之际,事件于极短时间内传至欧洲。十九日下午,日本芳泽大使通知行政院,谓:中日军队在南满略有冲突,日政府已极力不使其扩大,并谓彼已向本国政府请示真象矣。施肇基公使则立感不安,恐因此问题致掀成严重之局面。主席娄洛则表示此事前途当可乐观,因日本政府决不使其扩大也。

九月二十八日,施氏请理事会根据盟约第十一条所授予之权采取最有效之办法,阻止此种情势之扩大,以免妨碍国际间之和平。芳泽氏答谓:日本军队之所以占据满洲各要地,实因中国土匪破坏交通,伤害日本侨民财产生命,不得不派兵保护,日本决无意与中国宣战,并且日政府正竭力设法与中国政府开始直接交涉,解决此项事件。施氏则谓:中国政府决不能与军事占领国家有直接交涉，在恢复原状后，始有谈判之可能。因此经过甚久之讨论，中日两代表陈述之情形歧出，英代表西锡尔氏称，各国均应避免此种事件，日本应撤兵至铁路线内，然后由国联派调查团，调查真象。最后主席报告决议案，分为三点：

1. 对于中日两国，发紧急通知，务须避免一切足以使事变扩大或足以妨害和平解决之行动。

2. 与中日两国代表协商一种确切办法，使两国立即撤兵，使两国人民生命财产不受妨害。

3. 行政院决定将关于本事件之会议记录，通知美国。

俟数日后，芳泽氏奉到政府之通告，乃转达于行政院，此通告称，日本大部分军队已撤至原驻地点，仅留少数于吉林奉天等地，以防不测之虞，并无任何占领举动，切望国联相信日本政府诚恳之报告。中国方面宣布，日本撤兵后而其侨民生命财产当有完全之保护。如是，主席颇表乐观，并再次请求日本从速撤兵。

事至九月二十八日，当芳泽大使宣称，日本政府已决定继续撤兵，而施氏则提出不信任日本代表之宣言。略谓实际上日本非但未能撤兵，且屡屡进攻不已，最近又有日飞机袭击北宁路客车事，此皆由施氏正式通知行政院矣。

九月三十日下午，国联行政院开会，主席娄洛声明保障和平，乃国联天职，但日军撤至南满路附属地，须有相当时间，现在暂告休会，于是主席乃诵读已起草之议决案：除声称已证明日政府在满洲无领土企图之必要性，因日军队已按照日侨生命财产安全能获得有保障之程度，开始向铁道线内撤退，而中国当局将负保护铁路线外日侨生命与财产安全之责任——行政院相信双方政府愿避免任何扰乱二国间和平与善意了解之举动，同时行政院请求双方就一切权力所及，迅速恢复二国间通常关系，并为达到此目的起见，继续迅速的完成上述承诺之执行，最后行政院决定于十月十四日在日内瓦再度召集大会讨论。

此决议案乃为一彼此同意之协商，以是殊令人注意；然而各方果否有真正一致之暸解，此诚属极不同之问题焉。在中立国方面观之，认为日军能撤至原驻防地，而中国得以恢复领土之完整事，想在下次开会前可达到目的。施氏特别疑惑日方果否有撤兵真意。而日方则目为撤兵后，定无安全之保障，故迟迟撤兵。凭当时之情形，行政院在二礼拜内决不再召集会议，亦不采取任何积极办法以干涉之。以是日本此后既无须过虑国联激烈之干涉，亦不必对美国之勿使军事扩大的劝告有怀恐惧也。

九月三十日国联之决议案，要求两方时时供给消息，而是项要求果由两方负责予以满足，一日内恒有三次电报到国联。中国方面报告日军继续占领各城镇及铁路，并掠夺财产煽惑独立等；而日方电报之陈述，报告中国土匪如何杀害日民，抢劫财产，且在中国内省，政府领导国民有最激烈反日之运动等事。

是时娄洛目观情势愈趋严重，他特别唤醒两国禁止扩大。同时中国代表因东省形势紧急，乃请求行政院会议应提早重开。时值主席娄洛在归途中，于是国联在法外长白里安主席下开会。施代表恳切要求保障，尤其是锦州被炸问题。继芳泽氏宣读一九一八年的宣言，解释此次日方出兵东省之主因。主席认为此等辩论不足以襄助解决问题，乃宣告散会。

当时国联内忽有一呼声，是即与美国合作也。故在十月十六乃有进一步之表示，提议请美国加入行政院之讨论。日本宣称反对，其理由为美国此次之参加，无法律上根据，势必牵及国联根本问题；但白里安及国联行政院其他理事，咸认美国之参加，仅程序问题，无须得全体会员之同意。行政院鉴于日本方面反对态度坚决，白里安乃提议以投票方式解决。首由白里安询有反对美国参加会议者否？芳泽谓余反对，他并主张将本案交法律专家委员讨论。结果白里安付之表决，十三票对一票通过，反对者仅日本一国，而日本所提案以十二票对二票未通过。最后美国已接收邀请，以非战公约精神，切期和平之实现。

十月十七日六国代表在行政院开会，决定致电中日政府敦促其非战公约下所负义务。二十日美复有同样表示于中日。十月廿二日之会议，白里安谓，争执已至现在顶点。彼称日本政府只要日侨生命财产得有保障，已准备撤兵。中国必能作到此步。彼复提出九月九日之决议案，日本应按期撤兵，芳泽氏则称，日军固预备撤退，但不能指定相当时间，因为日侨民生命财产安全，无有确切之保障；除非满洲人民心理改变，中日人民有相当之合作焉。在此种合作空气恢复前，日政府须要求几项条件，庶几赖此条件，中日可彼此获到彻底之了解也。

第二日施氏因五星期来国联及美国之努力，至今毫无成绩，故在大会上特别表示不满及过深之忧虑。芳泽氏表示，中国如能同意承认条约，并取消反日运动，日军自然完全撤退，同时日政府会决定数条件请中国同意接收，在此条件上，中日通常关系可以恢复。旋由主席请芳泽解释，彼答称无权于此。最后主席根据非战公约态度向芳泽表示，公共舆论决不承认武力占据为达到和平之路。然后主席请其接收决议案，芳泽竟予以拒绝。下午国联行政院开会，首表决日本所提"对案"，赞成者仅日本一国，结果赞助该案者为十三对一之比，此决议案宣告通过，白里安表示遗憾。但希望此次事件在下次开会前能有完全解决，庶乎和平可以实现。

闭会后，日本政府曾公布几个基本条件，内含中国须尊重日本条约权。施氏痛驳日本公然承认在日本直接监视下之伪地方政府，因此有现在政治经济之冲突，其责当日本负之。旋由施氏报告日军扣留东省盐税收入，数目至巨。以是白里安对此举动颇表不满，因其不与日本人民生命安全问题相关。日使驳覆如下：满洲之盐税收入，担保外债之部份，依然解送南京政府，而其余剩之部分从来系充东北政府之军费，及至事变发生以来，其余剩之款曾一时保存，至最近因沈阳地方维持会成立，事实上辽宁之政权已统一，故将其余款收为地方维持委员会用之。

不久事件竟益形扩大，日军势力延至北满。据日代表同行政院之报告，嫩江桥为南满铁路一支线，此桥忽为中国人民拆毁，日本派兵修理，乃中国兵向日本军射击，故又起冲突。白里安于十一月六日劝告两方避战免争，勿使事件扩大，而两方则互持理由，相争不下。不幸在国联再集会时,黑省马占山将军挫败,而日本占领齐齐哈尔之计遂告成功。

十二月十六日行政院集会于巴黎,白里安宣称,彼曾接施氏正式公函,中国政府随时与日政府商订中日仲裁条约,但日本因种种关系不能接收。众代表信秘密会议之成效当较大于正式会议,故俟后即决定开始秘密谈判。

十二月九日行政院开一正式大会,在此会内主席通读一与日本提案相符之决议草案:

第一款——行政院认九月三十日一致通过之决议,仍继续有效,中日两方亦均声明承认履行。故行政院请中日两国即速采必要之步骤,履行该决议案,俾日军根据该决议案,在短期中撤往南满沿线。

第二款——行政院认为十月二十日行政院会议以后,形势益趋恶化,特提议请双方采必要手段,使形势不致更严重,亦不得采任何能致发生战事或损生命之行为。

第三款——行政院请中日双方随时将最近情况报告国联。

第四款——行政院各理事国应随时将彼等接到各该国在东三省之报告通知国联。

第五款——行政院决派调查委员会到当地调查一切危及国际关系破坏中日和平或一切影响中日两国友谊之事件,若中日两国政府开始任何交涉时,调查委员会不得过问,该团亦不得干涉双方军事行动。

第六款——在行政院明年一月二十五下次会议以前,请议长随时注意中日纠纷发展,并可随时召集行政院会议。

次日芳泽氏接受决议案,认第二款规定,不得阻止日军对满洲盗匪与其他不法分子,采取军事行动,以保护日侨生命财产。及施氏接受决议案时,作一长文宣言,内列数点,陈述某种关系及调查其撤退,以及国联提出报告与条陈为第一职务。白氏致闭会词;希望此项决议案受一致承受后,将为解决满洲冲突之确切步骤云。

究竟此次行政院所议定之决议案能否获有效果,决不召集第二次大会,可是恶势之袭来愈急;正当行政院开会时,中国代表报告日军复进攻锦州,日方则竭力否认。同时中立地带之呼声忽然高涨,惟后来又渐渐消失。

是时中日政府皆有变动,日本政府因满洲政策问题,陆相及内相发生意见上之龃龉。若槻内阁畏难辞职。犬养乃起而组织新内阁。犬养当对满洲采取积极政策者也。三日后蒋介石总司令亦因内部困难,毅然辞职,结果强有力之合作国民党政府赖以成功焉。

是否日本新内阁采取特别政策,或军部之另外动作,吾不敢决断,但对锦州之动作,确属深有计划。自然,事至锦州,立引起各国不满之批评。乃有美国务卿斯蒂生对日外相提出通牒,唤起日政府注意回避与锦州方面之中国正式军冲突。同时英法各国亦有类似通告发出,特别警告日本。虽然,日本仍不顾一切占据锦州,中国军队不抵抗退出。如是日本始完成全部南满之占领矣。

三

如欲批评此次事件,不可不注意国联之本身。国联最大困难是他居于不清楚之事实及不确切之权利上。因此权利同事实皆发生不可解决之纠纷也。几乎每项要求尽属争强,每次举动咸为反对,而每一报告皆互相否认。若是之困难曷敢有望于解决耶?

日本根据条约驻军于满铁线外。然此自为中国领土,以是中日两国当无甚清楚之界限,苟有军事行动,则必认为有侵略行为矣。

质言之,中国中央政府对满洲之管理,无论如何无一实权。因该地自治长官有无上之管理之权柄,结果盗匪横行,抢掠屡见,而此种责任,南京政府却无能直接负担,由此观之日本之用兵通缉盗匪行为,很难看成有侵略之居心在焉。

际此时机,国联处理该问题,特别留心。日本第一次动兵之根本动机,吾敢谓日代表不甚清楚,亦许东京政府将莫名其妙;虽然施氏力陈日本欲抢夺满洲,占为己有。假如真象如是,日本之举止当视为战争无疑,然则行政院将根据盟约而引用第十六条矣。固然日方竭力解释其无占领满洲之意念,但以武力侵占邻国土地,无论如何容易引起战争。然则战争何故未能爆发,而两国却竭力避免哉?原因中国希将此问题诉诸国联,有以解决,恢复原来状况,因是取不抵抗主义;而日本方面,曾在国联屡次郑重声明,她决无意从事战争,因此彼可乘机藉口用武力获占满洲,而无意进兵关内。

无论如何每人在此次案件讨论中,可以看出一点误解。至于日本政府是否承认占领奉天后为止,而宣布此事并无任何背景等事,但九月三十日之决议案当决不会获得全体之同意,中国代表及中立国代表曾想日本退军原驻地,在下次开会前,总属可能,庶几和平得以实现。而对日本则不然,日本认为撤兵,必须日侨生命财产安全获有相当保障之后。故日本相信中国不能作到此步,以是彼宣称撤兵不能指定时间。

既非国联,尤非美国能举行检查日本在满洲之实质上权利,现在唯一问题在讨论日本行动是否存心战争,然后国联同美国共同用和平方法去处置,使其免除一切中日冲突,因此我们必须注意国联及美国对此事件之行动也。从此次关于满洲全部处理之方案,只少有三点是很显著:

1. 此事件之趋势,益形恶化,但国联采取积极处理之方法,则特别感觉困难。

2. 世界上一切有力而可信之舆论,对于不惧任何干涉之国家,则发生效力极少,实在这个国家苟无其人民之全付援助当不致有这样惊人之举动。

3. 以如今受经济压迫之列强,实无力作国联盟约法律之制裁,所以日本竟占有东三省。

无论所有会员国家其相信如何,大家至少承认日本攻锦州一举,纯属战争行为,但国联行政院竟默然未理,亦并未有任何会议之召集,其故安在?原因,此时国联之举动,殊属极关重要。尤其是国联之前途。故在特别情形下,某种错误可以发生,以及事变之本性亦可以忽略,然国联生命之前途,却可尊重、而勿加任何损害之必要也。如果世界上所有之公论,对此次满洲事变未发生相当效力,而国联各盟约国之法律制裁又将如何作到？切记此国联将继续为一彼此国家获得谅解之良好机关，不然世界上一切纷争更多而将有莫大危险之发生。然则苟以其为消除战争及保有世界和平之实力，其成功之微，足使人人失望也。

美国之地位自异于他国。彼既非国联之一会员，复无尽盟约义务之责任；所以无论美国有代表参加与否，彼永无以代表资格参加讨论之权利及责任，的的确确彼为一局外人。

在另一方面看美国为九国公约签字者之一，彼决维持中国领土完整及门户开放之原则，同时彼仍为非战公约之一会员，对于一切纷争皆援用和平方法处决，始终不主张有挑拨是非之事。故所有二条约之义务尽属消极方面，非为积极的。虽然九国公约乃为保护中国而签定，但亦有各国本身切要利益所在。所以美政府在一月七日曾照会日本内称：最近锦州之军事行动，业将一九三一年九月十八日以前中华民国政府在南满最后存留之行政权破坏无遗。对于此照会，日政府于十六日答复：关于中国条约之适用，因中国之政情变化，不安紊乱之状况，似有斟酌之必要，满蒙之中国国民基于民族自决之权能，以任自治之事。其原意则为：

第一——中国曾取消废除行政完整之设备。

第二——满洲行政方面之变动纯属革命自决之运动，并非日本武力侵略之结果。

因巴黎非战公约乃引起了许多不同之问题。此公约是否为一条约？如为一条约，究竟何等权利为其所惠赐？而签约国对违约国将采取何种行动？无权利准许采取任何行动，乃为当然之事。所以美政府曾恳切请求各签约国勿采用武力干涉，业为各国所赞许。反言之，如果美国忽派军队至 Nicaragua 及 Haiti，此必能引起各签约国之抗议也。而吾美国则亦感觉彼等之抗议确尽情理，所以彼必须有解释如何不违条约之必要。假如吾对一国已签定仲裁条约，而此国定根据条约所有权以要求吾等仲裁有军队在其国登陆，是否为解决纠纷之一方法，究竟吾将何以答之？切记此仲裁条约内并非含有门罗主义在焉，故有违巴黎非战公约者，其将不敢请用门罗主义而逃避仲裁条约矣，苟巴黎非战公约为一严格条约,自然他国无权享受之。换言之,如果此公约不具有仲裁权,将何以称之为真正条约也。

斯蒂生正月七日与日之照会,他不仅称巴黎非战公约为一条约,且认其具有实际之权力者也。故其末句则为:"凡以违反一九二八年八月廿七日中日美三国在巴黎签字之非战公约之方法所造成之情势或缔结条约及协定,美国政府亦无意承认。"而日本政府十六日之答复则为:"日本决不采取不合当之政策,以及有并吞满洲之事,相信无再重新声明之必要。"

故无论如何,国务卿斯蒂生之条陈,颇有兴味。其意仿佛谓,如果现在之纷争,因有某种协定而终止,结果中国竟割让满洲任何权利于日本,而美国俄国及其他各签约国在非战公约下势能承认之。若此意指签约国有干涉割让及修改权,然此等事均亦作过。第一次为辽东半岛问题,第二次为二十一条问题。然而斯蒂生之条陈如指凡签约国有权否认中日将来任何之协定,此后问题恐更形严重矣。现举一例以记之。如中国被迫让南满一切行政权于日本,那美国受政府襄助之商人将不顾日本官员及关税等事。苟如是也,和平能维持几久?然而美国苟不如是,则斯蒂生之照会,岂非与非战公约之盟约及义务相反耶。

此固非为 Retroactive,如果为 Retroactive,则美国对 California,Arizona,New Mexico,Philippines 及 Porto Rico 之所有权,将无国际承认矣。然而为将来着想(除非战争可免),苟非战条约内无曾载有禁阻战争之义务,且有自由否认一切权利之解释,即将造出更多风潮之原因,现在国际公法之对象,已开始规定国家之应有权利,逢有错误则纠正之。此后决不使一切纷争扩大之。无限量之要求,实为国际中之一大祸害也。吾美政府将不从事战争,除非感受到极大之挑拨时,将不停止两国间之商业来往,此当为日本所深知也。然无论日本利用何种平和手段去谋一公正之解决时,日本必须承认现在展开之局势;如果如此,那吾明白表示不援用巴黎公约,岂不高明?此条约如能接受时,甚至比不签字时更使国际间之关系日趋不安和恶化,亦正未可知也。

(《南开大学周刊》1932 年第 131 期,12—20 页)

傅恩龄：日本舆论中之东铁问题

一、绪言

日本对于中东铁路,垂涎已久,虽寝寐莫或忘之。二十八年前,一九〇五年日俄战后,朴资茅斯和议之际,日本欲乘机攫取中东铁路之一部——哈尔滨至长春段,俄国不允,不得已及改以吉长铁路建筑权代之。[①] 一九一八年,俄国革命已勃发,开林斯基政府崩溃,日本乘机出兵七万三千五百人于西伯利亚,名为监理及保护欧亚国际联络之交通路,实则司马昭之心,路人皆知。[②] 彼时幸有美英法义及吾国联合军队周旋其间,日人未能如愿以偿,但其野心则迄未稍止。"九一八"事变后,局势大变,日本乃利用此千载一时之良机,戴"满洲国"之假面具,与苏俄掀起轩然大波,东铁问题,因之勃发。兹将日本舆论中之东铁问题,类集成编,以供参考。

二、东铁问题之事实

东铁问题之勃发原因甚多,一言以蔽之,"帝俄从中国夺去的,日本又要从苏俄夺过来",不过如此而已。东铁原为东省北部交通孔道,但其轨间则为俄国制,计宽五尺,宽度超逾普通标准,故非东铁机车车辆,不能行驶。[③] "九一八"事变以来,日本久有改造轨间为标准宽度英尺四尺八寸半之议,此举如果成功,则日人车辆可驰骋自如,而俄人车辆当寸步难行矣。

日本自侵占东北之后,无时不与苏俄处于敌对之形势,以东省北部为中心而发生之日俄争斗,必以东铁问题为其起因,识者久已料及,今问

---

① 详见日露媾和会议录第五号及第十号,略见祁仍奚著《满铁问题》,三二〇页。
② 久间猛著:《北满洲の政治经济の价值》,一三九页。
③ 傅角今著:《中东铁路问题之研究》,四〇页;徐曦:《东三省纪略》三八一页;中俄合办东省铁路合同(光绪二十二年第三款"……至铁轨之宽窄,应与俄国铁轨一律,即俄尺五幅地,约合中国四尺二寸半")。

题果爆发,援据日本各报所载事实,略述于后。

三月二十八日午后,东铁护路军及国境警备队,在国境之满洲里站,将开往西伯利亚方面,正在输送途中之货车四列(或作四辆),以实力强行扣留,同时对于由后贝加尔铁路开来货车所载入满之过路货物,亦令其卸下另装,数经交涉之"不法过路运输问题",至是乃成为日本与苏俄间之大纷纠。

先是,自乌苏里铁路经东铁由后贝加尔铁路西行,及由后贝加尔铁路经东铁由乌苏里铁路东行之过路运输,并无可以施行之任何协定,但东铁之苏俄干部竟擅自开行,且因此过路运输而开往"满洲国",境外之机车货车,迄未交还"满洲国",近于东行货物之中,复暴露由苏俄运往远东之军需品为数甚多,"满洲国"交通部乃派铁道司长森田成之赴哈,与苏俄当局交涉,几经折冲,苏俄并无中止运输之意,二十八日森田氏与东铁副理事长库慈尼阔夫最后会见之结果,民政部乃命国境警备队,对于即将开往后贝加尔铁路之车辆,强行扣留,问题因之启始。

此后"满洲国"复与苏俄代表继续交涉,但日本认为苏俄毫无诚意,扣留俄国境内之车辆苏俄虽允交还,但"叠开泡"式机车①苏俄则称系帝俄时代购自美国者,故此绝对不能交还,并且继续施行其非法行为。"满洲国"政府遂于四月八日正午,以该政府之名义,正式命令路警处特警署及国境警备队,执行最后之措置,于是将满洲里站所敷设后贝加尔东铁两路之联络路线,以实力封锁。当经立被封锁者,共有八处,皆于铁轨之上,堆积枕木,屯埋砂石,予以阻隔,但并未切断线路,西部国境货车运输之联络,遂被隔断;东部国境绥芬河站,因有联运协定之存在,故未隔断,但对于货车出境,则严加监视,经此封锁之后,险恶之空气,乃益弥漫于俄日两国之间。

① Decapod Type.

三、东铁问题之真相

大连满洲日报哈尔滨特派员神藏重胜之报告

车辆问题及八站码头问题发生之初,苏俄所主张为东铁之财产,为苏俄政府之所有物,故于任何时,供作本国之用,当属无妨,对于东铁财产之所有权,苏俄一派之见解现虽尚未放弃,但对于东铁之营业,及此次之实际问题,苏俄之主张现已变更。兹将东铁问题之重要部分择要述之如左:

(一) 机车问题

此项问题,因有俄国革命及各国联军监理中东铁路两种过去事实夹杂其间,真相究竟如何,殊欠明了,此为本问题难于解决之一大原因。兹将"满洲国"及苏俄双方之见解综合列举,大致如下:

前俄政府以供本国国内铁路使用为目的,曾向美国某某两公司,订购最新"叠开泡"式机车一百二十四辆(每辆约值日金二十五万圆),及美国式敞蓬货车若干辆。适值俄国国内发生十月之革命,此项车辆遂致无法交货,乃转送至海参崴。但当时西伯利亚及远东各处,政权亦极分歧,既有过激派政权,复有高加克政府,及谢米诺夫、梅尔苦罗夫、西的利克斯等政权,变迁迄无宁日,美国颇感不安,爰将机车交付于中东铁路。彼时中东铁路适由美国代表斯蒂芬斯为委员长,归联合国共同管理,美商认为可靠,乃将此项车辆在哈尔滨按装齐整,限由该路使用。此等机车及车辆,系于美国政府保证之下,由上述某某两公司经手出售,但车价则未清偿。至于该公司等何以竟未请求偿还车价,原因不甚明了,若由当时之状况观之,或系以之抵补中东铁路美国军队运费之故。

似此情形,故日本及"满洲国"认为此项车辆系东铁之财产,但苏俄方面则另有主张,俄国政府既以本国国内使用为目的而向美国订购,即或发生任何变故,既无明确让给东铁之证据,则此项车辆之所有权当然应有现政府承继之。苏俄政府深知苏俄与"满洲国"之间,迟早将因此发生争执,故此认为将此项机车及车辆先行揽至手中者,结局可获胜利,爰于哈尔滨事变之前后,将此项车辆开入苏俄境内八十四辆。两国之主张,各自视为当然,彼此见解不能一致,解决之途径,自不易寻觅。

机车问题与其他问题不同,纯系法律问题。"满洲国"方面若认定上项机车为东铁之所有物,则自开入俄境以后,至于今日之租费,当然应由俄方偿付;但苏俄政府认定上项机车系该国之财产,故坚索已往期间机车之租费,每辆每日应付金卢布十二元。如按苏俄之主张办理,东铁应付金卢布一亿有余元。无论如何解决,以东铁之财政贫困实难支付偌大款项。即使其他问题可以解决,机车问题恐将依然在继续为两国间之争论焦点。

(二) 运走货车问题及不行交换货车协定问题

现在业经开入俄境仍未交还之车辆总数如下:

(一) 客车一三九辆

(二) 货车三,二〇〇辆

此项问题亦可分两部言之,即(一) 事变以来,无故运入俄境者,(二)由于运输货物之便利而运往乌苏里铁路者。而其初之目的,原拟立即交还。两项数字的分类至为困难,但前者则系自事变以来,苏俄政府命管理局长运入俄境而迄今尚未交还者。此外机车库及配装工厂之机器,上自农事试验场之牛马,下至各项卫生材料,皆被运走,价值之概算,约值金卢布七百万元。

苏俄彼时之情况,原系集中兵力于远东之时代,故货车运入俄境之目的,以由于军事之见地者为最大。据云其目的,可分四项:

(一) 本国国内输送军事能力,不敷应用。

(二) 减少东铁输送日军之能力。

(三) 乌苏里铁路之车辆,多数破旧不堪使用,苏俄政府拟以此补充之。

（四）东铁之营业，颇为萧条，苏俄国内之新筑铁路甚多，深感车辆不足，故将东铁车辆运走。

由上述之种种原因，故苏俄将东铁之车辆及财产运入俄境。去年春季以来，东铁督办李绍庚曾经向苏俄再三诘问，现虽已交还不少，但多系破旧不堪使用者，故此"满洲国"乃向苏俄索要结算至于今日之租费。

关于经过绥芬河过路输出货物之货车，其情形稍有不同，东铁及乌铁两路，由于联运之必要，及海参崴码头货栈设备之不足，暨装运船只之短少，故原车不卸，停留于码头者甚多。一九二五年，两路之间结有所谓《绥芬河东乌两路交换货车协定》。依此协定，则此路停留自彼路直通而来之货车，至多不得过百分之五十，每辆每日须付延期费金卢布三元，因此之故，若将停留货车之全部，总括谓之为不法行为，亦属不当。但既有上列百分之五十之限度，今苏俄于断绝东行之状态下，停留数千辆货车而不交还，且亦并未支付延期费，日方当然即可视为别有用心，可谓违反协定。

关于此点，副理事长库慈尼阔夫，最近曾允付给延期费并将货车交还，但此言并未见诸实行。自四月一日以来，苏俄虽已陆续将车辆交还，但其数仅止六百辆。自苏俄之惯例观之，"满洲国"仍视为无全部交还之诚意，交还之数，仅为敷衍目前之诡计而已。李督办对于库副理事长业已通知，俟将货车全部交还之后，始可再议其他各事等语。

此次问题发生之后，库副理事长既经答复，表示有全部交还之意，则此项交涉不可不谓已有相当之进步，至于将来如何，则唯有视其实行如何而已。如果此种状态长此继续不能解决，东铁或竟将声明废弃协定，因之东行运输，势必完全断绝。此种情形，对于东铁固属不宜，但对于乌苏里铁路，亦不得谓之为得计也。

(三) 自东铁满洲里站经过；过路运输问题及；经过东铁，后贝加与乌苏里两路直通问题

由东铁满洲里站经过后贝加铁路之联运，是否可以直通，及经过东

铁之苏俄铁路列车,是否可以过路,因系条约上之问题,结局非经外交交涉,难以明确决定,兹姑先就后者言之。

一八九六年东清铁路建筑经营合同第十条,载明如下:"自俄国车站,往其他俄国车站,所运送之过路货物,免征关税,并免缴一切国内税厘。该货车在中国国境,由中国税关加以封印,且非俟税关确实查明加封完全与否,不得退出中国国境。"①依据此项合同,苏俄铁路列车,直行经过东铁,并无不合。但据一九二四年奉俄协定第五条:一八九六年九月八日、八月二十七日,所订建筑经营东清铁路合同,应由双方组织委员会,在签定本协定后,四个月以内,按照本协定各条修正完竣,在未修正以前,两国政府根据该合同,所有之权利与本协定不相抵触,暨不妨碍中国主权者,继续有效。"无如考之实际,不但四个月以内未曾开会,即至"九一八"事变以前,亦迄未举行,故此一八九六年原定合同,是否有效,殊欠明了。即使原约第十条,可以适用,但亦有疑义之处。此次问题发生之前,苏俄之过路运输,既无税关之封印,对于过路货物之数量,列车之次数皆未具报,完全擅自通过,似此行为,"满洲国"不能允许。据称苏俄如果履行手续,则其列车之通过,"满洲国"在原则上,并无反对之理,但在满洲里路线业经封锁之今日,实际上已难允准矣。

关于自东铁满洲里经过,直通后贝加尔铁路之过路运输,并无任何协定,原合同第十条之附录,虽有疑似之规定,但在一九二九年纷争时,中国方面曾明白否认,最近一二年间,虽有二三次曾经由西伯利亚输出大豆,但此原属试验的运输,每次开行之际,均由理事会予以承诺。因之,此次问题发生之前,"满洲国"据报得知装有大豆之货车拟将西行,乃即加以阻止,此等货车之数量固然不多,但以西行之货车多未交还,故造成此种问题。

以上所述梗概,系日本对于此次东铁问题之见解,总而言之,问题之根本原因,在于合同之不完备,换言之,即为奉俄协定之解释问题。纯系

---

① 傅角今:《中东铁路问题之研究》,四三页;徐曦:《东三省纪略》,三八三页。

苏俄否认东铁为法人,以为东铁财产原为苏俄之所有,仅经营方面系由两国共同管理。似此之解释,日本与满国,均不承认。

四 东铁问题之交涉

(一)"满洲国"交通部铁道司长森田成之之谈话

"满洲国"交通部与东铁苏联代表之交涉,皆由其铁道司长森田成之负责折冲,兹将森田氏四月一日自哈归任后所谈折冲之经过,略述如下:

一、乌苏里、中东、后贝加尔过路运输问题

苏俄方面之理由为:"过路运输对于东铁,并无损害,且此事对于国际联运之开拓上,贡献之处甚大,毫无任何妨碍。""满洲国"方面之理由为:(甲)既无联运协定,竟至作此行为,颇属不法,(乙)不得合办对方之同意,单独片面之施行,实为侮蔑"满洲国"之行为,(丙)因牺牲太大,故对施行此种联运之紧要性,难以承认,故此"满洲国"业已警告俄方,谓当力阻止之。

二、中东铁路车辆交还问题

苏俄方面虽有"业已开入该国境内之机车九十二辆,原系开林斯基时代所购买,因故而寄存者,故此开走运归之事,乃属当然"之言,但其可以运归之根据,全然乌有,故已要求立即交还矣。关于经由绥芬河运走之货车三千八百辆,苏俄方面虽称,只要支付租费,则无任何妨碍,但中东铁路既非专以租赁货车为业,据此以为口实,而将如此多数之货车,长期置于抗不交还状态之下,断难允许,故亦业经要求立即交还矣。

三、八站码头问题

此次问题现仅属于字句之问题,四日容当再行折冲。

总而言之,中东铁路苏俄方面之独断擅行,原属传统的做法,苏俄方面所高唱之俄满亲善,现在以有如此之态度,显然至不过仅系口头禅而已。余以为"满洲国"在平等立场上,对于东铁合办可得之结果,应尽最善之努力而为之,对于苏俄之不法行为决不假借,定当纠正之,如此始可图谋俄满之真正亲善也。

(二)"满洲国"交通总长丁鉴修之声明

东铁问题发生之后,"满洲国"交通总长丁鉴修,于四月九日,以谈话之形式,正式发表声明如下:

"东铁过路运输问题,风闻世间颇为重视,是不过东铁业务执行上不合理之处,以交通部之立场,拟将其当然的矫正处理间而已。为东铁与他国铁路之有通运输,彼此两路之间,须结正式协定,是乃理之当然者,然而东铁未设任何可以依据之基准,而且不顾东铁合办之原则,未得'满洲国'方面干部谅解,竟出以独断而实行之。此外复鉴于现在苏俄方面,已将近于百辆之机车,及其他数达几千辆之货车,运入本国境内。关于交还一节,多有背信之态度,我交通部几经与之交涉,俟与'满洲国'方面干部充分谅解之下,缔结正式协定以后,方可实行,虽经指令,苏俄方面不但言顾左右而不省,此外仍然继续施行不法之直通运输,顷因每日仍有多数车辆运走,实不得已,方采取阻止之措置。而且东铁存在我国之内,对于我国复为一有重大利害关系之商业机关,不顾我国此等之利益,并置我国之指令而不听,此次对于继续施行此种不法行为之措置,以于处监督上述铁路地位之交通部,可谓当然矣。倘苏俄方面悛改从来失信之态度,于合理的协定之下,希望直通运输,我方对之当然并不拒绝之也。"

(三)东铁副理事长库慈尼阔夫致"满洲国"交通部之抗议

四月十日午后,东铁副理事长库慈尼阔夫,为满洲里铁路之封锁,对于"满洲国"交通部,发出下列之抗议,俄满两国之交涉,于兹乃开始矣。抗议之内容如左:

"满洲国"交通部,在满洲里将中东铁路封锁,致使乌苏里及后贝加尔两铁路之过路运输,已陷于不可能之状态,此显然违背一八九六年东清铁路建筑经营合同第十条,而且奉俄协定第一条,亦曾确实承认此项原旧规定。由此观之,"满洲国"在满洲里之封锁中东铁路,系属违背条约之事,甚为明显,希即迅将封锁,予以解除为荷。

(四)"满洲国"交通总长丁鉴修致苏俄反驳书之内容

满洲国交通部,对于四月十日,苏俄为东铁问题之抗议,已于四月二十日午前十时,以交通总长之名义,由东铁督办李绍庚,将长文之反驳书,面交苏俄方面代表,内容令文如下:(据昭和八年四月二十三日大连满洲日报)

一、国境警察长,并未发下"非俟政府有令,货物不得重行装载"之命令。

二、关于满洲里站内,东铁及后贝加两铁路联络线之检查,贵副理事长四月三日所来函件顷已接到,当即转达"满洲国"交通部,同时并要求共同盖印,以之兼为对于管理局长之命令,使其设法将运往西伯利亚货物之国境通过,即予停止,但贵副理事长,只因无暇考虑命令之文字,致使延迟数日,嗣后复被拒绝签署。一方另据自满洲里所来报告内称,本路业经装好之货车,以及尚未装有货物之空车,非仅已有运出国境之事实,而且叠泡开跑式机车,随之亦有拟将开走之势,因此实不得已,本国政府乃下命令,在于东铁及后贝加尔两路之联接点,于极合法而且对于发生问题之作业,亦不稍微予以妨碍之范围内,将其业经予以封锁。

三、本国政府所以竟出上述之手段者,乃由于东铁不顾与后贝加尔铁路,并无直通联运协定,片面的已将数千辆货车收回苏俄境内,特别关于机车,虽经数项抗议,尚仍言顾左右而不承应交还,苏俄毫无可以认为诚意之处,贵理事长四月三日来函之趣旨,未经履行,依然令将货车收回于后贝加尔铁路,故此一切责任,断不能由"满洲国"负之,为此致敝职之抗议,兹特声明认为并无任何理由。

四、贵副理事长虽然引用建筑经营合同第十条第一项及第三项,藉此东铁对于苏俄铁路之货物,即应准予直通运输,但此项义务,东铁无由可以负之。即使依据该项合同,对于不以输入为目的,所谓过路货物之国内关税及税厘免于征缴,以此为主体,而有所规定,但为防止此等货物变作偷税输入品,爰乃规定装载于与其他货物,并不混合货车之内(条文之所谓特别货车),又据料或有直通运输之时,则此际非经税关的确验明封印,是否业已完全后,不得退出中国国境,此不过属于预料如此,言之而已。凡过路货物如系不以输入为目的,由某一国境,经过其他国境,由俄国至俄国之货物,即可直通运输,规定并非如此。现在第十条"公司装载于特别货车云",原系表示只将本项特殊货物聚集一起,而为装入特别货车之作业,至由俄国开来之货车,并非勿庸重装,即可原车启运,业经明显表示。兹据以上之见解,虽然属于本项事件之货物,与后贝加尔铁路之直通,依然不得认为可能,可断言之。

五、章程第二条,虽将曾为特殊公司之中东铁路,对于该国政府所负担之义务有所规定,但今之中东铁路,并非苏俄政府之特殊公司,其性质已变成一纯然商业机关,应当服从满洲国之主权者矣。因此章程第三条之所规定,与今日中东铁路之性质,已属不甚相合,此项条文,当然无效。[1] 尤有言者,按照来函所称,直通运输乃属根据章程贵国当然之权利,此种主张,认为不可,若不即与东铁缔结协定,仍属碍难施行,关于第三条第七项之运费,亦属相同。

六、再者,贵副理事长对于奉俄协定第一条第五项后段,及该条第十四项后段,虽有所辩论,即使该项协定可予引用,今如假定以之作为根据,则章程及建筑经营合同,亦不适于现实之状态,其协定亦不能认为急不容缓。[2] 该项协定附有理事会成立后四个月期限之条件,虽曾期待限期经过完毕,可以修正,但至于今日,此项协定(细目协定)致使陷于不能修正者,不可不谓此系苏俄方面之责在。至于规定如此如此方为有效云云之办法,应即视为预料一时的不定之状态而规定之者,盖印之后,至于

---

[1] 傅角今:《中东铁路问题之研究》,四七页。

[2] 傅角今:《中东铁路问题之研究》,一一〇,一一三页

将垂十年之今日，似此不加修正，置诸不理，非常识之事实，并非前所预料之者。十年之时日，所有事物皆附有庞大之变化，今以一时的不定之状态为条件之办法，摘出建筑经营合同，及奉俄协定中之一二条文，岂可争论其究属有效与否耶；必须另行缔结普通一般之协定，或将关于具体的特别手续，各自每项为之约定，不如此则不可也。

七、此外更有拟唤起贵副理事长之注意者，东铁乃系在于"满洲国"主权之下，苏俄两国合办之一纯粹商业机关，一如阁下前此之所主张，关于旅客及货物之过路与直通运输，并制定运费等事。若不以满俄两国协定为基础，则对于苏毫无可尽之义务，又苏俄对于东铁，亦并非享有此种权利。

八、总而言之，此次直通运输问题，系为多年以来，不顾合办之对手如何，贵国方面独断擅行之情性的一端，不信以其实力断然可以把持优势，故任何无理之事，亦可安然行之，以此确信为一基础而实施之者，贵国方面所主张此次事件之理由，当初即系以此作为根本之标准而思及之者，可深信之。及遭遇我方之正当抗议及处置，乃不过拟将救急之理由力求发见而已。一九二四年奉俄协定，以东铁路之章程，及建筑经营之合同，对于中东铁路颇不适当，在于理事会成立后四个月之内，故应将其改订完毕，虽曾强硬主强，殊有火速改订之必要，但至于其后十年之今日，亦未表示改订之任何诚意，将其合办之各项关系，遂使之暧昧不明矣。东铁之经营，任其时目的处理，根据习惯及实力而以私利为本位，岂非以独断擅行而窃有企图耶？请观理事会之机能，毫不完整之事实，更决定而使之告终，后者则以事急无遑待命为口实，即敢独断擅行，而且满人副局长，于管理局之何等训令，方可副署，管理局各科分配之不平均，各站重要职员苏俄人员独占之现状，及居于运输政策重心之总务处究为如何方面所利用之耶？满人干部而有监督业务之法定职权者，具体的实体如何，不得而知之，究为表示何等意义耶？

以上所述充满于今日东铁之不当现象，虽断言之已将理应互相尊重合办之对手，全然以偶像待遇，亦无一言，可作反驳之余地，我等言辞之正当,足以证明之而有余也。今日思之,贵国方面今日尚且把持旧时代之思想,如不彻底改革及反省,"满洲国"情况,虽以由于大处高处着眼,善邻作为理想,但由于其颜面及正义的立场,亦断然不容默认,乃不得不猛进而冀复归于东铁合办之正轨。

最终尚有一言。关于东铁各项问题之续出,唯有益使双方不快之情感,愈见增大而已,而且两国之间,所有发生问题之根源,仅在于东铁,而不在其他。本国政府深信以一铁路而为癌瘤,满俄两国相争之举,愚莫大焉,故此深盼贵理事方面,以本件为动机,而为两国之重大福利着想,关于将来可作争论的目的之一切事项,与以明快之决定,而欣依以协助之也。

(五) 东铁督办李绍庚致东铁副理事长库慈尼阔夫限期交还车辆之函件

"满洲国"东铁督办李绍庚,复于四月十一日,对于东铁副理事长库慈尼阔夫,发出附有限期最后通牒的抗议,言虽不多,性质至为严重,兹志其大意于下:

"一前者业经开入俄境,属于东铁所有之机车八二辆,客车一九〇辆,及货车三,二〇〇辆,限于一个月以内,即五月十日以前,望即交还云。"

(六)"满洲国"外交特派员施履本与苏俄总领事斯拉华基之交涉

关于东铁车辆交还问题,向由"满洲国"交通部,与东铁苏俄代表方面交涉,但以毫无结果,遂成满俄两国之外交问题。外交特派员施履本,于四月十二日,要求苏俄总领事斯拉华基,迅将机车八十三辆交还,并请立即支付租费。苏俄总领事斯拉华基,对于此项要求答称:机车原系帝俄时代,专为使用于苏俄铁路,而向美国购买者,故为苏俄之所有,不能交还。此等车辆不但属于苏俄当局,并且在已往数十年间,该路系向苏俄借用,该函请求关于此案交还问题,应即依照条约解决,并望"满洲国"勿再阻碍中东路之照常通车等语。

（七）苏俄代理外交总长加拉罕致日本驻俄大使太田为吉之抗议

（据昭和八年四月二十日大阪每日新闻）

四月十六日，苏俄代理外交总长加拉罕，面交日本驻扎莫斯科大使太田为吉，关于东铁问题致日本政府之通牒，其全文如左：

自日华冲突甫经发生，日军进入满洲领域以来，日本政府曾迭次由其驻莫斯科大使，且又直接由驻东京苏俄大使，表示对于苏俄之权益，特别关于中东铁路者，必不使或被侵害，在满日本军官及官员，关于中东铁路苏俄之权益，曾经接受强硬之训令，内称任何侵害亦不允许，似此再三与吾人以保障矣。性质如此之宣言，非仅在于事件甫经发生之当初，近来事件继续发生之际，随时亦曾再三为之，至于现在。因之，关于深恐侵害苏俄权益之一切事件，日本政府业经负尽责任之事，颇属明了。

苏俄政府对于日本政府之此等保障，业以达于某种程度之安堵，而领承之矣。盖特于事件发生之最初，当地日本官员，曾经努力拟加防止恐或侵害苏俄权益之一切事态，实已目睹之故也。东铁曾受关联于东铁沿路军事行动的重大损害之例颇多，苏俄政府虽经对于此等损害，唤醒其注意，然而此等损害，均可以"系由于以军事行动为基础之情势，发生而来"解释之。因之，苏俄政府视此等事件，并不足以酿成重大之搅乱。然而在于最近数月之间，"满洲国"当局，"满洲国"日人顾问，至于当地日本官员，对于中东路铁路之行动，不仅阻害中东铁路正常之机能，关于次等行动之种种争点，更故意将其酿成纠纷，关于中东铁路之事态益使棘手，苏俄政府遂至于不禁深为悬念矣。苏俄政府，顷拟唤醒日本政府注意之根本事实如左左：

一、一九三二年七月七日，"满洲国"当局，将中东铁路码头，业经占据。

二、苏俄政府虽经允准日军可由东铁运输，但苏俄政府及中东铁路，皆以此项运输视为纯系商业运输，于适当之期间内，定当即将运货偿还，是不待言。中东铁路与日本军官之间，关于上述问题之交涉，日军不顾上述之事实,乃有组织的故意使其延宕。上次关于军事运输,尚未偿还之运费,已达巨额,由于日军在满洲军事的活动,以之作为原因,商业运输之激减,已经承受重大影响,东铁之财政状态,遂益使之不良矣。

三、警察当局更于驻满日人官员参加指导之下,阻止中东铁路之正常开行,竟至施行拟将重大损害而加之于苏俄权益,多数之强力行为,满洲最近之事件,更使苏俄政府深切感觉量大悬念矣。其最显著之例,即为中东铁路与后贝加尔铁路联络之隔断,铁轨之上,堆积障碍物品,已将两路隔断,欧亚交通经由中东铁路与苏俄铁路之联络,因之亦被阻隔,关于施行中东铁路直通运输苏俄之权利,毫不假借予以蹂躏,而且复将苏俄所属之过路货物,概于扣留。

四、东铁东部线,只因目下匪贼对于铁路之设施,作有组织的袭击,故意使列车颠覆,对于中东铁路服务苏俄市民之袭击、劫夺、杀害,及架走等项事故,遂完全为其所搅乱矣。

五、当于日本政府请求允准东铁东部线运输日军之际,原来日军以期待恢复沿路之秩序为意旨,而与苏俄政府以保证,并约定担任维持秩序之责任。虽然如此,若由平安一点观之,则东铁虽在情况最恶之际,从来亦未似现在之重大化也。

六、"满洲国"当局及驻满日本官员,惹起在苏俄境内之机车及货车问题,纯系故意夸张,无论关于以上任何问题,苏俄当局毫无可被责难之理由,当局由于推测即可知之,故此认为以上各项问题,不外属于故意之所为。视作争论中心之机车,原为苏俄政府之所有,未尝以之作为东铁之资产,虽系构成苏俄一项资产之中东铁路,或满洲国及日本,对于此项机车,皆无由主张任何权利。一百二十四辆叠开泡式机车,苏俄政府专为苏俄铁路而自美国购来者,此项机车占自美国订购而来者之大部分,中东铁路对于上项机车,向来未曾发生任何关系,虽于现在亦绝无之。上项所述之机车,由海陆输入海参崴,在于海参崴及哈尔滨铁路工厂按装成车之后,即移用于苏俄铁路者也。一九一八年及一九一九年,军事干涉结果,上项机车之一部,即百二十四辆,经过中东铁路之际,乃寄存于中东铁路。东铁保存文件之中,与其有关者,现仍存在。东铁寄存机车,一九一八年为三十八辆,一九一九年为三十三辆,一九二〇年为三十六辆,一九二一年为十七辆。

上项机车乃系属于苏俄所有之事实,在于东铁管理局改定委员会、理事会,及其他之公式决议,屡经有所言明。与其有关之记录,计有东铁管理局议事录,一九一九年第一一五号及第三六一号;一九二〇年第五九七号及第七六〇号;一九二一年第九四七号;一九二二年第一七五五号;一九二七年;第三九五一号。更于一九二五年七月三日理事会议记事录,第一九二二号所载运输报告之中,亦赫然有焉。去年将上项机车之一部令其移往苏俄铁路之际,中国方面虽曾主张上项机车系属中国政府之财产,但东铁副理事长库慈尼阔夫对之亦曾表明"如此之提议,至深意外云"!苏俄关于上项机车之按装,或言对于中东铁路负有债务,但东铁对于苏俄所负有之债务,较之苏俄对于东铁所负有之债务,已经超过数倍。并且关于东铁车辆,已有某一定数目,在于苏俄境内一时的停留,苏俄铁路与中东铁路间之车辆交换,乃系依据普通之手段而时常行之者,绝无任何牵强及违法之事实。东铁之车辆,有某一定数目,时常在于苏俄境内,数目相同或较之更多,属于苏俄铁路之车辆,在于东铁等事,至为寻常,虽在此次苏俄铁路所属车辆在于东铁路上之数目,业已超过两千,在苏俄境内东铁车辆之数目,则凌驾过之,或与之相等。最近东铁与苏俄铁路车辆之交换,未能使人满意之处,乃系人人皆知之事。然而车辆交换之迟延,乃系东铁沿路华军与日军及"满洲国"军队之间,军事之行动,竟及于数月之久,是不过由于东铁东西行之列车,皆为其所阻止之结果而已,并非由于东铁管理局之过失也。因此,所谓苏俄铁路打破与东铁之间,车辆交换平衡之责难,完全不当。

今关于车辆交换记录之对照,颇为必要,对于此项记录之对照,东铁管理局苏俄方面,尤极主张者也。

七、苏俄市民大举被捕,其中之大多数,未受任何之审讯,竟至于一年以上,处于向所未闻惨苦之状况,受拷问及虐待,对于此事,日人宪兵及为"满洲国"雇员之日人亦参加之。

以上所陈,虽不及苏俄权益业被毁损之全部,但由于此等事实,苏俄政府对于日本政府,拟唤醒其注意。关于日本政府前此对于苏俄权益,断不许加以任何侵害为旨归之保证,且盼对于苏俄权益之攻击挑战,立即采择充分保障之有效的手段,遂至不容不与坚持之矣。

太田大使之警告

此项抗议面交太田大使之际,加拉罕曾有下列之言:"苏俄政府对于目下俄满两国之间,正在争论中之东铁问题,深盼竭力尽早妥善解决之,但该问题发生之当地,亦有日本军队,且日人官员乃立于指导之地位,故有此项请求,务祈迅速转达,而望日本政府即予答复等语。"

太田大使对之答复如下:"此项问题,原属俄国与满洲国之问题,因其性质对于日本政府并无何等关系,贵国之请求,即使转达本国政府,容或不予接受,亦未可知。有人或称,苏俄方面因为战争之准备,最近乃将货车特予运入远东俄领境内,惟以此项问题,倘有酿成东省北部事变之处,则不胜遗憾之至日本政府当初即已切望此项问题视作地方问题,而彻底迅速直接解决之,故虽在于苏俄政府,深盼亦以如上所言之主旨,训令当地与此有关之官员等语。"

日本政府答复苏俄抗议之要旨

日本政府对于苏俄之抗议,答复要旨如下:

一 该项问题乃系"满洲国"交通部与东铁公司之案件,日本政府,并未与闻。

二 苏俄对于"满洲国"日人官员之所为,虽然似乎认为即系日本政府之责任,但此乃"满洲国"之责任,今为此而对日本政府抗议,颇为不当。

三 苏俄鉴于东铁属于俄满合办之事实,若以协调之精神,与"满洲国"交涉,深信和平解决,至为易易。

四 保护东铁之权益,日本政府遵守屡次之声明而无所变更,仍盼相信,然而发端于此项事件,俄满间若有任何异状发生之际,则日本政府根据日满议定书,而采取必要之措置,是不待言者也。

五、关于东铁问题之意见者

(一)日本各报之社论

1. 大连满洲日报

大连满洲日报,乃系关东厅与南满铁路公司之机关报,兹将其四月十一日"东铁直通与满苏国境"之社论,译述于后:

"满洲国一国境警备队,按照满洲国交通部之命令,已于四月八日,业将往后贝加尔铁路货物直通联络线隔断,数日以来,满洲国与苏俄之间,为苏俄之货车夺取问题几经交涉,但苏俄方面,不以诚意应之,言顾左右,意在蹂躏满洲国之主张。此举对于满洲国,人皆认为可将苏俄方面从来任意妄为之不合理,有所纠正之良机。其理由,据九日交通总长丁鉴修,以谈话之形式所发表之声明,颇属明显。据称东铁施行与他国铁路直通运输之际,必须事前结有正式协定,但向来并未设有根本之标准,未得满洲国之谅解,仅以苏俄方面之独断,任意而处理之,苏俄方面竟将近乎百辆之机车,及多至数千辆之货车,任意开入本国境内。虽经交涉请其交还,但漫不置理,一部分虽然业已允予交还,但其条件亦有未经履行之处,故满洲国之处置属于当然之理,并无何等可以视作问题之处也(以下从略)。"

2. 大阪每日新闻

大阪每日新闻自来自称为"开发满蒙之急先锋",兹将其四月十二日,《中东铁路问题》之社论,略述如左:

凡以东亚和平为念者,对于苏俄自满洲事变勃发以来,严正保守中立之举,至足多焉。此举非仅只为远东之和平,既纯为苏俄之本身,亦属最贤明之计策,其态度爰可视有重大之价值。然而最近频传所谓"东铁路问题"，苏俄方面之态度，将其向来贤明之政策，自已糟踏殆尽，可谓自唾其面，苏俄方面之真意，果在何处，殊使吾等实在苦于谅解者也。

人皆知之，中东铁路经一九二四年中俄奉俄两协定之结果，业已确立，"满洲国"因之依旧承继中国方面之权益，而成俄满合办之共荣机关矣。但东铁管理局局长，因系俄人，作为该柱梁之"营利的经营上权限之平等"，由于苏俄方面之擅自专断，横遭破毁，至于今日。此次东铁问题，亦不过其积弊之一种表现而已。所谓问题者，乃系东铁苏俄方面，前于满洲事件勃发以来，乘其混乱之际，遂将属于该路多数之货车及机车，擅自运入苏俄境内，同时另一方面，以该路苏俄干部方面之专断，恣意施行东铁后贝加尔两铁路间货物之直通运输，并将运往苏俄货物之粮食偷税通过，对于此等事实，"满洲国"遂鸣其不法，虽经要求请其中止，但竟为其所拒绝焉。并据自哈尔滨所来报告，内称：苏俄方面业已运入苏俄境内之机车共九十二辆，货车则多至于三千八百辆。而且东铁与后贝加尔，直通货物之运输，一九二九年中俄纷争以后，业久中断，关于恢复原状之交涉，迄今尚未解决云。

"满洲国"交通部，对于苏俄方面此等不法之行为，于要求其中止之际，同时并特派交通部铁道司长森田氏赴哈，与东铁苏俄方面会晤。对于：

一、开往俄境之机车及货车，加以国境外之延期费，立即交还；

二、将满洲里国境直通货物之运输，即予隔断等两事，严重警告，并致抗议。苏俄方面，对于"满洲国"之要求，未予完满答复。"满洲国"政府乃一面严重催促交还车辆，同时于四月七日，电命其官吏，决意以实力阻止苏俄方面之行为，东路与后贝加尔及乌苏里两铁路之货物联运，遂被封锁矣。国际交通机关之欧亚联络列车，在满洲里之联络，并未被阻。但苏俄方面，竟对于由满洲里拟将开往东行之国际列车及日本军用列车之开车，加以妨害。此等列车由于"满洲国"及一皇军之抗议，方准开车，虽未至于酿成大事，但人心受其刺激则甚大矣。

其后苏俄方面，承认"满洲国"方面要求之一部，据传对于运入俄境货车之交还,业经同意,吾等对于其他各项问题认为在苏俄方面,亦无任何可以拒绝之理由。"满洲国"交通总长丁鉴修氏,关于东铁问题,曾经有言如下:"世间似乎以此为重大问题,而相惊扰,其实不过拟于东铁执行业务上不合理之处,当然的加以匡正之处理而已。"吾等对于此项问题,应作局部的解决之见解,完全抱有同感,无论如何,为其背景俄满两国之关系,与日满俄三国之巧妙的关系,互相结合甚密,故其动向如何,每值念与东亚和平,具有重大干系之时,则其结局如何,不禁深加关心者也。

吾等盼望苏俄当局,应立于大处高处,高瞻远瞩,而使目前之东铁问题,得以正当解决之。彼等素日扬言于中外之"和平政策",值此时机,岂不正可使之发挥光大耶?然而纠纷之根本,在于其管理权分配之不均,关于此点,前已有所指摘,吾等仍拟于此机会,怂恿东铁俄满两国当局,为扫清纠纷之祸根,而将俄满管理权平等之悬案,于此际有以适当解决之。

3. 东京时事新报

东京时事新报,为东京各报中对于交通问题素极注意者,苏俄政府致日本政府之抗议,在东京发表以后,该报四月二十一日,于"应作局部的解决"社论之下,有所批评若左:

苏俄政府为东铁问题,忽然对于我国,将责难的觉书送致前来之举,不可不谓属于颇难理解之态度。苏俄方面所提各项问题,如谓军事运输之运费,如谓过路运输问题,如谓车辆之收回等问题,无一不属关于东铁之营业者,苏俄方面如果有话可说,则"满洲国"或我国方面所有应说之话,当然较之更多也。如彼东部线匪贼跳梁治安之责任,以甫经创业之"满洲国",实际当有万不得已之时,以此若诬之为日满方面之计划,反俄之直接行动,不可不谓仅属于胁迫观念而已。

治安刻正逐渐恢复,营业上之诸问题,理当局地的解决之。但将如此个个之小问题集合一起,忽然改变态度,竟提出外交觉书之苏俄政府,不可不评之为过于好事也矣。特别中东铁路之问题,俄满两当事国间即可处理,居于第三者之日本,何必使其参与,若视之为中俄奉俄两协定之精神,则对于我国之提出抗议等事,并无可以接受之理。在于苏俄方面,所以对日提出觉书者,或可辩为对于"满洲国"尚无正式外交之故,亦未可知。然而承认问题,即使另属一事,仅将限于中东铁路之实际的协定,俄满两国之间,缔结之手段,当亦有可使替代中俄奉俄两协定者,无论如何,以现实的事实为基础,而图局部地的圆满解决,至为得当也。

前年秋季满洲事变以来,对于日华纷争事态之认识,苏俄所表示,非属凡庸之对日态度,但最近不侵略条约之交涉竟无结果,反而恢复中俄间之国交,自此等事言之,聊呈变调之处,不容掩饰也。关于中东铁路年来之问题,使之如此纠纷者,可以认作由于猜疑误解及感情之龃龉,存在于其间之结果,由局部的可以解决之小问题,归纳之为国交上之重大问题,而藉以拨挑事故,对于任何一方,似亦并无利益可言。

现在俄英之间,发生事故,以欧洲诸国之形势,对于己国决有不利之苏俄,乃复酿成问题于东方,当然并非得计。今于甫经建国之"满洲国",将其外交之葛藤,使之发生于邻国之间,决非其利。时常作为两国争点,中东铁路之收买等事,值此机会,若真诚考虑之,岂不宜乎。我国与苏俄两国之间,若使发生纷争,原非本意,盖力对于各国外交之亲厚,乃系退盟以后之大方针故也,关于俄满国境问题,及其他外交关系,例如前者曾经提议日满俄三国委员会之计划,岂非此际为缓和事态,扫除不安与猜疑有效之诱导耶?

(二) 日本陆军当局之意向

对于苏俄政府之抗议,日本陆军当局抱有如下之意向:

一、苏俄以为日本在于满洲事件之当初,曾经拥护中东铁路之利益,乃于最近破毁其所约定云云,然而东铁东部线方面,正在猖獗之马贼,自其揭扬赤旗观之,反可视为乃系苏俄方面之所嗾使。

二、苏俄又云,中东铁路之财政状态,因为日本军队不付输送军费,而益困窘等语,此事因系运输日本军队之际,曾经要求按照中国军队事变以前同样折扣,核减收费,但东铁苏俄方面并未应允,故目下正在交涉之中,我方对于所有运费之全部,业已委托东铁方面矣。

三、"满洲国"之日本官员,隔断后贝加尔铁路与中东铁路之联运而妨害欧亚联络云云,但对于此事,与苏俄方面并无任何协定。

四、机车及货车,业已运入苏俄方面之事,乃系不法行为,立即交还,此当然之理。

总而言之,苏俄政府对于日本政府提出通牒,实属不合条理,该项问题在于欧洲方面,似亦视为重大问题,由于此种关系,苏俄为对内对外之两项政策而提出者也。

(《外交月报》1933 年第 2 卷第 5 期,145—166 页)

附　录

东北研究会编：东北研究会之工作及计划

一、创设之缘起

世界所称为地大物博者,惟中国首屈一指,果能应用科学,富强极为易易,即如我东三省及热察绥各特别区,版图辽阔,蕴藏丰富,尤甲全国,实为神州之宝库,而沿边万里,逼近邻疆,更为华夏之屏藩,东北若失,河北难保,唇齿辅车,相依为命,若施以教育及学术的研究,洞彻其对内对外之关系,及其政治经济社会诸情形;举凡可以厚民生而增福利之事,曷可胜数,惜乎委珠玉于途,多被窃据鞍山之铁、抚顺之煤,经之营之者,果何人耶?

外人之谋我也,必先审其地利而后山川原隰,物产之所宜,舟车之所至,形格势禁之所在,人人习而知之,乃能长驱深入,如履其堂奥焉。今东北各省为吾疆圉,而吾国人能言之知之者,既知之复行之者实鲜,乃至自履其堂奥而不能洞其井灶门寝之所部署,此东北各省之所危而吾国之所弱也。

夫以二百余年荒寒寂寞之区,而最近念余年间,连起中日、日俄两大战役,今因根据中俄奉俄两协定,我国收回东省铁路五年来应得而未得之权利,而苏俄竟以兵戎相见为恫吓。呜呼!列强之竞争日益烈,而吾国之国势日益衰,推原其故,要皆东北问题为其主因也。

即如今日,中俄问题甚嚣尘上,然而吾人对苏俄国内情形及中俄边疆状况,熟习或专门研究者,究有几人?日俄人之实力久矣夫,纵横深入于东北三省,夫岂条约或协定所能范围乎?且彼邦人士,对于东北山川道路物产风俗之调查,无孔不入,公私研究机关,设备之完善,经费之雄厚,曾往东北观察人士,当知吾言非谬。吾国方面,注意及此,相与立会作专门研究者而躬往考察,究有几何?两相对照,能不努力自奋乎!

溯自满清末季外力侵入东北以来,外与日俄两国关系,密切复杂,若不速谋彻底解决方法,长此因循,后患曷堪设想?不特影响中日俄三国前途之安危,抑或波及东亚与世界之和平,言念及此,可不惧哉!

南开学校师生等,愿念及此,援匹夫有责之义,因于民国十六年秋,相与立会研究,名曰东北研究会。拟先从学术方面,用教育的方法研究入手,如何渐及其他。一俟专门研究结果,得有彻底解决方法,再行设法谋诸实行。惟以菲材,难肩重任,尚望校内师生诸同学,及海内外博雅,协助进行,匡其不逮,则幸莫大焉。

二、会则大纲

(一) 本会之目的

(甲)教育的——调查,演讲,报告日俄两国国情,及其在我东北各种经营概况。

(乙)学术的——搜集正确研究资料,研究彻底解决方法。

(二) 组织

(甲)视察部——推行关于教育的诸般会务。

(乙)研究部——推行关于学术的诸般会务。

(三) 工作

(甲)校内工作——学习日俄语言文字,研究调查方法,听演讲,阅书报,注意以东北为中心之对内对外时事。

（乙）假期工作——先由本会所拟定研究问题中，择紧要者，分组实地调查，将其视察结果详细报告，交由本会整理并印刷之。

（丙）临时工作——凡遇东北问题之内容，有所更易增减，及日俄国情有所变动时，随时布告或讲演之，以供参考而促注意。

三、现在工作

本会原拟研究范围甚广，盖东北各次对内问题，无不多少对外有关，惟其程度不同耳。俟以问题之重要有异，因先决从铁道及移民入手研究。交通为图谋经济发展问题之先决条件，故交通不发达，商工各业无由进步，东北各省地广人稀，诸待开发之事业，比比皆是。况由日俄朝鲜各处，每年移民数目逐渐增加，欲取相当之预先防卫，我国似亦如欲防患于未然，非大事移民不可。河北诸省，人烟稠密，借移民关外，为之宣泄，实为计之得者。故于铁道及移民两问题，努力研究，一方并向社会宣传，务期见诸实行，将来或入社会之中，举行移民运动，以助其成，此本会现在研究范围之大概情形也。

本会自成立以来，至于今日，所作工作如下：

（甲）定期工作

1. 研究会每周按期举行，方法则有系统的讲演及自由的讨论。一次。已研究问题大致如下：(1)吉会铁路问题及奉张被炸之前因后果。(2)吾国所有研究东北问题诸会之沿革及其现状。(3)东北铁路概括的研究。(4)东省铁路之运则政策。(5)以满洲为中心之国际外交问题。(6)南满铁路公司之现况。(7)哈利满买收满铁失败之批评。

2. 陈列东北画厅，每期陈列画片八张，附以详细之科学的说明，隔日更换。

（乙）不定期工作

1. 日本国情讲演会　内容大致列左：

（1）日本政党史及最近各政党之现状。（2）现在日本的运输和交通。（3）日本维新史概论。（4）日本新旧思想之变迁。

2.总括的演讲会,此会皆于高级会时举行。讲演人员,皆为大学部教授。题目则为:(1)东北现在的交通。(2)东北之农林。(3)东北金融之现在及其将来。(4)东北化学工业之现在及其将来。(5)东北与外交。(6)东北社会情形及教育施设之概况。

3.东北研究资料展览会。此会陈列华日英俄文字之书籍图志,东北物产标本,及东北各项画片。

4.暑假寒假东北视察团。视察途径,虽远近不同,但其用费,恐因数目稍大,同学加入者,每次皆未足法定人数,故未果行。大学部教授,及中学部职员,则曾前往视察各一次。

5.日本风景映演会 内容如左:(1)灿若云霞的樱花。(2)日本阿尔卑斯山。(3)别府奈忽及京都。(4)雪底尔园。(5)东海名胜蒲郡海水浴。(6)北海道人的追分舞。(7)日本八景,日光华严泷。

（一）华盛顿会议关于远东问题之条约及议决案:(甲)九国间关于中国事件应适用各原则及政策之条约。(乙)关于统一中国铁路议决案并附中国声明书。(二)东三省铁路与国际关系。(本段原文如此,且置于此。——编者)

6.刊物

以上所陈各相工作,虽对东北研究不无裨益之处,但较原定工作,未及什之一二,距离尚差太远,兹正设法革新,务求贯彻最初之目的。

四、将来工作

东北今日殆与廿年前之美国西北部无以异,其经济的将来,实属不可限量。至交通之发达,尤为内地各省所罕睹,惟尚缺少一自建的海港,司货物之出入,以致地方富源,尚未能尽量发展为缺憾耳。近念五年来,外人移民总数,虽属甚多,但查其每年移民增加率,不过百分之四五,尚不甚大。爰移民原则移民向已有多数居民,且其生活程度低下之社会,最为不利。外人移民人数,不见大增,即由如此。外人闻已变更政策,改为努力使有技术有资财及有组织力之人民移住我东北各处,以图确实之发展,外人政策如此,故我国人,亦应从速移民前往,一方面提倡及创办教育,养成有技术、有组织力之人材,以资对抗,而便开发。兹将本会进行研究之计划及方法,简单说明如下:

(一)铁道系统之组成,及海港致之自建,吾国之铁道,以东北最为发达。按民国十三年交通部年报东北铁道分布状态如下:

> 黑龙江九六〇公里,吉林九九九公里,奉天二,一四六公里,三省共计四,一〇五公里。复查最近调查,东北铁道计分十五线,共长三,四二四英里,但其主权不同,国际亦异,故运则政策及其他铁道上之运用,各取利己主权,此虽当然之事,但我国不应漫不置理,急宜筹一抵御之策。我国铁路网之组成,实为重要,不乃此则交通上之机能,究难十分发挥故也。再者我东北所有海口,海参崴久归于俄,大连湾亦借于日,我国货物之出入,胥俱依赖外人,从经济原则言之,实为大不利益,铁路延长里数虽大,除二三路外,其余多为在培养外人所承办铁路之形势,故欲求铁路之进步,及地方之开发,非从速自建海口不可。葫芦岛筑港,虽久喧腾于国内,但迄今尚未建筑,殊为遗憾,此本会所以对于铁路网之组成,及海港之自建,亟欲研究者也。

(二)东北移民的研究及其运动。

移民殖边,久属周知之事,但作科学的研究者则殊少,无怪乎其不发达也。移民之先,须有充分预备,不可贸然从事,尤贵首有决心,所谓决心者何,即开发东北,久住其地,并非春去秋来之是也。东北各地之气候风雨土壤种植方法等,非有充分科学的研究,曷克成功,至于如何去法,应往何处,以及行抵该处时应当如何待遇,诸如此类之事,亦应务先筹备妥善,使已往者有游子还乡之感,使未往者勿生安土重迁之心,则东北大好山河,将与美国西北部而驱名,臻边防于永固,岂止仅供河北各省人口过剩之宣泄及调节而已哉!再者日俄战后,日人移民计画,原定每年移住二十万人,观其各项市街计画之宏大,则可知之,但至念五年后之今日,总计日人在我东北各处人口总数,仅达原定一年之数,约为二十余万人,此中必有缘故。此亦属于移民问题,亟应研究者也,查日人移民我东北各处有利诸点大致如下:

(甲)日本与我东北相距甚近,

1. 旅费需用甚少,2. 渡航日期极短,3. 精神的移住之疑惧(?)较少。

(乙)日本在我东北享有诸种特权及权利,例如铁道经营,土地商租,居住来往及各种营业之自由,农工各业之合办经营,矿山采掘,森林采伐,及建筑铁道等权利,在移住地,持有权利一节,虽非属于移民必不缺之要件,然若有相当之权利,可以之为中心,则移民之发展,颇为有利,上列各项权利,我国至今尚多未能承认者,此事不可忽之。

至对日本移民之不利诸点,则有如下者:1. 东北为中国人最重要之殖民地,2. 日本在我东北所有特权及权利,殊多未能实行者,3. 条约上日本可以移住之处,区域比较狭小,且有相当人口,4. 向生活程度过低社会移住之困难,5. 气候之酷烈,6. 警备及卫生设备不完全。生命财产,危险甚多,利于日本移民之处,当然亦利于我国移民,其不利于他人之处,或即吾人之所利,但闻日人现已变更移民政策,抛弃农业移民政策,改就业移民及商业移民政策,此后问题正多,此本会之所以亟欲专门研究移民问题,及至某时期,并拟作为移民运动者也,

(丙)金州境内,我国人民之教育问题,关东州境内,现有人口,日人总计共为九九,九四六人,华人总计共为七二二,八八二人,关东洲内,日华人民教育之现况及施设,略志如左:

据昭和四年满蒙年鉴

学生总数教育施设	日人为日人所立学校	日人为华人所立学校
小学	一二,三五〇	三三,三二九 内含私塾三,一五一
中学	五,八〇四	五二八
大学	三六九	二二六 华人学生,各省皆有
总计	一八,五二三	三四,〇八三

　　日人学生总数,约占总人口之五分一强,而华人学生总数,约占总人口廿一分一强。关东厅应为我国人学,设立校,收容我国学生,为数实不算少,究其用意,果在为我国,造就良好国民,培养有用人材,想无是理,为我国人所立学校,计有普通学堂、公学堂、中学校、实业学校,及师范学堂,如无其他不便,华人亦可考入为日人所立学校肄业。初等教育制度,参酌日华两国学制;中等教育则大要根据日本文部省所定章程,即由教育制度观之,亦可了然一切,是在关东洲内,日人为我国人所设学校,岂非其数愈多,其害愈大耶！固然其中不无例外,普遍言之,恐如此耳,此种似是而非之教育,施之于我国人民,遗害曷堪设想？于是大连人士,遂有根据我国部章,自立学校之议,几经折冲,日人仅允创立小学,至于中学,虽数呈请,迄未许可,即此允许创立之小学,日人对之极力摧残,多方为难,主其事者,维护之不暇,安有扩充可尝乎？此小学校学生总数,不过千数百人,比之日人所设学校在学人数,以及关东州内我国人口总数,天地相差,何可比较,提倡教育救国,对之应如何耶？因是,日人为我国人所立学校之当否,吾人如何方得法律上之根据,及中外人之注意,而设法自立学校,教育我国人民,此实急不容缓之问题,故本会拟即努力研究者也。

五、本会与国内研究东北各国机关之关系

　　本会草创以来,既少经费,复缺人材,成绩鲜著,幸蒙国内研究东北

各机关之同情与赞助,会务尚有发展,兹将本会与国内各研究东北机关,交换合作之处,约略述之。

(1)关于图书之代售

本会创立之初,即与大连协会约定,为其代售关于东北研究各项图书。

(2)关于出版物之寄赠及交换

本会研究所得之结果,多未成篇,故除零星小品外,愧无奉赠,但东北省铁路经济调查局及经济月刊编辑部,将其出版图书杂志,赠送本会者为数颇多,获益匪浅。哈尔滨东省文物研究会,亦有印刷品之互换,昨与辽宁新建设杂志社联合组织东北实业考察团,本会研究会著作关于东省各铁路及富源之论文,闻已提太平洋国交讨论会,以供将来在日开会时之讨论,此本会与国内其他研究东北各机关联络之大概情形也。

(《南开双周》第 4 卷第 1 期,1929 年 9 月,第 18—24 页)

人名索引

人名索引